ARO SANSO

POLICARPO BONILLA

(TOMO I: IDEALES Y BATALLAS DEL FUNDADOR DEL PARTIDO LIBERAL)

ERANDIQUE
COLECCIÓN

POLICARPO BONILLA: (TOMO I: IDEALES Y BATALLAS DEL FUNDADOR DEL PARTIDO LIBERAL)
Aro Sanso

©Colección Erandique
Supervisión Editorial: Óscar Flores López
Diseño de portada: Andrea Rodríguez
Administración: Tesla Rodas
Director Ejecutivo: José Azcona Bocock

Primera Edición
Tegucigalpa, Honduras—Junio de 2025

PRÓLOGO

Policarpo Bonilla fue uno de los personajes políticos más influyentes a finales del siglo XIX y del primer cuarto del XX. Entre su legado está la fundación del Partido Liberal de Honduras.

A pesar de que era un hombre de ideas, pensador profundo y con una visión progresista de lo que debía ser el país, no vaciló en tomar las armas cuando fue necesario.

Eso lo llevó a provocar algunas de las guerras civiles más sangrientas en la historia hondureña, como la de 1924.

Bonilla fue uno de los tres candidatos a la presidencia (junto a Juan Ángel Arias y Tiburcio Carías Andino), pero asumió una postura de intransigencia luego de que ninguno de los aspirantes lograra obtener la mayoría de votos (la mitad más uno).

Cuando el Congreso Nacional fue incapaz de elegir al nuevo presidente, el que estaba en el poder, el general Rafael López Gutiérrez, tomó la decisión de perpetuarse en el poder.

Policarpo Bonilla tuvo mucho que ver en el origen de esa crisis.

Sin embargo, en este libro no se hablará de eso. En el Tomo II se mencionarán algunos eventos de esa guerra civil, sin criticar a Bonilla.

Porque esta obra de Aro Sanso (cuyo nombre verdadero era Ismael Mejía Deras) es una apología, un ensalzamiento a un político que, sin ninguna duda, tuvo muchas virtudes y aciertos, pero que también cometió grandes errores, la mayoría de ellos provocados por la ambición.

"Graves errores se cometieron, que son inevitables, regularmente en la guerra; y por la parte que en ellos a mí tocase, sirva para atenuar mi responsabilidad el haber compartido siempre los peligros con mis compañeros, y el haber tenido la buena suerte de ver en los campos de Guaimaca correr mi propia sangre mezclada con la de los generosos defensores de la libertad", señaló después de una batalla.

A pesar de su enfoque apologético, la obra escrita por Aro Sanso narra y describe eventos trascendentales en la historia del país. De allí su importancia.

Asimismo, nos entrega uno de los mejores retratos de Policarpo Bonilla: su arrojo ante el peligro, su sensibilidad humana, la convicción de sus ideales…

Era, de igual manera, generoso para hablar de los demás, incluso de sus enemigos políticos, según cuenta Rafael Heliodoro Valle:

"En muchas ocasiones le oí alabar las cualidades de sus adversarios, ya que su nivel de superioridad le permitía hacerles justicia. Así, por ejemplo:

—Manuel Bonilla tenía un valor ante el peligro que pocas veces en Honduras ha habido otro igual".

Obviamente, no siempre hubo lugar en su corazón para el halago, como lo demuestra el siguiente relato:

En 1908, uno de los ministros que habían contribuido a dar el golpe de Estado del 8 de febrero de 1904 se atrevió a pedirle que lo recibiera:

—Díganle a ese pícaro que no se me presente, porque no sé si me podré dominar al verlo.

El Tomo I inicia con la niñez de Policarpo Bonilla, continúa con sus estudios en la Facultad de Derecho, sus primeros pasos en política, el ascenso como político y las idas y vueltas de las revoluciones, con sus lealtades y traiciones.

Combatió a los gobiernos conservadores, impulsó revueltas, tumbó presidentes y sufrió cárcel y exilio. Como mandatario, promovió la separación Iglesia-Estado, impulsó reformas laicas, fortaleció la libertad de prensa y expresión, apoyó la integración centroamericana y defendió el ideal de la unión regional.

Amado y respetado, odiado y rechazado, Policarpo Bonilla dejó su huella a punta de plomo, conspiraciones e ideales.

Su recuerdo se ha ido perdiendo con el paso del tiempo, y hasta en el propio partido que él fundó se le menciona a la carrera, por "encimita".

El libro de Aro Sanso —con olor a pólvora y sangre— ayudará, sin duda, a rescatar a Policarpo Bonilla del olvido.

Y cuando el lector concluya con el Tomo I, que no olvide que el Tomo II le espera.

ÓSCAR FLORES LÓPEZ
Editor Colección Erandique

PREÁMBULO

En el presente volumen titulado "Policarpo Bonilla" y subtitulado "Apuntes Biográficos", Ismael Mejía Deras (Aro Sanso), su autor, nos entrega un enfoque panorámico de la vida y obra de una de las figuras políticas más importantes de la Honduras romántica y brutal de finales del siglo XIX y comienzos del siglo XX: Policarpo Bonilla Vásquez.

El libro de Aro Sanso, expuesto a través de 48 capítulos agrupados en 2 partes, se agota entre la técnica novelística y el planteamiento histórico, hacia una búsqueda de la entretela psicosocial, ética y humana del personaje central. Su estructura biográfica se levanta sobre la base de documentos, cartas, memorias y periódicos de la época alusivos a la vida pública y privada del Dr. Policarpo Bonilla. En síntesis, Aro Sanso elabora una etopeya moral que linda, a veces, con el retrato idealizado.

En Europa, en tanto, aparejadas al auge industrial (vapores movidos por gasolina, cinematógrafos, telégrafos, teléfonos y lamparillas eléctricas), surgen el antimetafísico positivismo y la doctrina liberal. Se sustituye lo absoluto por lo relativo y se expanden sobre el corpus social los cuatro linajes del Liberalismo. En España, la madre patria, abdica Fernando VII y toma el poder el hermano de Napoleón Bonaparte, José Bonaparte, alias "Pepe Botella". Por ese tiempo, México nacionaliza los bienes eclesiásticos y se produce la abolición de la esclavitud.

A Honduras llegan el telégrafo y el teléfono. A estos extraños aparatos de comunicación la gente del pueblo los llamaba "bejucos chismosos". Junto a los progresos materiales llegan también las conquistas ideológicas europeas, y se adoptan los principios enarbolados por la Revolución Francesa: Libertad, Igualdad y Fraternidad: El Hombre, la Comunidad y el Estado.

Pero otra cosa es la realidad objetiva y la terquedad de los hechos. El grupo de poder hondureño actuaba, en ese entonces, por intermedio de la intriga palaciega, la traición, el insulto verbal y escrito, puertas adentro de un pueblo analfabeto, enfermo y embrutecido por el consumo de alcohol envenenado, la subalimentación y la vivienda miserable, producto y subproducto de los vicios molidos y remolidos heredados de la etapa inmediata poscolonial y del individualismo zoológico de la élite gobernante. La crisis de valores iniciada en el primer tercio del siglo XIX y parcialmente finalizada en el primer tercio del siglo XX se traduce en más de 400 rebeliones y asonadas (léase asalto, violación y matanza), y en la emisión de 16 constituciones: 13 hondureñas y 3 federales[1]. A esos datos históricos hay que agregar el peso específico de la deuda contraída con Inglaterra (la vieja rubia Albión, magistral y fría) en 1853, la cual fue cancelada un siglo después, en 1953. El préstamo en cuestión se hizo con el objeto de construir el ferrocarril interoceánico, que, como se sabe, jamás se construyó. Ante la imposibilidad de pago de la deuda, un tal Mr. Robert Watts llegó a proponer la venta o cesión del territorio hondureño a los Estados Unidos de América (USA).

El pasado inmediato, su mala sombra, se proyecta sobre toda la superficie del territorio de la actual República de Honduras.

La clase gobernante de la Honduras poscolonial, en su condición de república libre, estuvo formada por 6 abogados, 6 militares, un minero, un ebanista y un sastre, según el historiador Víctor Cáceres Lara[2].

Policarpo Bonilla, fundador del Partido Liberal de Honduras, es quizá el hombre público más polémico de su época. Tuvo rendidos admiradores y encarnizados enemigos. Entre estos últimos se ubican Paulino Valladares y Lucas Paredes. Valladares señala con índice de fuego su actuación política y administrativa. Paredes tilda de chifladura su ideal unionista[3].

El Dr. Policarpo Bonilla, clásico hombre de partido, no descansó en toda la extensión de su existencia por legarnos una nación dignificada por los bienes de la cultura y de la civilización. Lo hizo por escrito, de palabra y con el arma en la mano. Consciente de que se debe predicar en el desierto, predicó en el desierto.

---

[1] El Abogado y General Domingo Vásquez, en expresión lapidaria resume el estado social y político del pueblo de Honduras cuando dijo a su sobrino Policarpo Bonilla: "Convéncete, negro, al pueblo hondureño sólo se le puede gobernar con fusil y palo".

[2] Se trata de una especie de burguesía larvaria que no cobró conciencia de su misión de echar las bases de una identidad nacional. Viajaban al extranjero, se comunicaban entre sí y gastaban modas europeas en el vestir. Uno de ellos, Marco Aurelio Soto, está enterrado en un cementerio de París. A ese grupo de gobernantes pertenece el General Terencio Sierra, apodado "el tamagás de Coray", hombre levantisco y de genio sanguíneo. El mismo que obligó a Juan Ramón Molina a picar piedra en la carretera del Sur, a principios de siglo.

[3] El periodista Paulino Valladares, cariísta primero y anticariísta después, al referirse al Dr. y General Tiburcio Carías Andino, escribió: "Del potrero de Zambrano lo saqué, al potrero de Zambrano lo volveré". La profecía no se cumplió, desdichadamente.

En su hora, Honduras adentro, mientras señalaba unos papeles dijo a un entrañable amigo que lo acompañaba en su lecho de enfermo: "Se perdió, Ricardo". Y expiró[4].

BIBLIOGRAFÍA

—Policarpo Bonilla, Apuntes Biográficos. Aro Sanso. Imprenta Mundial, México, D.F., 1936.

—Drama Político de Honduras, Lucas Paredes. Editorial Latinoamericana, S.A., México 1, D.F., 1958.

—Preceptiva Literaria. R.P. Juan Rey, S.I. Editorial Sal Terrae. Santander, España, 1969.

—Ensayo de un Diccionario de la Literatura. Tomo 1. Sainz de Robles. Aguilar, S.A., Madrid, España. 1965.

—Gobernantes de Honduras en el Siglo 19. Víctor Cáceres Lara. Banco Central de Honduras, Tegucigalpa, 1978.

—Literatura Hispanoamericana. Alfredo Veiravé. Editorial Kapelusz. Buenos Aires, 1973.

—Honduras. Luis Mariñas Otero. Editorial Universitaria,Tegucigalpa, 1983.

—Bibliografía Hondureña. Miguel Angel García. 1620-1930-1931-1960. Volúmenes I-II. Publicaciones del Banco Central de Honduras, 1971 y 1972.

---

[4] Había nacido en Tegucigalpa, el 17 de marzo de 1858. Falleció a las 6 en punto del día 10 de septiembre de 1926, en Nueva Orleans. Sus restos mortales fueron repatriados en 1928 y descansan en el Panteón General de la ciudad de Tegucigalpa. Fue Presidente Constitucional de la República de 1895 a 1899. Publicó, entre otros libros, "Discursos Académicos". Tegucigalpa,1888. "Proyecto de Constitución Política para Nicaragua". Managua, 1893."Colección de Escritos". Tegucigalpa, 1899. (3 tomos, recopilación a cargo de Rómulo E. Durón).

BONILLA EL PRÓCER

Por Rafael Heliodoro Valle

CUANDO en el ruedo familiar, pasada la faena, mi madre hacía recuerdos de sus años de colegiala, gustaba hablarme de quienes habían sido sus maestros en la que fue primera escuela preparatoria de señoritas en Tegucigalpa, y que en tiempo de Soto dirigió su tía María Francisca Reyes del Palacio. Surgían en la conversación, matizados por la gratitud materna, los nombres esclarecidos: Ramón Reyes, Alberto Membreño, José María González, Policarpo Bonilla. En la casa de la tía se reunían a tertuliar Ramón Rosa y José Joaquín Palma.

—El joven Bonilla —subrayaba mi madre— era un abogado que empezaba a sobresalir por su inteligencia, su don de gentes, y especialmente, porque en medio de grandes dificultades había coronado sus estudios en la vieja Universidad que fundó el padre Reyes. Todos lo admirábamos por sus cualidades de buen hijo. Fue el apoyo de su madre, de aquella doña Juanita que había quedado viuda y pobre y con dos hijos. Don Policarpo era un primor de hijo, un modelo de hijos.

Y los recuerdos se iban iluminando y, en aquella luz, aparecía resplandeciente la figura de don Policarpo Bonilla, a quien yo quería conocer de carne y hueso, a quien más tarde no sólo conocería de cerca, sino que sería uno de mis amigos para toda la vida. ¿Cuál fue la vez primera que lo vi? Si la memoria no me burla, lo vi pasar —mientras yo tomaba el fresco en el umbral de la casa en que me crié, en la ilustre Calle Real de Comayagüela— yendo en compañía de uno de esos personajes que más tarde se proyectaron en pantallas de notoriedad. Todas las tardes pasaban ante mis ojos, desde aquel maravilloso mirador de la infancia, el padre Ernesto Fiallos, don José María González, don Francisco Escobar, y una tarde, el que mandó fusilar a mi abuelo, el mismísimo general Terencio Sierra; y ya avanzado el tiempo, don Marco Aurelio Soto, elegantísimo, recién llegado de París, yendo en coche presidencial rumbo a Toncontín, llevando un gajo de violetas...

Año tras año, al celebrarse la fecha en que salieron deportados para Nicaragua los liberales, por orden del general Vásquez, los recuerdos se alborotaban en mi casa. No recuerdo cuál 5 de julio —pero era don Policarpo el Presidente— hubo en la explanada de La Isla un gran banquete al cual mi padre asistió con muchos de los veteranos del 93, y al regresar a casa llevaba al pecho una medalla que el Presidente, "en nombre de la patria", le había puesto por haber sido uno de los que marcharon a la frontera acompañando a Erasmo Velásquez.

Pasó el tiempo. No volví a ver al doctor Bonilla. En la familia Valle, muchos habían padecido persecuciones por haber sido sus partidarios; especialmente los dos tíos abuelos, que eran los amos de la política local en Comayagüela y que tuvieron que huir a los montes para escapar de que los fusilara Vásquez. En la familia no se disimulaban los resentimientos porque, a la hora del triunfo, en esa hora en que todos esperaban algo en recompensa, el doctor Bonilla no se había portado bien con ellos. Yo los oía hablar, pero no entendía. Los únicos que nada comentaban, porque no esperaban nada, eran mis padres; y eso que don Felipe conservaba de la acción de Las Anonas —donde se habían batido hasta con piedras— un balazo en un pie, que nunca le extrajeron y que periódicamente le ocasionaba largas semanas de dolor; y doña Ángela, heroica al pie de su cruz de miseria, se deshacía en devoción, en amor perfecto, luchando para que no faltara el pan de los polluelos.

Un día me di cuenta de que en casa el doctor Bonilla seguía siendo el "Negrito" a quien tanto querían, el mismo don Policarpo que había sido hijo modelo. Los sucesos de febrero de 1904 reavivaron cariños. Su nombre volvía a sonar, envuelto en palabras de respeto, en aquella casa a la que había regresado, con aureola de mártir, a quedarse en ella para siempre.

En 1907, cuando acababa de triunfar la guerra civil que llevó al poder al general Dávila, el doctor Bonilla regresó del destierro a Tegucigalpa. Recuerdo que fue uno de los que hicieron comentarios elogiosos de mis primeros artículos en La Prensa, de Paulino Valladares, y esos estímulos, al unirse a los que me dio el cónsul de México en aquella ciudad, don José Manuel Gutiérrez Zamora, determinaron mi viaje a la capital mexicana para seguir mis estudios. Al año siguiente, el doctor Bonilla, después de haber tomado parte en las Conferencias de Washington, vino a México en misión especial. Lo visité en el Hotel Gillow y fue entonces cuando comenzó nuestra amistad. Graves días tuve que encarar para seguir mis estudios y fue el doctor Bonilla quien, sin pedírselo, al darse cuenta de todos los obstáculos que me salían al paso, me ofreció —y así lo cumplió durante un año— una pensión modesta, de su propio peculio, sin la cual yo habría naufragado en aquel primer año de prueba. Tengo a la vista la primera carta que me dirigió —documento que es la primera piedra en la vasta arquitectura epistolar que ambos construimos en diez años de constante correspondencia— y en ella me decía:

8

"Puebla, abril 12, 1908. —Querido Rafael: Hoy he visitado aquí algunos establecimientos de enseñanza que me parecen muy buenos. En el Instituto y en la Escuela Normal hay internado, donde cobran $18.00 mensuales. Creo que con $10.00 a $12.00 mensuales más tendrás suficiente para vestidos y extras. Creo que te conviene venir aquí. Ruego a don Benigno, que si te decides, te dé los gastos de viaje y supla por mi cuenta tus mensualidades hasta de $30.00, al menos mientras me desengañe de si el Gno. te auxiliará. En caso contrario, ya habrán transcurrido unos tres meses, conocerás el lugar y podrás haber hallado una ocupación para vivir, y estudiar al menos Mecanografía y Estenografía, a las que desde luego debes dedicarte. Si puedo personalmente prolongar la pensión por más tiempo, con gusto lo haré. Cuídate mucho y pórtate bien."

Acaso esta sea una disculpable expansión de intimidades; pero la carta permite dar un perfil de su biografía. Nunca evadió el estímulo, la sonrisa a tiempo, la palabra generosa, para los jóvenes que tienen hambre y sed de amistad, porque también él, cuando fue joven, supo de sinsabores, confió en sí mismo y pudo vencer. No todo lo que sembró con desinterés fue para la codicia de los cuervos. Bien acostumbrado estaba a las cosechas hostiles. Su más hermosa ufanía era la de ver alzarse con ritmo de savia propia los árboles que él vio en promesa de semilla. Sus largos viajes por las almas le permitieron aprendizajes difíciles que culminaron en sabiduría.

Hombre jerárquico, que había domeñado voluntades, dirigido multitudes, y que, como nadie antes en Honduras, disfrutó de una popularidad majestuosa, el doctor Bonilla tuvo ese prestigio interior que se exteriorizaba en actitudes y en palabras, y que le daba una elegancia de decoro republicano. Así deben haber sido Dionisio de Herrera, Trinidad Cabañas y Céleo Arias, los próceres liberales que le antecedieron en la pasión unionista, que en Centroamérica pocos ilusos tienen. De allí su amistad estrecha con aquellos contemporáneos suyos: José Madriz, César Bonilla, Ángel Ugarte, Alberto Uclés.

En México, en aquella época, tuve ocasión de tratar a varios personajes que habían figurado mucho en la política centroamericana: el general Domingo Vásquez, a quien visité en el Hotel Palacio; el general José Santos Zelaya, cuando cayó del poder; el doctor Alberto Membreño, quien primero estuvo emigrado aquí y más tarde volvió como ministro plenipotenciario de Honduras ante el gobierno de Madero. Más tarde he tenido ocasión de hablar con Estrada Cabrera, Juan Ángel Arias, Manuel Bonilla, Miguel R. Dávila, Francisco Bertrand, Rafael López Gutiérrez, Juan B. Sacasa y otros, y declaro que ninguno de ellos me dio, al conocerlo, la emoción de fuerte simpatía humana, de sinceridad abierta, de autoridad al hablar, como el doctor Bonilla.

Alguna vez me refería él —como queriendo poner de relieve la satisfacción íntima que tenía cuando alguno de los hombres públicos de Centroamérica lo trataba con acatamiento— un sencillo episodio que se efectuó cuando, a su regreso de Alemania, tuvo una entrevista con el presidente Sierra en el Palacio Nacional. La entrevista había sido inesperada para Sierra y éste se encontraba en mangas de camisa en el momento en que el doctor Bonilla entró.

—Dispense usted, doctor, un momento, y tenga la bondad de esperarme...

—Sierra —añadía el doctor Bonilla— entró en una de sus habitaciones para vestirse decorosamente y yo no quise impedírselo, porque aunque era presidente, me agradaba mucho que me guardase consideraciones.

Bonilla no era, propiamente, un conversador; su azarosa vida política le impidió viajar y frecuentar salones, como a Soto, Vásquez y Arias; pero su cortesía, su habilidad en el trato, su buen humor —de lo que más cuidaba acaso en los arduos momentos— suscitaban simpatías desde que se hablaba con él por vez primera.

No le gustaba endilgar ironías a costa del ausente: sus palabras eran sobrias, precisas, y sus modales dignos, aunque a veces el tono de su voz era el de los hombres acostumbrados a mandar y hacerse obedecer. Ni excesivo en el elogio ni cruel en el comentario. Tenía, al hablar, la costumbre de mirar fijamente al interlocutor, de acechar sus menores movimientos; pero sin perder la impasibilidad, sin ver hacia las manos del que estaba hablando, como sucede muy frecuentemente con algunos que temen un atentado personal. Su valor —que nadie, ni sus más encarnizados enemigos, podría negarle— era tan natural como su conversación. De vez en cuando, la anécdota fluía de sus labios con sencillez, para ilustrar bien un ejemplo, para precisar una situación, y no desdeñaba repetir aquellas en que había figurado como protagonista, procurando siempre no desfigurarla para salir gananciso. En muchas ocasiones le oí alabar las cualidades de sus adversarios, ya que su nivel de superioridad le permitía hacerles justicia. Así, por ejemplo:

—Manuel Bonilla tenía un valor ante el peligro que pocas veces en Honduras ha habido otro igual.

Y esto que el doctor Bonilla había encarado, con tranquilidad aterradora, múltiples peligros en que su vida fue —para repetir la metáfora de López Velarde— un plomo suspenso de un hilo escuálido de seda. Y él gustaba mucho de evocar sus diálogos silenciosos con la muerte, pero lo hacía sin darle la menor importancia, porque tenía un sentido religioso de la vida.

Intimamos desde el día que fue nombrado en misión especial para ir a Washington al arreglo de los asuntos de límites con Guatemala y Nicaragua. Lo había visto antes en el destierro, en Nueva Orleans, siempre decoroso, apasionado por el trabajo, radioso de ternura en su hogar, total para sus amigos.

El trabajo fue para el doctor Bonilla la óptima pasión. Se entregaba a él, desentendiéndose hasta de las preocupaciones del hogar, dándose continuamente a la vigilia, monologando en su cárcel interior. Ni en los días de asueto oficial hacía a un lado la tarea: ésta fue la única rival afortunada de su esposa. Mientras tomaba el desayuno, se enteraba minuciosamente en la lectura del diario favorito; mientras las visitas inevitables trataban en vano de quitarle el tiempo, él seguía meditando sobre un problema jurídico, haciendo y deshaciendo el pro y el contra, replicándose como si él mismo fuera el adversario. Su memoria —un monstruo— le servía incondicionalmente en el laberinto de los datos históricos, de los textos constitucionales, de las palabras por donde se cuelan los traviesos duendes de la interpretación. Y su tenacidad indomable para meterse en la montaña de papeles sobre la mesa lo hacían asumir sin petulancia —porque a ello estaba acostumbrado en larga experiencia que lo había pulido al tratar hombres y muchedumbres— el deber de cada día, que para él no era más que el prólogo de un gozo. Dictaba una nota ministerial, hacía el esquema de un memorando, contestaba las cartas que en enjambre llegaban con la querella de un amigo, con la petición de un estudiante, con la consulta de un grupo que necesitaba conocer la voz del abogado. Y todo lo atendía con calma, con calma sin artificio, porque era un héroe sin frívola ostentación, un héroe que se vencía a sí mismo para poder vencer a los otros, y confiaba a los crisoles del tiempo el oro desgarrado en la brecha.

Pero cuando algo decía bajo su firma, era porque lo había pasado por las alquitaras de su temperatura cordial. Se reprochaba cualquier actitud solidaria de la mentira y jugaba con la verdad como un estilete adiestrado.

—Algunos creen que les digo mentira —puntualizaba— porque su posición natural es esa, y como yo estoy en la otra, se dan por engañados...

Cientos de veces fui testigo de su don de entendimiento. Quien llegaba con la intención de espiar o de indagar para servir a un opositor que acechaba arteramente, le dejaba, con palabras, una huella que podría decirse digital. Y cuando el interlocutor pérfido se alejaba, el doctor

Bonilla —con una claridad diáfana que le permitía distinguir perfiles de almas— me anunciaba que aquellas palabras pronto saldrían de los labios de quien había enviado al embustero con misión de paz, como a cándido pajarito...

En una atmósfera de trabajo austero, en que su táctica era la de no hacerse sentir como jefe sino como camarada, la tarea no pudo ser más agradable. Y su ejemplo —que nunca flaqueó, ni cuando accidentalmente enfermaba— pudo trazarme normas para la vida, ciñéndome a disciplinas fecundas en las que la frivolidad enseñaba su rostro pasajero. Con orgullo declaro que su conducta me fue una cátedra viva, porque el método en el trabajo y la devoción a él corrían parejas con el afán de conocimiento y con esa prudencia que muchas veces me ha librado de una opinión prematura, de un comentario que pueda herir al amigo más adicto. Bonilla era para mí un maestro, un consejero gentil, un confidente comprensivo. Su tolerancia fue siempre más ancha que el área del día y que el placer espiritual de haberlo llenado con una noble acción.

Hombre de programa, profesor de energía, iba al ritmo de sus preocupaciones y sus deberes, dando a éstos preferencia, elaborando con paciencia y sin énfasis lo que hoy tenía que hacer y no mañana, porque su cautela, su previsión, le permitían anticipar el camino a seguir cuando los demás lo andaban buscando. Por eso, el instrumento más eficaz de sus labores fue su correspondencia, la cual puede decirse que tiene los materiales inéditos para cuando se escriba la historia política de Centroamérica desde 1890, para no ir un poco más allá.

Su estilo, que huía del matiz, tenía la suficiente elasticidad para adaptarse a todas las mentes, pues se sentía ufano al darse cuenta de que había expresado con soltura y sencillez su pensamiento. Quizá la austera disciplina que impone el Código Civil le dio esa manera de expresarse, y hasta se le hizo el reproche de que le faltaba la emoción estética, sin que por eso haya dejado de dar al hombre de letras su categoría: no de otro modo se explica el entusiasmo con que en sus días presidenciales llamó a colaborar en sus puestos visibles a Juan Ramón Molina, Froylán Turcios, José Antonio Domínguez.

Cuando al mediodía nos sentábamos a la mesa, para hacer un paréntesis a las tareas de la oficina, nuevos temas hacía surgir para tener una variación en el trabajo, y con frecuencia había huéspedes distinguidos que, a su paso por Washington, consideraban imprescindible hacerle una visita. Se comentaba entonces cualquier suceso narrado en la prensa de la mañana, y actuando como buen director de debates, provocaba las opiniones, aun aquellas que le fueran hostiles, porque su indulgencia era ilimitada. Sólo una vez le vi alterarse, cuando se puntualizaban las peripecias de un crimen monstruoso: el asesinato de tres miembros de la Comisión de Educación de China por un joven estudiante de aquel país. De súbito exclamé:

—¡Y todavía hay quienes ataquen la pena de muerte!

Cuando quise recoger mis palabras, en medio del silencio que se hizo, el caudillo civil de la Constitución del 94, que había sido el más celoso defensor de la inviolabilidad de la vida humana, no pudo disimular su enojo, y frunciendo el ceño con aquel modo tan característico en él, que parecía que las miradas se juntaban en ángulo, me contestó gravemente:

—Usted olvida que si hubiera habido pena de muerte en 1904, yo no tendría la oportunidad de que la estuviéramos comentando...

He dicho que huía de las expresiones frívolas, lo que no impide que haya sido actor inevitable en algunas anécdotas en que resultó pintado airosamente: le complacía mucho, por ejemplo, evocar la vez en que el doctor Miguel Ángel Navarro, en el Congreso de aquel año, le llamó la atención al referirse a los altos funcionarios del Ejecutivo, porque, de seguir así, irían a ocupar "su" celda en la penitenciaría.

—Nada debemos temer —contestó— mientras estemos hablando dentro de la Constitución.

Poco tiempo después, al saludarse, ya reos, le preguntó al doctor Navarro:

—¿Y cómo se siente, doctor?

—Ya lo ve, doctor Bonilla, estamos dentro de la Constitución...

Y si ocurrió que enderezase un dardo irónico, en maniobra casi infantil, fue en aquella controversia que, para defender los títulos de tierra de Honduras ante las pretensiones guatemaltecas y nicaragüenses —tierras que él llamaba graciosamente "mis terrenos"—, puso a prueba su talento, su astucia, su estrategia. Guatemala, en un momento, pretendía la línea hasta el Ulúa y Nicaragua, por boca de Diego Manuel Chamorro, alegaba tener derecho hasta el Patuca.

—Dígame, Rafael —exclamó—, ¿qué se hicieron mis terrenos?

Así era el doctor Bonilla en la intimidad: comunicativo, humano, indulgente. Y la misma satisfacción que le daba recibir gratas noticias de un amigo, la tuvo cuando gentes que lo malquerían, y hasta lo odiaban, acudían a reconciliarse con él. Y aquí viene el caso contar que Estrada Cabrera, por medio de Monseñor Riveiro, Arzobispo de Guatemala, quiso entenderse con el doctor Bonilla: fue a bordo de un barco en el Golfo de México.

—Si usted y el señor Estrada Cabrera lograran entenderse, harían mucho bueno por Centroamérica. Es una lástima que no hayan podido ser amigos. Si yo pudiera servir de algo para que se trataran...

—Es realmente una lástima que nunca podamos entendernos.

Y es que los dos iban por caminos que nunca se encontrarían, como nunca pudo llegar a un acuerdo con el general Vásquez. Salía éste para el destierro cuando, en charla de despedida, le hacía invitación para que se unieran contra Bográn.

—Si así fuera —le decía Vásquez— llegaríamos los dos al mismo tiempo. Piénsalo bien y ya verás.

—No, general. Usted es partidario de la mano fuerte y este pueblo no quiere así.

—Pero ya veremos quién llega primero, si tú o yo.

—Usted puede llegar primero, pero ya veremos quién de los dos permanecerá.

La mano fuerte, la mano de hierro, esa mano que veía moverse el general Dávila, en una visita que yo hacía al doctor Salvador Córdoba. Se refería el expresidente a la Constitución del 94 y, con aquellos sus gestos plásticos, agitando las manos, decía:

—La Constitución de don Policarpo, amigo, ¡ah!, esa Constitución que necesita manos de seda y guantes de marfil...

El doctor Bonilla era contundente para replicar, sin perder su serenidad de ánimo, su sophrosyne, y cuando le salía al paso un grave obstáculo para contestar, no le faltaban modos en que su perspicacia se conducía sutilmente. Recuerdo muy bien aquella noche en que, sentados a la mesa del Secretario de Estado, Mr. Lansing, en momentos en que Guatemala había "declarado la guerra a los Poderes Centrales en la lucha por la libertad y la democracia, etc., etc.", Mr. Lansing, en un alto de la conversación, le hizo esta pregunta:

—¿Ya está en guerra Honduras?

El Secretario de Estado quería saber si el Gobierno de Honduras ya había imitado la actitud guatemalteca; y el doctor Bonilla, que no contaba con noticia oficial por la falta de comunicaciones constantes —que es la táctica hondureña con sus diplomáticos—, no se dejó sorprender por la pregunta:

—En Honduras no estamos en guerra. Afortunadamente no se ha alterado la paz.

Sin darse por vencido, Mr. Lansing insistió en saber si ya los hondureños estaban en lucha con los alemanes, y una nueva respuesta evasiva permitió cambiar de tema a la conversación. Pasada la cena, nos dirigimos a la oficina del cable para transmitirla íntegra al presidente

Bertrand, quien al día siguiente hacía la declaratoria en favor de la "libertad y la democracia".

No es posible que en este rápido relato pueda ordenar todo lo que en la memoria guardo ahora que evoco al amigo incomparable con quien todavía tengo diálogos. Lo vi la última vez en 1923, durante mi visita a Tegucigalpa. Lo encontré en el tumulto de una campaña política que le causó múltiples desazones, y más todavía a quienes nos dolíamos de que estuviera comprometido en una situación que, a la postre, lo obligaría a tomar, como antes, el camino del destierro. Su agresividad, su dialéctica, su entereza, demostraron que el león rugía como en los años mozos. Me despedí de él casi con la seguridad de no volver a verle. Poco tiempo después se cerraron aquellos ojos que relampagueaban de talento, se aquietaron aquellas manos que fueron ternura en la amistad e ímpetu en la acción.

Es uno de los grandes hondureños. Morazán fue el reformador, el vidente de un sueño que Centroamérica ha desdeñado para siempre. Marco Aurelio Soto fue el organizador de la administración pública. Policarpo Bonilla, el héroe que dio a Honduras, con la transformación política, una nueva conciencia.

POLICARPO BONILLA

Por *RICARDO ALDUVÍN*

ESCRIBIR LA biografía de un grande hombre contemporáneo es tarea poco menos que imposible.

Cualquier historia es de por sí difícil por el cúmulo de circunstancias que contribuyen a deformarla, ya sean ellas voluntarias, como cuando intervienen el interés o la pasión, ya involuntarias, como cuando se toman o se dejan de tomar indebidamente factores determinantes en la vida de los individuos o de las naciones.

Esos factores, generalmente descuidados por los historiadores, intervienen de una manera tan decidida en las acciones de los grandes hombres, que es muy difícil determinar qué parte de ellas corresponde a su propia personalidad y cuál al ambiente, que muchas veces favorece, otras determina, otras dificulta y las más imposibilita una gestión personal.

Luis XVI no hubiera sido, en la época de Luis XIII, lo que fue en 1789. Napoleón Bonaparte no hubiera sido, en tiempos de Luis XIV, lo que llegó a ser en los del Directorio.

De allí que la biografía sea tan difícil siempre, y que lo sea más aún cuando se trata de hacer la de hombres como Policarpo Bonilla, que han removido la constitución de sus pueblos desde los cimientos, despertando, como es natural, en su contra reacciones violentas del medio en general, que no tolera impunemente que se le agite y menos que se pretenda modificarlo.

A estas dificultades, independientes en absoluto de la personalidad del historiador, vienen a agregarse después, para complicar el problema, las características personales del que escribe una biografía. No es posible —o por lo menos es muy difícil— sentarse frente a un escritorio, como el biólogo que se instala frente a una mesa de disección para disecar el cuerpo de un animal cualquiera, a hacer la disección de la vida de un hombre con quien se ha estado ligado por vínculos de cariño, de admiración, de partidismo, o del que se está separado por el odio, la antipatía o la rivalidad.

Cuando los rencores o los beneficios están muy recientes, cuando los gritos de admiración se confunden con las maldiciones, es imposible tener la serenidad de espíritu suficiente para separar del estruendo exterior y de las conmociones interiores la verdad pura, fugitiva, eterna —según los poetas—, y aun la verdad relativa, la cual aceptamos los que sabemos que nada es absoluto y que tenemos que conformarnos con los tintes de la aurora o con el azul del cielo, tan engañosos el uno como el otro.

Nosotros mismos, al prologar con devoción patriótica el presente ensayo, sabemos que nos falta la primera cualidad para emitir un juicio desapasionado del doctor Bonilla.

Confesamos paladinamente que nuestra admiración por Policarpo Bonilla es la más grande, la más intensa de las admiraciones que hemos tenido por hombre alguno.

Pero debemos declarar que esa admiración no entró en nuestro espíritu por la amplia puerta de la simpatía, ni por la del favor. No era el carácter del doctor Bonilla el más a propósito para ejercer fascinación sobre nosotros. Lo era más bien para distanciarnos de él.

Hombre frío, de emoción difícil y de más difícil exteriorización de ella, no era de los hombres que se llaman seductores. No lo era, ni quería serlo, o mejor dicho, nada hacía por serlo. Sus acciones, todas, obedecían a una disciplina rigurosa de una altísima moralidad, y a ella subyugaba todas las expresiones de su modo de pensar o de sentir, siendo, por consecuencia, incapaz de emplear los pequeños métodos de seducción a que recurren todos nuestros caudillos para atraerse simpatías: dádivas, promesas, elogios, palmaditas en el hombro, cartitas melosas, etc., etc.

De allí que nuestra admiración por aquel grande hombre nos haya sido impuesta por su grandeza, sin que él haya hecho nada especial para provocarla.

Jamás un elogio del doctor Bonilla premió nuestra colaboración asidua a su lado en el periódico, la secretaría o la propaganda oratoria.

Sólo sabemos, por un amigo, que una vez, al recibir un telegrama de Gracias en el cual se le daba cuenta de nuestros discursos en su favor en aquella cabecera, exclamó, frotándose las manos:

—¡Ah, chacho!

De manera que la grandeza de aquel hombre nos impuso la admiración, y ésta el inmenso cariño que llegamos a guardarle, y que guardamos siempre intacto en nuestro espíritu.

Y conste que nuestra intransigencia frente a las debilidades y pequeñeces de los hombres no nos inclina mucho a la admiración por ellos. Sin llegar a la misantropía, y menos aún al desprecio por la desgraciada especie humana, sentimos por ella una profunda piedad, hija del concepto biológico que tenemos de su infinita imperfección y, sobre todo, de su absoluta imperfectibilidad.

Y cuando se trata de juzgar la vida de los grandes hombres, esa intransigencia es más grande aún, porque el concepto que tenemos de la responsabilidad del hombre ante su patria y ante la humanidad es elevadísimo, y despreciamos las ridículas grandezas y las gloriolas de los que muchas veces, por azar, por el crimen o por la equivocación de sus pueblos, han llegado a las más altas posiciones.

Y sometiendo a Policarpo Bonilla a la más severa crítica en nuestro espíritu, su figura surge cada día más radiante, más luminosa, más pura.

Hemos conocido a otros muchos presidentes. A ninguno hemos hallado digno de su medio y de su tiempo, y menos aún digno de las aspiraciones de su pueblo y de la humanidad.

Y el doctor Bonilla fue superior a su medio y a su tiempo, y fue más allá aún de lo que pedían las aspiraciones de sus conciudadanos.

Y por haber sido superior, era un elemento extraño a su ambiente, al cual modificó hasta adaptarlo —por desgracia, sólo transitoriamente— a su ideología.

Y no podía ser de otra manera. La escasa instrucción de nuestro pueblo, las difíciles vías de comunicación, la falta de precedentes democráticos hicieron que la obra del doctor Bonilla fuera eminentemente personal, y que, faltando él en el poder, pronto se olvidara y aun se combatiera su obra y su escuela.

Sus sucesores, en su mayor parte, aprovecharon el nombre y la divisa del partido que él había reorganizado, o el odio a esa divisa y a ese partido, para llegar al poder, pero han procurado destruir la ideología que son incapaces de practicar. Así se explican los regímenes férreos de Terencio Sierra y de Manuel Bonilla, y los atentados escandalosos que contra nuestras constituciones eminentemente liberales han cometido casi todos los gobiernos que han existido en Honduras, desde el 99 hasta la fecha.

Y si esto ha sucedido y sucede después de la revolución liberal acaudillada por el doctor Bonilla en 1894, ya podemos imaginarnos —y recordar— lo que sucedía antes de aquella cruzada gloriosa.

Matar a palos a un prisionero político, fusilar en masa a los revolucionarios, incendiar pueblos, rapar mujeres y exhibirlas mutiladas por las calles, y resolver los problemas electorales con sólo dar órdenes a los comandantes de armas, era el sistema normal de gobierno.

De allí que la ideología sostenida por el doctor Bonilla chocara tan violentamente con el medio político en el cual actuaba.

Los políticos mediocres de su tiempo, que encontraban más fácil —por su incompetencia— gobernar un pueblo aplastando la voluntad popular con el fraude, el palo, el asesinato político y la muerte de la prensa libre; los espíritus serviles que se encontraban más cómodos obedeciendo la voluntad despótica de un opresor que los mandatos, a su juicio teórico, de un principio o de una ley; los caciques, que entonces veían pagada su adhesión incondicional gobernando un departamento o un pueblo sin más norma que su voluntad; los capitalistas, que encontraban preferible explotar a los débiles con sólo granjearse la buena voluntad del cacique, sin tener que tropezar con el dique de la ley; y, por fin, el pueblo humilde, no acostumbrado a las prédicas y mucho menos a la práctica de una liberación política y social: todos esos elementos que constituían, como constituyen hoy, la mayoría de la nación, se oponían violentamente o, por lo menos, veían con una indiferencia absoluta las prédicas libertadoras y al apóstol de ellas, el doctor Bonilla.

El mismo general Domingo Vásquez, que tan prominente como triste papel había de desempeñar en la historia de Honduras, le decía al doctor Bonilla:

—Convéncete, negro, al pueblo hondureño sólo se le puede gobernar con el fusil y el palo.

El año de 1883 y el de 1887, el doctor don Céleo Arias pretendió oponerse a la voluntad del poder lanzando su candidatura a la presidencia de la República, y a pesar de que varios de los que desempeñaban las comandancias de armas en los departamentos eran partidarios suyos, en cuanto apareció la candidatura oficial, le volvieron la espalda para someterse incondicionalmente a la orden emanada del Palacio Nacional.

Aun los mismos que ya estaban incorporados en las filas del Partido Liberal aprovecharon frecuentemente la primera ocasión para desertar, acogiéndose al oficialismo fecundo en honores, dinero y posición.

Cuando a la voz del doctor Bonilla el Partido Liberal recibió orden de separarse del general Bográn, después de haberle ayudado a debelar la asonada del general Sánchez, varios se quedaron en las filas del gobierno, porque era más cómodo permanecer en un puesto público alcanzado con un gesto de patriotismo que correr los azares de una oposición cuyo triunfo era más que problemático.

Sólo la juventud y la parte consciente del pueblo hondureño acuerparon al doctor Bonilla con un ardor que no ha vuelto a verse en Honduras.

Puede decirse que el noventa y nueve por ciento de los valores políticos que ha habido en Honduras del 93 para acá acuerpó de manera más o menos decidida el movimiento redentor del doctor Bonilla o su gobierno.

Entre los presidentes se cuenta al general don Terencio Sierra, general Manuel Bonilla, general don Miguel Dávila, doctor don

Francisco Bertrand, general don Rafael López Gutiérrez, doctor Vicente Mejía Colindres, general don Tiburcio Carías. Con excepción del doctor Bertrand, todos ellos fueron jefes o soldados del ejército liberal que el gran caudillo encabezaba. Sólo uno de los presidentes que hemos tenido en los últimos cuarenta años no figuró en ninguna forma en las filas del liberalismo en tiempo del doctor Bonilla: el doctor don Miguel Paz Baraona.

De los ministros que ha habido en Honduras en los últimos cuarenta años, y que estaban en edad de figurar en política, casi la unanimidad estuvo en las filas del liberalismo, al lado del gobierno organizado por el doctor Bonilla: José María Reina, Juan Ángel Arias, César Bonilla, Constantino Fiallos, Fausto Dávila, Ángel Ugarte, Marcos López Ponce, Salvador Aguirre, Jesús Ulloa, Salvador Zelaya, Silverio Laínez, Jerónimo J. Reina, Ricardo Pineda, Manuel S. López, Jesús M. Alvarado, Carlos Alberto Uclés, Mariano Vásquez, Saturnino Medal, Eduardo Guillén, Trinidad Rivera, Daniel Fortín, p.; Daniel Fortín, h.; Santos Soto, Máximo B. Rosales, Dionisio Gutiérrez, Francisco Altschul, Miguel Oquelí Bustillo, Jacinto R. Rivas, Marcos Carías A., Tiburcio Carías A., Rafael Rivera Retes, José María Ochoa Velásquez, Carlos Lagos, Rómulo E. Durón, Manuel Bonilla, y muchos más.

Las más altas figuras poéticas de Honduras, Juan Ramón Molina, José Antonio Domínguez y Froylán Turcios, ocuparon puestos prominentes en su gobierno.

Lo que más ha valido en Honduras, en los últimos cincuenta años, acudió al llamado redentor del doctor Bonilla y no se separó de él hasta verlo colocado en el sillón presidencial.

Fue, pues, el doctor Bonilla el fundador no sólo de una escuela política, sino también de una generación política nueva y potente en Honduras.

En épocas posteriores, los caudillos han aprovechado la organización de un partido existente o han formado grupos no ideológicos, surgidos al calor de un prestigio o de una simpatía personal, pero no alrededor de una escuela política.

Policarpo Bonilla fue el último revolucionario de Honduras. Después de él aparece la era de los revoltosos.

Y una personalidad así no se improvisa. Nada hay más difícil que la gesta de un caudillo. Una palabra, un gesto, una vacilación, una violencia echan a perder la labor más fecunda. El pueblo que ha de confiar su vida, su hacienda y su patria a un caudillo, sigue cuidadosamente hasta la más pequeña acción de éste y no lo consagra sino después de haberlo visto sometido a pruebas decisivas.

Ese es el tipo del caudillo apóstol, el más grande y el más raro de todos entre nosotros.

Esa es la figura cuya biografía se inicia hoy y que no se ha de completar sino en el transcurso de muchos lustros, cuando hayan desaparecido todos aquellos cuyos intereses lesionó la obra del doctor Bonilla y, sobre todo, cuando ya no exista ninguno de aquellos a quienes favoreció, porque, cosa singular, la mayor parte de los individuos que han atacado —y aun hoy atacan— al doctor Bonilla, fueron favorecidos y apreciados por él, según las abundantes pruebas que obran en su archivo.

La figura de Policarpo Bonilla, como la de todos los grandes hombres, debe ser estudiada en la vida pública y en la vida privada, pudiendo ser aquélla deducida de ésta, según asegura un gran pensador.

La vida privada de Policarpo Bonilla es sencillamente luminosa. Creemos que difícilmente se puede encontrar entre nosotros costumbres más puras, más diáfanas, que la de aquel hombre que, en las alturas presidenciales, en el destierro, en la penitenciaría, en el hogar, en la frivolidad diplomática o en la ardua discusión parlamentaria, conservaba siempre aquella unidad —casi monótona—, aquella disciplina en la palabra, el gesto y la acción que caracterizaron su vida.

Por temperamento, según unos; por reflexión, según otros; era, como hemos dicho antes, frío hasta lo inconcebible. Estaba tan lejos del entusiasmo como del desaliento, de la agresividad como del pasivismo, de la melosidad como de la indiferencia.

A mi juicio, aun admitiendo una base de frialdad en el temperamento del doctor Bonilla, su personalidad era la de un reflexivo.

El acto en apariencia más trivial era en él hijo de una costumbre formada a fuerza de voluntad.

A los sesenta y cinco años, ya cuando la vida tiene muy poco que ofrecernos, como no sea la muerte, el doctor Bonilla cuidaba su voluntad y costumbres con más atención que un joven.

Acostumbrado a tomar siempre un aperitivo en su casa, notamos, no sin disgusto, cierta vez, que ordenaba que se sirviera el almuerzo sin haber pedido el acostumbrado cognac. Como no nos conformáramos con aquello que considerábamos un olvido, lo reclamamos para ambos, pero él se opuso diciendo:

—Durante quince días no tomaré aperitivo, porque si me hace falta, lo suprimiré. Tome usted solo.

A las dos semanas, y viendo que no le hacía falta, volvió a pedirlo de nuevo.

Un dominio y una vigilancia tan constantes sobre sí mismo eran interpretados, por los que no lo conocían a fondo, como frialdad.

Aquel dominio llegaba hasta abstenerse en absoluto de proferir palabras fuertes.

Sólo una vez, en muchos años de tratarlo, al referírsele que uno de sus partidarios de la campaña de 1923 aseguraba que él era el autor de la dictadura de 1924, contestó indignado:

—Ese es un sinvergüenza.

Según él, sólo una vez había dicho una palabra soez, cuando el verdugo que lo atormentaba en la penitenciaría cerró la puerta de su celda para que no se calentara al sol en los días más fríos de diciembre:

—¡Gran... tal! —le dijo—. ¡El sol no se le arrebata a nadie!

Diez años después, ese mismo verdugo se atrevió a ir a saludarlo a su casa. El doctor Bonilla hizo como que no lo veía y no le extendió la mano que le ofrecía.

En 1908, uno de los ministros que habían contribuido a dar el golpe de Estado del 8 de febrero de 1904 se atrevió a pedirle que lo recibiera:

—Díganle a ese pícaro que no se me presente, porque no sé si me podré dominar al verlo.

Como uno de sus secretarios le dijera que el perdón era don de reyes, el doctor Bonilla se conformó con contestarle con una mirada aplastante.

Así, pues, ni amores ni odios enturbiaban el concepto claro y sereno que tenía de los hombres y de las cosas. Y como probablemente ni los unos ni las otras podían inspirarle un gran entusiasmo, generalmente guardaba silencio cuando su juicio era desfavorable a los primeros.

Cuando nos fue dado estudiar detenidamente el archivo del doctor Bonilla —el más completo y ordenado de los archivos particulares que he visto— me quedé pasmado al ver que casi todos los personajes políticos que han figurado en Honduras estaban allí catalogados: unos por su adhesión, otros por su deslealtad, otros por su interés, otros por responsabilidades civiles o por manifestaciones de admiración interesada o no.

Y el doctor Bonilla, que pudo haber hecho de ese archivo un arma de combate en la propaganda electoral de 1923, se negó a hacer uso de él, salvo para defenderse.

Alguna vez que el licenciado don Antonio Rivera lo atacó rudamente, hizo buscar una carta de adhesión que dicho señor le había dirigido y ordenó su publicación. A la hora de corregir las pruebas, borró en dicha carta la firma del doctor don Camilo Figueroa, afiliado al carismo. Ante nuestra extrañeza de que suprimiera aquella firma auténtica, replicó:

—El doctor Figueroa no me está atacando; no tengo por qué publicar una adhesión que en estos momentos sería un reproche, porque está afiliado al general Carías.

Enemigo del dicterio, no lo empleaba nunca, aun para sus enemigos más implacables, ni permitía que delante de él se empleara.

Alguna vez se dijo delante de él que el general Bonilla, su verdugo más ensañado, era un cobarde. Acremente replicó:

—Está usted equivocado. No creo haber encontrado nunca un valor más sereno que el de Manuel.

Y aprovechó esta oportunidad para pintarnos la batalla de Las Crucitas, en donde el heroísmo del general Bonilla llegó a una altura inmensa y en la que hasta el mismo general Sierra anduvo desconcertado.

Pero en lo que su repugnancia por las palabras y los comentarios hirientes tomaba caracteres de fobia era cuando se trataba de juzgar a las damas. Nadie puede envanecerse de haber murmurado de mujer alguna delante del doctor Bonilla sin haber recibido el más rudo reproche. Era capaz de romper con su amigo más íntimo con tal de defender a una dama acusada, con razón o sin ella.

Alguna vez, uno de sus partidarios y amigos más cercanos atacó a una alta dama, adversaria en política del doctor Bonilla. Este replicó con acritud:

—Haces mal en expresarte así, sobre todo si recuerdas que has sido amigo de esa señora, cuyos méritos has reconocido en público.

Allí concluyó una de las amistades más antiguas del doctor Bonilla, ya en las postrimerías de su vida.

Habiéndome enterado de que en su archivo existía un documento aplastante para un gran político que se había abstenido de tomar una resolución definida en el debate electoral, un amigo le sugirió la conveniencia de hacerlo saber al firmante del documento, a lo que él contestó con vivacidad:

—Eso sería casi un chantaje. Sólo haré uso de esa carta si ese señor me injuria.

Los chistes picarescos, que son el deleite de las almas vulgares y aun de muchas que no lo son, no figuraban nunca en la conversación del doctor Bonilla. Sólo uno le oí referir, que me lo repitió treinta o cuarenta veces, por ser quizás el único que sabía o el único que juzgaba lícito contar a sus amigos. Y lo hacía con una simpleza que desconcertaba y de la que aparecía, más que la lubricidad, el ridículo de una mujer alta seducida por un enano.

El culto por el hogar, que guardó siempre el doctor Bonilla, fue una de las fases más gloriosas de su personalidad. Era aquel un verdadero fanatismo, hijo, sin duda alguna, de las amarguras de su vida pública y de su frialdad aparente ante los extraños.

Y por hogar entendía el doctor Bonilla no sólo su familia, sino también los amigos que con él vivían, su servidumbre escogida entre hijos de casa, adoptados como si fueran de su sangre.

Y todos ellos disfrutaban del ambiente familiar, que era todo ternura y todo respeto.

Se sentía en el ambiente la presencia del grande hombre, cuya moral se imponía aun estando ausente.

Ni sus enemigos más implacables se atrevieron nunca a acusarlo por lo que se ha dado en llamar "pecadillos de la juventud", y que siempre traen como consecuencia la deshonra de una mujer y el abandono y miseria de seres inocentes.

Su culto por la verdad rayaba en fanatismo. No hablaba ni escribía nunca en términos que pudieran dar lugar a interpretaciones falsas que redundaran en perjuicio propio o de los demás, y cuando por cualquier motivo incurría en algún error, se apresuraba a rectificarlo.

Su memoria prodigiosa lo auxiliaba grandemente en esta característica, pues le permitía recordar, después de diez, veinte o cuarenta años, los hechos con una claridad sorprendente.

Hecho asegurado por el doctor Bonilla podía considerarse como absolutamente cierto, porque él lo recordaba, y en la generalidad de los casos lo confirmaba con algún documento de su archivo.

Alguna vez, en 1923, un adversario lo injurió soezmente en un discurso, diciendo que desde su más tierna infancia había tenido el más triste concepto de él.

Al saberlo, el doctor Bonilla nos comisionó para que buscáramos en su legajo de correspondencia particular del 95 o 96 una carta del nuevo enemigo, que concluía con unos versos entusiastas que se iniciaban así:

"¡Oh gran hombre, bajo tu ala...".

Publicada la carta, no quedó más remedio al autor de ella que confesar que, efectivamente, la carta era de él, y que esa era la expresión de los sentimientos de un niño; pero que desde su mayoría de edad había sido siempre su adversario.

—Busque —nos dijo nuevamente el doctor Bonilla— una carta de ese señor, que debe haber sido escrita en octubre o noviembre de 1910, en la que decía que yo debía redimir a Honduras entonces como la había redimido en 1894.

Publicada la nueva carta, no quedó otro remedio al autor que declarar que había escrito esa carta en su calidad de espía del general Bonilla.

El valor fue la manifestación más brillante de la personalidad del doctor Bonilla. Valor en todas sus formas, en todos los momentos, ante sus amigos como ante los adversarios, en el campo de batalla como en los congresos, en los puestos diplomáticos como en las prisiones, en la prensa como en la tribuna.

Y era su valor un valor reflexivo y no impulsivo; valor sin ostentaciones y sin cálculo, como que al manifestarlo expuso muchas veces su vida, su porvenir político y su tranquilidad, en defensa de los intereses de su patria y de su dignidad.

Con la boca de los fusiles en el pecho, con que lo amenazaba el esbirro norteamericano Lee Christmas, escogido por el general Bonilla para disolver a balazos el Congreso de 1904, exclamó el doctor Bonilla, ya inerte y golpeado:

—¡Tira, bandido, vergüenza de tu pueblo y escarnio de tu raza!

Y lo mismo se opone al fusil asesino de un esbirro que a la presión omnipotente de Mr. Wilson o de Clemenceau en el Palacio de Versalles.

Sabedor el primero de que el doctor Bonilla propondría en el Congreso de la Paz una interpretación de la Doctrina Monroe en consonancia con las aspiraciones latinoamericanas, trató, por medio del delegado del Brasil, Pezoa, de impedir que dicha interpretación fuera presentada. De nada sirvió la presión norteamericana, como de nada sirvió la agresividad de Clemenceau para impedir que el doctor Bonilla hiciera la salvedad, a la hora de firmar el Tratado, de que se oponía, en nombre de Honduras, a que se estipulara la extracción del káiser de Holanda.

Y fue de ver el escarnio que los pigmeos de Honduras hicieron de esos gestos. Lo que debió haber sido una página de gloria para el pueblo hondureño, en la boca de los gansos de nuestra política se transformó en un gesto ridículo que, según ellos, había herido el honor nacional.

Han pasado diecinueve años y el káiser permanece tranquilo en Holanda, conforme a la tesis sostenida por el doctor Bonilla, y la política norteamericana comienza a orientarse de acuerdo con la interpretación propuesta por él mismo, que fue el único delegado latinoamericano que defendió los intereses de su raza en aquel congreso.

Un hombre así tenía que ser, como lo fue, rudamente combatido por los politiqueros profesionales, que no entienden más que de la explotación inicua del país, del robo como medio de enriquecerse y de la fuerza bruta como única norma de gobierno, a falta de una norma legal y justa, que son incapaces de seguir por ignorancia y por perversidad.

Sin exageración, podemos decir que no hubo calumnia, que no hubo injuria —por soez que fuera— que no se lanzara contra el doctor Bonilla.

Con Calígula y Nerón lo comparó en unos versos ramplones un adversario del 93.

Sufrió destierros, prisiones, atentados personales como ningún político en la historia de Honduras, pero nunca correspondió en la misma forma a sus enemigos.

Jamás salió de su pluma ni de su boca un insulto, ni en las alturas del poder trató de vengarse en forma alguna; antes bien, favoreció con empleos a los enemigos que manifestaban haberse identificado con la idealidad política que él había hecho triunfar.

Jamás, en la historia de Honduras, había sido tan completa la libertad de imprenta, de justicia, de asociación y, sobre todo, la libertad electoral, como durante el gobierno del doctor Bonilla.

A pesar de esa conducta, sus enemigos no modificaron en lo más mínimo su animosidad contra él, y de sus virtudes más salientes y de sus hechos más notables hicieron capítulo de las más acres censuras.

Celoso defensor de la integridad nacional, estudió a conciencia nuestras cuestiones de límites y sostuvo brillantemente los derechos de Honduras en las controversias con Guatemala y Nicaragua. Esto, que en cualquier país civilizado del mundo es un capítulo de gloria, era, en boca de los enemigos del doctor Bonilla, una "explotación inicua" de nuestras pequeñas diferencias. Su actitud altiva en el Congreso de Versalles, en donde defendió los fueros de la justicia universal y los intereses de su patria y de su raza, fue para los enanos de nuestro país un "ridículo exhibicionismo de un impotente". Su respeto a la vida humana, a la prensa y a la majestad de la ley toda, en fin, fue tachado de debilidad.

Porque en Honduras el hombre fuerte apalea, asesina en los campos o en las cárceles, aplasta la prensa, atropella la justicia; no tiene, en fin, más norma que sus intereses o sus pasiones, sin que la ley, ni la moral, ni el porvenir de su pueblo intervengan en sus determinaciones.

De allí que los adversarios del doctor Bonilla no hayan admitido nunca en él una sola virtud, un solo rasgo elevado, una sola gestión digna.

¿Cuáles fueron los defectos del doctor Bonilla que lo hicieron víctima eterna de su medio?

Sus defectos —permítase la antítesis— fueron sus virtudes. Con un poco menos de virtud, el doctor Bonilla hubiera podido imponerse perfectamente, y por toda su vida, a la pequeñez del ambiente.

Si el doctor Bonilla, en la Junta de Notables provocada por el general Bográn para preparar su reelección, hubiera estado de acuerdo con esta y se hubiera aliado a aquél, podría estar seguro de ser su sucesor.

Si, en vez de asumir siempre una actitud de rebeldía frente a todos los regímenes opresores que ha habido en Honduras, hubiera sido sumiso defensor de ellos y los hubiera aprovechado en su propio beneficio, habría llevado una vida de triunfos y de tranquilidad.

Si, cuando un prominente factor de la política de López Gutiérrez le ofreció ayudarlo —si lo dejaba como sucesor—, hubiera accedido a esa absurda pretensión, aunque fuera solo por fórmula, habría sido presidente en 1924. Pero a esta proposición contestó:

—No puedo ofrecerle lo que me pide; lo más que puedo hacer es colocarlo en una posición brillante que le permita mostrar al pueblo las virtudes que necesita para elegirlo.

Ante la negativa, el seductor, que creyó que podía triunfar sin el doctor Bonilla, le dijo:

—Nos veremos en el destierro.

Efectivamente, algunos meses después, el doctor Bonilla lo encontró en San Salvador y, al saludarlo, le dijo fríamente:

—Ya le había dicho que nos veríamos en el destierro.

Cosa parecida pasó en Guatemala al doctor Montúfar, cuando, siendo candidato a la Presidencia de la República, le preguntó el presidente Barillas con qué garantías podía contar al descender del poder si aquél triunfaba. El doctor Montúfar le contestó:

—Con todas las garantías que le da la ley.

A una pregunta semejante contestó el general José María Reina Barrios:

—Con todas las que usted quiera.

Y éste fue el sucesor de Barillas.

En nuestras bárbaras democracias, esos gestos no tienen valor. El hombre de menos escrúpulos, el que más fácilmente se pliega a la mediocridad ambiente, el que más halaga las pequeñeces y las ambiciones de los politicastros, es el que más fácilmente escala las más altas posiciones.

¡Y ay del que pretende sobreponerse! Se le aplasta como se puede. La calumnia, el proceso falso, la prisión, el destierro y la muerte —si es necesario— son las armas que se emplean para destruir cualquier intento noble de redención nacional.

Por todos esos procedimientos se trató de destruir la personalidad eximia de Policarpo Bonilla, y sólo su grandeza impidió que fuera aniquilado.

Y esa tarea ingrata no duró lo que la vida del hombre superior. Se le persiguió más allá de la muerte, y publicaciones y libros de texto oficiales siguen repitiendo los mismos cargos calumniosos, las mismas injurias.

Y es que los hombres que le tienen miedo a la historia crean una a su modo, que los justifique de todos sus errores y de todos sus crímenes, y quieren anticiparse a su juicio, escarneciendo a la víctima y engrandeciendo a los verdugos, con lo cual creen conseguido su triunfo del momento, que les permite saciar todos sus apetitos y alcanzar su triunfo definitivo, que debe salvarlos ante la posteridad.

De allí que se haya inventado una serie de cargos con los que, fuera de las calumnias groseras, se trata de empequeñecer la figura del doctor Bonilla. Uno de los cargos que con más insistencia se ha hecho al gobierno del doctor Bonilla es el de haber hecho una administración nula durante los cinco años que permaneció en el poder.

En Honduras no se tiene concepto de lo que es administración, ni se toma en cuenta las circunstancias en que se encuentra un gobierno ni su ideología para juzgarla.

El público profano es incapaz de ver lo que no impresiona fuertemente los sentidos, y a una labor seria de organización y de orientación ideológica y práctica prefiere la construcción de un puentecito, el repello de un edificio o la apertura de una escuela: obras todas perecederas.

El doctor Bonilla tenía un concepto completamente distinto de su misión en el poder. Había llegado a él para marcarle al país un derrotero absolutamente distinto del que le habían marcado sus antecesores. El doctor Bonilla sólo tenía en el espíritu el ideal de patria, y a él sacrificaba toda clase de otra consideración, aun las de orden personal y de partido.

Es costumbre inveterada en nuestros gobiernos no pagar ninguna deuda dejada por los gobiernos anteriores, tanto porque nunca les alcanza el dinero como porque se empeñan en desprestigiar a sus antecesores. El doctor Bonilla procedió de forma opuesta.

Explicando las deudas que dejaba pendientes, dice:

"Sírvame también de excusa para dejar esas deudas, el haber cancelado una enorme suma de las que crearon mis antecesores.

"Si en vez de invertir el dinero en ese fin se hubiera aplicado a obras de positivo progreso, por ejemplo, a la continuación del ferrocarril interoceánico, tendríamos hoy algunas decenas de millas de camino, que habrían hecho ya desarrollarse mucho al país.

"Pero no era posible tomar la resolución radical de suspender en absoluto los pagos, porque había una deuda sagrada, la procedente de los incendios, saqueos y exacciones violentas ejecutadas por el despotismo, la cual en su mayor parte está cancelada; y otras muchas que, por su naturaleza especial, afectaban gravemente el crédito del Estado."

A pesar de que el gobierno del doctor Bonilla era hijo de una guerra prolongada y costosísima, en los diez primeros meses de su administración organizó debidamente las rentas y las hizo producir más que sus antecesores en un año completo, rebajando visiblemente la diferencia entre el producto bruto y el neto de las rentas. Mientras en 1892 las rentas quedaban reducidas de $1,589,738.98 a $1,147,966.48 —con una rebaja de $441,772.50, o sea el 27%—, en los diez meses de 1894 sólo se redujeron de $1,968,861.09 a $1,560,870.28, o sea el 20%.

Consecuente con estas ideas, el gobierno del doctor Bonilla pagó por Crédito Público la suma de $193,248.28 en los primeros diez meses de gobierno, incluyendo en esa suma el abono hecho al Banco de Honduras.

El Ministro de Hacienda de la época, general don Miguel R. Dávila, resume así la labor desarrollada en 1894:

"Dados estos antecedentes, no vacilo en afirmar que la bondad administrativa del gobierno dictatorial de V. E. puede hacerse consistir:

En el aumento notable de las rentas.

En la también notable economía de los gastos de las mismas.

En que ha pagado el servicio de campaña del Ejército Revolucionario sin crearle graves compromisos al Tesoro.

En que no ha creado deuda por suplementos reintegrables al 24% de interés anual, ni a otro tipo, achaque de los gobiernos anteriores, en que se ha hundido el crédito público.

En que no hay emisiones ad hoc de vales al portador, que ha sido el juego de bolsa de los gobiernos de Honduras, que más explotaron los expresidentes Soto y Bográn, imposible de saberse hasta qué límite.

En que ha pagado en moneda efectiva el Presupuesto Nacional de sueldos y gastos y todas las demás erogaciones extraordinarias de los diferentes ramos del servicio público; y

En haber amortizado también en efectivo, y no virtualmente como resulta de las combinaciones numéricas de las administraciones Bográn y Leiva, $128,541.76 de Deuda Interior."

Durante el año de la guerra de 1894 sólo se quedaron debiendo $28,991.50.

Fiel a su propósito de organizar el país y de asegurar el crédito, el doctor Bonilla procedió así en el resto de su administración, y a esa norma se debe que haya sido el verdadero benefactor de Tegucigalpa, al pagar las obras de introducción del agua, ejecutadas seis años antes. Durante el año económico de 1895-96 fueron pagados los últimos

$27,011.67 que se debían a Gibson y Cole por la introducción del agua potable a nuestra capital.

Otra de las causas por las cuales el doctor Bonilla hizo poco por el progreso material de Honduras fue su firme creencia de que nada estable puede hacerse por la patria si no es a través de la Unión Centroamericana. Puede decirse que a esta causa sagrada dedicó casi todas las energías materiales y espirituales del país.

Pero como entre nosotros se es unionista y se es patriota sólo de nombre, el presidentito que llega al poder se contenta, para demostrar que es unionista o que es patriota, con pronunciar un discurso o hacer una declaración romántica, pero sin realizar labor efectiva en favor de sus ideales.

El doctor Bonilla no era unionista de nombre, y desde que llegó al poder enderezó todos sus esfuerzos a la realización del ideal máximo de Centroamérica. Por supuesto, para la mediocridad centroamericana, valen más unos cuantos puentes y relojes públicos que la reconstrucción nacional; vale más una ridícula placa de mármol puesta al pie de un edificio que laborar por la creación de una patria fuerte, de una patria respetable y respetada por su crédito y seriedad, por la firmeza de sus instituciones y por la vida libre de sus ciudadanos.

Una conciencia así deformada no ha comprendido ni podrá nunca comprender una elevación de miras como la del doctor Bonilla. Garibaldi, Mazzini y Cavour, conforme a ese criterio, tienen que verse pospuestos a un Juan Vicente Gómez; un Morelos, un Juárez y un Madero valen menos que un Porfirio Díaz; y Cristo y Juan el Precursor valen menos que un Julio II.

El patrimonio moral de un pueblo no cuenta para ciertos individuos. El imperio de la ley, el respeto de la personalidad humana, el reinado de la justicia, la organización completa de un pueblo, valen menos —mil veces menos— para ese criterio municipal y misérrimo que un progreso material efímero, generalmente pagado a precio de opresiones dolorosas que, de ser aceptadas por los pueblos, extinguen en ellos toda norma de dignidad.

El concepto material de la patria es el menos respetable de todos. La patria no está en la tierra, no está en los caminos, no está en los palacios; la patria está en la conciencia de los hombres libres, regidos por instituciones justas, alentados por una tradición amada y por una fe sagrada en el porvenir.

Y los hombres que más han hecho por la grandeza de su pueblo son los que más cuidadosamente han laborado por su patrimonio moral, los que más han dignificado la personalidad humana, los que más celosamente han cultivado en él la noción de justicia, de libertad y de soberanía.

Y podemos decir que ningún gobernante hondureño, y muy pocos en América Latina, han hecho por la grandeza moral de su pueblo lo que hizo Policarpo Bonilla en Honduras.

Fue el apóstol más grande de su libertad, de su integridad y de su grandeza, a las cuales dedicó las energías todas de su prolongada vida, no habiendo podido, por desgracia, ser comprendido ni apreciado por la casta privilegiada que sólo puede prosperar en Honduras explotando los vicios que nos minan.

La guerra fue otro factor que imposibilitó la obra de progreso del doctor Bonilla; así lo declara en su Memoria de 1897:

"Cuando la calamidad de la guerra aflige a un país, todos los planes financieros se frustran, y las más bellas esperanzas que su gobernante abriga se convierten en crueles decepciones.

"En dos años consecutivos en que ha tenido guerra mi gobierno, ha gastado en ella cerca de medio millón de pesos y mucho más, si se toman en cuenta las erogaciones que se han hecho fuera del servicio corriente para precaverse contra las amenazas y tentativas de trastorno permanentes que los emigrados han mantenido.

"Fácil es comprender que, si ese medio millón de pesos se hubiera invertido en obras de progreso, habría señalado mi administración en la historia como una de las que en Centroamérica hayan hecho adelantar más al país."

Otro de los cargos gratuitos que se han hecho al doctor Bonilla es el de la intransigencia política. Ninguno más infundado. Quizá ningún gobierno en Honduras, surgido de una revolución, ha tenido la amplitud y magnanimidad con los adversarios que tuvo el del doctor Bonilla. Ningún gobierno revolucionario llamó a los puestos públicos a sus adversarios como lo hizo el doctor Bonilla.

Tal conducta era hija de una ideología definida que él expresó en múltiples ocasiones. En su mensaje al Congreso en 1895, dice:

"He llegado al poder en brazos del Partido Liberal, después de que éste hizo innúmeros sacrificios y me honró con una confianza ilimitada, sostenida durante varios años de lucha. Esta declaración basta para que se comprenda que es el mío un gobierno de partido, porque debo gobernar apoyado en los hombres que tienen su patriotismo bien probado y gran interés en sostener su propia obra.

"Consecuencia lógica es que todos los empleos políticos y militares se provean en bien conocidos liberales, escogiendo entre ellos los más aptos; que los empleos de Hacienda puedan proveerse en adversarios de honradez y aptitudes bien notorias, con tal que por circunstancias especiales no haya de perjudicar la buena armonía entre los diversos funcionarios; y que los de Justicia e Instrucción Pública y otros semejantes se provean en los más competentes y honrados, cualquiera que sea su color político, porque no afectan la buena marcha del gobierno en la vía de realizar los fines que la Revolución se propuso."

Declaraciones tan francas y tan juiciosas no han merecido de los adversarios el respeto que se merecen, y aun los mismos que se han distinguido por su exclusivismo e intransigencia han hecho de ellas armas de combate constante e implacable.

Y conste que el doctor Bonilla fue más allá de lo que decía, pues no se limitó a poner en puestos públicos de Hacienda e Instrucción Pública a sus adversarios, sino que también los llamó a los ramos políticos y militares que debían haberse reservado para los liberales genuinos.

Y lo más curioso de la campaña que se hizo contra el doctor Bonilla es que al mismo tiempo se le acusaba de partidarista intransigente y de ingrato con sus amigos.

No es posible que régimen alguno deje satisfechas todas las ambiciones, y aun las necesidades de sus partidarios, y forzosamente quedan muchos descontentos, muchos sacrificados, para los cuales no es posible que alcance el favor oficial.

A los seis meses de inaugurado cualquier gobierno entre nosotros se forma un gran ejército de descontentos que tenían cifradas grandes esperanzas en su triunfo, y cuando las dádivas pecuniarias o los empleos no vienen, se transforman de la noche a la mañana en detractores de los mismos que ayer no más defendieron.

El doctor Bonilla vio claro este fenómeno, y así lo dice en el mensaje de 1895:

"Este sistema necesita, en verdad, para que pueda ser fructuoso al país y para que tenga larga vida, no sólo la consecuencia de los hombres del poder, sino también la de todos los que han concurrido a ponerlo en sus manos. Preciso es que, mientras vean honradez administrativa, respeto a las instituciones y marcha progresiva, sigan siendo patriotas abnegados que no piden más que paz, libertad y justicia, para tener también tranquilidad en el hogar.

"Podrá pensarse que me es perjudicial tanta franqueza; pero ella ha presidido mis actos durante mi vida pública, y creo deberle la alta posición que en mi patria actualmente ocupo. Seguirá, pues, siendo la norma de mi conducta, porque hasta ahora no he tenido motivo de arrepentirme de ella."

Y la intransigencia del doctor Bonilla la llevó hasta el campo de las ideas, cosa rara en los apóstoles. "Hoy se me trata de radical —decía en un discurso— y dentro de treinta años mis ideas serán tildadas de conservadoras."

El doctor Bonilla creía, como creen todos los sociólogos, que las ideas nacen, viven y mueren, y que día habría de llegar en que las suyas fueran sustituidas por nuevas, conforme a las exigencias del tiempo. Y si se mantuvo siempre firme a la ideología liberal, ya cuando en otros países se hablaba de socialismo y de régimen de corporaciones, es porque veía que en Honduras no hemos logrado todavía establecer el imperio de la ley y de la justicia, en donde, por consecuencia, es peligrosísimo que el colectivismo nos lleve de nuevo a los regímenes bárbaros del siglo XIX.

Nada de esto podían entender los profesionales de la política. Individuos de moralidad escasísima y de preparación intelectual nula, no conciben que la virtud pueda llegar hasta el heroísmo, y juzgando a través de su punto de vista, hallan sospechoso lo que no va de acuerdo con sus procedimientos.

Por otra parte, la virtud heroica de un hombre como Policarpo Bonilla era un reproche constante a los que eran incapaces de imitarlo y lo odiaban —o aparentaban odiarlo— por sus méritos, precisamente.

El doctor Miguel A. Navarro, uno de los cerebros más luminosos que ha habido en Centroamérica, nos decía en 1925:

"Ese hombre es temible; despiértelo a las tres de la mañana y pregúntele repentinamente qué estaba haciendo el 3 de marzo del 72, y sin pensarlo un segundo le dirá con toda exactitud lo que hacía, y se lo demostrará con documentos. Un hombre así es imposible en el poder."

Otra vez se le preguntó al mismo formidable escritor por qué atacaba rudamente al doctor Bonilla, y aquél, con no poca vanidad, respondió:

"¿Qué quiere, amigo? El rayo es atraído por las cumbres."

Eso hace recordar al ateniense que votó por el ostracismo de Arístides porque estaba cansado de que lo llamaran "el Justo".

Y al doctor Bonilla se le persiguió por justo, se le persiguió por grande. No cabía en la mediocridad del ambiente centroamericano, y la política de estos países —y hasta la política norteamericana— lo distinguieron siempre con mala voluntad, en cuanto se dio a conocer como un defensor de las instituciones, la integridad de su patria y los ideales de nuestro continente.

Como era natural, el doctor Bonilla murió en el destierro, rodeado apenas de los afectos familiares y de unos pocos amigos.

Murió estoicamente, como había vivido, sin lamentos inútiles, sin tristeza de dejar la vida —a la que, sin embargo, había amado mucho—, pero sí con dolor al dejar a su patria en mala situación.

El doctor Bonilla murió pobre; para los gastos del entierro hubo que cobrar la única póliza de seguro que tenía, por valor de cuatro mil pesos oro, y que estaba hipotecada en dos mil. Como para el cobro se necesitara la firma del Cónsul de Honduras en Nueva Orleans, éste se mostró extrañado de que fuera aquélla la única póliza del doctor Bonilla.

"Sé —me dijo— que estaba asegurado por 20 mil dólares." Todos los cargos contra el doctor eran iguales.

La traslación de los restos del doctor Bonilla a Tegucigalpa fue una verdadera apoteosis. Más por conveniencia política que por honradez, los mismos que lo habían declarado asesino, ladrón, incendiario, se apresuraron a declararlo hijo ilustre de la patria y le hicieron toda clase de honores, porque ya no les estorbaba.

Hoy que la necesidad política ya no existe, órganos de prensa sostenidos con el dinero del pueblo siguen publicando las calumnias que se lanzaron contra él.

La ventaja de los inmortales es que cuentan con la eternidad. Los mediocres y los perversos son glorificados en vida o cuando su memoria está muy fresca, para que luego el tiempo desvanezca su recuerdo. Los grandes esperan tranquilamente el fallo tardío, pero justo, de la Historia.

Cuando el conservatismo asesinó a Morazán en Costa Rica, en 1842, las campanas de la parroquia de Tegucigalpa repicaron a gloria. Cuarenta años después, en 1882, la estatua del héroe de Centroamérica se levantaba en el corazón de la ciudad en donde naciera, y su recuerdo quedaba para siempre arraigado en la conciencia nacional.

Mañana, cuando se haya extinguido el aullido de los chacales que han devorado a la patria y el de los mercaderes que con ella han traficado, se alzará la estatua que inmortalice la figura de Policarpo Bonilla, y la conciencia nacional rendirá su culto a una de las figuras más grandes y más puras con que cuenta el Continente Americano.

Tegucigalpa, 24 de diciembre de 1934.

FECHAS IMPORTANTES EN LA VIDA DE POLICARPO BONILLA

1858: Nace el 17 de marzo en Tegucigalpa, Honduras.

1878: Obtiene de la Suprema Corte de Justicia el título de abogado.

1880: Electo diputado al Congreso Nacional.

1884: Se convierte en crítico del gobierno del general Luis Bográn.

1887: Funda el Partido Liberal de Honduras (PLH), marcando el inicio del liberalismo como fuerza organizada en el país.

1894: Lanza una revolución contra el gobierno de Domingo Vásquez con el apoyo del presidente nicaragüense José Santos Zelaya. Establece un gobierno provisional en Gracias y convoca a una Asamblea Constituyente.

1895: Gana las elecciones y se convierte en presidente de Honduras.

1904-1906: Es encarcelado.

1906: Sale al exilio.

1907: Encabeza el movimiento que depone al presidente Manuel Bonilla.

1923: Candidato presidencial.

1926: Fallece en Nueva Orleans, Estados Unidos.

PRIMERA PARTE

I: SU JUVENTUD HASTA 18979

Faites-vous, si´il se peut, une destinée qui ne depende pas de la bonté trop inconstante et trop peu comunes des hommes[5].
— **VAUNVENARGUES.**

EL ABUELO paterno de José Policarpo Bonilla, oriundo de Cartago, Costa Rica, de nombre también Policarpo[6], llegó a León, Nicaragua, y tuvo de Clara Jirón, nicaragüense, en legítimo matrimonio, entre otros, a Inocente. Este, siendo estudiante, fue enviado por su madre, ya viuda, a Tegucigalpa, apartándolo de unas relaciones que ella estimaba inconvenientes para su porvenir. Aquí continuó sus estudios y, al año siguiente de haber hecho su pasantía, contrajo matrimonio (1853) con la señorita Juana Vásquez.

Policarpo Bonilla nació de este matrimonio, precediéndole su hermano Pastor, el 17 de marzo de 1858, y tenía 7 años cuando su padre murió. Al fallecer el licenciado Inocente Bonilla repentinamente, en el año de 1865, dejando a doña Juana dos hijos, Pastor y Policarpo, esta virtuosa señora se vio de pronto estrechada por la mayor pobreza, y la Junta Universitaria, en reconocimiento a los méritos de su difunto esposo, acordó darle una de las piezas interiores del edificio de la Universidad para que morase en ella con sus dos tiernos hijos.

La muerte del señor Bonilla no arredró, sin embargo, a doña Juana; sus hijos eran una promesa y en su educación asidua supo hallar el consuelo a su desgracia. Pero poco después habría de sufrir otra pérdida: la de su hijo Pastor, que tenía ya adelantados sus estudios y se inclinaba al sacerdocio. Ella supo mostrarse superior al dolor de esa segunda pérdida, con la serena conformidad de las almas cristianas penetradas de la vieja sentencia: "De polvo eres y en polvo serás convertido."

Quedó solo Policarpo, inclinado al estudio de la profesión de su padre. Fue distinguido y aventajado discípulo y consoló las estrecheces

---

[5] "Forjaos, si es posible, un destino que no dependa de la bondad, demasiado inconstante y demasiado poco común, de los hombres."

[6] 1 Personaje visible a quien se confiaron importantes funciones en tiempos de la Federación, cuando Arce era Presidente de Centro América. Este lo envió una vez con una considerable cantidad de fusiles a Nicaragua para auxiliar al jefe Cerda, que, con el vicejefe Argüello, se encontraba allá a un mismo tiempo gobernando y hostilizándose, apoyados cada uno de ellos por sus respectivos partidos.

y penalidades de su madre, alentando en ella sus caras esperanzas, por su dedicación al estudio, su talento precoz y su seriedad, que lo hicieron sobresaliente y capaz de poner en inquietudes a sus propios mentores.

Su conducta con su madre fue ejemplar y ésta no debió de haber tenido de él sino muy raros y perdonables disgustos. Nació, puede decirse, con un espíritu ya formado y maduro, aunque flexible. Ni sus propios enemigos le negaron más tarde el don de gentes —que dicen los españoles— o la suplesse d'esprit, que llaman los franceses, condición que parece heredó de doña Juana.

Una vez llegó a su casa, por la tarde, fuera de la hora acostumbrada y mostró disgusto por una comida tan pobre y tan frugal como la que doña Juana pudo presentarle. "No comas entonces", dijo ésta. Cuando el hambre se hizo aguda, comprendió que había sido causa de un silencioso resentimiento y entonces comió, además, en frío, prometiéndose no volver a dar otro disgusto a su madre.

Fue porfiado por naturaleza desde muy pequeño. Cierto día se mantuvo nadando durante una hora en aguas del Río Grande para superar a algunos de los muchachos que se habían sostenido casi el mismo tiempo; pero al llegar a su casa se sintió atacado por una fiebre intensa. Este caso recuerda el de Bolívar, que, porque uno de sus generales se montaba en su cabalgadura saltando por sobre las ancas, él se propuso hacer lo mismo hasta conseguirlo.

A la edad de 14 años obtuvo en la Universidad el grado de Bachiller en Filosofía y dos años más tarde, por suficiencia, los de Bachiller en Derecho Civil y Canónico. Al examinarse en esta última materia, Antonio Vallejo —que, según parece, no lo quería bien— lo aplazó antojadizamente, expresándose con menosprecio de él. Se irguió el alumno ofendido y dijo: "Yo me comprometo a probar que conozco mejor el Derecho Canónico que el señor Vallejo, que pretende ser tan profundo en él"; y, en efecto, pocos días después hizo un examen brillante.

Seguidamente inicia los estudios para abogado y al mismo tiempo trabaja para ayudar a su madre; se encarga, en ausencias de don Rafael Alvarado Manzano, de su cátedra de Filosofía, y, en una edad en que el espíritu de la mayoría de los jóvenes está muy lejos de su madurez, busca y sostiene las relaciones de hombres como el presbítero Nicolás Andino, de Orica; Perfecto Aldana, de Comayagua; Francisco Cáceres, que por entonces se hallaba en Managua; Céleo Arias, Liberato Moncada —diputado al Congreso Nacional—; Vicente Ayestas, Rafael Alvarado Manzano, y otros que figuraban ya como altos funcionarios de Estado o como elementos distinguidos en el Foro, en las Letras y en la Política.

El presbítero Andino le ruega "un momento in orationibus tuis con la Virgen de Mercedes"; Perfecto Aldana lo felicita por sus adelantos en la carrera del Foro y desea "que pronto la concluya para encomendarle sus asuntos, que son tan graves"; él mismo le habla poco después de la situación política entonces reinante, así como el presbítero Andino. Don Francisco Cáceres se chancea con él y le habla de sus cosas íntimas, pero regularmente su correspondencia es seria y le pinta la situación política de Nicaragua, mostrándose interesado vivamente en las cosas de Honduras y le dice (12 de abril de 1878, cuando Bonilla tenía 20 años):

"Es de la esencia del partido cachureco ser indiferente a las desgracias de sus correligionarios, modelando su conducta a la granjería. Es de ellos, cuando están debajo, humillarse, arrastrarse como la serpiente hasta lograr seducir al Adán del Poder, para en seguida clavarle sus envenenados colmillos. Esto he tenido presente para no sorprenderme de su conducta con el desgraciado Medina. Ahora ya aquél no existe. Su ídolo será el señor Soto. Las dádivas y los agasajos lo remiendan y lo componen todo entre los abyectos que la echan de espíritus prácticos."

Y con fecha posterior (30 de junio del mismo año):

"Dando crédito a las noticias que circulan por acá, las inquietudes de usted por la paz pública son fundadas. Se asegura que el general Guardia hase preparado con incansable afán y está listo para abrir campaña pronto sobre esa desgraciada república y Guatemala. Esta proyectada guerra será funestísima para Centroamérica, y más aún para Honduras, que será el teatro sangriento, y del más sangriento drama, que concluirá con la disolución de ese pueblo mártir."

Esas cartas eran llevadas y traídas por particulares, ya que el servicio de postas oficial no existía o no se tenía confianza en él por el abuso del gobierno de violar la correspondencia.

A consecuencia de los escasos recursos de doña Juana, los estudios del joven Bonilla fueron bastante penosos, como se ha dicho; pero esta misma desfavorable circunstancia hizo que éste se aplicase con tesón a ellos, a fin no sólo de quitar a su madre una carga, sino de crear para ambos una situación desahogada con los rendimientos del ejercicio de su profesión.

Porque los dineros de la señora Clara Jirón, que residía en León, además de no haber llegado en tiempo oportuno, quizás se redujeron a cincuenta pesos fuertes del producto de la venta de una casa en que ésta vivía. Habiendo dado a interés parte de su valor con el propósito de aumentar esos dineros, sus deudores se declararon en quiebra sin pagarle, de todo lo cual dio extensas explicaciones al joven Policarpo

Bonilla para tranquilizarlo. Pero su pena, sin embargo, no desapareció, puesto que, aun después de haberse recibido éste de abogado, le decía:

"Y decime (18 de agosto de 1878) si has quedado pendiente en alguna cosa para mandarte siquiera 100 pesos, o si no, para dejártelos para cuando vengas, pues son tuyos."

Las dificultades económicas deben de haber influido, más que otra causa, en el proyecto de trasladarse a Managua conjuntamente con su madre "con el fin de terminar su pasantía"; pero don Francisco I. Barberena, a quien se dirigiera pidiéndole consejo, lo hizo bien pronto abandonar ese proyecto, diciéndole "que no debían ocultársele los gastos de una traslación y las dificultades que se presentan para el establecimiento de una familia en un país donde el que llega tiene que comenzar proveyéndose de todo".

Continuó, pues, estudiando con mayor dedicación que nunca, en Tegucigalpa, y el 22 de julio de 1878 obtuvo de la Suprema Corte de Justicia el título de abogado de los tribunales de la República. Su triunfo le causó la impresión de que un peso enorme se alzaba de sus espaldas, sintiéndose libre y ágil para iniciar una vida independiente y fecunda por el trabajo asiduo. Esta noticia causó hondo regocijo a su abuela, lo mismo que a los amigos numerosos que ya tenía.

La primera lo aconsejó maternalmente: "Quiera el cielo —le dice— que ese título que has adquirido a costa de tantas fatigas y desvelos, sea para consuelo de tu familia y lustre y honor de la patria que te vio nacer. Ese título, repito, que es el de abogado, espero será para favorecer con justicia a todo aquel que os la demande, en cualquier categoría en que te encuentres."

Bernardo Dolores Coello, de Danlí, le dedica con este motivo un soneto, y Marcial Flores, de Comayagua, le confiesa su sincero regocijo con ingenuas palabras.

II: ABOGADO Y CONTADOR, HASTA 1883

Ce n´est point a una ame courageuse a attendre son sort de la seul faveur et du caprice d´autrui. Cést a son travail a lui faire une destinée digne d´elle[7]. —**VAUVENARGUES.**

TAN PRONTO como se titula, es nombrado réplica por la Corte Suprema de Justicia para el examen general de Antonio R. Reina, Dionisio Gutiérrez, Carlos Zúniga y otros que habían sido sus compañeros en la Escuela de Derecho. Poco después, recibe el nombramiento de Secretario de la Comisión Central para la Exposición Nacional, cuya apertura se verificó el 15 de septiembre de 1878.

Por entonces, siente una febril inquietud migratoria y sólo piensa en "correr todo el mundo"; pero, debiendo ganar de modo previo el dinero suficiente, trabaja con asiduidad, aceptando asuntos de diversas partes del país, a donde había llegado ya su temprana notoriedad. No hay indicios de que entonces pensara en la política, y sólo los hay muy vagos de que lo tentara el amor frívolo, como a la mayor parte de los jóvenes. A su deseo de viajar iba unido el anhelo de dedicarse al comercio; pero antes de partir quería dejar a su madre los recursos suficientes para su subsistencia.

Su primera salida la hizo a León, en enero de 1879, con el propósito de ver a su abuelita Clara, a quien no conocía. Permaneció en dicha ciudad varios días de ese mes y todo el de febrero siguiente. A su paso por Managua, visita a su amigo don Francisco Cáceres y regresa al país, vía Amapala, en el vapor "Honduras", acompañado de un señor Zambrano.

Con motivo de ese viaje, volvió a concebir el proyecto de trasladarse a Nicaragua con su madre para desarrollar allá las actividades de su profesión; y al hablar con don Francisco Cáceres, le encargó que gestionara su incorporación, para lo cual le dejó su título. Pero Cáceres tropezó con dificultades. "Más que lo que usted y yo pensamos —dice éste en una carta (12 de abril del 79)— viene poniéndose difícil su incorporación de abogado en esta república. El tratado de paz fue ratificado aquí con algunas modificaciones, que se duda sean aceptadas

---

[7] "No corresponde a un alma valiente esperar su destino de la sola gracia y el capricho de otros. Es a su propio esfuerzo al que le toca forjarse un destino digno de ella."

por ese Gobierno. Pero aun dado por subsanado esto, los tratados, dicen, llegan a tener fuerza de ley hasta después del canje. ¿Éste, cuándo tendrá lugar? Tarda por lo menos dos meses. Dígame, pues, si yo me voy, dejo aquí los títulos o no, que esto me conviene para obrar con su acertado acuerdo."

Abandonó, en vista de tales dificultades, sus proyectos de incorporación; pero, vuelto a Tegucigalpa, su deseo de viajar se hace más intenso. Desea conocer nuevos países, no cesar nunca de "correr el mundo", como él decía. En Tegucigalpa se sentía como oprimido y su ambiente no saciaba la sed de su espíritu, sed desconocida hasta entonces, inquietud de no sé qué, tendencias a romper cadenas invisibles, a zafarse del medio sofocante que lo circundaba, con el anhelo de "beber la luz como en sueños entrevista".

A este propósito se recuerda de nuevo a Bolívar, cuando, no habiendo encontrado todavía el objeto de su vida —el más imponderable con que el extraño desenvolvimiento de los sucesos premiara a un hombre, el de Libertador de un semillero de repúblicas—, vaga inquieto de una parte a otra de la vieja Europa, sin encontrar nunca reposo, sin sentirse nunca satisfecho; cuando, de pronto, llega a sus oídos la metálica clarinada de los criollos en rebeldía, llamando a la Libertad.

Pero el licenciado Bonilla no era ningún terrateniente, ni tenía a su disposición los centenares de indígenas del Libertador para que le labraran sus tierras; y, con más intensidad que nunca, se dedicó al trabajo, a su regreso de Managua, sin pensar en la política. El ejercicio de la profesión, desde el principio, le permitió vivir desahogadamente, y la mayor satisfacción que pudo sentir fue ver a su madre contenta de él. El ejercicio de su profesión, además, le procuraba un bien inestimable: la independencia. Decía que un joven profesional no debe ambicionar los empleos públicos por dos motivos: primero, porque le quitan su independencia; y segundo, porque lo hacen olvidarse de su profesión por la falta de práctica.

Sin embargo, estas satisfacciones eran turbadas por la falta de salud, porque con frecuencia se sentía enfermo a causa de un catarro pertinaz y de neuralgias agudas que, a la vez que lo hacían someterse aquí a tratamientos médicos, le daban alas a su idea de ir al extranjero.

A pesar de su propósito de mantenerse independiente, el 8 de julio de 1879 fue nombrado Contador Segundo de la Oficina General de Cuentas, en consideración a sus aptitudes, según acuerdo expedido por Rosa, Ministro General del presidente Soto. El 14 de agosto del mismo año, organizó el Ejecutivo —por disposición del Congreso— un comité especial, con el objeto de seguir una averiguación clara y detallada sobre todas las operaciones del Ferrocarril Interoceánico que en nombre del Estado se habían llevado a cabo en los centros monetarios de Europa. El comité quedó formado así: doctor Adolfo Zúniga, Director General de Rentas, presidente; don Miguel A. Lardizábal, Contador Primero de dicha oficina, vicepresidente; licenciado P. Bonilla, Contador Segundo, vocal; don Carlos A. Bernhard, vocal; y secretario el Tenedor de Libros de la mencionada Dirección.

Al mismo tiempo era catedrático (hacia 1891) de Filosofía en el Colegio Nacional de Segunda Enseñanza, con el sueldo de 30 pesos; ejercía su profesión, administraba un almacén de comercio y, por la noche, contestaba su correspondencia, que era ya copiosa; actividades todas esas abrumadoras, y su salud flaqueaba. Por esto no abandonó su propósito de viajar. Tenía proyectado un viaje a San Salvador; sentía deseos de ir a Danlí, donde contaba con amigos —los Idiáquez en primera fila— y no olvidaba a León. La abuelita Clara lo llamó por última vez el 7 de agosto de 1882:

"Tu pobre abuela —le dice— ha llegado a una edad en que los días y meses (a causa de tanto achaque) no son otra cosa que un viacrucis prolongado; pero todo sería nada para mí, con tal que al dejar la vida te vieran mis ojos por última vez, pues no tengo cifrada en otra cosa mi ventura."

El licenciado Bonilla desempeñó las funciones de Contador Segundo de la Oficina General de Cuentas hasta el 27 de abril del 83, en que le fue admitida la renuncia que había presentado reiteradamente por motivos de enfermedad; pero durante el desempeño de dicho cargo tuvo oportunidad de conocer a fondo las deficiencias de la legislación de Hacienda, ineficaz para el acrecentamiento de las rentas, lo mismo que para contener la codicia de quienes podían manejarlas a su antojo. Y no es aventurado afirmar que el caso hiciera reflexionar al contador acerca de la necesidad de una reforma mediante la organización de un gobierno compuesto de elementos de ideas avanzadas, resueltos a su implantación, lo que implicaba su participación directa en la política del país, en la que no había, posiblemente, pensado hasta entonces.

La labor del licenciado Bonilla, durante el tiempo que desempeñó las funciones de contador, debe haber chocado con la rutina y la ciega y servil obediencia, desviándose de ellas para sujetar todos los actos del gobierno en materia de Hacienda a la honesta observancia de las leyes entonces vigentes, según puede juzgarse por los hechos que van en seguida, como ejemplos.

Con fecha 22 de diciembre del 81, se había hecho pagar el presidente don Marco Aurelio Soto, por medio del Ministerio de Hacienda, la cantidad de 62,500 pesos en billetes del Tesoro —equivalentes a 50,000 en moneda corriente—, valor de una casa que vendió al gobierno por disposición legislativa. Le previno al mismo tiempo al Director General de Rentas dar cuenta de estar verificado el pago, para el otorgamiento de la correspondiente escritura; pero el 3 de enero del 83, la Oficina General de Cuentas, por gestión de su contador Bonilla, tuvo que llamar la atención a dicho ministerio porque la escritura mencionada aún no se había otorgado.

Otro hecho: se ordenó por ese tiempo al Tribunal tener por buena data cantidades que habían sido reparadas al Administrador de Rentas del Departamento de Gracias, don Francisco Pineda Lindo, y al ex administrador de la Aduana de Trujillo, don Jesús Fiallos; y el Tribunal, por gestión del contador Bonilla —según puede deducirse por ser suya la letra de los borradores— contesta:

"Todos los acuerdos que en iguales o semejantes términos a los que nos ocupamos ha emitido el Gobierno, en uso de las amplias y extraordinarias facultades de que se encontraba investido antes del primero de diciembre último, han sido estrictamente obedecidos. Pero, publicada la carta constitutiva en la fecha antes expresada, la cual concede al Gobierno facultades determinadas, los acuerdos a que ahora nos referimos contrarían la Ley Reglamentaria de Hacienda y, de consiguiente, este Tribunal se verá precisado a pronunciar sus fallos apoyado sólo en las leyes que le sirvieron de fundamento para hacer los reparos, atendiendo a las contestaciones de los empleados.

Sin embargo, si el S.C.N., actualmente reunido, o el Ejecutivo en su receso, usando de las facultades que le delegue para legislar en el ramo de Hacienda, emite una ley general concediendo al Gobierno facultades para desvirtuar los reparos que haga el Tribunal, ya sea en determinados casos y bajo señaladas condiciones, o ya de una manera general, reformando de esta manera la Ley de Hacienda, el Tribunal entonces obedecerá y cumplirá la nueva ley, tan estrictamente como lo hará hoy con la ley vigente."

III: SU RELATO, HASTA 1885

"Mi relación llevará el sello de la verdad, no sólo por los documentos que comprobarán los sucesos más importantes que relate, sino porque ha sido mi lema no mentir nunca, ni aun en política y en diplomacia, en que la generalidad de los hombres cree poder hacerlo." —**P. Bonilla.**

ADMITIDA su renuncia de Contador, interpuesta porque deseaba hacer un viaje de salud y de negocios a los Estados Unidos, el licenciado Bonilla preparó sus maletas, como suele decirse, y partió el 1.º de junio del 83.

El 25 de ese mismo mes, el vapor Acapulco en que iba atracaba a los muelles de Nueva York, y él apunta en su cartera:

"Junio 25.—A las 4 a.m. me levanto por estar ya claro. Fondeó el vapor en Sandy Hook a las 10:30 p.m. y dormí tranquilamente. Quise contemplar la costa al levantarme, pero a pocos momentos se levantó una neblina que impidió ver hasta de un lado a otro del vapor. A las 6:30 pasamos frente al fuerte Hamilton, situado en la costa, y el Lafayette, en el mar, cerca del otro, ambos a estribor. A babor está el fuerte Watch… y un caserío inmediato. Se cierra nuevamente la neblina y nada se ve. Vuelve a aclarar y estamos ya cerca del primer muelle, observando que a uno y otro lado de la desembocadura del Hudson, que forma la bahía, hay varios fuertes y caseríos. Se ven embarcaciones de vela y de vapor, de todo calado, a centenares, lo que obligó al vapor a caminar, durante la neblina, silbando constantemente por temor de un choque, que aquí son frecuentes. A las 8:30 tocamos en el primer muelle y seguimos viendo por orden numérico que tienen pintado, hasta llegar al 42, que es el de la P.M.S.S. Co.

Al atracar, llegó un empleado de la Aduana a pedir la declaración a cada pasajero del número de bultos que forman su equipaje y si trae tabaco, especialmente de C.A., y, en general, mercaderías extranjeras; pregunta que sólo al tabaco importa contestar, porque respecto a lo demás, sería preciso conocer las leyes de aduana para saber si deben pagar derechos.

En el muelle hay varios agentes de hoteles solicitando huéspedes. A mí, para halagarme, al saber, no sé cómo, que era hondureño, me dijeron dos españoles: uno, que allí había estado Cáceres —siendo mentira— y el otro, que estaban Guillén y Gardela, y no era Mariano sino Miguel. Tomamos un coche y nos dirigimos al hotel.

Las primeras casas de Nueva York, por esta entrada, ofrecen muy pobre aspecto, pero a medida que se avanza van presentándose las manzanas cubiertas por completo y aumentando en el número de sus pisos hasta tener ocho, de los que vemos al pasar, porque las hay, se me dice, hasta de quince.

El hotel está en Irving Place, Calle 15. En seguida salimos a comprar algunas mercaderías, vestidos para F. y los niños, y tomamos la calle Broadway. Nos acompañó un empleado del hotel, quien creo estaba entendido con el vendedor de antemano, y creo compramos caro para evitarnos andar mucho. Regresamos pronto por estar enfermo Danielito.

A las 5 me sorprendió la presencia de Chente, Fausto y Ruiz, que llegaron con Alberto, a quienes yo suponía aún en S.F. Después de comer salí con ellos y fui a la calle 34 W., Núm. 125, donde ellos viven, y al Núm. 150, residencia de C. Fiallos y Rafael íd. En seguida tomamos unos helados y me llevaron a conocer…"

"26.- Me levanto a las 6. Paso el día en casa por enfermedad del chico. Después de comer tengo el gusto de abrazar a A.M. y F. Vásquez, a quienes había telegrafiado para irlos a traer y no los esperaba. Salí con ellos a paseo y después fuimos al teatro de la Academia a ver representar "Romeo y Julieta", de Shakespeare. Yo creía que había canto y no hubo. A haberlo sabido no habría concurrido, tal vez por no entender. El teatro me pareció bonito, pero no lo describo porque antes no conocía ninguno y necesito ver varios para comparar. Comunicaré sólo una observación sobre la dureza… del carácter yankee. En la última escena, verdaderamente triste, al saber Julieta que Romeo está envenenado y clavarse ella un puñal, demostraron su aprobación y el estar satisfechos de la ejecución, con una risa general. Entre los latinos hay muchos que habrían llorado y todos, penetrándose de la escena, habrían estado recogidos. Salimos a las 12 p.m. Dormí bien."

Siguen las anotaciones, en lo general bastante minuciosas, de todas sus actividades durante el tiempo que permaneció en Nueva York: de sus gastos, paseos, visitas, observaciones, estado de su salud y hasta de los cambios de temperatura.

Hallándose en Nueva York supo por Manuel Ugarte que Ángel del mismo apellido había llegado, posiblemente de Guatemala y El Salvador a Tegucigalpa, y le decía:

"Ángel está aquí y asegura que Barrios está en la firme disposición de ayudar a… (Bográn, supone el biógrafo), para que Soto no regrese; pero que 'si los hondureños son tan desvergonzados e inútiles que nada hagan (palabras de Ángel) para que Soto no venga, entonces él (es decir, Barrios) personalmente vendrá a echarlo fuera'."

Regresó el licenciado Bonilla durante la primera quincena de septiembre siguiente. Hallándose en Amapala, se enteró por carta que le dirigiera el mismo Manuel Ugarte, de la situación creada con motivo de la ausencia de Soto:

"Gutiérrez ambiciona la Presidencia y espera que Julio (Lozano) traiga la renuncia de Soto, para dar sus instrucciones a los jefes militares de los departamentos... Alvarado, que en este Consejo parece una momia, continúa desempeñando su papel de espía y coqueteando con Bográn y Gutiérrez; quedará, a su juicio, con el que quede, aunque a decir verdad, no hay dinero ni para pagar a los pobres soldados. Bográn continúa siendo objeto de profundos celos de Gutiérrez y está constantemente vigilado, y aquel procura ocultarle cualquier asunto de importancia que ocurra y todas las medidas que se toman referentes a conservarle el poder a Soto o a procurárselo a él. Barrios y Saldívar han decidido que Soto no venga y apoyan en un todo y descaradamente la candidatura Bográn."

Poco tiempo después de su regreso, el 2 de noviembre de 1883, fundó con don Daniel Fortín una sociedad mercantil, bajo la razón de "Fortín & Bonilla", para la compra y venta de productos del país, teniendo Bonilla exclusivamente su administración y el uso de la firma social.

Sus actividades comerciales y profesionales, que eran intensas, no impidieron el desarrollo de su interés por la política del país, y su personalidad en este terreno empezó a adquirir caracteres propios y definidos, con marcados delineamientos que habrían de contribuir a hacerla relevante y considerada por los hombres de su tiempo.

La gestación política del licenciado Bonilla se revela con claridad en las primeras páginas que pudo escribir de sus "Memorias"; y ellas dicen así:

MEMORIAS

"Luis Bográn. —Conocí de vista al general don Luis Bográn en 1876, cuando el Presidente Leiva pasó por Tegucigalpa dirigiéndose hacia la frontera de Nicaragua, en retirada ante las fuerzas guatemaltecas que, combinadas con las revolucionarias del general José María Medina, levantado en armas en diciembre de 1875, combatían su gobierno.

En esa ocasión llamó la atención sobre sí el general Bográn por haber derrotado las fuerzas revolucionarias que comandaba el general Juan

Antonio Medina, en una emboscada, en el lugar llamado "Pescadero", cerca de Danlí.

Tuve ocasión de volver a ver al general Bográn por haber llegado al Tribunal de Cuentas, en el que yo era Contador 2°, en busca de ciertos datos que le interesaban. No hicimos más que cambiar palabras de cortesía. Esto fue bajo la administración Soto, en 1880 ó 1881.

En casi todos los Congresos durante dicha administración, el general Bográn fue uno de los Secretarios, casi siempre junto con el Pbro. Jesús María Rodríguez; pero no tuvimos ocasión de encontrarnos hasta en 1883, a mi regreso de EE.UU., adonde había ido yo en busca de curación.

Cuando yo me fui el 1° de julio, un mes antes se había ido el doctor Soto, quedando el general Bográn como uno de los tres Ministros que formaban el Consejo, encargado del Poder Ejecutivo y presidido por el general don Enrique Gutiérrez.

Al irme, ya tenía noticia de que Bográn estaba en inteligencias con los presidentes Barrios y Zaldívar, de Guatemala y El Salvador, para levantarse contra el Presidente Soto y derrocarlo. Lo supe, porque varios amigos y familiares míos estaban comprometidos en la empresa y alguno servía de intermedio, don Ángel Ugarte. Soto debe de haberlo sabido también, y quizás por eso llamó al Ministerio al general Bográn, cuando ya tenía resuelto su viaje, con intención de no regresar.

El señor Ugarte, que estaba emigrado en El Salvador, vino a Tegucigalpa a tratar en nombre de los presidentes vecinos, para que el Consejo de Ministros les diese la seguridad de que Soto no volvería a tomar la Presidencia.

Cuando yo regresaba de Nueva York, en unión de varios compañeros de viaje, entre ellos el poeta J. Joaquín Palma y don Julio Lozano, me apercibí de que estos dos señores traían la renuncia de Soto y la indicación de que el Presidente del Consejo procediese a la captura de Bográn a fin de entorpecer sus maniobras y de facilitar el ascenso a la Presidencia al general don Enrique Gutiérrez. En Corinto supimos que éste estaba gravemente enfermo, y en Amapala que se hallaba en peligro de muerte.

Viniendo de La Brea a Nacaome, el señor Palma se acercó a mí, y a solas me dijo:

"Tengo en mi mano la suerte de Honduras: conozco el patriotismo de usted, y le pido consejo. Estando para morir el general Gutiérrez, necesito entenderme con uno de dos hombres: Bográn o Arias. Deme su opinión."

Yo quise excusarme de responderle, diciéndole que ya le había dicho a bordo que no quería mezclarme en los juegos políticos que estaban verificándose; y como él insistiera, me vi en el caso de decirle:

"Conozco poco al general Bográn y mucho a don Céleo Arias. Usted sabe que soy amigo de éste; pero en la actualidad, después de haberse empeñado el señor Soto en aislarlo, procurando nulificarlo, tal vez no sea el que a él le convenga, aunque sí el que más conviene al país."

El señor Palma me dijo que tomaría muy en cuenta mi opinión y quería que yo le sirviera de intermediario con el doctor Arias; pero yo le contesté:

"Como el general Bográn estaba en Tegucigalpa, estaba casi seguro de que al morir Gutiérrez, hablaría con él y se entenderían; porque Bográn aceptaría cualesquiera condiciones que le pusiese en nombre de Soto."

Palma y Lozano se adelantaron y encontraron todavía con vida al general Gutiérrez, quien murió esa noche, 11 de septiembre. Yo llegué al día siguiente; así pude presenciar que, al regreso del cementerio, del entierro de Gutiérrez, Palma se encerró con el general Bográn en conferencia de tres horas; y al salir emprendió viaje para el puerto y a San Francisco de California, donde estaba Soto, llevando, según sospeché y confirmé después, un pacto secreto entre Bográn y Soto, que éste debía ratificar por cable, mandando de nuevo su renuncia porque la anterior la llevó consigo Palma.

La viuda de Gutiérrez me refirió más de una vez que su marido le suplicó, algunos días antes de su muerte, que telegrafiase a don Céleo llamándolo en su nombre; pero como había un allegado allí presente, éste dijo que se encargaba de poner el telegrama; que su marido insistió una o dos veces más, quejándose de que don Céleo no llegaba, y pidiendo que se le reiterase el llamamiento; pero el mismo allegado ofreció hacerlo, y no lo hizo en ninguna de las dos veces, porque el señor Arias no supo del llamamiento. Esta fue una de esas pequeñas causas que influyen en la alteración de la historia de un país. Si Arias hubiese venido a Tegucigalpa, Bográn no hubiera prevalecido porque el general Gutiérrez, de seguro, tenía la intención de dejarlo en su lugar, con el mando del ejército.

El señor Soto, al irse, dejó el mando militar en comandantes que no debían obedecer más órdenes que las del Presidente del Consejo, general Gutiérrez, quedando a las inmediatas órdenes del general Emilio Delgado los de los departamentos occidentales. Palma nada dijo de sus arreglos a Delgado y demás comandantes, por lo que estos, a la muerte de Gutiérrez, sabiendo que éste había estado entendido con el doctor

Arias, se pusieron a las órdenes de éste, ofreciendo apoyarlo en todo terreno, y especialmente en la próxima elección. Como casi todos ellos habían sido partidarios y subalternos suyos en la época en que fue Presidente, creyó en su sinceridad, olvidándose de que el señor Soto en su administración los había desligado de su antiguo jefe, adhiriéndolos a su persona.

Mariano Soto, antiguo empleado de confianza absoluta en la Secretaría del Presidente Soto, vino de San Francisco trayendo la renuncia de éste; y el Consejo de Ministros convocó al Congreso para conocer de ella. Vino a Tegucigalpa como diputado el doctor Arias y resolvió lanzar su candidatura. Yo sospeché que Mariano Soto trajo con la renuncia instrucciones para los comandantes y principales amigos del Presidente, de apoyar la candidatura de Bográn, con quien Lozano y otros familiares y allegados del difunto general Gutiérrez estaban ya entendidos. Lozano hizo un viaje a La Esperanza a conferenciar con Delgado, y de seguro a comunicarle las nuevas instrucciones de Soto; pero ninguno de los comandantes ni políticos sotistas comprometidos con Arias tuvo franqueza suficiente para decirle que ya no contara con él. Por todo lo dicho, cuando Arias me pidió que le ayudara en la lucha, refiriéndome a los antecedentes que le había comunicado, le dije: "Si usted lanza su candidatura independiente, sin contar con las promesas de los comandantes, le ayudaré con todo mi esfuerzo; pero no en el caso contrario, porque no quiero participar del engaño de que usted será víctima." Como el señor Arias insistió en mantener su confianza en aquellos funcionarios, me abstuve de todo trabajo electoral.

Recuerdo que ejercían el cargo de comandantes y gobernadores: de Olancho, don Santiago Meza; de Colón, don Francisco Cáceres; de Valle, general don Terencio Sierra; de Choluteca, el general don Vicente Williams, quien no engañó al señor Arias, porque desde que murió el general Gutiérrez se puso a la orden de Bográn. No recuerdo los de los demás departamentos. Además, era comandante de Amapala el general Manuel Bonilla, y de Tegucigalpa, titular, don Vicente Ayestas; pero por estar con licencia desde que fue a los EE.UU. con el doctor Soto, ejercía las funciones el costarricense general don Francisco Castro, obedeciendo en el hecho sólo a Ayestas. Mas el que tenía mayor importancia, porque estaban a sus inmediatas órdenes varios gobernadores y comandantes, era el general Emilio Delgado, jefe de la zona de Occidente, comprendiendo los departamentos de La Paz, Intibucá, Gracias, Copán (que comprendía a Ocotepeque), y Santa Bárbara (que comprendía a Cortés).

Sucesivamente fue recibiendo el doctor Arias noticia de que iban adhiriéndose a la candidatura de Bográn varios de los comandantes que se habían comprometido con aquél. Un día recibió telegrama de Delgado, en que le decía: "Está tan claramente pronunciada la opinión en favor de usted, que creo innecesario empeñar trabajos de mi parte." Manifesté al señor Arias que, en mi concepto, esa que parecía muy buena noticia significaba que la elección estaba perdida en aquellos departamentos, acostumbrados hasta entonces a pedir la voz de la autoridad militar; y al perderse la elección, el general Delgado se excusaría diciendo que se había equivocado. El doctor Arias mostró no estar conforme con mi modo de pensar, pero concluyó por decirme que si llegaba a faltar don Francisco Cáceres, el más antiguo y quizás más allegado de sus amigos, se rendiría ante mi opinión.

Pocos días después de eso fue publicado un telegrama afectuoso dirigido por Bográn a Cáceres y la contestación de éste, diciéndole que el recuerdo que le hacía de su amistad le obligaba a neutralizarse en la lucha entre dos amigos. Al mostrárselo al señor Arias, convino en que yo había tenido razón.

Algunas semanas antes de la elección, el coronel Ayestas, amigo mío y uno de los más viejos de don Céleo Arias, me pidió que me dirigiera a don Olayo Cortés, cacique de Lepaterique, cuya voz era unánimemente obedecida en aquel pueblo, recomendándole la candidatura de Arias. Me lo pidió por ser yo el abogado del pueblo en varias cuestiones que tenía pendientes. Me negué al principio, diciéndole las razones que tenía para quedarme neutral, las mismas que había expuesto al señor Arias. Él insistió, diciéndome que si fuera como yo pensaba, él, el más cercano amigo de Soto, no estaría con Arias. Por deferencia personal hacia Ayestas, al fin cedí, escribí a Cortés refiriéndome a la petición de Ayestas y me contestó satisfactoriamente; pero la elección se perdió en aquel pueblo, y Cortés se excusó, más tarde, diciéndome que Ayestas le había dado instrucciones contrarias a las que en su nombre le había yo comunicado.

El resultado fue que el señor Arias quedó en escasa minoría en todos los departamentos, exceptuando Valle, donde Sierra cumplió su ofrecimiento, a pesar de una entrevista que tuvo con Williams, quien le pidió infructuosamente que se adhiriera a Bográn, por lo cual estuvieron a punto de llegar a las armas con las escoltas que los acompañaban. En Amapala perdió Arias, pero tuvo bastante votación porque Bonilla, aunque no trabajó oficialmente, en lo privado siguió expresando su preferencia por Arias.

Presencié una escena muy elocuente. Llegó a la hacienda de Ayestas el coronel Purificación Velásquez, de Comayagüela, a quejarse ante aquél de que en el cabildo de Comayagüela había fuerza armada, prohibiendo los votos para Arias; y Ayestas le contestó: "Contra la fuerza nada puede hacerse: diga a los muchachos que voten por Bográn." Entonces dije a Ayestas: "Ya ves, Chente, que tenía yo razón, a pesar de que tú me lo negaste."

Bográn ganó la elección en Colón, casi por unanimidad, siendo un departamento entonces en que el comandante era gran elector. Algo semejante ocurrió en los departamentos que dependían de Delgado, y en los demás en que mandaban los comandantes comprometidos con Arias, con la única excepción ya mencionada.

En el mes de noviembre, estando yo en cama y, sin duda, por conocer el general Bográn mi actitud neutral, estuvo a visitarme, y hablamos muy ligeramente de la actualidad política. Cuando le correspondí la visita, después que él había sido electo Presidente, me manifestó que estaba muy complacido y mucho aplaudía mi manera de proceder durante la lucha electoral, aunque él no conocía ni yo le expresé los motivos que para ello había tenido. Me prometió su amistad personal, y supo cumplir esa promesa, por más que en lo político no pudimos después estar de acuerdo.

En el año siguiente, 1884, el doctor Arias me invitó para formar parte de una asociación secreta, con el nombre de Liga Liberal, nombrándome jefe de la Sección del Sur, con asiento en Tegucigalpa, para la propaganda y alistamiento. Yo le manifesté mi deseo de complacerle, pero declarando que prefería que fuese pública la asociación, porque me repugna el misterio. Él me replicó que sólo era mientras se lograba darle fuerza, y acepté; pero sólo inscribí a don Manuel Ugarte y al licenciado don Fausto Dávila. Este me propuso como socio a don Manuel Villar y yo le contesté que no lo consideraba con valor suficiente y podía ser perjudicial para la liga.

Los estatutos de la sociedad no contenían ninguna cláusula violatoria de las leyes. Sus fines eran pacíficos y estaba expresamente convenido que no se buscaría ninguna inteligencia con gobiernos vecinos ni con el ex Presidente Soto. Con este último, tomando en cuenta que ya debía estar descontento del gobierno de Bográn, porque éste había removido a todos los comandantes, por más que, obedeciendo las órdenes de Soto, habían apoyado la candidatura del gobernante. Uno de ellos había sido el general Delgado, quien salió del país inmediatamente después de su remoción. Y conviene anotar una circunstancia que puede servir de lección para los políticos. El general Sierra, que había adversado a

Bográn, fue el último que éste removió, y el general Bonilla, que no lo había apoyado, fue el penúltimo.

A pesar de lo convenido, hubo alguien de Comayagua que se puso en comunicación con don Francisco Cáceres, residente en Trujillo, y agente político del señor Soto. Cáceres pertenecía a la Liga, porque, aunque yo no quise inscribirlo en Tegucigalpa, el señor Arias lo aceptó en Comayagua.

Un día de julio o agosto se supo en Tegucigalpa que estaba preso en el cuartel de la División (después anexo del Agurcia) el licenciado Manuel Villar y que se trataba de apalearlo para que dijera lo que sabía sobre una sociedad secreta. Villar había sido presentado en Comayagua por el socio Dávila, y el señor Arias lo había aceptado. Pedí y obtuve permiso para visitar a Villar, calculando que había dicho lo que él sabía ante la amenaza de tormento. El señor Villar se limitó a decirme "pónganse en salvo". Requerido por mí para que me explicase aquello, se limitó a mirar lleno de terror a todos lados y a repetirme en voz baja las mismas palabras. Yo estaba seguro de que de mí nada podía haber dicho, porque ignoraba que yo perteneciera a la sociedad. Sin embargo, resolví acercarme al Presidente Bográn, para tratar el asunto, porque supe que venían de Comayagua presos y engrillados el doctor Jesús Bendaña, don Calixto Valenzuela, don Jesús Avilez y otro que no recuerdo. El general Bográn me recibió inmediatamente. Le pregunté por la causa de las prisiones indicadas, y me dijo que era debido al descubrimiento de una sociedad secreta con fines criminales. Le manifesté mi extrañeza, porque por el conocimiento que tenía de esas personas no creía que fueran capaces de delinquir. Se levantó el Presidente y me trajo una carta escrita en cifra, porque ya le había dicho yo que yo era miembro de la sociedad, y era tal, que al conocer él los estatutos, no vacilaría en formar parte de ella; pero no podía mostrárselos de momento, porque para ello necesitaba autorización del jefe, señor Arias, a quien había escrito pidiéndola.

Como dije yo al Presidente que no tenía la clave a la mano para traducir la carta, me la entregó él y, al comenzar a traducirla, me dijo que no me molestara y me entregó la traducción. En esa carta se decía al señor Cáceres que se apresurara a comunicar al doctor Soto que ya era tiempo de organizar la revolución, tomando por base la Liga, y se extendía en consideraciones ofensivas para el Presidente. Manifesté a éste que aquella carta sin firma había sido escrita con abuso de confianza por algún socio que poseía la clave, pero su contenido era contrario a los fines de la asociación y a la base expresamente convenida de abstenerse de toda inteligencia que pudiese conducir a la guerra civil. El Presidente me dijo que tenía que rectificar el concepto que había formado de la sociedad secreta, porque, estando yo en ella, que era hombre honrado, no podía ser delictuosa. Entonces le pedí que, mientras resolvía definitivamente sobre la suerte de los presos, se sirviera ordenar que les quitaran los grillos a los que venían de Comayagua y debían estar llegando a Protección. Llamó al secretario privado, Mariano Soto, y dio la orden.

Ese mismo día por la tarde recibí una invitación del general Bográn para un banquete que ofrecería al día siguiente a don Luis Alberto Castillo, con motivo de su recepción como abogado, y sería servido en la Casa Presidencial. Al llegar a la mesa del banquete encontré mi asiento entre los de los ministros del despacho, con uno solo de por medio del asiento del Presidente. Eso me indicó que en aquella reunión se decidiría la suerte de mis amigos favorablemente, a pesar de serme ya conocidas las intrigas de los cortesanos para inducir al general Bográn a que aprovechase la ocasión para aplastar a sus opositores, y especialmente a mí, calificándome de una víbora que estaba germinando. Por esta razón, sin duda, el general Bográn durante la comida se expresó muy mal de los cortesanos, y yo aproveché la oportunidad para hacer de ellos severas apreciaciones, encontrándose presentes los peores de ellos.

A la hora del champagne el Presidente Bográn, después de hacer el elogio del obsequiado, hizo mención de que era familiar del gran patriota León Alvarado, y concluyó diciendo que por honor a la memoria de aquel grande hombre, quería echar un velo sobre una sociedad secreta que había descubierto. Yo le contesté, dándole las gracias en nombre de la sociedad a la que yo pertenecía, porque ésta no tenía necesidad de perdón, teniendo, como tenía, objeto lícito, pero sí en nombre del autor de cierta carta que abusivamente había escrito un miembro de la asociación, la cual existía en poder del señor Presidente, porque los conceptos de ese escrito sí necesitaban perdón. El Presidente replicó que yo tenía razón, y por eso él no había hablado de perdonar, sino de echar un velo.

Entre los comensales, antes de hablar el Presidente, se habían estado haciendo comentarios hostiles para la asociación, especialmente el general don Longinos Sánchez, quien se encontraba en el otro extremo de la mesa, distante unas 30 ó 40 varas. No había oído lo dicho por el Presidente y creyó que era una censura, y se expresó duramente contra la sociedad, haciendo alusiones muy claras contra el doctor Arias y contra mí. Al levantarnos de la mesa, Sánchez supo la verdad sobre los brindis que nos habíamos cruzado y me llamó aparte para hacerme protestas de su estimación por don Céleo Arias y por mí, recordándome que él había defendido la plaza de Comayagua en 1872 contra las huestes del Presidente Medina, a quien Arias estaba derrocando, proclamado ya Presidente provisional.

En seguida el Presidente me llamó a sentarme cerca de él en un sofá de la sala, a donde iban a despedirse todos los concurrentes, de él y a la vez de mí. Llegó el encargado del Ministerio de Hacienda, don Simeón Martínez, pidiéndole que le mandara entregar a él al licenciado Villar, por ser su amigo; y como antes no había hablado en favor de él, Bográn le contestó con cierto tono desdeñoso: "Está bien, Simeón", llamando al general Sánchez para darle la orden; y como ya me había ofrecido la libertad de todos los presos, dijo también a Sánchez que me entregara los que venían de Comayagua en la puerta del cuartel, sin entrar a él. Apenas tuve tiempo de ir a recibirlos con mi vestido de etiqueta, llevándolos a Comayagüela a casa del licenciado don Pedro H. Bonilla, de donde partieron al día siguiente, de regreso a sus hogares.

El 4 de septiembre del mismo año tuve un accidente en mi tienda de comercio, por habérseme disparado un revólver calibre 22 y herido ligeramente un brazo al que pretendía comprarlo. Estaba el médico curando al herido, cuando llegó el director de policía, coronel don Sebastián Sevilla, con una escolta a llevarme preso a mí y al herido. Para que mi madre, que vivía en el vecindario, no se alarmase justamente, siendo como era, tan enferma, pedí a Sevilla que me llevase por la calle opuesta, en lo cual consintió, yendo sólo conmigo y despachando su escolta por otro lado.

Al llegar le había dicho yo que interrogara a don Fausto Dávila, a don Ramón Fiallos y al herido sobre el suceso, para que me librase de aquel ultraje, y se negó. En el camino, cuando ya estábamos solos, me preguntó qué era lo que había ocurrido, y le contesté que si hubiera querido lo habría sabido interrogando a las personas que le indiqué; que diera cuenta inmediatamente al juez, porque si aquel ultraje que me hacía se prolongaba, lo acusaría ante los tribunales por la arbitrariedad con que procedió. Me dejó en su pieza y, en vez de ir al tribunal como le pedía, se fue a donde el Presidente.

En el intermedio llegaron el general Santos Bardales, subsecretario de Guerra; don Mariano Soto, secretario privado del Presidente, y varios amigos míos. Regresó Sevilla y me preguntó quién podía ser mi fiador, contestando todos los presentes a la vez afirmativamente; y sin exigir la fianza a ninguno en concreto, me dejó libre. Por Bardales y Soto supe que, al llegar a donde el Presidente y darle cuenta de lo que había hecho, aquél le contestó que había oído el disparo; que al saber que había sido en mi tienda de enfrente, no se había preocupado, porque tratándose de mí, hombre honrado a toda prueba, no podía nunca suponer que hubiera delito; que diera cuenta inmediatamente al juez, para que me pusiera en libertad, porque tal vez así yo me abstendría de acusarlo criminalmente.

Al salir de la policía me fui al juzgado de lo criminal, a cargo del licenciado don Leandro Valladares, llevando al herido, y le pedí al juez que siguiera inmediatamente el sumario, temiendo yo que algún enemigo quisiera aprovechar la ocasión para perjudicarme. El juez accedió: tomó declaración al herido, hizo que lo reconocieran dos peritos, quienes declararon la herida leve, recibió declaración a los testigos Dávila y Fiallos, sobreseyó la causa por falta de méritos y la mandó en consulta a la Corte.

Llegué a ese Tribunal y supliqué a los magistrados despachar el asunto en seguida, confirmaron el sobreseimiento y devolvieron la causa al juzgado de su origen. Al estar hecho esto, eran las tres de la tarde, sin haber ido a almorzar, y me fui a donde el director de policía, dándole conocimiento de lo practicado. Le pregunté por qué había procedido conmigo tan violentamente, aunque hablándole amistosamente, y me dijo que, como acababa de ocurrir lo de la Liga, podía ser aquella una ocasión de las que los gobernantes saben aprovechar de sus adversarios; pero me agregó que yo estaba muy bien con el Presidente, de lo que se había convencido cuando habló con él sobre el asunto. Como yo referí esto y fue comentado tan desfavorablemente como lo merecía, el director Sevilla se disgustó mucho conmigo.

En octubre de 1884 fui electo síndico municipal, entrando a funcionar el 1° de enero de 1885. A principios de marzo venía en unión de otros amigos y de varias señoritas y señoras de un paseo a Suyapa, cuando en Sabanagrande llegó alguien a encontrarnos, dándonos la noticia de la proclamación que había hecho el Presidente de Guatemala, general don Justo Rufino Barrios, de la unión de Centroamérica.

Como se sabía que en la conferencia que el año anterior había tenido con los presidentes Zaldívar, de El Salvador, y Bográn, de Honduras, se había hecho un pacto de unión, aunque de carácter privado, creímos que se trataba de una proclamación pacífica y sin obstáculos, por lo cual nos llenamos de entusiasmo, apresurando nuestro regreso a la ciudad, para lo cual montamos a la polea a las mujeres que venían a pie de su romería, tocándome en suerte llevar a la que es hoy mi esposa, quien tenía entonces 12 años, sin imaginarme que algún día había de unirse nuestra suerte.

Nuestro entusiasmo disminuyó mucho cuando supimos que el Presidente de El Salvador, tal vez obligado por la actitud del pueblo, se negaba a cumplir lo prometido a Barrios y habría guerra, aunque el de

Honduras manifestó estar dispuesto a mantener lo pactado. Muchos eran enemigos tradicionales de la causa, aunque ostensiblemente afectaban estar dispuestos a secundar el movimiento, por debajo protestaban contra él.

El mismo Presidente no nos inspiraba confianza, porque confidencialmente había comunicado a mi tío, don Tranquilino Bonilla, y a don Justo Midence, representante del Gobierno de Nicaragua, que pocos meses antes, entre el pacto de Mongoy y la proclamación, Bográn había hecho un convenio comprometiéndose a resistir cualquier tentativa del general Barrios para dominar a Centroamérica.

El Congreso Nacional estaba reunido, y sin más voz de protesta que la del doctor Adolfo Zúñiga, por aclamación había decretado la adhesión de Honduras al movimiento unionista. El Poder Ejecutivo excitó a todas las municipalidades para que decretasen igual adhesión. Yo, como síndico, di mi voto en contra, razonándolo en el acta, y fundé mi divergencia en que, mientras no se conociera la forma del decreto de Barrios, los medios de que disponía y demás detalles, aparecería la adhesión de Honduras como hija del temor, y no quería confundirme con tantos como había en el Gobierno y en el Congreso, que procedían de mala fe; y mi unionismo lo probaría con hechos al presentárseme la ocasión.

Mis temores de que no hubiera sinceridad en el Gobierno y sus allegados se vieron confirmados durante la campaña que emprendió el general Barrios. El general Bográn levantó un ejército para mandarlo a la frontera de El Salvador y Nicaragua y emprendió él mismo la marcha hasta Choluteca. Al irse, requirió al general Manuel Bonilla para que lo acompañase. Este se negó, diciéndole que él sabía que no era partidario de Rufino Barrios ni de sus procedimientos. Pero Bográn le dijo que no tuviera cuidado; que en el camino se arreglarían las cargas.

Cuando murió el general Barrios en Chalchuapa, las fuerzas de Honduras no habían disparado un cartucho, ni en la frontera del Salvador, ni contra los ejércitos de Nicaragua y Costa Rica que llegaron hasta El Corpus. Al morir Barrios, Bográn emprendió negociaciones de paz; y como los jefes nicaragüenses y costarricenses mostraron su propósito de seguir adelante hasta derrocar a Bográn, éste se dirigió al Presidente de El Salvador, doctor Zaldívar, recordándole que él había entrado en la empresa de don Rufino, porque según lo pactado, creía que también Zaldívar entraría, y esperaba que él lo salvase.

En efecto, Zaldívar, por medio de su representante Letona, influyó en el ánimo de los jefes nicaragüenses y costarricenses y se celebró el Pacto de Namasigüe, vergonzoso para Honduras, pero inevitable, si

Bográn quería conservar el poder. En ese pacto se estipuló que Honduras permitiría el paso de las fuerzas que iban a invadir Guatemala. Esto no sucedió porque se celebró la paz con aquella república.

A su regreso de Choluteca, el general Bográn se fue de paso para Santa Bárbara, quedando el poder depositado en el ministro de la Guerra, general don Ponciano Leiva.

El gobernador político excitó a la municipalidad para que ofreciese un baile al Presidente en celebración de la paz. La corporación así lo acordó por mayoría de votos, excepto el mío, que formulé en contra, dando por razón que, habiendo muerto el caudillo de la empresa unionista a la cual se había adherido Honduras, no era decoroso celebrar con muestras de alegría el advenimiento de la paz; y recordé que la municipalidad se había adherido al movimiento, con mi voto en contra, y ahora lo daba también adverso por el decoro de la corporación de la que formaba parte. Esto cayó muy mal al Presidente Bográn, pues los cortesanos lo comentaron como de costumbre, procurando lanzarlo contra mí.

Cuando el Presidente Bográn regresaba de Santa Bárbara se reunió la municipalidad, también por excitativa del gobernador, para acordar algún festejo para aquél. Se estaba discutiendo el punto cuando llegó el jefe de la policía, coronel Manuel Zúniga (alias Tata Dios), y sin pedir permiso entró al salón, acercándose a la mesa donde funcionaba la corporación. Dijo que iba a averiguar qué se estaba haciendo allí. El alcalde, don Francisco Ariza, ni ninguno de los regidores contestaron. Tuve que romper yo el silencio y reconvenir al jefe de policía por su procedimiento, manifestándole que no concebía su extrañeza porque la municipalidad estuviese celebrando sesión en el local de costumbre.

Al retirarse el jefe de policía, sin presentar ninguna excusa por el atropello cometido, se continuó redactando el acta de la sesión, que por cierto había quedado pendiente en el punto en que se acordaba ofrecer al Presidente un almuerzo en el lugar llamado La Cuesta; y se hizo constar que se había suspendido por el ultraje cometido por el mencionado jefe, contra el cual se protestaba enérgicamente, y se elevaría certificación del punto del acta al Presidente Leiva, para que ordenara el castigo del culpable, lo cual se hizo.

En uno de los días siguientes fui a ver al Presidente Leiva. Hablamos del incidente, manifestándome él que no podía castigar al culpable, porque había procedido por su orden; que el gobernador le había comunicado que se tocaba la campana del cabildo y se estaba reuniendo gente, lo cual le parecía sospechoso; y como había estado de sitio, había ordenado al jefe de policía investigar; que lamentaba la forma brusca en que lo había hecho, pero repetía que había cumplido órdenes. Entonces le manifesté que, puesto que se desconfiaba de la municipalidad, no nos quedaba otro camino que presentar nuestra renuncia, a fin de que se eligiese una del agrado del Poder Ejecutivo. Estaba presente don Marcial Vigil, y cuando el Presidente dijo que no había necesidad de llevar las cosas a tal extremo, el señor Vigil dijo que él creía que la resolución del señor Presidente sería no aceptar la renuncia, por no ser justa la causa alegada, ya que la municipalidad merecía su confianza. Repliqué yo que si la resolución se dictaba en tales términos equivaldría a darnos una satisfacción, hasta donde era posible, y continuaríamos en nuestros puestos.

Pocos días después hizo su entrada a Tegucigalpa el Presidente Bográn, a quien fue a encontrar la municipalidad hasta La Cuesta, donde se le sirvió el obsequio preparado. Estuvo cortés y cordial con los municipales.

A fines de mayo, y por terminar en junio el plazo en que podía elegirse nueva municipalidad, habiendo tenido un asunto que tratar en el Ministerio de Gobernación, incidentalmente manifesté al subsecretario del ramo, don Miguel Antonio Alvarado, que esperaba dictasen resolución sobre la renuncia de la municipalidad, o mejor dicho, de los miembros de la corporación que la habíamos presentado, que éramos tres, habiéndose acompañado solamente los regidores don Cornelio Valle y don Ramón Vigil.

Pocos días después llegó el señor Vigil a mi establecimiento de comercio a comunicarme que sabía de positivo que el general Bográn había dado instrucciones al ministro para poner un acuerdo aceptando nuestra renuncia y mandándonos relegados a Omoa; y que él creía que era mejor retirar la renuncia, a lo cual me negué. En seguida me hablaron don Marcial Vigil, el presbítero José Vigil, familiares de don Ramón, suplicándome consentir en retirar la renuncia, pues habían conseguido que por ese medio nos librásemos de ir a Omoa. Dije que si quería el señor Vigil retirase la de él, que yo no lo haría, y sabía que el señor Valle estaba también dispuesto a no hacerlo. Después, algunos de los mismos señores me dijeron que habían conseguido que se suspendiese la orden de relegación si presentábamos un escrito manifestando que no tenía objeto resolver sobre la renuncia, porque si se admitía, ya no habría tiempo de reponer la elección. Me negué también, diciendo que si quería el Presidente lo resolviese así, sin pedírmelo.

En el intermedio había consultado con mi madre, y ella me preguntó si en caso de ir a Omoa la llevaría; habiéndole replicado que de momento no podría hacerlo, porque yo me iría de paso para Guatemala; que de allá mandaría a llevarla. Entonces ella me dijo que resolviese lo que yo creyese exigía mi decoro, sin tomarla en cuenta a ella.

En esos días llegó a Tegucigalpa don Mónico Córdoba, viejo amigo mío, quien iba de paso para EE.UU., donde ya se encontraba mi socio capitalista don Daniel Fortín. Referí al señor Córdoba lo que ocurría, manifestándole que por estar ausente mi socio, quería la opinión de él, que consideraría como si fuese la de aquél. Aprobó y aplaudió mi proceder; pero al día siguiente llegó a decirme que el Presidente estaba indignado y resuelto a cumplir lo que había ordenado: que él había conseguido que si presentábamos una exposición manifestando que habíamos presentado la renuncia porque el Presidente Leiva me había dicho que no la aceptaría y nos declararía merecedores de la confianza del Gobierno, quedaría terminado el incidente. Dije al señor Córdoba que el general Bográn quería tomar aunque fuese un cabello para ridiculizarme y mofarse de mí; que al fin había comprendido haberse metido en un escabroso camino y quería salir airoso humillándome a mí, lo cual no conseguiría; que agradecía al señor Córdoba sus buenos oficios con los que me probaba su cariño, pero que me atenía a la primera opinión que me había dado.

Después llegó a mi casa don Ramón Vigil diciéndome que estaba resuelto a presentar un escrito, retirando la renuncia, porque ya no podía elegirse nueva municipalidad; y yo le exigí que si lo hacía lo hiciera en su propio y exclusivo nombre, porque si no lo hacía así, me causaría más grave daño, ya que yo me vería obligado a presentarme protestando contra el uso que hubiera hecho del mío. Al día siguiente fui al Ministerio, y pedí que me trajesen el escrito del señor Vigil, encontrando que lo había hecho como yo le exigía, y que había recaído el proveído en la renuncia de todos, mandando archivarla. Así quedó terminado el ruidoso incidente. Produjo, sin embargo, el mal efecto de dejarnos al Presidente y a mí sin relaciones sociales.

Al acercarse la fiesta del 15 de septiembre, la municipalidad acordó comisionarme para pronunciar el discurso oficial; y yo acepté, con tal que no me exigiesen mostrarlo a los demás colegas antes de pronunciarlo, porque quería responder yo solo de los conceptos que contuviese.

En la reunión de dicho día hubo varios discursos muy aplaudidos, y al pronunciar el mío, la concurrencia guardó silencio profundo por varios segundos, hasta que el general Bográn inició los aplausos. La actitud muda y hasta hostil de la mayoría de los concurrentes se debía a que mi discurso, que puede verse publicado en el tomo I de mis escritos, contenía apreciaciones muy severas contra los gobernantes despóticos;

pero contenía también el recuerdo de unas hermosas palabras pronunciadas por un gobernante, cuyo nombre no mencioné (era el general Bográn). Por el conocimiento que yo tenía de aquel hombre, que alternaba entre los rasgos más caballerosos y los arranques despóticos, estaba seguro de que ese recuerdo que hacía borraría en él la mala impresión que podían haberle causado los demás conceptos. En efecto, alzó la vista y me hizo un movimiento de cabeza, quedando yo desde ese momento seguro de lo que haría. Al iniciar él los aplausos, fueron secundados unánimemente por la concurrencia.

Debe de haber quedado, sin embargo, a los cortesanos alguna duda sobre los ulteriores propósitos del Presidente respecto de mí, por la actitud que guardaron. Fuimos a la galería donde se iba a tomar el champagne. Esto ocurría en la casa de Gobierno, porque la reunión se había verificado en el salón del Congreso. Me fui a un extremo de la galería con unos cuatro o cinco amigos, que, como yo, no acostumbraban tomar licor. En cierto momento el gobernador me llamó a voces desde el otro extremo, diciéndome que el Presidente quería tomar conmigo. Yo hice un ademán indicando que estaba acompañado de mis amigos, y él nos llamó a todos. Me entregó una copa de champagne diciéndome: "Quiero que tomemos esta copa por el valiente discurso que usted ha pronunciado, pues es muy raro que al gobernante se le diga la verdad, e invito a todos los señores para que nos acompañen". Tomada la copa, tuve que recibir con las dos manos las felicitaciones que me prodigaban los concurrentes; corroboré una vez más el concepto que yo tenía y seguí teniendo siempre, de que el general Bográn habría sido un modelo de gobernante, si los cortesanos no hubieran extraviado con frecuencia su criterio y sus buenos impulsos.

Quiero referir el incidente a que aludí en mi discurso al reproducir las palabras que en cierta ocasión había vertido el general Bográn. En el año anterior estaba preso en el cuartel un militar de Yoro llamado Nemesio Narváez. Buscó abogados que lo defendiesen, y se negaron aun aquellos con quienes él tenía relaciones. Me habló a mí, a quien no conocía, y presenté en su nombre el recurso de amparo ante la Corte Suprema de Justicia, porque tenía varios meses de prisión sin seguírsele proceso. La Corte resolvió ampararlo y mandarlo poner en libertad. Esta orden no fue cumplida, lo que motivó la renuncia del magistrado propietario, licenciado don Rosendo Agüero, quien había dicho a sus colegas que lo haría si no se cumplía el fallo.

Siguió por bastante tiempo más en la prisión Narváez, y el Presidente entre tanto pidió la opinión de varios abogados, de preferencia los ministros del despacho y, por último, me pidió la mía. Yo se la di por escrito y se la llevé en persona. Eran cuatro preguntas las que había hecho. Al leer cada una de las tres primeras declaró estar de acuerdo conmigo; pero al leer la última, que era la que principalmente definía el caso, me dijo que él no estaba de acuerdo, porque él no podría consentir nunca en que los Tribunales de Justicia interviniesen en sus cuarteles, lo que equivaldría a ponerlos a merced de ellos.

Yo manifesté que, cuando estuviesen agotadas todas las gestiones de un preso en caso tal, ante el comandante general del Ejército, después de haber sido oído por los subalternos, debía quedarle algún recurso, porque no concebía que se condenase a los militares a quedar sujetos a las arbitrariedades sin remedio. Entonces el general Bográn se levantó indignado, se fue sobre mí estrujando el papel en las manos, hasta acercarlo a dos dedos de distancia de mi rostro y diciendo: "Usted me insulta, señor Bonilla, usted me insulta." Pensé que me iba a abofetear, lo que habría causado un desastre, porque estaba armado y hubiera usado mi arma para lavar la afrenta. Pero me quedé impasible en mi asiento, mirando de frente al general Bográn y diciéndole: "Tenga calma, general, y hablemos en seguida." Él se retiró a su asiento.

Entonces le expliqué detenidamente el fundamento de mi opinión y, por último, le pregunté: "¿A quién debe ocurrir entonces el ciudadano que no ha encontrado la justicia en los autores de su prisión?"

Estaban presentes el licenciado don Simeón Martínez, encargado del Ministerio de Hacienda, y el general Longinos Sánchez, gobernador y comandante del departamento. Este, que como el otro estaba muy nervioso, temiendo por las consecuencias del incidente, se adelantó a contestar la pregunta que yo había hecho, diciendo que se debía recurrir al Tribunal Supremo de Guerra. Él formaba parte de ese tribunal, por ser uno de los dos jueces militares que lo integraban, junto con tres magistrados de la Corte Suprema de Justicia.

El Presidente manifestó su conformidad con el parecer de Sánchez, y entonces le manifesté que creía yo que no había acabado de leer mi dictamen, pues eso mismo decía yo. Siguió leyendo y encontró confirmadas mis palabras. Entonces dijo que tenía la satisfacción de estar completamente de acuerdo conmigo y agregó: "Y vea, señor Bonilla, la misma consulta había hecho yo a otros abogados, quienes me habían dado un parecer contrario. Por eso desconfío de las unanimidades. Cuando mis ministros me dicen a todo que sí, dudo de su sinceridad."

Desde aquel día hasta cuando ocurrió el incidente de la renuncia de las municipalidades, estuvimos cultivando el Presidente y yo las mejores relaciones de amistad personal.

A fines de 1885 se tuvo noticia de que había zarpado de EE.UU. el vapor filibustero Dorian, con el general Delgado y otros emigrados a bordo, con el objeto de atacar algún puerto de Honduras o de hacer un desembarque; pero la expedición se frustró por la acción del gobierno americano. El gobierno de Bográn puso preso y engrillado al coronel Vicente Ayestas y a Mariano Soto, quien acababa de dejar de ser secretario privado del Presidente. No recuerdo cuáles otras prisiones se hicieron en partidarios del doctor Soto, a quien se atribuía la expedición.

Sin duda, con este motivo dio por roto el convenio que había hecho con Soto y acordó el general Bográn nombrar un Comité Investigador para establecer la cantidad que se había apropiado o dilapidado el Presidente Soto. Los miembros del comité eran el licenciado don Rafael Padilla, magistrado de la Corte Suprema de Justicia, don Marcial Vigil, director general de Rentas, y yo, que no tenía empleo ninguno. Yo contesté rehusando el nombramiento, fundándome en que había sido empleado en el ramo de Hacienda, como contador del Tribunal Superior de Cuentas; y, por lo mismo, no podía juzgar la conducta del ex Presidente Soto, ya que necesitaba a mi vez ser juzgado, a fin de aclarar si había cumplido con mi deber.

El Gobierno replicó que insistía en el nombramiento, porque estaba convencido de mi conducta correcta. En esos días se tuvo noticia de una nueva expedición filibustera, encabezada por el mismo general Delgado a bordo del City of México; y temiendo que se creyese que yo rehusaba formar parte del Comité Investigador por temor a que el señor Soto pudiese triunfar, acepté, con la condición de que mis funciones no pasarían del mes de julio de 1879, fecha en que había entrado a servir el puesto de contador; pues de esa fecha en adelante insistía en creer que debía también ser juzgada mi conducta, por la intervención que en mi cargo hubiera tenido al requisitar las órdenes que el Gobierno hubiera expedido en favor del señor Soto, y que pudieran inducir para él alguna responsabilidad.

Se organizó el Tribunal y funcionó la mayor parte del año de 1886, habiendo fracasado en el intermedio la expedición filibustera, porque el vapor fue capturado, presos Delgado y compañeros y sometidos a juicio en EE.UU., de donde salieron libres bajo fianza del señor Soto.

A mediados de dicho año el general Delgado, con 80 compañeros, invadió en armas por la frontera de Nicaragua, trayendo de reversa varias cargas de rifles y cartuchos. Cruzó por El Corpus hasta Lamaní, donde libró un combate, en que fue derrotado, muriendo el coronel Purificación Velásquez y otros de los que acompañaban a Delgado. Este fue perseguido y alcanzado por el coronel Melecio Marcial en un lugar llamado Casa Grande, jurisdicción de San Antonio de Norte, donde el coronel cubano Manuel Morey, herido, y para no ser capturado, se suicidó.

Los derrotados en Casa Grande buscaron la frontera de El Salvador, y en un punto a cuatro leguas de ella, detenidos por la creciente del río San Juan, fueron alcanzados nuevamente; y después de un corto tiroteo, en que murió el patriota e inteligente joven Ramón Reyes, al arengar desde su trinchera a los contrarios, el general Delgado provocó parlamento y en seguida se rindió con sus compañeros incondicionalmente. Los presos fueron llevados a Comayagua y sometidos a Consejo de Guerra.

Se puede juzgar el carácter especial del pueblo hondureño por la circunstancia de que, a pesar de que Bográn ya no tenía los mismos prestigios con que había llegado al poder, no pudo poner en manos de Delgado las armas que llevaba en cargas. Esto se debía a que no estaba preparada la opinión pública por una labor política, a que duraban todavía los resentimientos populares provocados por el gobierno dictatorial del señor Soto, y a que el general Bográn todavía no había cometido atentados contra las garantías individuales, de esos que causan la desesperación de los ciudadanos y que les hacen siempre preferir jugar la vida en el campo de batalla antes que someterse a los ultrajes de los funcionarios públicos.

Al tener noticia de que se iba a juzgar a Delgado y compañeros, me acerqué al general Leiva, encargado en aquellos días de la Presidencia, porque con él estaba cultivando las mejores relaciones personales y hasta políticas. Había concebido yo el proyecto de lanzar la candidatura del señor Leiva, a nombre del Partido Liberal, para oponerla a la del general Bográn y evitar su reelección, por el convencimiento que la historia me daba de que toda reelección ha sido funesta.

Antes de tratar el asunto con el señor Leiva, había pedido la autorización del doctor Arias, quien al principio me dijo que sería un grave error político, pero al fin me autorizó para ello, diciéndome que no quería que me quedase a mí ni la más ligera duda de que él pudiera negarse por ambición personal. El señor Leiva rehusó la candidatura; pero se mostró agradecido, diciendo que la aceptaría si eso no lo obligaba a entrar en choque con el general Bográn. Le manifesté con franqueza que la ventaja principal de su candidatura sería que por sus vínculos con el general Bográn, éste no se atrevería a adversarlo.

Hablé al señor Leiva de mi horror por la pena de muerte, el cual él también sentía, pues, siendo Presidente en años anteriores, había llegado hasta hacer que se proporcionara la fuga a un parricida, antes de verse en el caso de proporcionar la fuerza pública que debía fusilarlo; que, sabiendo que él iría a Comayagua a vigilar el proceso de Delgado y compañeros, estaba seguro de que no consentiría en que se aplicase a ninguno de ellos la última pena.

El señor Leiva me ratificó su sentir contra la pena de muerte, y no objetó al recuerdo que le hacía, que demostraba ese sentimiento, aunque en concreto no me prometió nada respecto a los reos políticos de actualidad. Antes de despedirme, hice presente al señor Leiva que el liberalismo hondureño, que estaba fijando sus ojos en él para hacerlo su candidato en el siguiente período, era enemigo absoluto de la pena capital y aplaudiría su actuación para salvar la vida de los presos. Se siguió el proceso en Comayagua, siendo defensor de los reos el abogado Luis Alberto Castillo, con la cooperación del doctor Arias, quien deseaba que yo me trasladase a aquella ciudad a prestar mi contingente, lo que yo no pude hacer por estar enfermo e imposibilitado para viajar; pero desde Tegucigalpa colaboré en todo lo que pude, entre otros medios, mandando al doctor Arias la certificación de una sentencia en un proceso contra el general Rosendo Ferrera, de quien había sido yo defensor, en la que el Tribunal Supremo de la Guerra había declarado que hacer armas contra el Gobierno no constituía el delito de traición, que era por el que se juzgaba a Delgado y demás procesados. Cuando el proceso estaba ya en estado de sentencia, escribí al señor Leiva en términos semejantes a los de nuestra conversación, asegurándole que, aunque la creencia general era que los reos serían condenados a muerte, yo tenía confianza plena en que, dados sus antecedentes, él no consentiría en llevar la responsabilidad por la ejecución de tal fallo.

También me acerqué al general Bográn, quien discutió conmigo el caso, defendiendo la necesidad de asegurar la paz pública, haciendo escarmentar a los revoltosos con la muerte de los más culpables. Le recordé que acaso podía decirse que a Delgado debía la Presidencia, por su actitud durante la lucha electoral de 1883; que había sido su amigo y servidor de confianza, y podía volver a serlo, pues tales eran frecuentemente las alternativas de la política. Como él me objetase que Delgado era tenaz y reincidente, como lo había probado viniendo con las fuerzas de Nicaragua y Costa Rica en 1885, con sus expediciones filibusteras del Dorian y del City of México, y con la última empresa que le tenía en prisión, yo le manifesté que el hermano de Delgado, don Santiago Contreras, me había dicho que él, Bográn, le había prometido que si el doctor Soto daba al Gobierno veinticinco mil dólares, perdonaría la vida a Delgado, quien con otros varios de los procesados ya estaba condenado a muerte; que eso me demostraba que él estaba ya resuelto a conmutar la sentencia, porque como quiera que contestase Soto, él no podría hacer ejecutar la sentencia, pues no querría hacer aparecer fijando precio a la vida de un hombre, por insignificante que este fuese. Bográn nada me prometió, y sobre lo último dicho guardó silencio. El señor Contreras me dijo después que la contestación del señor Soto a su cablegrama en que le comunicaba la condición puesta por el presidente para salvar la vida de Delgado, había sido: "Dígame qué puedo hacer para salvar a su hermano", contestación que recibió cuando ya había sido fusilado y le pareció a él un sarcasmo. A mí me cupo la duda sobre si el telegrama de Soto fue una coincidencia y no una respuesta, pues tal vez Bográn no dejó transmitir el de Contreras.

Al mismo tiempo que me acercaba a Bográn escribí al señor Leiva, como ya dije, al saber que se había pronunciado la sentencia de muerte, y él me contestó que realmente él era enemigo de la pena de muerte y recordaba el incidente a que yo aludía, pero que hay casos en que la necesidad de mantener el orden público se impone, y aquél era uno de ellos, por lo que se había visto, muy a su pesar, obligado a hacer ejecutar la sentencia. Desde ese momento decidí no volver a pensar en la candidatura del señor Leiva, y así lo comuniqué al doctor Arias; y como el general Bográn era hombre hábil para los manejos políticos, sospeché que, habiéndose apercibido del proyecto de los liberales en favor del señor Leiva, convenció a éste de la necesidad de que él fuera a dirigir el proceso hasta la ejecución de la sentencia, seguro de que si asumía la responsabilidad, ya no sería candidato nuestro. Entre mis papeles del archivo se encuentra la contestación del señor Leiva, y en mi copiador la carta que yo le dirigí. Y de una vez por todas hago constar que cuando haga referencia a documentos que han estado en mi poder, con seguridad se encuentran en mi archivo, pues acostumbro conservarlos todos, y también he acostumbrado dejar copia de todas mis cartas desde que llegué a la edad de veinte años.

El 27 de agosto, si mal no recuerdo, día de fiesta nacional en otro tiempo, como aniversario de la proclamación del Gobierno del doctor Soto en Amapala, fueron fusilados en Comayagua, contra el muro del costado de la Iglesia de la Caridad, el general Delgado, Gabriel Lozano e Indalecio García, y tal vez otro más que he olvidado. Me dio la noticia al pasar por mi tienda el licenciado don Jerónimo Zelaya, y me trasladé inmediatamente al hotel para encontrarme al lado del doctor Contreras, cuando le llegase la noticia de la muerte de su hermano. El señor Contreras había llegado como secretario de una Legación Especial a cargo del doctor Jacinto Castellanos, enviada por el Gobierno del

Salvador, que presidía el general Menéndez, con el fin especial de abogar por la vida del general Delgado.

El Comité de Investigación trabajó hasta llegar a la fecha en que se tomó nota oficial del conjunto de antecedentes consignando el resultado de dicha labor en un libro que se envió al Ministerio de Hacienda.

Aunque sea una anticipación de fechas, quiero hacer aquí referencia a lo que ocurrió con dicho libro en el Congreso de 1887. Se comenzó a darle lectura, y aparecieron unos cargos contra el señor Soto, por pagos hechos, sin expresar el origen de la deuda, al doctor don Céleo Arias, y a mi tío don Tranquilino Bonilla; cargos que pudieron suprimirse, porque los compañeros del Comité me excitaron para que explicase el origen de las deudas, porque suponían que conocía en realidad y sabían eran legítimas, a lo cual me negué, porque iban a aparecer otros que no eran como aquellos, justificables, y no quería sentar un mal precedente. Se suspendió la sesión en el Congreso, de que yo formaba parte, y el secretario, don Jesús Inestroza, y otros allegados al Gobierno se acercaron a felicitarme por mi rectitud, en haber consignado aquellos cargos que afectaban a personas que eran muy queridas. Les contesté que aplazasen sus felicitaciones para cuando se terminara la lectura del Informe. Continuada ésta, aparecieron cargos contra Soto, por muy fuertes sumas en que figuraban los nombres del mismo presidente Bográn y de algunos de sus ministros, que cuando los iba a consignar el Comité, alguno de los compañeros sugirió que se preguntase a las personas afectadas por el origen de las deudas, y yo me opuse recordándoles que tampoco había querido que se hiciera cuando se trataba de personas de mi cariño. El resultado fue que la proposición que habían hecho al principio, en el primer momento de entusiasmo, de mandar a imprimir el Informe del Comité, no se volvió a repetir. El libro que contiene el Informe estaba en el Archivo Nacional todavía cuando yo entregué la Presidencia. Ignoro si después se haya desaparecido; pero entre mis papeles se encontrarán los borradores en que se iba consignando el resultado de la investigación.

Quiero referir también otro incidente relacionado con el Comité. En cierta fecha el Ministerio de Hacienda requirió al Comité para que entregara una nota del ministro de la Guerra de Guatemala, don Martín Barrundia, para el presidente Soto, en que le decía que, no habiendo arreglado a satisfacción de aquel Gobierno los $59,000.00 que se le habían suplido a Honduras cuando el señor Soto venía a inaugurar su Presidencia, esperaba saber si podía cobrar del Tesoro Nacional dicha suma. Aquella nota tenía interlineada la palabra "e intereses"; y habiendo mandado liquidarse la cuenta con interés de 2% mensual, capitalizando cada seis meses en 1880, ascendió el crédito a más de cien mil pesos abonados a la cuenta del señor Soto. El Ministerio de Hacienda decía necesitar ese documento para mandar a exigir al señor Soto, que estaba en los EE. UU., la devolución de esa suma, que el Gobierno de Guatemala reclamaba del de Honduras, por haber sido su intención favorecer al país y no a la persona del señor Soto. La nota la iba a llevar el ministro de Hacienda, don Abelardo Zelaya, quien había sido muy amigo del señor Soto y también ministro de él. Yo comprendí, y lo dije a los compañeros, que no se haría el cobro ni volvería el documento a los archivos, pues serviría para arreglar la paz con el señor Soto, lo que indudablemente debe de haber sucedido, pues no volvió a molestar al Gobierno del señor Bográn. Al entregar el documento se dejó en el expediente del Tribunal de Cuentas, donde figuraba como comprobante de la orden de pago expedida a favor del señor Soto, una certificación firmada por los tres miembros del Comité, figurando, además, inserta en el libro respectivo del Tribunal de Cuentas la razón que se tomó de dicha orden.

Hasta aquí sus "Memorias". En la época que describe, refiriendo los hechos a la personalidad del general Bográn, sólo tenía el licenciado Bonilla alrededor de 25 años. Había sido ya contador de la Oficina General de Cuentas y había viajado, tanto por la necesidad de restablecer su salud, como para conocer la vida comercial y manufacturera de los Estados Unidos; y en la actualidad hacíase acreedor nada menos que a la pleitesía de un Presidente.

El general Bográn, aunque receloso y astuto, era, por otra parte, un buen conocedor de los hombres que lo rodeaban y no debe encontrarse extraño que, encantado de la rara penetración de su joven amigo, sentase a este a su lado, entre sus ministros.

Conversador ameno e ilustrado fue desde muy joven el licenciado Bonilla, con la calidad tan ventajosa de que apreciaba certeramente las situaciones y los hombres tan pronto como se ponía en contacto con ellos, amoldándose al grado de cultura y estado de ánimo de éstos.

Su memoria era poderosa y envidiable. Sólo un caso se recuerda de haber olvidado el nombre de un oscuro individuo que, cuando el licenciado Bonilla administraba el establecimiento "Bonilla & Fortín", debía conducir un lote de mercaderías en carreta, por cuyo motivo tuvo que escribir expresamente preguntándolo. Los soldados de la revolución del 94 que se hallaron en inmediato contacto con él, sabían que el Presidente Provisional los llamaría siempre por sus nombres, y esta circunstancia, que los halagaba, fortificaba en ellos la adhesión hasta el sacrificio.

Por lo que respecta a su penetración —que es como vulgarmente se llama a la facultad de análisis, en que se cimenta la previsión— se recordará su porfía en sostener al licenciado Arias, cuando éste, en pugna con Bográn, luchaba como candidato a la Presidencia de la República, el 83, que los comandantes no serían fieles a su causa y que, por el contrario, lo adversarían. El licenciado Bonilla se empeñó en hacer notar que la razón estuvo de su parte, y el licenciado Arias, ex Presidente de la República, de talento reconocido y conocedor de la política de su país, y, por consecuencia, de sus hombres destacados, tuvo que dársela.

IV. DIPUTADO AL CONGRESO NACIONAL

Porque vengo aquí para alcanzar una hermosa victoria. —
EURÍPIDES.

LA LEGISLATURA que se reuniría en 1887 trataría asuntos de mucha importancia. Entre otros, discutiría la conducta del ex Presidente Soto, haría importantes reformas a algunas leyes y examinaría el fallo de un Comité organizado para estudiar las cuentas del Ferrocarril Interoceánico. Ese fallo tendía a solventar a Herrán y Gutiérrez, agentes financieros del Gobierno de Honduras en Europa, y se habían emprendido trabajos para que lo aprobase el Congreso.

El licenciado Bonilla, en quien esos asuntos despertaron interés, concibió la idea de ser diputado a dicha Legislatura, para tomar participación en sus debates. Además, deseaba adquirir la iniciativa de ley que corresponde a los diputados, para introducir interesantes innovaciones en la Legislación de Hacienda, que él conocía; y al mismo tiempo adquiriría una importancia política que no tendría siendo simple ciudadano, para tratar con el general Ponciano Leiva, de prestigios indiscutibles, la postulación de éste como candidato a la Presidencia de la República en el próximo período, por el Partido Liberal, con el objeto de sustraerlo a la política del Presidente Bográn.

Estas sugestiones le habían sido hechas al licenciado Arias; pero éste nunca abandonó la intención de lanzar la suya y manifestó al licenciado Bonilla que sería un error político que el liberalismo adoptase a Leiva como candidato, en oposición al Partido oficial.

Se elegirían en noviembre del año de 86, diputados propietarios por los departamentos de La Paz y Comayagua, en que había algunas probabilidades de triunfo, y las había mayores en el del Paraíso, aunque allí sólo se elegiría un suplente. Se puso inmediatamente en acción, escribiendo al licenciado Arias en tal sentido y a sus amigos de Danlí y Yuscarán, entre éstos a don Mónico Córdoba, quienes le contestaron satisfactoriamente. Como resultado de sus gestiones fue lanzada su candidatura para diputado suplente por El Paraíso y propietario por Comayagua al mismo tiempo. En los días en que se iban a verificar las elecciones, el licenciado Bonilla se sentía inquieto por su suerte. Tenía esperanzas de ser elegido por El Paraíso pero no le concedía valor sino muy escaso a la suplencia; y las probabilidades de triunfo en Comayagua no lo hacían formarse ilusiones, por ser un departamento en que el liberalismo, o no estaba en mayoría o no se preparó para tal efecto, teniendo en contra al oficialismo que el pueblo estaba acostumbrado a acatar mansamente.

Verificadas las elecciones, supo oficialmente que había sido derrotado en Comayagua, y por conductos particulares, que había triunfado en El Paraíso, a pesar de la oposición tenaz que se hizo a su candidatura y a que nunca había sido electo en aquel departamento alguien que no fuera originario de él. El licenciado Bonilla creía que no podría servirle de nada dicha elección, porque iban a concurrir dos de los propietarios y corría el riesgo de que llamasen a otro suplente y no a él para integrar la representación. Era tanta su desconfianza, que aun en el caso de ser necesaria la presencia de los dos suplentes para integrarla, suponía que sus adversarios preferirían que quedase incompleta en el Congreso, antes que llamarlo a él. El 31 de diciembre faltaban dos propietarios por El Paraíso, y el licenciado Bonilla habló con el diputado Bendaña para que al mocionar porque se llamase a los suplentes pidiese votación nominal. La moción fue hecha por el representante Padilla a favor del licenciado Bonilla y fue admitido por unanimidad. Este hecho le causó asombro.

En esa Legislatura, como se dice en las Memorias, se dio cuenta del famoso informe elaborado sobre la conducta de Soto en relación con el Erario.

Conjuntamente con una nota de envío explicativa, el Informe había sido pasado por el Comité al Poder Ejecutivo el 15 de enero de 87, y éste lo envió al Congreso. "Os presenta —dice la nota— el libro en que ha consignado dieciséis cargos contra el ex Presidente Soto, cuyo valor asciende a la suma de setecientos treinta y nueve mil quinientos nueve pesos, veintiocho centavos y un cuarto, por los delitos de dilapidación y de fraude cometidos del 27 de agosto de 1876 al 31 de julio de 1879, tiempo que comprende la primera época de las dos en que el Comité acordó dividir el de la Administración del señor Soto."

Laboriosa en extremo debe de haber sido la gestión del mencionado Comité, por cuanto antes del 31 de julio del 79, tanto la Contaduría Mayor como la Tesorería General tenían su asiento en Comayagua, a pesar de que el Gobierno residía en Tegucigalpa; y por ello dichas oficinas no tomaban conocimiento de los acuerdos, órdenes, contratas, etc., del Poder Ejecutivo. Sus libros, pues, no suministraron ningún dato, ni tampoco se obtuvieron en los copiadores del Ministerio de Hacienda todos los necesarios, porque no de todos se dejaba conocimiento. De consiguiente, el Comité tuvo necesidad de recurrir al examen, documento por documento, partida por partida, de las cuentas de todos los empleados de rentas de la República, empleando el mismo sistema que usa el Tribunal del ramo cuando ante él se presentan. Sólo así pudo el Comité obtener los antecedentes que le sirvieron de base para formular los cargos. Por esa principalísima razón deben haber agregado los miembros del Comité, que no pretendían que los cargos hechos fuesen absolutamente incontestables, porque siendo la materia tan complicada, es posible que incurrieran en más de un error; punto que quedaría definido con el resultado de los juicios que el fiscal promoviese.

La lectura del Informe se suspendió en el Congreso por la influencia de los personajes en él dañados, en cuenta Bográn.

Con respecto al fallo del Comité especial que finiquitaba a Herrán y Gutiérrez, fue anulado.

Por lo demás, esta Legislatura se ocupó de examinar las memorias de los ministros, aunque no sin discusiones, generalmente provocadas por el representante Bonilla. Al discutir la Memoria de Hacienda, éste notó que adolecía de irregularidades en la presentación de los comprobantes relacionados con el uso de ciertas cantidades voladas y manifestó: "Cuando no hay honradez en la administración de los caudales públicos, puede explicarse bien que el Gobierno deje de cumplir con estas prescripciones legales; pero un Gobierno honrado no puede ni debe temer un examen escrupuloso de la Representación Nacional sobre sus actos y, por el contrario, debe provocar ese examen para que la aprobación que el Congreso les dé no sea mera fórmula. Por lo mismo, deseo que la actual administración se distinga principalmente en esto, de todas las demás, y quede, desde hoy, sentado un precedente que, mantenido, será la mejor garantía de los intereses nacionales, aunque lleguemos a tener la desgracia de que falte la honradez en el Gobierno. Como no concibo que sin los antecedentes a que me refiero pueda ningún diputado emitir en conciencia su juicio sobre la Administración Pública, ruego que el Congreso acuerde pedir al secretario de Estado en el Despacho de Hacienda los documentos y antecedentes a que he hecho referencia, exigiéndole, además, que en lo posible y en general detalle las varias partidas de egresos conforme al Presupuesto."

Un alto funcionario de Hacienda, el coronel Roque Jacinto Muñoz, se sintió ofendido por esas palabras y, habiéndose encontrado poco después con el representante Bonilla, lo injurió con las groseras palabras con que un hombre vulgar suele desahogarse en presencia de un enemigo. Sintiéndose herido vivamente el licenciado Bonilla y no estando dispuesto a perdonar esa ofensa por no corresponder a la calidad de su persona, sacó el revólver y, apuntándole al pecho, le dijo: "O retira usted sus palabras o le tiro." Muñoz se sintió vencido y le pidió excusas.

Al tratarse en el Congreso de la aprobación de la Memoria de Guerra, el representante Bonilla notó que en ella el ministro del ramo daba cuenta del fusilamiento del general Emilio Delgado y tres compañeros más. El representante Bonilla razonó su voto haciendo excepción de dicho fusilamiento, porque, como abogado, estaba convencido de que la sentencia de muerte no había sido justa. Esto dio lugar a que el diputado don Rafael Padilla hiciera moción para que, al aprobarse la memoria aludida, se entendiese excluido aquel acto por no ser del resorte administrativo, sino del judicial. La moción Padilla fue aprobada casi por unanimidad.

Algunos representantes, en cuenta el licenciado Bonilla, pensaron aprovechar aquella Legislatura para presentar algunos proyectos de ley, y había uno relativo a introducir reformas en las de Hacienda; pero por excitativa del Presidente Bográn, este alto cuerpo clausuró sus sesiones antes de cumplirse el término fijado por la Constitución.

El representante Bonilla formuló un voto, protestando por el receso de las sesiones, apoyándose en la tesis de inconstitucionalidad. Con este motivo, el periódico La República ridiculizó en un suelto la lógica del representante Bonilla, aunque refiriéndose al Congreso en general. Bonilla se presentó en la sesión con el periódico en la mano y reclamó de la Cámara un voto de censura contra el Gobierno si no daba explicaciones satisfactorias, porque, siendo un periódico ministerial, no esperaba que se hubiese publicado sin su noticia. Pedía, además, que se le exigiese que las explicaciones se publicasen en el mismo periódico, por ser indecoroso que, siendo un órgano oficial, faltase al respeto debido al Congreso. El voto de censura fue acordado por gran mayoría, lo cual causó sorpresa al licenciado Bonilla, salvando el suyo el diputado Jesús Inestroza y demás habitantes de Palacio, y votando en contra sólo el R. Colindres. El Gobierno nunca contestó, ni el Congreso extendió copias del acta de aquella sesión, ni fue publicada en los órganos oficiales, así como no fueron publicadas la mayor parte de ellas. Al disolverse el Congreso, el archivo quedó a cargo de Inestroza, que figuró como secretario privado de Bográn y después combatió a Bonilla y su partido con el pseudónimo de "Espartaco". Inestroza cerró las puertas del archivo a la publicidad; pero algún tiempo después el licenciado Bonilla obtuvo copia de las actas de las sesiones, las que fueron publicadas en parte.

En los primeros días de enero de ese año, el Presidente Bográn convocó una junta de notables a efecto de que se tratase de la persona que, mediante elección, debía sucederlo en la Presidencia de la República. Esa junta se componía, en su mayor parte, de gobernadores políticos, comandantes de armas, administradores de rentas y otros funcionarios, en cuenta algunos diputados, de los que el licenciado Bonilla era uno de ellos.

Todos esos elementos, con algunas excepciones, habían sido previamente aleccionados para que pidiesen la reelección del señor Bográn y formaban el núcleo directo del Partido Nacional, u oficial; es decir, el conjunto de empleados dispuestos a apoyar la política del gobernante, en un todo a él adictos con tal de merecer sus condescendencias y favores.

Un periódico de Nicaragua que se editaba por aquel tiempo se extiende un poco más a este respecto, y a guisa de ilustración conviene reproducir aquí algunos de sus párrafos:

"Sepárense de ese partido los empleados públicos —dice—, prescíndase del Tesoro Público y retírasele el apoyo de la fuerza pública y el partido desaparece como por encanto, se alcanfora, se volatiliza. Dada la esencia del partido, su íntima naturaleza, el nombre no hace al caso, y se le reconocerá en el acto, cualquiera que sea su denominación. Ese partido existe en todos estos países, aunque con diversos nombres; es el partido que sirve de apoyo a todos los gobiernos; es el que está al sol que nace; partido eterno, que nunca se gasta, nunca desmaya, nunca jamás es vencido, jamás abandona los palacios nacionales, ni las tesorerías nacionales y siempre está joven, robusto, lozano y firme en su puesto, como una roca en medio de la corriente. Ese es el partido nacional. El nombre será nuevo, pero él es muy viejo, y, por ende, muy avisado, muy ladino. Tiene ojos de lince y olfato de perro. Nunca se pierde y siempre tiene a su cabeza al jefe de la República, que sea quien fuese, halla modo de transformarlo en eximio patriota, eminente estadista, hábil diplomático, orador elocuentísimo, invicto guerrero, virtuoso ciudadano, el primero en la paz, el primero en la guerra, el primero en el corazón de sus conciudadanos."

Se puso en pie el general Bográn, cuando todos estaban reunidos, y empezó a hacer una relación más o menos sucinta de las labores de su administración; y con gran acopio de argumentos y razones que él creyó suficientemente fundados, hizo ver la conveniencia de la alternabilidad y, por consecuencia, los perjuicios de la reelección, aunque ésta se encontrase constitucionalmente sancionada para un segundo período. Algunos de los concurrentes, entre ellos el licenciado Bonilla, expusieron a la junta que las razones alegadas por Bográn confirmaban la opinión que ellos tenían de que no debía ser reelecto, que ellos tenían confianza en su sinceridad y que debían todos creer en ella, para no ofenderlo dudando de sus palabras o creyendo lo contrario; por lo tanto, debía tenerse por resuelto que el general Bográn no debía ni quería ser candidato. En consecuencia, podía procederse a elegir al más conveniente.

Como quiera que éstos no podían apoyarse en ningún principio de derecho, fueron vencidos por la mayoría de comandantes, gobernadores, administradores y demás empleados que integraban la junta, quienes se mostraron resentidos con el general Bográn "porque quería dejar huérfana a su patria", indignándose contra aquellos que habían tenido la audacia de exponer razones contrarias. Entre los que votaron por la reelección se encontraba el licenciado Fausto Dávila, que poco tiempo antes había ingresado como miembro de la Liga Liberal, con el nombre de Lannes. Este mismo señor Dávila se había exaltado en un banquete ofrecido por el señor Ramírez Fontecha, al pronunciarse abiertamente en favor de la reelección del señor Bográn, dando así de manos a la Liga.

"Al retirarme —dice el licenciado Bonilla— me dio cita Bográn para el día siguiente. Concurrí y me manifestó con ingenuidad: que él reconocía haber cometido grandes errores, pero estaba dispuesto a rectificarlos, si los hombres patriotas, en cuyo número me incluía a mí, le ayudaban. Después de una larga conferencia, me invitó para ayudarle a reorganizar su Gobierno, a cuyo fin debía yo formarle un programa político, el cual estaba seguro de que le satisfacería, porque conocía mis ideas, cuyo programa suscribirían los notables y se comenzaría a practicar inmediatamente. Hícele algunas observaciones, y como a todas me dio respuesta satisfactoria, encargándome, eso sí, la mayor reserva, aparenté creerle y trabajé en el programa, el cual le presenté al tercer día, antes de la segunda sesión de la junta de notables. Quizás él habría aceptado como bueno mi trabajo, a pesar de que era calculadamente el reverso de su administración, en cuanto tenía de viciosa; pero concluía por hablar de su sucesor en el próximo período, insistiendo en la no reelección. Sin duda Bográn esperaba que sus halagos hubieran cambiado mis opiniones; y al convencerse de lo contrario, no me volvió a hablar más del asunto. Quizás en antecedentes como ese ha descansado Bográn para calificarme de terco e intransigente en política."

V: ELECCION PRESIDENCIAL 1887

"La fuerza es el único secreto para hacer que todo triunfe". —
CRISTINA DE SUECIA.

A PRINCIPIOS de ese año, el licenciado Bonilla, que no había podido atraerse al general Leiva, ni impedir que éste se manchase las manos con la ejecución de Delgado y compañeros, para presentarlo como candidato de oposición, ni menos desviar a Bográn de sus propósitos de reelegirse, creía que toda la lucha en oposición a estos propósitos sería inútil sin una organización adecuada del partido y sin contar con las simpatías y el apoyo moral de los gobiernos de los países vecinos, especialmente de El Salvador y Guatemala.

Expuso estas razones al licenciado Arias y se esforzó en convencerlo de que no debía lanzar su candidatura en tan desventajosas circunstancias, que lo expondrían al ridículo como en 1883, quedando en insignificante minoría. El Gobierno tenía interés, por el contrario, en que el licenciado Arias se colocase en la oposición y se había anticipado en hacerlo creer dentro y fuera del país, para cubrir la reelección con el manto de la más amplia libertad y hacer que el éxito previsto pasase como una consecuencia de la gran popularidad de que gozaba el señor Bográn. Para oponerse a ese oculto interés, el licenciado Bonilla aconsejaba que se demostrase públicamente que el liberalismo no tenía candidato.

Por lo tanto, manifestaba a sus amigos que Arias estaba resuelto a abstenerse en la próxima campaña electoral, convencido de la inutilidad de cualquier esfuerzo que se hiciese; pero sería otra su actitud si el candidato opuesto no fuese el mismo señor Bográn, ya que así tendrían mayores probabilidades de éxito. Llegó hasta decirles que, por su parte, bajo las circunstancias aludidas, estaba resuelto a no dar su voto ni a trabajar en favor de ningún candidato, aun tratándose del mismo licenciado Arias.

Uno de sus amigos le manifestó que el Partido Liberal debía entrar en campaña para que no se exhibiese como una agrupación nula; pero por la misma razón decía el licenciado Bonilla que debía abstenerse de ir a la elección.

Persistiendo el señor Bográn en divulgar la noticia de que el arismo se movía activamente, levantando actas y haciéndose de prosélitos, el licenciado Bonilla llegó a exasperarse, manifestando que no se dejaría molestar callado: "Yo quitaré las máscaras —dijo— y si me tocan, haré pública declaración por la prensa de que soy adversario de la reelección, aunque sólo sea por ser reelección, pero que no estoy loco para trabajar por otro candidato, seguro de perder." El señor Bográn le había dicho en más de una ocasión que no creía en prestigios sino en el poder de las armas; y le ponía el ejemplo de Medinón, paseado impunemente por los pueblos del departamento de Gracias por una pequeñísima escolta, antes de ser conducido al patíbulo, a pesar de que Medinón creía ser, en aquel departamento, adorado como un dios; y el licenciado Bonilla estaba de acuerdo con Bográn. Por esto porfiaba en que no debía irse a la lucha sin un partido que se hiciese respetar, seguros del éxito para propiciar en el Gobierno las libertades públicas, entonces nugatorias, mediante el respeto absoluto de la voluntad popular.

A pesar de ello, las reiteradas sugestiones de su discípulo no lograron convencer al licenciado Arias, y persistió en su propósito de lanzar su candidatura a la consideración de sus conciudadanos, en oposición al señor Bográn, aun exponiéndose a no contar con la cooperación de Bonilla. Pero éste vio aclararse el horizonte con el cambio de Gabinete que por los meses de junio o julio se operó en Guatemala. Montúfar, el decano de los liberales, por su antigüedad y por su intransigencia con los retrógrados y con los clérigos, había sido llamado al Ministerio. Los demás ministros eran conocidos barristas, y, los que no, a lo menos, hombres nuevos. Por esto, pareció al licenciado Bonilla que el barrismo era entonces el mejor punto de apoyo para el Partido Liberal hondureño, que iba a medir sus fuerzas con el oficialismo y pretendía que tales elementos, que habían perdido a su jefe en los campos de Chalchuapa, podían continuar la obra de progreso de su caudillo, sin intentar siquiera revivir su tiranía, que estaba encarnada en el hombre y no en el sistema.

Además, suponía que este cambio no podía caer bien al Gobierno de Bográn, cuya prensa dio la noticia fríamente, lo que venía a confirmar que hacía algún tiempo no había relaciones entre aquél y Barillas. Decíase, por otra parte, que Bográn había pedido a Barillas una entrevista y le había sido negada. Bonilla juzgó, dados esos antecedentes, que la candidatura de Arias podía tener éxito y aconsejó a éste que saliese del país, sin duda, para que concertase una alianza que lo garantizase. La conducta del licenciado Bonilla se justifica por su tendencia ostensible de no entrar en la lucha sin probabilidades de éxito, y sirve de lección a todos los hombres, cualesquiera que sean las actividades a que consagren su vida, porque la mayoría de éstos se lanzan a sus azares, no sólo sin un fin previsto y pacientemente meditado, sino muchas veces sin tener confianza en sí mismos, lo que ya es un motivo de fracaso. Condición es ésa necesaria a todo hombre práctico, el tipo que ha prevalecido en todos los tiempos y que se destaca actualmente con perfiles tan netos y tan bien demarcados, que no solamente sirve para conducirlo a término feliz, sino que infunde a todos aquellos en contacto con él una igual confianza. Tal condición, que debe ser intrínseca en todo luchador, no es artificial y se funda en la misma naturaleza, que no gasta jamás sus fuerzas inútilmente.

Al convenir en la candidatura del licenciado Arias, exigió a éste, previamente, su programa, a cuyo efecto le hizo algunas sugestiones que él creyó oportunas. Es, por lo que se ve, el inspirador de ese programa conocido con el nombre de "Mis ideas", el cual tendía ya a operar una verdadera revolución, por cuanto despejaría las espesas sombras reinantes en materia política y prepararía al pueblo en el conocimiento de sus derechos ciudadanos. En ese programa manifiesta el licenciado Arias que, por origen y por convicción filosófica, profesa ideas liberales en su significación genuina; y quiere, en consecuencia, la unidad de fuero, sin más excepción que para los militares en campaña; la seguridad individual, afianzada especialmente por la garantía del habeas corpus, debidamente reglamentada, para que en ningún caso resulte ilusoria; la abolición absoluta de la pena de muerte y la supresión inmediata de los cadalsos políticos; la abolición de la tortura, de los palos o flagelaciones; de las penas perpetuas e indefinidas y de las infamantes; la garantía de la propiedad en todas sus formas; la libre manifestación del pensamiento por la palabra o por la prensa, sin otra responsabilidad que la de calumnia, deducida ante el Jurado; la libertad de reunión y de asociación; la de enseñanza, de industria y comercio y de cultos; y la independencia entre la Iglesia y el Estado; la igualdad civil y política, etc., y, además, ofrecía la formación de una caja de ahorro y de reserva para acometer empresas de manifiesta utilidad general y para hacer frente a los gastos en circunstancias anormales o extraordinarias; la persecución y el castigo de los agiotistas, y la supresión absoluta de contribuciones directas sobre el capital y de las prestaciones personales, sustituyéndolas con impuestos indirectos y con rentas determinadas y cedidas a beneficio de los municipios, etc.

El licenciado Bonilla se había anticipado escribiendo un largo artículo en folleto, declarándose ya partidario del licenciado Arias y haciendo ver que éste llenaría las condiciones necesarias para ser el gobernante modelo de una verdadera república. Trabajó desde entonces con entusiasmo, escribiendo a todos sus amigos, de su puño y letra, como se dice, haciendo publicar las actas levantadas y distribuirlas, enviando a los pueblos el programa Mis Ideas aludido, lo mismo que su artículo.

Esta agotadora labor lo mantenía frente a su escritorio hasta horas avanzadas de la noche, escribiendo precipitadamente y cerrando sus cartas muchas veces sin releerlas. Algunas de éstas alcanzan a diez carillas nutridas de renglones.

Los reeleccionistas, por su parte, hacían pasar los milicianos y concurrían a las paradas dominicales, a los cuarteles, para que suscribiesen las actas en favor de Bográn; y si esto sucedía en la capital del país, donde siempre ha habido un poco de honestidad, no debe dudarse que lo mismo se hizo en todos los departamentos, donde, además, la extensa red de comandantes y subcomandantes cantonales levantaba actas, recogía firmas e infundía el temor por medio de las amenazas de todo género que, en generalidad de los casos, llegaron a cumplirse. Pero era la primera vez que se iba a hacer una oposición porfiada, y el ciudadano, tan tímido antes de esa época, adquiriría conciencia de que fuerza estorbaba el ejercicio de un sagrado derecho.

Los poderes públicos representaban una fuerza temible por el hecho y estorbaban al adversario la prensa y el correo, poniéndole trabas a la primera y capturando la correspondencia que se enviaba a las oficinas postales, lo que constituía un hecho sancionado por la costumbre, que ya nadie se asustaba de él. El Presidente de la República podía, sin ruborizarse, llamar a los particulares para decirles que había leído sus comunicaciones interceptadas.

El 5 de agosto de ese año de 87, el licenciado Bonilla tuvo una visita con Bográn, y éste llamó a los licenciados don Rafael M., don Carlos Zúñiga y don Urbano Dávila, para que presenciaran la devolución que haría a Bonilla de una carta que tomó a un correo de éste y de la copia de un artículo titulado "A. B. C.", enviado a San Salvador para que allá se imprimiese.

Entre el señor Bonilla y él. El señor Bonilla, igualmente, observó una igual conducta con respecto al señor Bográn. Habiéndose hablado incidentalmente de la unión entre los amigos de los señores Soto y Arias para proclamar la candidatura de éste y de la responsabilidad que a todos sería común, en el caso de realizarse un nuevo proyecto de revolución de los emigrados sotistas, sobre el cual tenía informes el señor Presidente, y de cuyo movimiento proclamarían caudillo al señor Arias, con su autorización o sin ella, el licenciado Bonilla le dijo: "Que esa unión es muy fácil de explicarse; que los sotistas que en la actual oposición figuran, no satisfechos de este Gobierno, aprovechando este punto de afinidad con los amigos del señor Arias, han unido de buena fe sus esfuerzos, porque creen que sería mejor el Gobierno que éste organizase; pero que no están ni pueden estar engañados, y, por el contrario, bien convencidos de que el señor Arias, a quien conocen, no puede ser, ni sería, llegado al poder, instrumento del señor Soto, ni de nadie, como lo ha declarado en su manifiesto; que el señor Arias ha aceptado su candidatura dentro de la ley, de la cual no se saldrá durante la presente campaña electoral; y si los emigrados sotistas promueven un bochinche cualquiera y usan de su nombre, sería sin su autorización y de mala fe, para comprometerlo a él y a todos sus proclamadores; que en tal caso él y todos los que como él piensan podrán protestar, de la manera más eficaz, poniéndose al lado del Gobierno para combatirlos; y que se creía suficientemente autorizado para asegurar que, en ese caso, así procedería el señor Arias."

Como consecuencia de esa plática, dos hijos del licenciado don Rafael Alvarado Manzano anduvieron propalando que en la entrevista Bográn injurió a Bonilla, lo ultrajó y humilló como él quiso y lo obligó a pedirle perdón, a darle satisfacciones por sus trabajos electorales y a declarar que Arias y sus amigos no podían unirse con los sotistas porque eran todos unos bandidos.

Los señores licenciados Padilla M., Zúñiga y Dávila, que presenciaron la entrevista, se vieron obligados a desmentir a los hijos del señor Alvarado Manzano.

El artículo interceptado contenía instrucciones útiles para una buena elección. Entre otras, se aconsejaba a los electores resistir a la intimación de cualesquiera empleados para que votasen en favor de la reelección, insistiendo en que no podía dudarse de las declaraciones del señor Bográn en favor de la libertad de sufragio, a riesgo de inferirle ofensa. Instruía también para resistir a los halagos y a las amenazas, y hacía conocer a los ciudadanos la necesidad de que se mantuviesen serenos e inflexibles en presencia de uno de los actos más trascendentales de la vida democrática.

La carta que el licenciado Bonilla leyó durante la entrevista era una de dos que había enviado a San Salvador para que el artículo se imprimiese allá en hojas volantes, y esos documentos fueron interceptados por una especie de cordón sanitario, como decían, encargado de capturar toda comunicación, tanto entre los pueblos del interior como entre éstos y el exterior.

Durante la entrevista aludida, el general Bográn mostró al licenciado Bonilla una declaración que habían arrancado en la Penitenciaría a un joven llamado Rafael Alonso Lardizábal, capturado el 1° de agosto, a quien aplicaron cien palos y por la mañana del siguiente día había resultado muerto en aquel establecimiento penal, con un balazo en la boca, diciéndose que se había suicidado con el revólver del oficial de la guardia. El joven tenía una cadena en cada pie y al registrarlo le encontraron las espaldas despedazadas. De todo esto se dedujo que había muerto de los palos y que, para ocultarlo, le dieron el balazo ya muerto. Conjuntamente con Alonso, habían aprehendido a otros dos, a quienes también apalearon, y a un tal Enrique Carías (a) Coto, hacia el 4 de ese mes. Antes o después habían apresado a un tal Alonso Muñoz, a quien también habían apaleado en el recinto de la Penitenciaría. Se había podido averiguar que preguntaban a Alonso por una carta que escribía Alberto Ayestas, y se supuso que en busca de lo mismo habían llevado a la Penitenciaría a la esposa de un tal José Trinidad Reyes, de alta éste en San Juancito. Esta señora había entregado unas cartas de familia enviadas con Alonso Lardizábal a un tío del licenciado Bonilla, residente en Nicaragua.

La declaración mostrada por Bográn al licenciado Bonilla afirmaba que éste (Bonilla) había mandado con un hombre desconocido a Alonso Lardizábal una carta destinada a don Vicente Ayestas, para que Alonso la condujese, negando otras preguntas sobre una conspiración que se decía estaba fraguando el licenciado Bonilla. Bográn confesó a éste que, por el conocimiento que se tenía, vio una mentira y una villanía en la declaración del muchacho y que por eso lo mandó a apalear. Confesó también Bográn que todos le aconsejaban que procediese contra Bonilla, y sólo él le había hecho justicia.

Se habló también de una invasión sotista preparada para el 5 de ese mes, la cual se había aplazado para después de la elección.

Se comprendía que era grande el riesgo que tenían los amigos de Bográn por su empeño en hacer creer inteligencias revolucionarias entre los elementos sotistas que residían en el exterior, fraguando esos movimientos, y el arismo del interior que luchaba por llegar al poder legalmente.

A medida que se acercaba la fecha en que debían verificarse las elecciones, los empleados del Gobierno demostraban estar más dispuestos a ahogar la libertad, residenciando a los jefes de la oposición o encarcelándolos con cualquier pretexto. Longinos Sánchez, comandante de armas y gobernador político de Tegucigalpa, manifestaba en alta voz su deseo de dar una buena lección al licenciado Bonilla, y Jesús Inestroza, secretario privado del Presidente, que firmaba sus vituperios con el seudónimo de Espártaco, atizaba el fuego en Palacio, aconsejando todo lo malo a Bográn e impidiéndole todo lo bueno.

El licenciado Bonilla describía la situación así:

"Han llamado de todos los pueblos, donde predomina la oposición, a los jefes de ésta; y en la cabecera del departamento o en la capital, les han requerido terminantemente para que cesen en sus trabajos 'contra el Gobierno', en 'sus trabajos revolucionarios'. A los que han cedido, les han permitido regresar bajo fianza de no mezclarse más en política. A los que han alegado su perfecto derecho, los han arraigado con la ciudad por cárcel, o recluido en la cárcel pública. Especialmente en esta capital, donde el número y calidad de las firmas en favor de Arias los han asustado y enfurecido, o bien han dado de alta a algunos proclamadores, o reducidos a prisión con pretextos fútiles, o empleado medios aún más atroces para intimidar. A pesar de todo, nadie, por regla general, se retrae. La única señal de debilidad que algunos han dado es emigrar. Ya han abandonado su patria unos diez o doce jóvenes de esta ciudad, entre artesanos y propietarios. Pero si esto sucede en las poblaciones más importantes, en los pueblos sencillos sucederá lo contrario; y siguiendo este sistema, y aún agravándolo, como se agravará, no pudiendo ni concebirse en qué podrán detenerse, es seguro que la reelección se hará; y aunque por accidente tuviera mayor votación la candidatura Arias, los pliegos serían cambiados o los harán aparecer con insignificante minoría."

En otra parte: "El miércoles 17 del presente (agosto), amanecieron cubiertas las paredes de los aristas, como ellos nos llaman, de carteles impresos injuriando a Arias y excitando a votar por Bográn, que durante la noche fijaron los policías y oficiales del ejército. Lo que en esto hay de notarse es la circunstancia de haber escogido sólo casas de opositores, y eso ha dado lugar a recordar la San Bartolomé en Francia, pues también señalaron entonces las casas de los hugonotes y está próximo el aniversario."

En otra parte: "El medio más en uso en estos momentos, entre los muchos reprobados que emplean, el menos escandaloso, pero el que les dará mejores resultados, es el de residenciar a los jefes de oposición o agentes principales de ella de las diversas localidades, o en la cabecera del departamento, o en esta capital, como si estuviéramos en pleno estado de sitio. Ya tienen aquí residenciado al juez de paz de Güinope, don Nicolás Flores; a Enrique Chávez y Manuel Fajardo, de Comayagua; a Manuel I. Rosa, alias 'Pajarito', alcalde de Juticalpa, y de allí mismo a Antonio España y Jerónimo Villar; a Diego Zúñiga, de Nacaome; a Juan Ramón Silva e Isaac Estrada, de Sabanagrande; y otros varios, la mayor parte de los cuales son oficiales y están de alta con su grado, pero sin prestar servicio, ni entrar al cuartel siquiera. Sus obligaciones se reducen a concurrir a la escuela de instrucción militar. También hay de alta varios milicianos de Yuscarán, muchas personas regulares que nunca han prestado ese servicio."

Todo esto les servirá solamente porque les faltará dirección en los pueblos, pero no porque cause intimidación, pues el efecto es contrario: el desprestigio aumenta. Parece que todos los opositores estamos penetrados de nuestro perfecto derecho y resueltos a tener paciencia y resistir dentro de los límites legales hasta donde sea posible.

En presencia de esa situación tan desventajosa para su partido, perdió el licenciado Bonilla toda esperanza en el éxito de la elección; pero pensó que quedaba aún un medio pacífico que podía esgrimirse contra Bográn, a fin de obligarlo o a desistir de la reelección o a renunciar la Presidencia una vez reelecto, o sea, la aplicación de un tratado centroamericano que se hallaba vigente, por medio del cual se comprometían personalmente los mandatarios que lo suscribían a no reelegirse. Ese tratado, que aún no había sido ratificado por el Congreso hondureño, aunque tenía la aprobación del Gobierno de Bográn, había sido defendido con calor por la prensa oficial. A propósito de esto, escribió a don Lorenzo Montúfar, de Guatemala, encareciéndole se interesase por el liberalismo hondureño.

Esta última esperanza también se frustró por sucesos inesperados de la política centroamericana, que perjudicaron notablemente la suerte del partido de Arias en Honduras.

Hacia fines de julio anterior o a principios de agosto siguiente, había llegado a Tegucigalpa un tal Agustín Nolasco, originario de Yuscarán, recomendado a Bográn por su pariente don Manuel Colindres, en esa época gobernador político del departamento de La Paz.

El señor Nolasco había permanecido en territorio salvadoreño durante cinco años, sirviendo como administrador en una hacienda perteneciente al general José María Baraona que, según se decía, había andado por el año de 1871 asolando el país, comandando una horda de bandoleros, y en 1872 y 1873 había sido el peor enemigo del licenciado Céleo Arias.

Durante el tiempo que permaneció en Tegucigalpa, este señor Nolasco se le vio llegar hasta dos veces por día a Palacio, deseoso de comprometer a Bográn en favor de una asonada revolucionaria contra el presidente Menéndez, que el mencionado Baraona estaba preparando, manifestándole que la oficialidad y guarnición de San Miguel estaban comprometidas a apoyar el movimiento.

Bográn retuvo en Tegucigalpa a Nolasco con hábiles pretextos, sin desalentarlo, para dejarlo libre en el momento oportuno. Hacia el 15 de agosto lo dejó ir, y Nolasco manifestó que iba a El Salvador a dirigir la gente que trabajaría en una carretera que se estaba construyendo entre La Unión y San Miguel.

A principios de septiembre, el general José María Baraona pasó por Amapala, dejando en dicho puerto a un licenciado Rendón Traba, e inmediatamente desembarcó en La Unión, a pesar de haber tenido noticias, según se sabe, de que la oficialidad de San Miguel había sido cambiada por sospechosa. Pronto se esparció la noticia de un desembarco de revolucionarios en La Unión, en el momento en que Honduras se hallaba en el segundo día de la elección presidencial, y en que los presidentes de El Salvador, señor Menéndez, y el de Guatemala, señor Barillas, se entrevistaban en Chingo para tratar de los asuntos de Honduras, quizás con la intención de oponerse a que Bográn continuase en el poder, en virtud del tratado centroamericano aludido.

Prevenido el señor Bográn acerca de lo que sucedía, ordenó inmediatamente al Comandante de Armas de Amapala, general Bardales, que atacase a los revolucionarios en La Unión; y al mismo tiempo hacía salir de la capital, con fuerzas, al general Melesio Marcial, con dirección a la frontera, y a un artillero guatemalteco, de apellido Barrera, hacia Amapala, enviando asimismo cargas de parque, de cartucheras y uniformes.

En la refriega fue derrotado Baraona, que perdió además a un hijo suyo, joven muy estimado. Él se internó en territorio hondureño por Aramecina, y pasando por Yusguare y El Corpus, atravesó la frontera nicaragüense hacia Somotillo. Nolasco, conjuntamente con otros heridos, llevando la correspondencia, fueron enviados a Amapala para su curación.

De esta manera se hizo pasar Bográn por aliado del salvadoreño, y se esforzó además en arrojar sospechas de complicidad en el movimiento sobre sus adversarios, los aristas, con lo cual éstos no sólo perdieron toda esperanza, sino que juzgaron su situación bastante delicada.

Con este motivo, el licenciado Bonilla dijo que Bográn era el hombre de mejor suerte o el más hábil de los políticos de Centroamérica.

Las elecciones se verificaron en la forma en que las describe el licenciado Bonilla.

"Creo —dice— que en ningún lugar se habrá verificado la elección con tanto descaro y escándalo como aquí, a pesar de que yo había llegado a pensar que querían hacer excepción de la capital para presentarla como modelo. Comenzaron a organizar el directorio desde las siete y media de la mañana y concluyeron a las nueve. Como a las ocho y media me presenté acompañado de un grupo de electores ante el comandante y gobernador Sánchez, que presidía; y antes de hablar nos mandó a salir de la tribuna con voz de combate, a lo cual nos negamos diciéndole que era extraña esa orden, cuando estábamos viendo, ocupando todas las sillas y aun a su lado, escribiendo en la mesa, a varios empleados ciudadanos, entre ellos, los candidatos para su directorio. Nos negamos a salir hasta que sacara a aquéllos, a pesar de que cada vez repetía la orden con más alta voz, logrando por fin, como a la quinta negativa, que les diera orden de retirarse. Cuando salieron, preguntó Sánchez qué queríamos, contestándole yo que se iba organizando el directorio antes de las diez, hora señalada por la ley, por lo cual era nulo lo que estaban haciendo. Entonces él dijo: "Ya están oídos, retírense". Le repliqué que esperaba resolución. Él la negó, mandándonos de nuevo salir. Le manifesté que tenía que añadir que también era nulo el acto, porque la ley prohibía la presencia de los militares en servicio, por lo cual él no podía presidir; me alegó que era gobernador; le repliqué que era también comandante de armas y por ello debía apartarse. Como era natural, con esto se exaltó mucho más, haciendo hasta ademán de llamar a la policía para echarnos fuera. Entonces yo declaré, a nombre de los electores que me seguían, que protestaba de la nulidad de aquel acto y de la elección que se practicara en consecuencia. Agréguese que en aquellos momentos y hasta las diez, estaban los milicianos en la parada. Formulé una protesta consignando los hechos anotados, que firmamos algunos de los que la hicimos; y acompañado, además, de ciudadanos que se reunieron en mi tienda, enfrente de ahí, nos dirigimos al cabildo y presentamos la protesta al secretario, el cual se negó a recibirla y la tiró en la mesa; insistí vehementemente, llegando ellos hasta llamar a la policía para sacarnos; dejé la protesta y nos retiramos del cabildo. Al salir éramos como doscientos, todos los cuales se fueron a ver si les admitían el voto en la Villa, donde también se les negó pretextando que no eran vecinos. Se me dice que allí, aunque en el mayor hubo gran altercado. Al regresar, vinieron dando vivas a Tiburcio Arias."

Entonces llamó el presidente don Carlos Zúniga, convertido en energúmeno, al jefe de policía. Este, equivocado, le preguntó si me llevaba a mí, que estaba dentro de la tribuna, pero aquél le contestó que no. Entonces me puse a platicar en inglés con él, por ser americano, y esto los desconcertó. Por tal motivo, dije que votaríamos, pues sabía que estaban resueltos a imponer multa. Votamos y creo que no fueron menos de 150. Con los que han seguido votando hoy, calculo más de 300.

"Después, estuvimos un rato presenciando las barbaridades que han hecho. Han admitido votos hasta de muchachos de catorce años y han rechazado hasta de más de veinte, por capricho, diciendo que no tienen la edad. Le advierto que públicamente han sostenido —y el presidente tuvo una fuerte discusión conmigo— que los ciudadanos de 18 años que sepan leer y escribir no pueden votar, a pesar de la Constitución, porque la Ley Electoral lo prohíbe y ellos a ésta se atienen. Para aceptar o rechazar el voto de un joven, le preguntaban primero por quién iba a votar.

"Un joven, a indicación mía, fue a preguntar el estado de la votación y le contestaron que bien sabían que la ley no permitía que se hiciera el escrutinio antes de tres días y tampoco le consintieron ver los pliegos. Al recibir los votos, cubren las rayas que hay, para que no pueda ni al cálculo contarse. Por la más pequeña simpleza, por ejemplo, insistiendo en ver las rayas, llama a la policía para que lo saque.

"Otro hecho escandaloso fue la venida de 300 sanjuaneños que mandó Valentine en columna cerrada, los cuales estuvieron en formación al frente del cabildo, sin dejarles ni agacharse y menos acercarse alguien a ellos, hasta que dieron su voto. Temían, con razón, que se los maleasen.

"Se asegura que en Choluteca ha habido heridos y tal vez muertos. En Nacaome estuvo preso Tomé y hasta hoy salió. En Comayagüela está balanceada la votación, teniendo como 100 votos cada candidato."

El fraude y la violencia se ejercieron en todos los municipios de la República con variantes poco sensibles. La candidatura de oposición del señor Arias obtuvo 5,000 votos, a pesar de todo; y el licenciado Bonilla se mostró satisfecho, pues era aquel un ensayo del ejercicio de la libertad ciudadana que daría sus frutos en una época futura en que el liberalismo volvería a enfrentarse al mismo Bográn, con mayores bríos y mejores esperanzas.

Terminada la lucha eleccionaria, el licenciado Bonilla se dedicó con ahínco a arreglar las cuentas de su casa de comercio que había descuidado por la política; pero los hombres de Palacio o cortesanos continuaron esforzándose en perjudicarlo, aun en la vida de los negocios, como habían tratado antes de hacerlo en la vida pública. Hicieron temer al socio del licenciado Bonilla, don Daniel Fortín, padre, residente en Yuscarán, que sus negocios en Tegucigalpa no podían marchar bien teniendo al frente a un hombre que se dedicaba exclusivamente a la política. En presencia de la intriga, el licenciado Bonilla decidió visitar a él en Yuscarán, no para sostenerse en su calidad de socio, sino para inducirlo a liquidar la sociedad.

Al regreso de Yuscarán, tuvo necesidad de pedir audiencia al presidente Bográn para cumplir una recomendación que le diera su asociado, sobre la cual también había escrito aquél. Bográn contestó, textualmente, lo siguiente:

"Siempre he sido franco con el señor Bonilla y quiero serlo ahora. Él ha dicho que yo soy un bandido y quiero evitarle a él, que es hombre honrado, el disgusto de hablar con un bandido; que por eso no lo recibo; que guardaré de lejos las mismas consideraciones que antes; eso conteste al señor Fortín."

El señor Bográn debe de haber estado seguro de que el licenciado Bonilla no había dicho eso; pero quería molestar a éste que fuese en tal forma.

VI: LA PRENSA POPULAR

"Al dar Trajano el cargo de Prefecto del Pretorio a Licinio, ciñóle la espada, diciéndole: ′Te doy esta espada para que me defiendas si soy buen emperador y para que me mates si soy malvado′" —**Maquiavelo.**

"**POR LO** menos —dijo el licenciado Bonilla— habremos arado el terreno", cuando recibió los últimos datos que confirmaban la reelección del general Luis Bográn. Las experiencias hechas en la lucha que acababa de terminar habían sido harto duras con respecto a publicaciones: no había podido editarse un periódico, vocero del Partido Liberal que postulaba al señor Arias; al principio, en los establecimientos de prensa del Gobierno, se habían aceptado trabajos para la oposición como en tiempos normales, y después subieron las tarifas de impresión hasta hacer ésta prohibitiva; y, por último, los talleres del Estado negáronse a aquel partido con el pretexto de que había mucho trabajo, y éste lo ocasionaban los periódicos dedicados a alabar la personalidad del señor Bográn.

Nació el pensamiento de que la opinión pública, libremente manifestada, tuviese su vocero independiente en imprenta propia.

El proyecto era casi obligado por las circunstancias; pero como el Presidente había manifestado estar disgustado con el señor Bonilla por palabras injuriosas que se atribuían —con injusticia— a éste, y no hubo relaciones entre ellos por mucho tiempo, dicho proyecto permaneció latente en espera de que las relaciones se renovasen, para que el señor Bográn no creyese que obedecía al deseo de atacarlo. El licenciado Bonilla tenía sus razones para creer que el señor Bográn llegaría a convencerse de que había sido víctima de la calumnia de sus cortesanos, y esperó pacientemente que las relaciones con el gobernante volviesen a establecerse.

Los sucesos se encargaron de allanar el camino. Para celebrar las fiestas patrias, el Presidente Bográn invitó a un almuerzo en su casa a los miembros de la Academia Científico-Literaria de Honduras, de la cual el licenciado Bonilla era uno de ellos por reciente designación. La invitación, con respecto al señor Bonilla, fue ratificada por Bográn, y antes de sentarse a la mesa, aquél dijo a éste: "No podré sentarme a su mesa, señor Presidente, si no oigo de usted la declaración de que está ya convencido de ser infundados los cargos que el año pasado me hizo." El señor Bográn le declaró estar convencido y, desde ese momento, siguieron tratándose como amigos.

Sin embargo, aunque la idea de pedir una imprenta la tenía siempre viva, no hizo públicos sus proyectos sino hasta el 30 de noviembre. Mientras tanto, como tal académico, el licenciado Bonilla leyó el 30 de octubre de ese año de 1888 su discurso de ingreso a la Academia, que versó sobre la Necesidad y ventajas de la educación de la mujer.

Toda la idea en él concurre a demostrar la vieja necesidad de hacer de la mujer una madre de familia, demostrando que es el hogar su verdadero centro.

Muy poco había oído hablar el licenciado Bonilla de las tendencias de un feminismo fementido que tiende a alejar a la mujer del centro que por naturaleza le corresponde; y admite la igualdad entre ella y el hombre, pero sin que aquella invada un campo que le es prohibido, al cual no llegará sin olvidarse de su destino, que ha conformado en ella una tal estructura física y una tal estructura moral:

Son tan sanas las ideas expuestas por el licenciado Bonilla, que bueno es copiar aquí algunas de ellas:

"La mujer ha sido dotada —dice— por la naturaleza de las más bellas cualidades y de los más grandes defectos: en que es extremada para el bien y para el mal, en sus afecciones y en sus odios: que rara vez se coloca en un término medio. Y por ello una misma mujer es capaz de ejecutar las acciones más heroicas y los más grandes crímenes, sin cambiar de carácter ni de educación. Es capaz, por exceso de piedad, de proporcionar la fuga a un asesino y desprenderse de cuanto posee por socorrer a un desgraciado; y es capaz de pedir, sin transición, por fanatismo religioso, que se condene a muerte, a fuego lento en una hoguera, a todo el que no profese sus mismas creencias; o, si un hambriento llama a su puerta, de negarle un bocado de pan; es capaz, impulsada por el amor, de exponer sonriente su vida por salvar la de su esposo, y lo es también, arrebatada por los celos, de hundir un puñal en el corazón del mismo.

Puede llevarla su discreción hasta soportar los más crueles tormentos por guardar un secreto que se le ha confiado; pero puede también después, por ligereza o vanidad, aun a sabiendas de que ha de causar la desgracia de una familia, revelar ese mismo secreto que había guardado a tanta costa.

Puede hoy, con sublime abnegación, exponer su propia honra por salvar la de otra mujer que ve expuesta a ser injustamente mancillada; y mañana, por orgullo, por egoísmo, por envidia, por influencia de los celos, podrá ella misma convertirse en instrumento de la calumnia, y hundir en el fango la reputación que tan bien supo defender, o ponerla en duda con una mirada indiscreta, con un gesto expresivo y hasta con un simple movimiento de cabeza, armas que sabe esgrimir con maestría para lograr un fin cualquiera que se proponga.

"La educación del niño principia en el momento mismo en que el ser humano abre los ojos por primera vez a la luz del día. Tal vez se deposita el germen en la primera mirada amorosa que la madre le dirige, en el primer beso que imprime en sus mejillas, sin que ninguno de los dos se dé cuenta de ello. Ese germen sigue desarrollándose todavía de una manera inconsciente, hasta que el niño está en capacidad de comprender los sencillos pero sublimes consejos que el amor desinteresado de su madre le da entre caricias, y que dejan una impresión tan profunda, que se graban en su memoria hasta que baja al sepulcro; de manera que, al salir el niño de la infancia, queda fijada la base de su carácter con tanta firmeza, que difícilmente se cambia en el curso de la vida.

"Pero si en la mirada de la madre se retrata la impureza, si en sus labios palpita aún el beso de un amor ilícito, el germen que depositará en el niño será el del vicio. Si su corazón está herido por el constante recuerdo del crimen, si su inteligencia está ofuscada por la exacerbación de sus pasiones, no encontrará palabras de amor que dirigirle, no tendrá sanas ideas que inculcarle, ni caricias siquiera se atreverá a prodigarle: el niño se verá abandonado a sus propios instintos, y su carácter se formará a su capricho; tendrá sólo mal ejemplo que imitar, y su corazón se habrá corrompido desde la infancia. No es difícil predecir que ese niño será un ser pernicioso a la sociedad, y que su nombre, casi de seguro, habrá de figurar en los anales del crimen.

"Con razón bastante ha dicho Michelet: 'Educar a una niña es educar a la sociedad...' 'La madre sentada ante la cuna de su hija debe pensar: Tengo aquí la guerra o la paz del mundo: lo que turbará los corazones, o les dará la tranquilidad y la rica armonía de Dios.'

"Cuando se haya logrado formar madres de familia, podrá decirse con fundamento que se ha resuelto el difícil problema de la educación de la humanidad, por medio de la educación de la mujer."

"No creo que la mujer deba estudiar a fondo aquellas ciencias que no pueden serle de positiva utilidad, que no han de prestarle gran auxilio para llenar la misión de su sexo.

No quiero decir tampoco que se prohíba a la mujer el ejercicio de ninguna profesión. La venida al mundo de seres dotados de verdadero genio, es tan rara, que jamás deben despreciarse, sea cual fuere su sexo; sería criminal condenarlos a la oscuridad. Si la naturaleza ha concedido a alguna mujer dotes especiales para determinada profesión de las que corresponden comúnmente a los varones y se siente con tendencia irresistible para adoptarla, ábrasele el templo de la ciencia, y alterne en él con los sabios, que no es la primera vez que lo hace con ventaja. El error estará únicamente de parte de los padres, en violentar la naturaleza, enseñando a la niña a despreciar su propio sexo y a odiar las ocupaciones a que instintivamente se inclina; y de parte del Estado consistiría en la creación de establecimientos especiales de instrucción profesional para la mujer, provocándola así a perseguir por vanidad propia o de su familia una carrera para la cual no tiene ni inclinación ni aptitudes, perdiéndose tal vez en ella una excelente matrona."

Hace alusión, por último, a la madre a quien debió, más que la existencia, la educación y la instrucción que pudo procurarle, a costa de incalculables sacrificios y hasta del sudor de su frente, en el desamparo de la viudez y agobiada por la enfermedad y la pobreza. "Si tengo ambición —añade— y sueños de gloria, es su estímulo más poderoso, la esperanza de ver llegar un día, si mis aspiraciones se realizan, en que oiga decir, en recompensa de tanta abnegación (la de la madre): 'Ha llegado hasta allí por haber tenido una buena madre'."

Bosquejó con raro acierto, en su discurso, entreviéndolos, tópicos de profunda ciencia, de actualidad aún hoy, y que lo serán siempre, como el de la herencia, en cuyos campos han espigado el profesor Freud y muchos más, aunque refiriéndolos a "un germen" y que otros podrían referir a la supersensibilidad de la materia viva; porque las leyes de la herencia, tan discutidas, lo serán siempre, mientras las hipótesis de que han partido presenten a la observación de los sabios un aspecto nuevo.

Sagaz observador era el licenciado Bonilla y, además, entre sus ocupaciones, que eran casi agotadoras, como que él arreglaba las cuentas de su establecimiento de comercio y escribía toda la correspondencia, sabía disponer de tiempo para la meditación seria y sistemada, o mejor dicho, para acogerla, porque la meditación es como un faro que se enciende en plena noche para presentar a la mente inquisidora de misterios la rara topografía de un campo inexplorado. De esa luz se sirven, en último término, los sabios para avanzar, paso a paso, hacia la conquista de lo verdadero.

Sus apreciaciones son casi siempre certeras y algunas veces profundas, aun en materias que no le eran habituales, como el eterno problema de la educación de la mujer, el cual debe tender a la formación de madre de familia y que hizo prorrumpir a Napoleón, el Grande, en la frase que se ha hecho célebre y que tanto lastimó el amor propio de Madame Stäel.

De los hondureños dijo que eran indiferentes y apáticos; y dijo la verdad. Por ello su discurso, si despertó algún eco, debe de haber sido débil, aunque propiciado por el mandatario, general Bográn, que aparentaba interesarse por las letras, quizás imitando a su antecesor.

El 30 de noviembre, el licenciado Bonilla concurrió deliberadamente a un almuerzo, con el fin de hacer público su proyecto de establecer una imprenta libre, puesto que a él concurriría el Presidente Bográn, y algunos otros importantes miembros de los círculos sociales y políticos.

Ya había hecho conocer las bases en las cabeceras departamentales y demás importantes poblaciones del país, lo mismo que a los hondureños radicados en Guatemala y El Salvador, las cuales fueron recibidas, generalmente, con entusiasmo.

En la reunión aludida las explicó ampliamente y excitó a Bográn para que suscribiese acciones con el límite máximo de doscientos pesos. El Presidente contestó que no sólo suscribiría, sino que regalaría la imprenta a la sociedad, y como el licenciado Bonilla esperaba ya esa respuesta, replicó que no podía aceptarse la oferta de parte del Gobierno, porque desnaturalizaría la institución, salvo que se frustrase el proyecto tal como había sido concebido. Mientras tanto, era preciso probar a fundar algo no sólo sin su cooperación, sino también sin su iniciativa.

Las gestiones para alcanzar la formación de una sociedad de ese género adelantaron rápidamente, pero el 27 de febrero del año siguiente, de 1889, se vio obligado a hacer un viaje de negocios al Ocotal, Nicaragua, y con tal motivo esas gestiones se interrumpieron por mes y medio, tiempo que estuvo ausente.

Se dirigió al Ocotal, vía Danlí; de allá pasó a Managua y regresó al país por el puerto de Amapala.

Habiendo continuado a su regreso las gestiones para la organización de una sociedad anónima que tendería a establecer varias imprentas en el país, el 27 de octubre de 1889 se organizó ésta ante los oficios del licenciado don Pedro José Bustillo, habiendo firmado como comparecientes los señores: general don Luis Bográn, Rafael Padilla, F. Ariza, Julio Lozano, J. Antonio López, Carlos F. Alvarado, D. Gutiérrez, R. Alvarado Guerrero, Enrique Lozano, Leandro Valladares, Santos Soto, J. Santos del Valle, J. M. Villafranca, R. López, E. Streber, Saturnino Medal, Julio César Durón, Domingo Zambrano, Mariano Lagos, Máximo Membreño. El capital suscrito fue de $3,700.00. El licenciado Bonilla hizo el pedido de la primera imprenta a "The Liberty Machine Works", de New York, recomendándolo al ingeniero don E. Constantino Fiallos y a don Tomás Estrada Palma, después Presidente de Cuba, quienes por entonces se encontraban en dicha ciudad.

Mientras tanto, empezó a hablarse en Tegucigalpa del sucesor del señor Bográn, a quien faltaba un poco más de un año para terminar su segundo período. El licenciado Bonilla se ensayaba como periodista en El Tren, semanario que se imprimía en los talleres nacionales, abordando asuntos de derecho constitucional especialmente; y al mismo tiempo era miembro integrante de la Corte Suprema de Justicia.

Hallándose como tal, se presentó pidiendo amparo a la Corte de Apelaciones de lo Criminal un telegrafista preso por orden del Director General de Telégrafos. Como ésta se declaró incompetente para otorgar el amparo, la Corte Suprema tuvo que conocer del asunto. Antes de esa época, la Corte Suprema había confirmado una resolución de esa naturaleza. Consecuente con la línea de conducta que el licenciado Bonilla se había trazado, procuró en esa ocasión restablecer, como él decía, el imperio de la Constitución en muchos puntos que antes se habían resuelto hollándola. Por su esfuerzo, al fin, aquel cuerpo sentenció declarando la competencia de la Corte de Apelaciones para conocer del amparo solicitado por el telegrafista.

Con motivo de haber llegado a Tegucigalpa un hijo de don Francisco Cáceres, emigrado en Nicaragua, el licenciado Bonilla se dirigió a éste para hablarle de aquél y así se reanudaron unas relaciones por algunos años interrumpidas. Cáceres le contestó y aprovechó esa oportunidad para manifestarle que dirigía en Managua un periódico conservador, de cuyo partido era, a lo que parece, afiliado. El licenciado Bonilla leyó aquellas declaraciones con extrañeza y, ante lo radical e inesperado del cambio, quiso suponer que Cáceres hablaba un lenguaje irónico, aunque demasiado fino para inspirar la duda. Sin embargo, hizo a aquél la declaración de su credo político con el objeto de que viese que estaba muy lejos de convencerlo en esa materia, e importa insertarla aquí por ser la primera hecha en su vida de hombre de la política.

"Soy liberal —le decía— y agregaré radical, por si es necesario, para que mi credo se distinga del de nuevo cuño, pues al menos en Honduras, hoy todos nos decimos liberales, desde el Presidente de la República para abajo, si bien me parece que no lo somos todos del mismo modo."

"Podría definirle mi liberalismo en teoría y así estoy seguro que no discordaríamos usted y yo, porque difícilmente habría quien discordase, pero eso sería perder el tiempo en balde y yo mismo al cabo podría preguntarme si, llegado el caso, mantendría todas las ideas que le expusiese, siendo la contestación: ¡Imposible!

"Así, pues, le diré, en concreto, a lo que aspiro.

1. Ante todo, declaro que soy partidario de la Unión de C. A., en una sola nación, prefiriendo la federal; pero me conformaría con la centralización si no fuera posible aquélla.

2. Para C. A. unida, o para Honduras mientras tanto, quiero instituciones cuanto más avanzadas mejor; pero acepto cualesquiera antes que el gobierno personal.

3. Entiendo por instituciones una Carta Fundamental que se respete por el pueblo y se cumpla por el Gobierno, y en que esté garantizado el respeto por la dignidad del hombre y los medios para que el pueblo pueda hacerla cumplir.

4. No concibo que esto pueda lograrse sino cuando el pueblo se dé positivamente a sí mismo la Constitución, y no sea ésta una regalía del que manda, que la hace muchas veces por pura vanidad y para tener después el gusto de jactarse de haberla violado impunemente.

5. La historia me enseña que el pueblo hondureño nunca ha podido imponer una constitución, porque nunca ha hecho una revolución. Ha luchado en rebeliones y siempre ha sido vencido; y cuando el gobernante ha caído, no ha sido precisamente por impopularidad, o a virtud de esfuerzos del pueblo, sino por la voluntad de otros gobiernos. El resultado ha sido que, no siendo un nuevo orden de cosas su propia creación, el pueblo no ha querido ni podido intervenir en saber cómo su nuevo amo ha de mandarlo, comprendiendo, con buen sentido práctico, que el gobernante que así recibe y no se da, será lo que quiera ser.

6. Por eso rechazo los medios violentos para cambiar un gobernante, si la violencia ha de ser ejercida por otro Gobierno o por el militarismo. Acepto, sí, la violencia como último recurso, si la ejecuta la masa de la población, si es hija de la opinión pública y cuando está justificada por el ensayo inútil de otros medios.

7. En Honduras no tenemos instituciones, pero tampoco se ha tratado de implantarlas. Ninguna causa triunfa sin contar mártires entre sus partidarios; y yo no conozco hasta ahora hombres santificados por haber luchado en favor de la libertad de imprenta, o por proteger a las víctimas de criminales atentados contra su persona o propiedades, o por haber tratado de reunirse para hacer una demostración contra los abusos del poder. Conozco a muchas víctimas, pero que han caído con las armas en la mano, sin que puedan librarse de la tacha de ambiciosos egoístas que echa sobre ellos, con o sin razón, el vencedor, por más que éste haya merecido, más de una vez, la execración de todo hombre honrado. Como hay también víctimas de supuestos crímenes de conspiración, pero que no han perecido por defender una causa tan justa como las que arriba he mencionado, sino por sus antecedentes como rebeldes de otros tiempos.

De manera que esos sacrificios no han podido dar ningún buen ejemplo al pueblo.

8. He hablado de que detesto los gobiernos personales; pero debo hacer una distinción. Entre un retrógrado por sus antecedentes y vínculos y un progresista, aunque sea porque a ello le obliga la bandera que enarboló, opto por éste sin vacilar. Entre Carrera o Cerna y un Barrios, prefiero a Barrios. Pero si se me pregunta qué quiero para mi patria, si un gobierno como el de Barrios, o uno como el conservador de Nicaragua, prefiero el último, porque me deja el derecho de combatirlo y la esperanza de que se mejore en el sentido de mis aspiraciones. Entonces me preguntará por qué le he tenido a mal que usted se una allí con los conservadores; y le contesto: que son buenos para Nicaragua, pero perniciosos para los demás Estados de C. A. Si en su política exterior fueran menos egoístas y pudiera fiarse en ellos, tal vez lo serían menos, pero muchas son las lecciones que, estando en el poder, han dado a quien en ellos fía. Me han gustado mucho sus paralelos entre hombres públicos de Nicaragua y Honduras, porque así resalta lo absurdo de que esos hombres tengan con éstos sus únicos vínculos. Esos son allí los directores de la política; éstos son aquí nulidades absolutas, instrumentos ciegos del poder. A la verdad, no les hallo más punto de contacto que el ser ésos camanduleros y éstos también. Yo, ni allí ni aquí, sería partidario de un gobierno de esa clase, pero si en mi mano estuviera, lo daría a mi país en cambio de un gobierno personalísimo, y a la vez que me gustaría combatirlo en el terreno parlamentario, me gustaría defenderlo contra un aspirante déspota. En otros términos: no acepto nunca como legítimo el despotismo, pero entre el de un partido como allí y el de un hombre como aquí, prefiero el primero, es decir, me resigno más fácilmente al primero."

Por entonces —marzo del 90— el licenciado Céleo Arias se sintió enfermo; y desoyendo los reiterados consejos de sus amigos, se negó a salir de Comayagua para recibir la saludable influencia de los cambios de clima, manifestando que no podía abandonar sus negocios y deseaba hallarse en contacto con los amigos en relación al nuevo problema electoral que se avecinaba.

Para el licenciado Bonilla, el más conspicuo de todos ellos, la cuestión —como él la llamaba— presentaba dos fases. ¿Se reelegiría Bográn? Por más que ello fuese lo menos probable —es decir, que lo quisiese— para el licenciado Bonilla el caso valía la pena de ser examinado, e imaginaba que la cosa pasaría así más o menos: el Partido Nacional (grande o chico), organizado en Santa Bárbara, se reuniría en enero en Convención para elegir candidato, a semejanza de la Junta de

Notables del 87. Entonces Bográn pronunciaría un discurso excitando al partido a elegir candidato, ya sea libremente, ya entre varios que él presentaría (en lo cual habría diferencia respecto a la Junta de Notables mencionada). Entonces habría oradores que, a nombre del país, de su dicha y tranquilidad, declararían que el Partido no debía probar fortuna buscando otro gobernante, cuando el señor Bográn era ya bien conocido como el mejor y, por lo mismo, debía ser reelecto. Si desde el principio el señor Bográn no hablase del obstáculo constitucional para su reelección, hablaría de él, y de que el Partido ha sido formado sobre la base de mantener el principio de la alternabilidad y, por lo mismo, manifestaría no estar resuelto a continuar un día más después del 30 de noviembre. Los oradores dirían que el remedio es sencillo: reformando la Constitución para que cesase el obstáculo sin que el Partido faltase a su objeto, porque se han comprometido a sostener la alternabilidad constitucional, o lo que es igual, a combatir toda reelección inconstitucional, y reformando la Carta dejaría de serlo. Entusiasmada, la Convención aclamaría la reforma de la Carta para que pudiese reelegirse el señor Bográn, y como el Congreso se reuniría y sus miembros lo serían del Partido y de la Convención, no por mayoría de los dos tercios sino por unanimidad, la reforma sería decretada. La Constituyente haría lo demás.

¿Qué harían entonces los liberales? Esa era una de las fases.

La otra, que no hubiese reelección, en cuyo caso era para los liberales más fácil su papel en la oposición, en lucha abierta contra el Gobierno, ya que éste no dejaría de prohijar una determinada candidatura, siguiendo la costumbre reinante hasta nuestros días.

Parece que Bográn había propuesto a sus amigos varios candidatos, entre ellos a Vidaurreta, pero en este caso no se aseguraba que el Partido estuviese compacto: se hablaba en Olancho de Rosa, un señor Cáceres, Gamero y Agüero, y también se platicaba eso en Trujillo. En Choluteca hablaban de Gamero, poco de Rosa y menos de Williams. En El Paraíso, Gamero contaba con más partidarios que en el resto del país. En Tegucigalpa gustaba a muchos Gamero, pero tenía más aceptación el señor Agüero.

El señor Arias permanecía en Comayagua sin manifestar nada a sus amigos, quienes esperaban de él indicaciones; y el licenciado Bonilla se las exigió para armonizar las opiniones, aunque él no tenía fe en el triunfo de la oposición; pero se manifestaba deseoso de ir a la lucha, intentando previamente la organización del Partido Liberal o arismo propiamente dicho, porque se haría un nuevo ensayo y se adquiriría la bandera para el caso de tener que ir a una revolución, que era lo más probable.

Víctima de su enfermedad, el licenciado Arias sucumbió el 28 de mayo de 1890, causando con su desaparición un sincero y profundo pesar a todos sus amigos. El licenciado Bonilla escribió a uno de éstos:

"No fue para mí una sorpresa la muerte de don Céleo, aunque yo creía tendría tiempo de ir a despedirme de él al regresar de un viaje urgente e inaplazable que hice a Yuscarán. Era mi intención irme de paso para ésa, pero media hora después de estar aquí recibí la infausta noticia de Juan Ángel en una carta que recibí ya para montar: me prevenía del estado desesperado de la salud de nuestro inolvidable jefe y amigo; y, además, yo desde el principio me preocupé porque la buena suerte del general Bográn, siempre manifiesta, hace que faltase el hombre que el país necesitaba en la actualidad, para contrapesar al poder en sus proyectos. Faltando él, ¿cuánto tardará en salir a luz otro hombre que reponga en parte, al menos, al que hemos perdido, que evite la división de los nuestros que ya se anunciaba y de que le había dado cuenta? ¡Que impida que las fuerzas de nuestro Partido, el fruto de nuestros trabajos, caigan en manos de un Soto o un Rosa, como es muy probable suceda!"

La cuestión de organización ya se la había planteado a don Céleo, a la vez que la de candidatura, motivo de la división anunciada; y en carta que recibí el 6 de mayo me contestó que convenía procurar organizar juntas en los departamentos para que eligiesen un delegado a la Convención de nuestro Partido que se reuniría aquí a fin de elegir candidato e iniciar los trabajos electorales. Ese pensamiento, bueno en vida de él, ahora causaría por el momento la anarquía entre nosotros, sin preparar la opinión antes para unificarla, y por eso estoy de acuerdo contigo. Ante todo, tengamos jefe. Después, ese jefe, al elegirse candidato, sabrá sacrificar, si conviene, su propia ambición, como estaba Arias dispuesto a hacerlo, a fin de lograr la unidad y tener mayores probabilidades de triunfo. Discuerdo sólo en el medio de las actas, porque el Gobierno lo ha desacreditado y yo lo he combatido; y aunque hay diferencia tratándose de la oposición, preferiría otro. Creo que el pensamiento de Arias puede seguirse hasta organizar juntas en cada departamento y locales, si es posible, para tener con quién entenderse y quién trabaje. En seguida, que cualquiera de nosotros inicie el movimiento proclamando la necesidad de elegir un jefe y proponiendo a alguien y excitando a todos los partidarios de la causa a iniciar el que les parezca o adherirse; en seguida, entre los que se indiquen, las juntas elegirán el que les parezca y si no hay ninguno favorecido por mayoría, se procurará un acuerdo entre las personas designadas para que entre sí lo elijan. Esto sería lo más práctico y más pronto, sin más inconveniencia que la intriga y el engaño de que se valdrían nuestros adversarios para evitarnos el proyecto o falsear el resultado."

Al licenciado Mariano Vásquez manifestaba por igual fecha:

"La muerte del señor Arias representa para el Partido Liberal hondureño quizás su desorganización completa. Lo ganado en los últimos años se ha perdido. No nos hagamos ilusiones. No hay otro hombre que reúna sus cualidades, y principalmente la de una superioridad por todos reconocida, por nadie disputada entre los miembros del Partido, pues entre ellos nadie pretendía ser su rival, ni podía pretenderlo sin caer en ridículo. Con esta base, en que usted, sin duda, estará de acuerdo conmigo, paso a contestarle respecto a su proyecto, que me dice ser el de los amigos de Comayagua también. Bajo dos aspectos voy a examinarlo. El uno es la designación en mi favor como candidato. El otro, el designarme como jefe del Partido Liberal hondureño. En cuanto al primero, en los momentos de crisis del Partido, lanzar en cualquiera parte una candidatura sería autorizar para hacer lo mismo en todas las poblaciones, lo cual provocaría inmediatamente la escisión, que tal vez se pueda evitar, al menos en parte; pues una vez proclamados diferentes candidatos, sus proclamadores, aunque fuese sólo por amor propio, se aferrarían al suyo y no transigirían. Me parece, pues, que la resolución sobre candidatura se aplace para cuando hayamos logrado recontarnos y ver cuántos quedamos. En cuanto a lo segundo, reconozco que es una necesidad mantener la unidad del Partido y que ésta no puede lograrse sin un centro, siquiera para los varios extremos, ya que no para dirigirlos. También sobre la designación de la persona que haya de servir de centro de reunión habrá divergencia; pero no será tanta, ni habrá tanto aferramiento, porque podrá procurarse la inteligencia previa en privado. Para llegar al fin, hay que comenzar y, por consiguiente, aceptaría con el carácter de provisional la designación que en mí quieren hacer ustedes, reservándome el derecho de hacer oportunamente las aclaraciones necesarias sobre lo que yo entiendo al aceptar. Así no provocará rivalidades invencibles de parte, tal vez, hasta de amigos personales míos, que con razón podrían pensar que tienen tanto derecho como yo, y mucho mayor para ocupar el puesto; y no las provocaría porque una de mis declaraciones sería la de que no pretendo dirigir la opinión del Partido, sino más bien ser eco, el medio de comunicación fácil entre sus miembros; y otra declaración sería la de que estaría dispuesto a cederlo al más digno, ya que creo que nuestro verdadero jefe no existe, debe formarse y lo será el que más méritos adquiera en servicio del país y de nuestra causa."

Al mismo tiempo, el licenciado Bonilla urgía la instalación en Tegucigalpa de la primera imprenta de la sociedad anónima denominada La Prensa Popular, la cual había llegado hacía poco al país. Esta sociedad, como se habrá visto, estaba compuesta por miembros que pertenecían a todos los credos políticos y, entre ellos, algunos que nunca habían tenido relaciones ni políticas ni personales con el licenciado Bonilla; por lo cual no había sido organizada con fines políticos, sino más bien culturales, para sentar la base de la verdadera libertad de la prensa en Honduras, combatiendo abiertamente los desafueros y desvíos de los funcionarios públicos y alabando sus buenas obras.

El licenciado Bonilla había concebido el proyecto de establecer una imprenta, por lo menos, en cada cabecera de departamento, y con este objeto se había elevado el capital social a $20,000.00, creyendo que así operaba una verdadera revolución en la conciencia de los pueblos, hasta entonces adormecida. Decía:

"Nuestra asociación, que tiende a facilitar la realización de tan importante cambio social, que está ramificada en casi todas las principales poblaciones del país, en todas las clases de la sociedad, y que se ensanchará de día en día, es un nuevo elemento que constituye importante garantía de la paz pública, porque sólo mientras ésta se disfrute, puede conservar su existencia. Su vida estará ligada a la de la libertad de la prensa; y si ésta llega a establecerse sólidamente, la guerra civil será imposible, porque lo será también el empleo de medios violentos por parte de los gobernantes, y eso los hará injustificables por parte de los pueblos."

El 10 de agosto del 90, por fin, a la una de la tarde, en el cabildo municipal, se reunió un gran número de personas, entre las cuales abundaban los artesanos. Se hallaban en esa reunión el Presidente de la República, el licenciado Bonilla, algunos ministros y miembros destacados del foro, de la política, de las letras, del comercio, estudiantes y otros elementos. Iba a inaugurarse la primera prensa de carácter independiente.

La reunión, por amable deferencia del licenciado Bonilla, fue presidida por el general Bográn y, habiendo declarado éste abierta la sesión, aquél subió a la tribuna para pronunciar el discurso inaugural. Es importante este documento por la importancia que da al acto y por la trascendencia que había de tener aquel acontecimiento en la vida democrática.

Reseñó los esfuerzos realizados desde el momento en que concibió la idea, sus aspiraciones y sus esperanzas, y recalcó su pensamiento en el cambio que positivamente debía operar en la conciencia de los pueblos y de los gobernantes. No deben olvidarse los gobernantes —decía— que si la libertad de la prensa llega a encarnarse en las instituciones de un pueblo, y a convertirse en una necesidad vital, que es cuando puede producir su benéfica influencia, si bien se hacen imposibles las facciones, los pronunciamientos militares y asaltos de cuartel, se abre la puerta a la verdadera revolución, que estalla en el momento en que el pueblo ve holladas sus derechos.

Por último, obligó al gobernante a hacer declaraciones concretas en relación al respeto que debía a las leyes, diciéndole:

"Más de una vez os he oído expresar el deseo de llevaros la gloria, al descender del poder, de haber sido el fundador de la libertad de la prensa en Honduras. Ahora se os presentará la ocasión; aprovechadla. Muy poco necesitáis para que de vos pueda decirse que habéis hecho aquí aun más de lo que hizo Fernando Guzmán en Nicaragua; y para que vuestro nombre sea más tarde bendecido por cuantos quieran preciarse de patriotas y realmente lo sean, os bastará dejar hacer, no intervenir nunca con vuestro poder contra los escritores, y dejar su libre acción a los Tribunales de Justicia, cuando vos o vuestros empleados seáis insultados o calumniados. Si queréis que desde hoy vuestro nombre quede unido al acto de la inauguración de la primera imprenta independiente, empeñad formal promesa de respetar la libertad de la prensa y cumplid después."

El señor Presidente, accediendo a los deseos del licenciado Bonilla en la parte final de su discurso, hizo las siguientes declaraciones:

Primera. Que al prometer cumplir y hacer cumplir la Constitución, sin necesidad de promesa especial, quedó obligado a respetar la libertad de la prensa, que es una de las más importantes garantías consagradas en nuestra Carta Fundamental.

Segunda. Que él respeta esa garantía y aun ha estimulado a los escritores para que de ella hiciesen uso; de manera que si no se ha hecho todo lo que se debía, no es culpa de su Gobierno, sino de los ciudadanos, o de la falta de medios materiales, de la cual era una prueba el acto mismo que se estaba celebrando.

Tercera. Que aunque en la Constitución no estuviese escrita la garantía de la libertad de la prensa, él la otorgaría al pueblo hondureño, porque está convencido de que sólo así es posible conocer la verdadera opinión pública y gobernar con arreglo a ella.

Las circunstancias del acto inspiraron a Bográn la idea de regalar al licenciado Bonilla su pluma de oro marcada con las iniciales L. B., y al finalizar su corta alocución, tan llena de veneración por las leyes escritas, le entregó la pluma a aquél, diciéndole:

"Le doy esta pluma y le recomiendo escribir siempre la verdad."

Esta inesperada donación obligó al licenciado Bonilla a manifestar que él creía haber escrito la verdad, las pocas veces que le había tocado hacerlo; pero que reconocía lo fácil que era, aun de muy buena fe, separarse de ella, tal vez sólo por falta de la necesaria meditación; peligro que quedaría más alejado en adelante, pues al hacer uso de aquella pluma, habría de verse obligado a meditar cuidadosamente antes de externar sus opiniones.

Finalizada esta ceremonia, los concurrentes se dirigieron a los talleres de La Prensa Popular, para ver funcionar las máquinas; y todos quedaron satisfechos de la empresa.

Los talleres habían sido instalados en el interior del piso bajo de la casa de doña Pura Valle de Lazo, y en ellos empezó a trabajarse prácticamente el 6 de septiembre siguiente. Lo primero que el licenciado Bonilla editó en dicha imprenta fueron los discursos pronunciados en el acto de su inauguración, precedidos de un prólogo. A mediados de ese mismo mes de septiembre empezaron a publicarse los periódicos El Demócrata y La Prensa.

VII: LA SUBLEVACION DE SÁNCHEZ (1890)

"En casa de den Felix Benalla y en presencia de Carles F. Alvarado, Roque J Muñoz, Mr. C. D. Beyer, Mr. Bertie Cecil el general Bográn dijo a P. Bonilla: ´Vaya reúna a sus amigos, en quienes pongo toda mi confianza´". Publicaciones de la época

MUERTO el titulado jefe del Partido Liberal, se vio descollar la figura del joven licenciado Policarpo Bonilla, por sus propios e indiscutibles merecimientos, como uno de los más aptos entre toda una falange de jóvenes batalladores, nutridos de ideas nuevas, sacudidos por nobles aspiraciones, anhelosos de distinguirse en las luchas que debían cimentar el ejercicio de las libertades públicas y de sacudir los viejos resabios que constituían una práctica antigua.

Próxima la lucha política para elegir al sucesor del señor Bográn, pensaron en el licenciado Bonilla como el más idóneo para sustituirlo con ventaja, aquellos que habían rodeado hacía poco tiempo al difunto Céleo Arias; y así se lo hicieron saber de Comayagua, La Paz, El Paraíso y otros lugares del país. El general Manuel Bonilla, que se hallaba en Nicaragua, decía al respecto: "Si yo puedo ayudarte en el triunfo del Partido Liberal, sabes que no omitiré sacrificio alguno, pues creo, como los demás, que tú eres llamado a reemplazar a nuestro inolvidable jefe, doctor Arias. Estoy, pues, a tus órdenes y como gustes puedes darme tus mandatos que obedeceré como soldado disciplinado". El licenciado Bonilla supo contener prudentemente esas sugestiones para evitar el peligro de una escisión en los files, pues otros, aun con menores ventajas, podían presentarse alegando derechos y preeminencias para encabezar la lucha que había de librarse contra el Gobierno; y quiso que se iniciase primero la organización impersonal del liberalismo en el país.

Debiendo verificarse esta organización por su iniciativa y trabajos, sometiéndola a bases concretas que aceptaron desde luego los elementos más destacados de la capital y que el licenciado Bonilla hizo conocer con prontitud a todos los amigos de los departamentos, de hecho se convertía éste en el centro de todas las actividades; de manera que, aunque difiriese la aceptación de la honra de que se le quería hacer objeto, cualquiera otro tendría que sentirse en el círculo como advenedizo o como un disociador al pretender asumir su jefatura, con aspiraciones a la Presidencia de la República.

La lucha electoral que se verificó en octubre de ese año de 90 para reponer las vacantes ocurridas en el Congreso, ofreció al licenciado Bonilla la oportunidad de conocer las fuerzas que sería capaz de desarrollar el liberalismo para elegir al sustituto del señor Bográn; y con tal motivo trabajó porque se lanzasen candidaturas liberales en Tegucigalpa y restantes departamentos del país; pero por falta de tiempo y de suficiente preparación, esa lucha no se desarrolló con igual intensidad en todos ellos y su vigor sólo pudo conocerse en el de Tegucigalpa y en menor grado en los de Choluteca, El Paraíso, Comayagua, La Paz y Olancho. El licenciado Dionisio Gutiérrez fue postulado para el de Tegucigalpa y triunfó, habiendo sacado en la ciudad cabecera seiscientos ochenta y tres votos contra setenta que sacó el candidato oficial. El licenciado Bonilla se lanzó en dos departamentos a la vez, por el de Choluteca y por el de El Paraíso.

Perdió en el primero, pero se sintió satisfecho con haber sacado una halagadora mayoría en la ciudad cabecera y Amapala. En este puerto la votación fue casi unánime a su favor. Ganó en El Paraíso, habiéndolo favorecido una enorme mayoría en Danlí, donde el candidato oficial apenas obtuvo siete sufragios; pero no pudo tomar asiento en el Congreso, debido a que habiéndose diferido la reunión de la Junta llamada a declarar su elección, a causa de la sublevación del general Longinos Sánchez, que causó alarma en todo el país, el gobernador político del mencionado departamento, enemigo del licenciado Bonilla, supo impedir la asistencia de varios agentes, cuando la mencionada Junta fue convocada y ésta, sin mayoría de la oposición en su seno, declaró electo a don Mónico Córdoba.

Sin embargo, el licenciado Bonilla había medido y pesado las fuerzas del liberalismo con que iba a enfrentarse bien pronto contra el poder público y se hallaba satisfecho, a pesar de que su organización se había iniciado pocos días antes de la elección el 14 de octubre, en que los varios elementos se reunieron provisionalmente en esta capital. En esta ocasión, al mismo tiempo que se lanzó al licenciado Gutiérrez como candidato a la diputación por el departamento, se formó la nómina para autoridades locales, encabezada por el licenciado Miguel R. Dávila, que, como aquél, triunfó también con lujosa mayoría. "Agradable impresión recibimos, dice el licenciado Bonilla, al ver más de 200 electores reunidos el domingo 26 del corriente en el cabildo municipal, que acudieron, con puntualidad inglesa a la cita que se les había dado para las 8 de la mañana, a fin de triunfar en el nombramiento del directorio; y que llenos de entusiasmo, pero en el mayor orden, se mantuvieron en sus puestos a pesar de lo dilatado del acto, hasta que sufragaron por los ciudadanos que merecían su confianza. En aquel día y los dos que le siguieron, hemos creído ver en el pueblo de la capital al pueblo hondureño transfigurado; hemos pensado, con suficiente razón, que menos trabajo del que antes habíamos imaginado y menos obstáculos que vencer tendremos, para dar cima a la empresa que hemos emprendido, lograr la organización de los partidos políticos, para que las instituciones republicanas sean una verdad." Es decir, partidos cuya cohesión la formase una idea o una tendencia determinada y no una persona, o el caudillo.

"La falta de una organización formal del Partido Liberal, dice, ha dado lugar para que se le considerase como un partido personal y para que a sus miembros se les designase con el nombre de aristas, a pesar de que en su mayor parte, inclusive el mismo señor Arias, hubieran aceptado para elevarlo al poder a cualquier hombre apto en todo sentido para ejercerlo, con tal que hubiese profesado los principios y doctrinas que proclamaban. Personas importantes hay dentro del Gobierno actual, a quienes esa prueba de transigencia consta."

"Muerto el señor Arias, aquella indebida denominación del partido desapareció, y es ocasión de organizar un verdadero partido. Bien pudo provocar entre los amigos del jefe que desapareció, como muchos lo quisieron, la elección de un nuevo jefe, pero habríase repetido entonces la calificación de personalismo; y para evitarlo, se resolvió provocar la organización bajo un credo político, de manera que los que se inscriban como miembros del partido estén resueltos a aceptar como jefe a la persona que la mayoría favorezca con sus votos, aunque no sea aquella por quien tienen sus simpatías. Logrado esto, en adelante los miembros de este partido no podrán ser designados por el nombre del jefe, no se les llamará más fulanistas, sino liberales, y no se creerán ligados a la persona del jefe, sino por los compromisos contraídos para el bien general."

Implícitamente niega el licenciado Bonilla la existencia de los partidos políticos verdaderamente tales, antes de esa fecha, pero no admitía en absoluto que el liberalismo no hubiese existido, aunque más con carácter de agrupación alrededor de cualquier jefe prestigiado, que como una entidad que se inspirase en un cuerpo de doctrinas de necesario emplastamiento. Se había observado, que es lo que se observa ahora también, que a causa de aquel primitivo carácter del liberalismo, éste estaba expuesto a una varia fortuna, a las escisiones por causa de las contrarias ambiciones de sus caudillos, de sus rivalidades y de sus personales miras, y a ver confundidas sus filas con las de sus adversarios, como había sucedido en 1872. En esa época el señor Arias ascendió a la

Presidencia del país y poco después se le separó el señor Leiva con un pequeño grupo de liberales, que se ensanchó un tanto a la caída de Arias, y al tomar Leiva posesión de la Presidencia en 1874, como el pequeño grupo liberal que lo rodeaba no era suficientemente fuerte para sostenerlo, se vio obligado a proclamar la fusión de los partidos, lo que hizo imposible ya la unificación del liberal.

En consecuencia, se vieron mezclados en el Gabinete y en los demás puestos públicos a conservadores y liberales y los primeros cambiaron su divisa verde por la blanca y azul. En 1875 se sublevó seguido por los conservadores el entonces jefe de dicho partido, general Medina, contra el Gobierno de Leiva. Medina combatió a éste durante varios meses, hasta hacerlo capitular en Cedros. Rodeaban a Leiva, en esa lucha, los liberales que formaban su círculo y los jefes militares aristas que había llamado al servicio. Pero Medina no gozó durante mucho tiempo del fruto de su inconsecuencia, por haber exigido el Gobierno de Guatemala al entonces presidente, licenciado don Crescencio Gómez, que entregase el poder al doctor Soto. Este fundó un gobierno personal, sin necesidad de hablar de fusión, no permitiendo que nadie se llamase conservador o liberal y durante los siete años de su administración borró las distinciones de aristas, leivistas y conservadores.

El núcleo director del liberalismo en esta capital en 1890 lo formaban el licenciado Policarpo Bonilla, presidente; el general don José María Reina, vicepresidente; vocales, licenciado don Dionisio Gutiérrez y don César Bonilla; secretario, licenciado don Miguel R. Dávila, y prosecretario, licenciado don Saturnino Medal.

Acababa de hacerse esa organización, cuando de pronto, sin sospechas que precediesen el movimiento, rebélase en esta capital el comandante de armas del departamento, general Longinos Sánchez, contra el Gobierno del señor Bográn sin ningún otro antecedente ni motivo que la ambición a la Presidencia que le supusieron en aquel tiempo sus enemigos, suponiéndolo también en inteligencias con los Ezetas que habían usurpado el poder en El Salvador y las buscaba con el presidente Sacasa, de Nicaragua. Hasta se dijo que aquellos habían situado fuerzas en la frontera para invadir el territorio hondureño en el momento oportuno y apoyar a Sánchez. Pero personas que conocieron al rebelde han manifestado sin pasión que Sánchez era neurasténico a causa de una enfermedad renal que lo hacía caer en violencias en el ejercicio de su mando; y que en esa ocasión se hallaba exasperado no sólo a causa de que el ministro de Hacienda le oponía dificultades para el pago de sus sueldos, sino que también era objeto de sus burlas y las de otros personajes. Se supone que el movimiento obedecía a un deseo de venganza y no al de derrocar propiamente al señor Bográn, para obligarlo a que hiciese depósito en él de la Presidencia y a que si ésta hubiese sido su finalidad no hubiese incurrido en la imperdonable torpeza de darle tiempo para que huyese, pues no es de suponer que ignorase las costumbres e inclinaciones del presidente.

Un historiador de aquella época pinta a Sánchez con los colores más degradantes. El relato moral que de él hace debe de ser apasionado, porque siendo Bográn tan perspicaz y tan buen conocedor de los hombres, aquél pudo mantenerse en su puesto durante seis años, es decir, casi los dos períodos administrativos de éste, sin caer en su desagrado. El licenciado Bonilla relata los hechos de la siguiente manera:

"En la noche del 8 del presente que será memorable por muchos conceptos en nuestra historia, como a las seis y media de la tarde, se notó un movimiento extraordinario en la población, viéndose correr en opuestas direcciones al ministro de la Guerra, coronel don Carlos E. Alvarado; director de Rentas, coronel don Roque J. Muñoz, y a otras personas que, sin duda, estaban ya enteradas de lo que ocurría. En ese momento se encontraban en la tienda del gobernador, don Jesús Estrada, éste, el ministro de Hacienda, licenciado don Simeón Martínez, el doctor don Alberto Uclés, don Antonio y don Rafael López, don Policarpo Bonilla y algunas otras personas, que, dispersas momentos después, habían de correr muy distinta suerte."

"Los señores Uclés, López y Bonilla, después de unos quince minutos de incertidumbre, conocieron la triste verdad de la sublevación de Sánchez y de haberse apoderado de los cuarteles. Sin vacilar un segundo se dirigieron a la casa presidencial y al llegar a la puerta, encontrándose con una guardia que les prohibía la entrada, el señor Bonilla, suponiendo que eran precauciones tomadas por el presidente contra sus enemigos, dijo a nombre de todos que iba a ofrecer sus servicios al Gobierno legítimo contra los sublevados. Felizmente en ese momento no se encontraba presente el general Sánchez, a quien pertenecía ya la guardia. Se hallaba en el interior de la casa, según hemos sabido después, maltratando a los prisioneros que tenía, y por eso fueron rechazados, con amenaza de hacerles fuego, el señor Bonilla y sus compañeros, a pesar de su insistencia."

"Al retirarse, cada uno de ellos pensó en ir a tomar armas, que no llevaban consigo; y el señor Bonilla encontró al joven abogado don Manuel del mismo apellido, quien le manifestó que el presidente se encontraba en su casa, y esperaba allí a sus amigos. El señor Bonilla, que tiene la satisfacción de haber cultivado buenas relaciones personales con el señor Bográn, aunque a la vez haya sido durante toda su administración su opositor o disidente en política, acudió al llamamiento para ofrecerle sus servicios como ya lo había resuelto espontáneamente. Al llegar, el presidente le dijo: "Vaya reúna a sus amigos, en quienes pongo mi confianza."

"Felizmente, al regresar encontró que lo buscaban algunos de ellos para informarse de lo que ocurría, y los mandó a citar a los demás, encargándoles venir armados y distribuyendo a la vez en su establecimiento de comercio frente al Palacio ocupado por Sánchez, los revólveres y puñales que tenía. Volvió en seguida en unión de varios amigos a concertarse con el Presidente, quien resolvió pasar a la vecina villa a organizar la defensa, acompañándolo el ministro de la Guerra, el director de Rentas, el contador don Félix Bonilla y su hijo Manuel Bonilla, el licenciado don Fausto Dávila; el comandante de gendarmes, Mr. C. D. Beyer; el director de Telégrafos, Mr. Bertie Cecil, cuatro o cinco ayudantes y dos o tres personas más; siendo de observar que estas personas eran los únicos representantes del partido oficial, no habiendo ninguno del conservador, sin modificarse la situación en el resto de la campaña. Don Policarpo Bonilla se separó del presidente para procurar reunir más gente, y poco después de las 8 de la noche fue a reunírsele de nuevo a Comayagüela, con la que pudo recoger, entre ella, los empleados de su establecimiento Daniel Fortín h., Domingo Zambrano y José María Alcántara, dando cita a los que llegasen después, para el cabildo de la misma villa."

"Por otra parte el general don José María Reina se dirigió al cabildo de esta ciudad y tocó la campana para llamar a los ciudadanos, acudiendo varios, con quienes pasó a engrosar las filas que habían de defender la legitimidad. Sucesivamente llegaron los coroneles Dávila, López (don Rafael) y Gutiérrez con muchos amigos, y fueron presentándose otros ciudadanos hasta reunirse aproximadamente trescientos hombres, completados con los muchos vecinos de la villa que reunieron los señores coronel don Erasmo Velázquez, alcalde don Saturnino Medal, regidor don Cipriano Velásquez y otros patriotas, y con varios americanos, entre ellos el capitán F. M. Imboden y el mayor Burke."

"La primera disposición que se dictó fue colocar una avanzada al mando del coronel don Félix Molina en el medio del puente y después otras en la entrada del mismo al mando del general Reina, aclamado jefe por los patriotas, y en las orillas del Río Grande y del Guacerique."

"Cerca de las once de la noche el enemigo hizo una tentativa sobre la villa, apareciendo en el puente el general Sánchez a la cabeza de una escolta; pero fue recibido con varias descargas, que contestó, retrocediendo precipitadamente. Defendieron la trinchera del puente, que fue la amenazada, el coronel Molina con los patriotas al mando del general Reina. Cerca de las tres de la mañana el enemigo tomó posiciones en el Palacio Nuevo, casa de don Jerónimo Zelaya, en otras de la orilla derecha del río y en el cerro de la Moncada; y a dicha hora hizo fuego sobre nuestras avanzadas. En el intermedio el licenciado Bonilla, de acuerdo con el ministro Alvarado, habían estado pidiendo al Presidente se retirara a Támara, aldea a seis leguas de distancia, para ponerse a cubierto de una sorpresa, o de un rudo ataque del enemigo, que disponía de buenas armas y artillería, mientras que entre los patriotas apenas se contaba como con diez rifles Winchester y de ochenta a noventa revólveres de diferentes tamaños; haciéndole presente que lo que más importaba al país era su libertad para poder mantener la bandera de la legitimidad, ya que había cometido Sánchez el error de no comenzar por privarlo de ella."

"El Presidente accedió a ordenar la retirada, convencido de que la resistencia contra las fuerzas enemigas sólo causaría sacrificios inútiles, y logrado el principal objeto que se propuso al acampar en la villa, de telegrafiar a todos los departamentos de la República pidiendo auxilios, para lo cual aprovechó otro error de Sánchez de no apoderarse de la Oficina Central del Telégrafo, donde el telegrafista Bulnes y compañeros con gran intrepidez y exponiendo su vida permanecieron hasta última hora, y la actividad y pericia del director Mr. Cecil, quien estableció otra oficina en la villa, que en todo caso permitiría comunicar con los departamentos del sur y occidente. Esa orden llegó a comunicarla el licenciado Bonilla a la avanzada del puente, en los momentos en que el enemigo tomaba sus posiciones y dirigía algunos tiros sobre la trinchera. Retirada esta avanzada, fue a comunicar igual orden a la que mandaba el coronel Velázquez cerca de la poza de Martínez, colocándose a la retaguardia de la misma para evitar la dispersión. La retirada se hizo en el mayor orden, con cerca de 200 hombres, por haberse quedado algunos patriotas buscando bestias en esta ciudad y otros en la villa. De los 200 hombres que salieron llegaron en las primeras horas de la mañana a Támara unos 80 a 100, habiéndose quedado los demás por ser descalzos y no acostumbrados a caminar a pie, en varias aldeas del camino, sirviendo de núcleo para recoger a los demás patriotas que de esta ciudad y de la villa siguieron saliendo en busca del Presidente de la República, la mayor parte de los cuales llegaron en el mismo día y los subsiguientes a Támara, recordando entre ellos al oficial mayor del Ministerio de Fomento, don Julio César Durón."

"Los patriotas que quedaron en la Villa estuvieron haciendo disparos de revólver sobre las posiciones del enemigo, todo el domingo y parte del lunes; y, sin duda, creyó que toda nuestra fuerza estaba allí preparándole alguna emboscada, porque no se atrevía a ocupar la Villa. Cuando lo hizo, los patriotas se retiraron buscando el ejército del Gobierno, al cual se unieron al fin."

"Se estableció el cuartel general en Támara, en casa de la entusiasta legitimista Isabel Garay. Ante todo se procuró la organización del cuerpo de patriotas, nombrando el Presidente, mayor general al brigadier Reina y éste su segundo al coronel López. Durante todo el domingo y el lunes, se continuó la organización de nuestras fuerzas, a las que se habían incorporado las que llegaron de La Paz, al mando del coronel Mejía, y de Comayagua, al del comandante Castelar. Por el cansancio de estas tropas, se quedó la mayor parte de ellas, poniendo sus armas en manos de los patriotas; y en dos columnas, la primera al mando de los coroneles Velásquez y López, y la segunda al mando de los coroneles Gutiérrez y Molina, vinieron por orden del Presidente a acampar en el cerro de Sipile, sobre Comayagüela, a la vista del enemigo, con cuyas avanzadas, situadas en la misma villa, tuvieron dos escaramuzas sin más consecuencia que la concentración de las mismas a Tegucigalpa."

"En ese mismo día el Presidente dictó varias importantes disposiciones, entre otras, la declaratoria de estado de sitio en toda la República y el nombramiento de secretario general en el subsecretario de la Guerra, don Carlos F. Alvarado, único de sus ministros que le acompañaba, por haber caído prisionero el licenciado Martínez, de Hacienda, el otro que intentó reunírsele en el Palacio. También nombró gobernador y comandante de este departamento al licenciado don Policarpo Bonilla, quien aceptó bajo la condición de devolver esos empleos al estar instalado de nuevo el Gobierno legítimo en su Palacio. Fue, asimismo, nombrado ayudante del pagador y proveedor del ejército el joven Trinidad E. Rivera, quien, con la expedición y actividad que le caracterizan, prestó muy importantes servicios a las órdenes del director de Rentas, señor Muñoz."

"En la madrugada del once los jefes acampados en Sipile comunicaron que se aseguraba la fusilación del ministro Martínez en la Penitenciaría, noticia que a cada momento fue confirmándose, hasta que la dieron como absoluta y cierta, por haber visto enterrar su cadáver. Desde ese momento desapareció la alegría de los semblantes, que antes todos demostraban, más que estar en un campamento militar esperando el ataque del enemigo, hallarse en un paseo de campo. Se tembló por la vida de los demás prisioneros, y cada cual por la seguridad de sus familias, considerándose al traidor capaz de cometer los mayores crímenes; pero por otra parte aumentó el valor de todos, pidiendo marchar inmediatamente a combatir."

"Llegó por la tarde de ese día el general Salignac, comandante de Comayagua, con tropa de aquel departamento; y por la noche el general Reina y su segundo el coronel Dávila, al mando de 80 hombres, vinieron a reunirse en Sipile con las columnas de Velásquez y Gutiérrez. Les acompañó el gobernador y comandante de armas, Bonilla. Fueron recibidos con aplausos y vivas entusiastas, pues creían las fuerzas acampadas que se traía la orden de comenzar el ataque. Pero el general Bográn, que en toda esta campaña y aun en los momentos en que peligró su vida ha dado pruebas de la mayor serenidad y prudencia, a que debe su salvación, había prohibido atacar hasta que se incorporase el general Bardales con dos compañías de amapalinos y una de cholutecas, trayendo una pieza de artillería. Pocas horas después, se nos incorporaron los coroneles Ramírez y Córdoba con fuerzas de Yuscarán."

"Al mediodía del 12 el señor Presidente con una compañía de Intibucá, y los militares patriotas que habían quedado con él o se le incorporaron en el camino en número como de 200 hombres, llegó a Sipile y observó desde la altura las posiciones del enemigo, reconociendo como la más fuerte e importante la de La Leona, desde donde se dominan ambas poblaciones y nuestro campamento, al cual dirigieron varias granadas, que felizmente no causaron daño alguno. Formó, de acuerdo con los jefes, el plan de ocupación de la villa, resolviendo qué posiciones debían tomarse. El plan comenzó a ejecutarse en el más completo silencio al anochecer, y, en consecuencia, se estableció el cuartel general al sur de la Iglesia, ocupándose la Escuela de Artes por el general Reina y los coroneles Velásquez, Dávila, Gutiérrez y Molina, y los tenientes coroneles López, Martínez y Ramírez, y la casa de doña Luisa López y contiguas por los generales Salignac, nombrado ya mayor general, Matute y Avilés."

"Al apercibirse el enemigo de este movimiento, rompió sus fuegos de cañón y fusilería desde sus posiciones del Palacio Nuevo, casa de Zelaya, el antiguo rastro y bordes del río, causando la pérdida del teniente Pablo Morales, de La Paz, que murió al entrar a la Escuela de Artes."

"Como a las once de la noche llegó el general Bardales, con sus fuerzas, que colocó por el momento a retaguardia, levantando en seguida una trinchera en la primera cuadra de la calle principal, y mandando al coronel Barrera con un cañón Krupp a ocupar el cerro de Juana Lainez. Fue destacado también el coronel Serrano con la compañía de Choluteca a ocupar el Barrio Abajo y el Cuartel de la División, movimiento ejecutado con felicidad, sin molestia por parte del enemigo, y que dio por principal efecto la protección de las familias, para el caso de realizarse el saqueo y violencias de todo género que se aseguraba tenía proyectadas el enemigo para el momento del ataque."

"Al amanecer del 12, se inició por ambos lados el fuego de fusilería y de cañón. Como a las diez y media se observó que el enemigo parecía haber abandonado su línea de defensa frente a nuestras posiciones, y el Presidente ordenó su ocupación. Fueron encargados de esa operación el general Matute, sobre el Palacio de Gobierno y casa presidencial y los coroneles Gutiérrez, Velásquez y Dávila, y tenientes coroneles López y Martínez, sobre las otras posiciones."

"Al oír esta orden el comandante de armas pidió y obtuvo permiso para venir a observar de cerca el movimiento, llegando al puente en los momentos en que una de las compañías de ataque lo atravesaba. Por no ser militar no tenía colocación en el ejército ni mando alguno sobre las tropas, y por eso se impuso a sí mismo la misión de mandar recoger a los heridos y de observar el aspecto de la batalla y las necesidades de los diferentes puestos, para dar cuenta a quien correspondiese. Había contraído, además, el compromiso con los jefes, sus amigos políticos, de visitarlos en dondequiera que se encontrasen, para dar fe de sus actos y darles publicidad y con los patriotas, de alentarlos con el ejemplo. Si cumplió o no su promesa, ellos lo saben. Y antes de describir a la ligera la batalla, haremos constar que el joven abogado don Manuel Bonilla, al venir a pie, detrás del comandante y sus ayudantes montados, frente a la plaza Cabañas, recibió un balazo en una pierna, que le impidió tomar otra participación en el combate, como él lo deseaba."

"Las primeras disposiciones que se dictaron fueron las de atacar La Leona, operación encomendada a los jefes que menciona el parte oficial, que por falta de espacio no reproducimos. Diremos sólo que el asalto se facilitó mucho por haberse colocado el coronel Gutiérrez en la confluencia de la Calle 8 y la 6ª Avenida, para interceptar las comunicaciones entre aquella posición y San Francisco; que necesitándose cortar la misma comunicación al extremo oriental de la avenida, fue despachado a ocupar aquel puesto el coronel Dávila, quien dejando una escolta suficiente, emprendió el ascenso de La Leona, por la pendiente oriental, llegando a tiempo, pues fue de los primeros en ocupar la posición y dejando herido mortalmente al coronel Rafael Ramírez, a quien tres patriotas sacaron todavía vivo, por orden del comandante de armas y con el ofrecimiento de una gratificación, porque Gutiérrez siguió el mismo camino, llegando a la cima momentos después de tomada; a la vez que el teniente coronel López, se le había colocado, emprendió también por el frente el ataque a La Leona, a donde llegó después que los generales Reina y Matute, y los coroneles Velásquez, Dávila y Gutiérrez la habían asaltado por el mismo frente y Este, y los norteamericanos al mando del capitán Imboden y el mayor Burke, acompañados por el comandante Isaac Matute con una escuadra de soldados y el paisano Antonio Cárcamo con otra de patriotas, descendiendo del Picacho, el coronel Beyer por la carretera, el coronel Serrano, de Choluteca, y el capitán Pinel, de Amapala, por la pendiente occidental, habían hecho lo mismo.

Tomada esta ventajosísima posición, no diremos que el éxito de la batalla estaba asegurado, pues nadie dudó nunca de nuestro triunfo, pero sí que disminuyeron los riesgos para nuestro ejército, quedando el enemigo reducido a la casa del doctor Zúñiga, el cuartel de San Francisco y la Penitenciaría. Se dictaron las debidas disposiciones para cortarles toda comunicación exterior, y principalmente entre sí, con cuyo fin fueron ocupadas y aspilleradas todas las casas vecinas por nuestras fuerzas, construyéndose dos trincheras en las Avenidas 4ª y 5. Esto dio por resultado que el enemigo abandonase la casa de Zúñiga en la misma noche del 13, que los prisioneros tomados por Sánchez, de acuerdo con los soldados, se hiciesen dueños de la Penitenciaría en la tarde del 14, y que el cuartel e iglesia de San Francisco, único refugio de los traidores, cayesen en manos del Gobierno legítimo a las 3 y 30 de la mañana del 15, después de haberlo abandonado el general Sánchez con unos 50 hombres entre jefes, oficiales y tropa. Al pasar uno de los dos grupos, en que se dividió, frente a la casa del Colegio de Niñas, ocupada por los coroneles Gutiérrez y Dávila con los patriotas, el enemigo se vio obligado a abrirse paso a viva fuerza, haciendo nutrido fuego que recibieron a pecho descubierto los patriotas, quedando seis de ellos heridos, algunos gravemente. El enemigo tuvo dos muertos en este ataque y algunos heridos que después se capturaron. En el punto El Guanacaste se encontraban el general Villavicencio y a la orilla del Río Chiquito el teniente coronel López, de Nacaome, quienes hicieron fuego sobre los fugitivos, causándoles tres muertos y algunos heridos."

Termina así el relato de esa acción en que el liberalismo, apenas iniciada su organización, tomó parte tan señalada, consecuente con el principio de defensa de la legitimidad que se había impuesto, siguiendo el ejemplo y atendiendo las indicaciones de su jefe, de rodear y defender al señor Bográn.

Las fuerzas que tuvieron la gloria de castigar con una derrota sangrienta al jefe rebelde Sánchez, procedían principalmente de

Tegucigalpa, la Villa de Concepción y Comayagua y en las dos primeras poblaciones, según es sabido, el liberalismo había triunfado con enormes mayorías cuando se tratara de elecciones de diputados. Esto mismo había ocurrido, según ya se ha dicho, en Choluteca, Amapala y Danlí, en donde se organizaron nutridos contingentes para correr en defensa de la legitimidad.

En cambio, los palaciegos y colaboradores del general Bográn, entre los que se hallaba la mayoría de sus ministros, permanecieron ocultos durante las horas del peligro, abandonando a aquel a su suerte, para volver a rodearlo jubilosamente tan pronto como se hubo restablecido la tranquilidad.

Como fruto de su principalísima participación en aquella jornada, obtuvo el liberalismo que no se ejecutase la sentencia de muerte recaída en 18 de los prisioneros de guerra y la promesa solemne del presidente Bográn de que trabajaría en el sentido de abolir dicha pena. Lo manifestó así al Congreso que se reunió poco tiempo después, pero el proyecto, desgraciadamente, se encarpetó por tener interés los elementos de aquel cuerpo en que no se promulgase una ley semejante. Fuera de eso, tan celosos y entusiastas en aquella ocasión en cumplimiento de un deber cívico, los liberales no esperaron nunca que el general Bográn les correspondiese, llamándolos a colaborar en su gobierno y mejorando sus posiciones.

VIII: EL BIEN PÚBLICO (1890-91)

Entretanto, contentaos con señalarme los abusos que quisieras ver reformar y veréis con qué buena voluntad estoy pronto a oír vuestras peticiones y a ponerlas en ejecución. —SHAKESPEARE

UNA DE las tendencias de aquel periódico independiente, cuyo primer número apareció el 31 de octubre de 1890, es decir, pocos días antes de la rebelión de Longinos Sánchez, fue la de señalar, para su enmienda, los abusos del poder, y el general Bográn, de antemano, estaba entendido de que se le atacaría, esgrimiendo el arma de la verdad, si se apartaba de la conducta que le trazaban las leyes y exigía el bien público.

Pero, más que todo, el licenciado Bonilla se concretó a inculcar sus ideas políticas por medio de él en la mente de los hondureños, preparándolos para el ejercicio de la ciudadanía que realmente había sido hasta entonces un remedo, y ésta, primordialmente, era la necesidad social que venía a llenar aquella hoja, sin cuya misión habría carecido de razón de existir.

Las ideas existentes acerca de los partidos políticos no estaban bien definidas, a lo menos en la mente de la gran mayoría de los hondureños. Estos se habían dividido en los dos bandos históricos bien conocidos, si no por odio, que quizás no era tanto como ahora, por la opinión acerca de los caudillos, y así había, por ejemplo, medinistas (conservadores) que eran los que creían que Medina debía gobernarlos y leivistas (liberales) que eran los que, por su parte, abrigaban iguales creencias, con respecto a Leiva.

Ahora se ha vulgarizado la idea de la existencia de dos fuerzas distintas en el seno de las sociedades que definen cualquiera tendencia sociológica, incluso la de los partidos. Empeñado el licenciado Bonilla en acabar con los grupos personales que odiaba, porque son ellos los que prohíjan el despotismo, o la puerta de acceso a él, empezó la tarea haciendo la definición de los partidos que deben su existencia a una necesidad social. Una de esas fuerzas tira hacia atrás cuando la otra tira hacia adelante, y si una de ellas no se hiciese sentir, desaparecería virtualmente la otra, y la sociedad caería en la inercia. La primera, que es esencialmente conservadora, encuentra bueno todo lo existente y se opone a las reformas, mientras la otra responde a una tendencia de evolución permanente y es la liberal. Se señala el liberalismo centroamericano por su tendencia de unificar los cinco Estados en que se encuentra actualmente fraccionada la patria de Morazán, y el conservatismo por impedir esa unión en su creencia de que la situación existente es la mejor. El primero luchó por el establecimiento de todos los principios que animaron a la Revolución Francesa; el segundo, por mantener el mismo estado de cosas existente durante el coloniaje, y llegó hasta conseguir la anexión de los Estados centroamericanos al imperio de Iturbide. Como se ve, existen en el fondo de esos grupos tendencias bien definidas, pero sólo cuando se abarca el conjunto de los cinco Estados. Cuando se aísla uno de éstos se nota, frente al hecho periódico de la remoción de sus mandatarios, que faltan aquellas ideas en sus grandes delineamientos, quedando en concreto el personalismo crudo ya definido, salvo ciertos aspectos.

Para desarraigar el personalismo era necesario inculcar una idea, un credo, principios determinados renovadores, tendientes a procurar el bien del país, en oposición al grupo que se ha señalado como enemigo jurado de las innovaciones en todas las épocas. Por esto el licenciado Bonilla, que mantuvo estas ideas a lo largo de toda su vida política, al mismo tiempo que se esforzaba por animar al liberalismo con ellas, para desarraigarlo del personalismo, excitaba a sus adversarios a que se organizasen, halagando su amor propio.

"Aunque nosotros estemos ya afiliados en uno de los dos partidos —decía—, querríamos ver organizarse a la vez el liberal y el conservador, porque el uno al otro se completa; porque la existencia del uno es la más segura garantía del otro; y porque la emulación que entre ambos se crearía, los obligaría a dirigir separadamente sus esfuerzos, cada uno por el camino especial que se ha trazado, a realizar el bien público, con el entusiasmo que inspiran las convicciones, la fe en la buena causa.

Reconocemos, en verdad, que, por ahora, dada la situación del país, el partido verdaderamente conservador poco campo tendría para obrar, y habría de limitarse a la enseñanza de sus doctrinas; porque sobre lo poco bueno que existe y convenga mantener, no puede haber discordancia. Espíritu reformador, espíritu liberal, por cierto, se necesita para destruir lo mucho malo que nos sobra, e introducir lo mucho bueno que nos falta, no tanto en nuestro ser como en la política, en la administración y en las costumbres; y a esta obra bien pueden contribuir, confundidos en abrazo fraternal, todos los hombres que se han conservado independientes, que han mantenido su dignidad, dentro o fuera del gobierno, cualquiera que sea el color político con que antes se hayan distinguido.

Para realizarlo, preciso es tomar por base alguna de las agrupaciones que actualmente existen, con los nombres de liberales y conservadores; porque prescindir de ellas sería romper los hilos que unen el pasado y el presente y trabajar en el vacío; y preciso es escoger entre ellas la que tenga vida propia e independiente.

La elección no es dudosa. Pocos son los conservadores que se han mantenido alejados del poder, cuando no han estado de acuerdo con la política o sistema de administración predominante en el Gobierno. La mayoría se ha convertido en planta parásita del presupuesto, y ha causado el suicidio del partido.

Si nosotros no hubiésemos nacido en el seno de la agrupación liberal, restos de la que en mejores tiempos dio gloria a ese nombre; si hubiésemos, antes de ahora, llevado el de conservadores, pero manteniéndonos independientes y con aspiraciones a un porvenir mejor, nos inscribiríamos en las filas de aquélla; porque en ella se encuentra la única base para organizar el verdadero partido político, si haciéndole justicia, se le reconocen las pruebas de energía e independencia, que por disfrutar de relativa libertad, en los últimos años ha dado, luchando por hacer prácticas las instituciones republicanas.

Conviene, pues, al país la organización inmediata del Partido Liberal, que traerá como consecuencia precisa la del Conservador; desde luego, si existen elementos para formarlo, o en día no lejano, al crearse esos elementos por los esfuerzos mismos del otro partido.

Este será el principal propósito de nuestra hoja, porque consideramos noble y santa causa la de introducir la moralidad política, que consolida las instituciones: y si llegamos a verlas implantadas en Honduras, aunque no sean de todo nuestro agrado, antes que exponer al país a perder lo conquistado, nos declararíamos, si necesario fuese, sus defensores, aun a riesgo de ser llamados conservadores, y ver tomado nuestro puesto por otros, que como liberales pretendiesen seguir en el camino de las reformas.

A ello habríamos de resignarnos; pues tal es la ley del progreso, que lo que hoy parece muy avanzado y quien lo defiende radical, mañana se tendrá por muy conforme a la razón y sus defensores se llamarán liberales moderados; y después parecerá una pobre conquista, llamándose conservadores a los que en ella pretendan estacionar.

Creemos que el Partido Liberal debe representar en Honduras la legalidad y trabajar sin descanso por llevar la regularidad al Gobierno, por hacer conocer y apreciar por todos los habitantes del país el verdadero sentido de las instituciones republicanas, para que sean prácticas.

Creemos que debe ser el punto de apoyo de todo el que sufra una violación de su derecho, considerando como injuria propia la injuria hecha por abuso de autoridad a cualquiera de sus conciudadanos.

Creemos que debe combatir con energía toda ley, todo acto de administración que se crea inconveniente para el país; pero que debe, en cambio, apoyar toda medida que juzgue provechosa, proponer toda reforma que crea útil, secundar todo proyecto que implique el progreso o la honra de la nación. No consideramos que ese partido es, por su naturaleza, partido de oposición.

Creemos, por el contrario, que por remoto que parezca, debe esforzarse por llegar a tener el poder a su servicio, como el mejor medio para realizar sus fines. Y mientras tanto, antes que permitir que se alejen definitivamente, debe procurar que sean acogidas por el Gobierno sus ideas.

Lo creemos así, porque no somos de aquellos que, por no estar en el poder o cerca de él, preferirían ver al Gobierno extraviarse más y más, y hasta impulsarlo a ello, aunque arrastre al país a su ruina, para que llegue a tal punto su desprestigio, que se haga fácil derrocarlo por la fuerza. Antes que verlo de ese modo perecer, preferimos que se convierta y viva.

Creemos que el Partido Liberal debe ser celoso defensor del orden y la paz, porque solo en su seno puede desarrollarse, y ejercer influencia en la sociedad. De la anarquía, de la guerra, ningún fruto puede recoger; pues larga y dolorosa experiencia nos demuestra, que si Centroamérica no ha progresado cuanto debiera, y carece de instituciones, lo debe a las facciones que se han alimentado en su seno, o a la intervención de los unos Estados en los otros para imponer un gobernante que creen poder convertir en su instrumento, y a cambio de serlo le prestan su apoyo para que no necesite el del pueblo que gobierna, ni tome en cuenta la opinión pública. Así se han fabricado todos los déspotas.

A la difusión de estas ideas, en particular, se concretó la labor de El Bien Público, durante su corta y accidentada vida, y en segundo término a combatir los desaciertos del presidente Bográn, que aumentaron cuando este alto funcionario vio que aquellas eran acogidas con beneplácito por los hondureños, y a tal aumento correspondió, como era natural, mayor combatividad de la hoja aludida, pero nunca dejó de esgrimir otra arma que la verdad.

El éxito de esa labor, que tenía el mérito, entre otros, de estar bien orientada, dependía en gran parte de que El Bien Público fuese leído por el mayor número de personas, haciendo a un lado el bastardo afán de una notoriedad inútil; y él personalmente, completando la labor de quien administraba ese vocero, lo enviaba directamente a los amigos de dentro y fuera del país, recomendando a los primeros que lo hicieran leer a los campesinos congregados y a los otros que lo colocasen en manos de los hondureños o personas interesadas en los asuntos interiores de Honduras, procurando, además, que llegase como canje a todos los periódicos de la época que se editaban en los países vecinos.

Alguna vez, el general Bográn, escudado tras las letras J. P. Z., escribió en La Nación, periódico ministerial, adversando las ideas de El Bien Público sobre política y Derecho Constitucional, honor no conferido a otro alguno, sino al distinguido paladín que, esgrimiendo por espada una pluma brillante, combatía en la arena del periodismo independiente por el establecimiento de instituciones concordes con las aspiraciones de los hondureños, por el afianzamiento de regímenes de ley, por la extirpación de ideas inadecuadas sobre la política, por el fomento del naciente interés hacia la cosa pública, por la organización de los partidos, por todo cuanto debía propender a operar una revolución completa en favor del perfeccionamiento de la República, para que ésta pudiese merecer el nombre de tal.

Ningún otro periódico mereció del gobernante tal distinción al colocarse en el terreno del periodismo para discutir una idea o una doctrina; hecho que abona la alta estima con que aquél creyó que debía distinguir al periodista, por sus méritos indiscutidos, por sus altas prendas de civismo, de que ya había dado la más inestimable prueba con su recio talento, y por las doctrinas de sano republicanismo que estaba difundiendo.

Aparecieron al mismo tiempo que El Bien Público otras hojas de corta vida. Pero por lo que respecta a El Bien Público, no llenó sólo una necesidad pasajera —la de formar en un núcleo poderoso y libre un caudal de fuerzas vivas para oponerlas al poder y romper una rutina, la peor de todas—, sino que iluminó las conciencias, levantó los corazones, esparciendo la cara simiente de las libertades ciudadanas que habían de germinar bien pronto para dar sus opimos frutos.

De entonces acá se cuenta, como un haber del liberalismo, el desarraigo de la mente de los hondureños de muchos prejuicios que habían venido imposibilitando la práctica de esas libertades, o a lo menos haciéndola nugatoria. Creíase en la ciega obediencia al Gobierno, en el poder incontrastable de las armas, en el silencio como un deber, en la alabanza como un tributo, así se tratase de los actos de la peor de las tiranías. Lo que el gobernante hiciese estaba bien hecho, y hasta se sancionaba una especie de infalibilidad, por lo cual toda protesta habría de ser un sonido discordante en el concierto de voces sumisas de adulación al mandatario. Las conciencias vivían supeditadas a la voluntad de éste; más aún tratándose de sus colaboradores, éstos eran sus verdaderos esclavos, prontos a ejecutar cualquiera orden, por atentatoria que fuese, en agradecimiento al mendrugo que recibían de su mano. Aún hoy priva virtualmente ese agradecimiento que subsiste contra la corriente de las nuevas ideas y no tiene razón de ser, ya que, si se recibe un sueldo, es precisamente a cambio de servicios prestados, no al Gobierno, sino a la nación, que es quien paga aquéllos. Así lo decía el licenciado Bonilla en aquel tiempo, y sin embargo, aún hoy, quien destierra de su conciencia ese agradecimiento bastardo, es censurado duramente.

IX: LUCHA ELECTORAL. 1891

El general Bográn, lógico con la conducta de su vida política, echó por
el atajo de los ruines tiranuelos, faltando miserablemente a sus
promesas, conculcando las leyes y cometiendo desafueros dignos de
malhechores, a quienes están reclamando los tribunales de justicia para
mandarlos al cadalso. —**T. MIRALDA.**

DESPUÉS de ocurridos los sucesos de Sánchez, el Partido Liberal
continuó su activa organización en todo el país. El licenciado Bonilla
supo interesar en ella a todos los elementos que creyó idóneos y que
habían dado pruebas de simpatía hacia las doctrinas difundidas por El
Bien Público. En el mes de enero del 91 se habían organizado comités
en la mayoría de los departamentos del país, con excepción de Yoro,
Colón, Santa Bárbara, las Islas y Gracias. En este último, el liberalismo
sólo contaba como afiliados a los miembros de la familia del poeta
Jeremías Cisneros.

Las actividades del liberalismo habían venido hasta allí
desarrollándose sin que sus miembros fuesen entorpecidos en ellas, a
pesar de ser contrarios a las tendencias e intenciones del Gobierno; y no
era porque el general Bográn estuviese dispuesto a garantizar los
derechos de los ciudadanos libremente manifestados, sino porque la
oposición no le causaba temores todavía y porque su atención estaba
puesta en la política exterior con relación a las absurdas pretensiones de
los Ezetas en El Salvador de querer colocarse uno de ellos (don Antonio)
en la Presidencia de Honduras, a la sombra de don Enrique Soto.

Hacia los primeros días del mes de febrero de ese año (1891), una
Convención Liberal reunida el 31 de enero anterior, dio al Partido una
Constitución y eligió jefe del mismo y candidato a la Presidencia de la
República al licenciado Policarpo Bonilla.

La Constitución contiene la promesa de popularizar y hacer que se
encarnasen en las instituciones del país los principios de inviolabilidad
de la vida humana; la seguridad individual y, por consiguiente, la debida
reglamentación del habeas corpus; la garantía de la propiedad, salvo los
casos de expropiación legal; la libertad de la palabra, escrita o hablada;
la libertad de reunión y de asociación; la libertad religiosa; la igualdad
civil y política; la mayor extensión del sufragio, en votación directa y
secreta; la autonomía de los municipios; la prohibición de reelegirse el

Presidente; la prohibición de reformar la Constitución del país, extendiendo el período presidencial, o permitiendo la reelección, o extendiendo las facultades del Poder Ejecutivo, o favoreciendo en cualquier manera a la persona del Presidente de la República; la absoluta independencia de los departamentos del Gobierno, de manera que, en ningún caso, el Poder Ejecutivo se convierta en legislador; y el otorgamiento a los tribunales de justicia de la tuición de los derechos y garantías del pueblo.

El Partido Nacional, compuesto de los colaboradores del Gobierno y de elementos conservadores independientes, logró también reunir una convención; pero se halló dividido al principio en dos grupos: el conservador propiamente dicho, que quería como candidato a Gamero; y el oficial, cuyos miembros obedecían instrucciones del Presidente Bográn. Este mandatario, que procuró contener a los Ezetas para dedicar toda su atención a los asuntos interiores del país, recomendó la candidatura del general don Ponciano Leiva, considerado en el país como de filiación liberal, promoviendo ostensible disgusto en los independientes o partidarios del señor Gamero.

El señor Bográn, que ya en 1887 había ensayado el distanciamiento de ese elemento liberal con su partido, abrigaba otras miras que las de desear que Leiva fuera su sucesor, ya que había estorbado que éste fuese lanzado por el liberalismo; y era su propósito debilitar esta agrupación, restando fuerzas a la candidatura del licenciado Bonilla, sin que la agrupación leivista lograse hacerse poderosa, con la esperanza de poderlo descartar en el camino y congraciarse con aquellos elementos cuyo disgusto había provocado, los cuales tolerarían una segunda reelección en su persona. Según se ve, el señor Bográn no admitía credos ni principios políticos, sino los partidos personales, sin sospechar quizás que la fuerza de atracción del partido de oposición consistía en su credo político y en su impersonalidad, doctrina desde entonces nueva que había sido bien aceptada en todo el país.

Secundando como dócil instrumento la política de Bográn, Leiva intentó seducir al licenciado Bonilla para que éste se apartase de la lucha y dejase al liberalismo en libertad de acción, con la esperanza de que no teniendo candidato se le replegasen sus miembros, pero nunca llegó a hacerle proposiciones concretas en tal sentido, a pesar de que una vez conferenciaron estos dos hombres durante más de dos horas; y no las hizo porque el licenciado Bonilla se adelantó, dejando entrever su modo de pensar acerca de las ocultas intenciones que el general Bográn podría abrigar con respecto a la candidatura Leiva, la cual podría ser impunemente burlada. En este caso los liberales quedarían imposibilitados para buscar sus antiguas posiciones o cualesquiera otras independientes, pues al unirse al Gobierno perderían toda su influencia social. Había, como siempre, además, dificultades de orden exterior, y si la candidatura Leiva no las subsanaba, los liberales tampoco inspirarían confianza al confundirse con el Gobierno, y nada podrían hacer por evitar al país —a lo que estaban decididos— tales dificultades. Por otra parte, no podía tratarse sólo con el señor Leiva, candidato oficial, ya que éste no podía dar las garantías que él mismo necesitaba.

El señor Leiva, disgustado con el licenciado Bonilla, lanzó algunas expresiones desfavorables para éste, en vista de que la prensa daba a entender que el Partido Liberal estaba dispuesto a llegar a las elecciones, para impedir que los liberales se le adhiriesen una vez lanzada su candidatura como creía que debía suceder, lo que atribuía a terquedad en su adversario; sin admitir que su peor recomendación era tener su candidatura el sello oficial frente a las masas, por la conciencia que éstas empezaban a adquirir, de que los impulsos para los cambios de poder deben producirse de abajo hacia arriba y no al contrario, como había sucedido hasta entonces.

Por el mes de marzo hallábase aún reunido el Congreso Nacional, pero en él prevalecía la opinión conservadora del elemento, siempre reacio a transigir o apoyar toda medida contraria a sus particulares intereses, aun siendo favorable a la nación. Habiendo sido sentenciado a muerte en La Paz un reo de apellido Benítez, los representantes Dionisio Gutiérrez y Enrique Lozano hicieron moción para que se le conmutase esa pena; pero la moción no se consideró. Los mocionantes, deseosos de agotar todo recurso que pudiese favorecer a aquel desgraciado, pidieron entonces se declarase la urgencia de la abolición de la pena de muerte y tampoco tuvieron éxito.

El licenciado Bonilla presentó, además, una solicitud de conmutación a favor del reo Benítez y los secretarios no dieron cuenta con ella, señalándose esa vez como un encarnizado opositor a la solicitud y a las mociones antes dichas a un diputado de apellido Bendaña. Además, el Partido Liberal mostraba decidido empeño en que se diese una Ley de Amparo. Los progresistas, o elemento oficial, que como se sabe formaba la mayoría en el Congreso, vieron tal empeño con marcado disgusto y hasta llegaron a manifestar, como argumento de fuerza, que sería una torpeza forjar ellos mismos el cuchillo con que había de herírseles. Eso tiene en castellano el nombre de cinismo, ya que sin la ley podían encarcelar impunemente, siempre que lo quisiesen, a todo aquel que se opusiese a su plan de hacer triunfar la candidatura del general Leiva, por la razón o por la fuerza. La pena de muerte impuesta a Benítez, felizmente fue conmutada por la de prisión; pero en tales circunstancias, ese éxito debió más al deseo de impedir la mala impresión que produciría el cadalso en los hondureños en aquella situación, que a un sentimiento de piedad y humanitarismo.

Tranquilo el señor Bográn con respecto a los Ezetas, quienes habían decidido entrar en armonía con él, a lo menos aparentemente, volvió los ojos hacia el partido de oposición, cuyas filas se engrosaban en todos los departamentos, inquietando seriamente al partido oficial, y decidió adoptar medidas de restricción concordes con las circunstancias, permitiendo al mismo tiempo a sus colaboradores que se moviesen en el sentido de apoyar decididamente la candidatura de Leiva, imponiéndola a la gran masa de tímidos habitantes del campo. El telégrafo y el correo fueron negados a la oposición y el licenciado Bonilla, para no quedar desconectado con sus partidarios de los departamentos, se vio en la necesidad de organizar su propio servicio de correos a pie, que salían regularmente de la capital llevando la prensa a los pueblos y cabeceras de departamento más inmediatas a la capital, para que de allí fuese reexpedida a los lugares más distantes.

Ya a fines del mes de marzo se notó la actividad del oficialismo y los comandantes especialmente se pusieron en campaña, yendo a los pueblos o mandando a sus subordinados para levantar actas de adhesión a la candidatura del señor Leiva, para lo cual éstos citaban las milicias con todo el rigorismo militar y presentábanles aquéllas para que las firmasen.

Allí donde las prédicas avanzadas de El Bien Público habían ya fructificado, los ciudadanos se negaban a suscribir tales documentos y eran encarcelados, como ocurrió en Liure. Mientras tanto, la prensa oficial, servida por plumarios sin convicciones y sin pudor, lanzaba desde sus columnas, con la impunidad que da siempre el poder público, el denuesto o el insulto, para ahogar la recia argumentación y la denuncia de actos punibles que hacía la prensa independiente.

Si un pretexto necesitaba el general Bográn para callar a sus adversarios, lo tuvo sin pretender buscarlo, en el asalto que emisarios del general don Domingo Vásquez verificaron en la noche del 6 de mayo al cuartel de Amapala; porque, aunque la empresa no tuvo otras consecuencias funestas que la muerte del general Santos Bardales, comandante del mencionado puerto, el mandatario supo servirse de él para declarar fuera de la ley a los hondureños, implantando el estado de sitio en toda la República, con lo cual la oposición no pudo ya moverse ni hablar. Si los abusos del poder público se habían iniciado desde antes, a partir de esa fecha no tuvieron ya límites.

"Tan bien iba en su camino el partido opositor, que, en esa lucha, emprendida sin esperanza de éxito, contaba ya con grandes probabilidades, gracias al desprestigio que sus desaciertos acarreaban al Gobierno y a la candidatura que ha proclamado."

Con tales antecedentes ha debido creerse —y así lo ha creído el pueblo hondureño, y lo ha comprendido toda la prensa centroamericana y aun extranjera— que el mantenimiento de tan anormal situación no ha tenido más objeto que asegurar el triunfo de la candidatura oficial, quitando a la oposición los medios de propaganda y de acción. Así se ha visto la prensa liberal enmudecida, cuando antiguos periódicos semioficiales y muchos otros nuevos han prodigado soeces insultos y atroces calumnias contra el Partido Liberal y su candidato.

Se ha visto la correspondencia violada, y ni aun con pretexto de razón de Estado —pues más de una vez se ha divulgado su contenido—, y sus conductores, cuando no ha sido confiada al correo nacional, han sido cargados de grillos y cadenas, y quizás gimen aún en las prisiones. El hecho solo de conducir correspondencia para el jefe del partido o miembros importantes de él se ha imputado a crimen, sin otro objeto ostensible que el de producir la incomunicación. Se ha privado de la libertad al ciudadano con pretexto de delitos cometidos, y o no se les ha juzgado o se ha hecho una farsa de su proceso que no ha llegado nunca a terminar; y a más de un prisionero de éstos se le ha apaleado cruelmente y alguno ha muerto bajo el látigo.

Nadie ha podido transitar de un pueblo a otro sin pasaporte, y casi siempre éste se ha negado, cuando se ha creído que se podía tener por objeto trabajos electorales. El derecho de asociación estaba restringido al número de seis personas sin permiso de la autoridad, el cual de seguro habría sido negado si se hubiese sospechado que la reunión tenía interés político; y hasta en menor número era peligroso reunirse, porque bien se podía haber tomado como pretexto para un proceso por conspiración.

Se dio una ley reglamentando el estado de sitio, pero fue sin duda para tener el placer de violarla, por más que era creadora de un rudo despotismo militar, siguiendo en esto la costumbre inveterada de convertir la ley en objeto de lujo, y aplicarse sólo como tal el capricho de la voluntad.

Tal es la situación en que ha estado colocado el pueblo hondureño, y la conducta del Gobierno en estas circunstancias merece calificarse de verdadero golpe de Estado, con la sola diferencia, quizás, de que no redunda en beneficio del actual presidente, sino del candidato que le inspira completa confianza, y de quien espera que seguirá su misma política, su mismo sistema administrativo, con todas sus cualidades, sus errores y sus vicios, con todos sus odios y afecciones personales.

El Partido Liberal, a pesar de verse privado de todos sus derechos y garantías, a pesar de ser constantemente molestado con ofensivas desconfianzas y amenazado con la cólera del poderoso, ha querido disminuir en lo posible el número de los atentados de la autoridad, observando una conducta prudente y estoica, aunque no servil, a fin de conservar la paz en varias ocasiones, cuando el peligro de una guerra exterior ha parecido inminente, o por lo menos la repetición de intentonas como la de Amapala. Se ha hecho propaganda entre los miembros del partido, recomendando la más absoluta abstención de participar en cualquier movimiento sin plan político, que podría traer por consecuencia la anarquía.

¿Qué ha hecho el Gobierno, por su parte, para alejar esos peligros? En vez de procurar la unidad del pueblo hondureño, haciéndole desear el mantenimiento del orden establecido por el goce de sus libertades, envía un comisionado al Gobierno de El Salvador a conjurar la tormenta que creía se cernía sobre sus cabezas, aunque quizás para ello haya sido necesario postrar a las plantas de aquél la dignidad nacional; aunque para ello haya sido necesario hacer promesas imposibles de cumplir, por estar en contradicción con anteriores también indebidos compromisos, o faltar al cumplimiento de éstos. Y tal vez se han hecho inútilmente tales sacrificios, porque es imposible infundir la confianza cuando no se procede rectamente.

Dirigiéndose a los hondureños para explicar su conducta y la del presidente Bográn, manifiesta:

"Pienso que sin dificultades creeréis que persigo el bien de la patria y no tan sólo el mío personal. Si así no fuese, habría aprovechado cualquiera de las varias ocasiones que se me han ofrecido durante la administración del presidente Bográn para acercarme a él y captarme su confianza, e invoco su testimonio, para que no se considere vana jactancia. Ese era el camino más seguro para llegar algún día al poder. Sin embargo, he preferido mantenerme en la oposición, porque creo necesario que la haya en todo el país, para despertar y mantener vivo el sentimiento de la patria; principalmente cuando, como en la actualidad, ningún hombre de rectas intenciones y que tenga algún sentimiento patriótico debe secundar o tolerar siquiera la política del Gobierno.

He vacilado al levantarse el estado de sitio, sobre la conducta que debiera seguirse. Nos ha dejado el Gobierno escasamente veinte días para reanudar los trabajos electorales, tiempo insuficiente para que una vez siquiera lleguen las publicaciones, órdenes e instrucciones a los extremos de la República. Puede también creerse, descansando en antecedentes, que la dictadura ha cesado sólo nominalmente; que la libertad del sufragio será coartada; que continuarán las vejaciones a los opositores y se verán expuestos a todos los peligros. Tales razones me impulsaban a resolver como más conveniente la absoluta abstención de concurrir a los comicios, como una protesta contra la manifiesta imposición del Poder y como un medio de alejar la sospecha de que por interés personal quiera exponer a tantos riesgos a los electores que hayan de favorecerme con sus votos. Pero he reflexionado que en las actuales circunstancias no tengo derecho de hacerlo.

No me ciega el amor propio. Si mi nombre encabeza la oposición, si ha despertado algún interés en la lucha electoral, no se debe a prestigios personales, que pocos puede tener un hombre nuevo. El de cualquier honrado ciudadano habría producido el mismo resultado. La fuerza de la oposición no se debe a persona alguna. Se debe al desprestigio del Gobierno. Se debe a los muchos errores en su administración, a la necesidad palpitante que cada ciudadano siente de un cambio radical, si se quiere contener al país al borde de la completa ruina de que se encuentra amenazado. El temor puede obligar a muchos a callar, pero ninguno de vosotros deja de comprender todos los males que afligen a la patria.

Llamaré vuestra atención sobre los más notables. La seguridad, el adelanto, la prosperidad, la vida de toda nación depende de la buena administración, de su tesoro, de su legítima y prudente inversión. Honduras cuenta con más rentas que las que exigen sus ordinarias necesidades. En los quince últimos años se han elevado al décuplo y, sin embargo, su situación financiera es más aflictiva que en los tiempos en que los ingresos no alcanzaban a llenar un presupuesto que no llegaba a $300,000.

Va sobre un año que no se paga en general a los empleados sus sueldos; y sobre ocho meses que no se satisface a los contratistas el valor de las especies fiscales que suministran, aun a riesgo de secar la fuente de la producción. Ningún compromiso se cumple, por sagrado que sea, y aunque hunda el crédito nacional.

En el interior del país no hay quien preste al Gobierno cantidad alguna, aunque ofrezca la más crecida usura, y en el exterior, pedir un préstamo a nombre del Gobierno sería tomado como una ofensa, porque ya lo han hecho con verdadera liberalidad agentes consulares de la República en España, Francia, Estados Unidos y en alguna otra nación, y muchos no han logrado ni el reconocimiento del crédito; y se ventilan actualmente en las cancillerías española e italiana cuestiones que quizás lleguen a producir, por lo menos, una gran humillación para Honduras.

¿Y será porque no hay fondos para pagar? Basta leer documentos oficiales publicados para convencerse de lo contrario. En ellos aparece mensualmente una cantidad entre cincuenta y cien mil pesos, cuya inversión no se conoce; y las rentas en el último año económico han excedido de la cifra del presupuesto en cerca de medio millón de pesos, y aquél, sin embargo, ha sido cubierto apenas en la mitad de su valor.

A esto agréguese que la deuda interior, que en el último de julio de 1890 importaba $1,768,791.61, casi se ha duplicado en el que acaba de vencer, y en la nueva deuda figura más de un millón y medio de pesos que devenga en general un interés de dos por ciento mensual.

El actual gobernante, al terminar su período, dejará planteado un problema de muy difícil solución, aun para el mejor intencionado; pero mucho más difícil aún para un sucesor, hechura del actual, que tendrá los mismos empleados, los mismos favoritos y, por consiguiente, el mismo ruinoso y viciado sistema para el manejo de los caudales públicos, que hará imposible librar al país de la positiva bancarrota en que se encuentra.

Aflige actualmente a Honduras una terrible crisis económica que está arruinando el comercio, la agricultura y todas las industrias. De ella es causa principal el Gobierno, porque ha retirado y sigue retirando de la circulación enormes cantidades de moneda, que entran diariamente, y cuya salida no se ve ni se explica.

Fuera de los gastos de carácter local, de amortización del papel flotante, de los del correo, de la mitad de los del telégrafo, imprenta, oficialidad del ejército y algunos otros de menor importancia, que en todo no representan ni la mitad de los ingresos, se ignora en qué se invierte el resto. No se encuentra en las cajas de la Dirección de Rentas, porque la existencia efectiva el último día de julio era de unos pocos centavos. No en las del Banco, porque más bien el Gobierno le adeuda enorme suma. Y, sin embargo, la moneda desaparece y su necesidad se hace sentir de día en día más y más, hasta el grado de que, con unos pocos miles de pesos disponibles en su caja, cualquier casa de comercio se convertiría en árbitro del mercado, si lograse reunirlos. Toda persona sensata se preocupa del porvenir que nos espera, y prevé que muy pronto podrá decirse lo que nunca se ha dicho en Honduras: que alguien se muere de hambre.

Necesidad vital para la marcha regular de todo el país es la paz: pero aquella que mantiene el estado de derecho y permite el libre desarrollo de sus riquezas naturales, al trabajo honrado ejercerse libremente y al ciudadano vivir tranquilo en su hogar. Es paz fructuosa solo aquella que procura un Gobierno identificado con el pueblo y puesto al servicio de los intereses de éste y no de los suyos propios o de quienes lo secundan; aquella que permite al gobernante descansar en el amor del pueblo y no en la fuerza de sus ejércitos, para poderse consagrar a trabajar por el bien general. Mas no es esta la paz que ha dado al pueblo hondureño la administración de los últimos ocho años.

Ha confundido con ella el aniquilamiento que produce el despotismo por el abatimiento del pueblo; pero no ha sido libre de inquietudes. País que tiene emigrados no puede permanecer tranquilo, y el actual Gobierno ha causado la expatriación de mayor número de ciudadanos que en cualquiera otra época de la historia de Honduras. Las persecuciones directas de que han sido víctimas; el rigor y arbitrariedades con que se ha aplicado la ley militar; la violenta exacción de la prestación personal y, en general, la falta absoluta de garantía de la libertad, la propiedad y la vida, han despoblado ciudades, villas y aldeas, obligando a millares de hondureños a buscar en extraña tierra la tranquilidad que no pueden tener en la que los vio nacer.

Esos hombres, así lacerados, que no pueden olvidar seres queridos que han dejado abandonados, viven constantemente pensando en hallar los medios de derrocar al Gobierno causante de sus males y mantienen constantemente amenazada la tranquilidad pública. También ha olvidado el actual Gobierno otra condición esencial en Centroamérica para la paz verdadera: la sinceridad en las relaciones con los otros gobiernos; pues si al estallar una revolución en un país vecino se ofrece apoyo a la vez al Gobierno y a la facción; si mañana en ese mismo país se impulsa otra revolución y en seguida se combate a los revolucionarios que para su desgracia resultan triunfantes; si en otro país se empuja al gobernante una y otra vez a empresas justas o descabelladas, con promesa de eficaz cooperación y luego se le abandona en el camino a sus propias fuerzas; si, en general, se mantiene haciendo honrosas o indebidas promesas, que rara vez se cumplen, llega el día en que recoge el fruto de su conducta doble, infundiendo desconfianza en todos y viéndose por todos abandonado, si no por todos hostilizado, y el país sufre las consecuencias de un proceder que siempre ha reprobado.

"Una ocasión se presentó al actual presidente para consolidar la paz en Honduras. Cuando en el último noviembre el pueblo hondureño, olvidando sus pasados errores, acudió a rodearlo ofreciéndole su sangre y su dinero para librar al país de un mal mayor, debió comprender que, para gobernar con la ley, no necesitaba de bayonetas y pudo reducir la cifra enorme del presupuesto militar para aplicar las economías al progreso del país. Pero debo creer que se encuentra encerrado en un círculo de hierro formado por los mismos hombres que le sirven de instrumentos, el cual le es imposible romper, porque esos hombres, que le abandonaron en el peligro, le impidieron primero recoger el fruto de aquel esfuerzo patriótico, cambiando radicalmente su sistema de gobierno, y después lo han empujado a perseguir, vejar y maltratar a los mismos ciudadanos que más contribuyeron a restablecer el orden, ofreciendo al mundo ejemplo de inaudita inmoralidad, al darles por verdugos a aquellos mismos hombres cobardes o desleales. Se ha creado, en consecuencia, el despotismo militar; y en vez de reducir la cifra de estos gastos, se ha elevado al triple y al cuádruplo, al elevar en esa proporción las guarniciones, al establecer el odioso sistema de la policía secreta y tal vez comprar a subido precio la lealtad de jefes y oficiales, de importancia relativa, a quienes se temía; y, sin embargo, no basta tanto aparato de fuerza para tranquilizar al Gobierno. Vive en constante alarma y con tantas precauciones como si se encontrase acampado al frente del enemigo. No hay duda de que le acusa su conciencia y teme la justicia del pueblo, olvidándose de que está desarmado, y sobre todo, de que es un pueblo sufrido y de paciencia a prueba de despotismo, mientras conserve la esperanza de su redención. Mas el Gobierno, en sus infundados terrores, acrecentados con secretas miras por sus satélites, llegará, según el camino que lleva, para su propia ruina, la del Partido Liberal y la del país, a provocar un conflicto o a inventarlo, a fin de ahogar en sangre la oposición. Caiga sobre sus cabezas, si tal caso llega, la que por su ceguera sea derramada."

Uno de los que lo felicitaron calurosamente por ese manifiesto fue el general Manuel Bonilla. Este le dijo (3 de noviembre de 1891):

"He visto tu manifiesto y lo que han escrito todos tus correligionarios sobre los abusos del poder del general Bográn en los trabajos de elecciones. Todo ha sido en extremo muy notable. Los unos, cometiendo arbitrariedades sin omitir medios; y los otros, defendiéndose y haciendo todo esfuerzo por levantar el espíritu a ese pobre pueblo agobiado por tan mal gobernante. Con los tuyos te has elevado a una inmensa altura ante los ojos de todos los centroamericanos de corazón sano. Si no fuera que tú llevas la mayor parte de esas glorias, quizás me sentiría envidioso. Estoy, pues, muy satisfecho de ver tanto elogio para ustedes, al par que resentido contigo por no haber querido que yo fuese a tomar parte en tus trabajos. Espero mejor ocasión para participar con ustedes de tanta gloria."

Próxima la fecha en que habían de practicarse las elecciones, el 4 de septiembre, el Gobierno, no importándole ser tenido como un declarado enemigo de la mayoría de los hondureños, conspiró abiertamente contra las libertades de éstos, decidido a ahogarlas en sangre, si era preciso, para hacer triunfar la candidatura del general Leiva. La prensa de oposición, que hizo oír sus airadas voces tan pronto como el estado de sitio fue levantado, hizo al Gobierno tremendos cargos que los voceros oficiales no pudieron jamás desmentir, porque no tenían otra arma que el insulto y la calumnia.

La saña de los verdugos y la conducta de la mayor parte de los colaboradores del presidente Bográn, en cuenta este alto funcionario, quedará probada:

1°, por la cita de algunos hechos escandalosos de los muchos perpetrados durante el período de propaganda, más los actos de brutal imposición en los días destinados al depósito de sufragios; y

2°, por un diario negro, extractado de la correspondencia del jefe del Partido Liberal en el mismo período y después de él.

EJEMPLOS DE HECHOS ANTERIORES A LA ELECCIÓN

1° Don Samuel Valladares, de la Villa de Concepción, miembro importante del Partido Liberal en su localidad, fue relegado a la isla de Roatán, con el nombramiento de guarda de aquel puerto, a donde se le hizo marchar contra su voluntad, ya que no había solicitado tal nombramiento. Valladares había sido llamado por el comandante de armas para excitarlo a que trabajase por la candidatura oficial, y por el Ministro de la Gobernación después, quien hizo lo mismo en igual sentido; pero aquél se negó por pertenecer al Partido Liberal.

2° El comandante de armas aludido llamó un día a los subcomandantes del departamento para ordenarles que trabajasen e intimasen a los milicianos en favor de la candidatura de Leiva; pero algunos de aquellos subcomandantes observaron que no podrían hacerlo porque los ciudadanos replicarían que las leyes y el manifiesto del presidente les garantizaban la libertad.

3° Un humilde ciudadano de nombre Silvestre Valladares fue aprehendido por suponerse que había sido conductor de correspondencia de El Salvador para el licenciado Bonilla. En los patios de la Penitenciaría Central, con objeto de hacerlo confesar la verdad, sufrió la tortura de apaleamiento feroz —cuatrocientos palos—, a consecuencia de lo cual expiró en dicho establecimiento a eso de la medianoche del lunes 1° de junio del 91. Los médicos certificaron que su muerte la había originado una congestión cerebral; y para ocultar el delito, se pensó primero en sepultar su cadáver en los recintos de la Penitenciaría; pero decidieron después llevarlo al Cementerio General, sin cajón, custodiado por veinticinco soldados armados, quienes debían prohibir que nadie se acercase al cadáver. Pero algunos parientes del occiso y correligionarios audaces que habían tenido noticia del suceso se adelantaron a la escolta con un ataúd y quitaron el cadáver para darle sepultura.

4° En Choluteca, el comandante de armas, general Vicente Williams, había prohibido que se leyesen los periódicos liberales; por lo cual los afiliados a la causa de la oposición tenían que leerlos ocultamente.

5° En la Dirección General de Correos se amenazaba con multa y destitución a los correos nacionales que no diesen su voto a Leiva, e igual amenaza se hizo a los empleados dependientes de dicha oficina: jefes de departamento, ayudantes, escribientes, carteros, conserjes, etc. En la Dirección General de Policía se exigió la firma a todos los policías de la línea, y por supuesto, sujetos al régimen militar, todos suscribieron las actas que se levantaron a favor de Leiva.

6° Quien daba vivas al licenciado Bonilla, si se le capturaba, iba a la cárcel y era apaleado.

7° Un individuo de apellido Aguilar vino preso de El Real, departamento de Olancho, por haber llevado de esta capital a aquel lugar un retrato del licenciado Bonilla.

8° Un tal Marcelo Mendoza, de apodo Nacatamal, fue a Suyapa la semana anterior a la de las elecciones, llevando una orden para que la estanquera de aquel lugar le diese todo el aguardiente necesario para la conquista de votos e intimó con un año de cárcel con cadenas a todos los que negaran sus simpatías por la candidatura de Leiva.

9° El 5 de mayo de 1886, el Gobierno de Bográn había destituido del cargo de Inspector de Policía y Hacienda, en el departamento de Santa Bárbara, al individuo Luis Casco, por observar mala conducta; sin embargo, durante la campaña electoral de que se trata, recibió el nombramiento de Jefe Expedicionario en el distrito de Sabanagrande, donde impuso la candidatura de Leiva de manera despiadada y feroz, y cometió en Ojojona y otros lugares todos los abusos y tropelías que creyó necesarios para infundir el terror en las masas de campesinos.

10° Los reos Vicente Sevilla, José María Cerrato, José María Ochoa —que guardaban prisión desde el 6 de mayo— y Abelardo Hernández, César Chávez y Clemente Martínez —desde hacía dos meses a la fecha de la suspensión del estado de sitio—, ni fueron puestos en libertad ni se hizo entrega de ellos a su juez natural. Bastan los ejemplos citados para comprobar las aserciones que han venido haciéndose en este capítulo, de que el general Bográn, para imponer a los hondureños la candidatura del general Ponciano Leiva, infligió a aquéllos, por mano de sus empleados, todas las ofensas a su honor y dignidad, todos los atropellos, aun los más incalificables, y no omitió ni el tormento ni la muerte, para imponer una candidatura impopular.

CONDUCTA DE LAS AUTORIDADES DURANTE LOS TRES DÍAS DE ELECCIONES

Tegucigalpa. A las 4 de la mañana del 6 de septiembre, empezaron los liberales a reunirse en el parque Morazán, en donde se encontraban ya varios progresistas en actitud provocativa. Ocupábanse éstos en fijar papeles de la candidatura Leiva en las paredes de los edificios, habiendo inferido, un poco antes, injurias de obra al liberal Francisco Alcántara.

A las 6, poco más o menos, vióse abierta la oficina de la Gobernación, lugar de cita de los progresistas, quienes, dispersos por los suburbios de la ciudad, recogían a los electores que venían de las aldeas y los llevaban a la mencionada oficina. Un poco antes se habían dejado ver en las alturas de La Leona los electores de San Juancito. El norteamericano Washington Valentine, que había trabajado por el candidato Leiva, se encaminó hacia aquel lugar y, habiendo encontrado a varios individuos que se habían separado del grupo, les dijo: "¿Qué venían a hacer todavía, si el guaro estaba en Las Crucitas?", lugar en el cual había colocado con anticipación una carta. Los interpelados replicaron: "Que poco les importaba que el guaro se quedara en Las Crucitas, que ellos venían a dar su voto a la persona que les pareciese conveniente."

Como a las 8 corrió el rumor de que el gobernador Estrada organizaba el Directorio en su oficina; y en este concepto se mandó a algunos individuos a que observasen lo que allí pasaba, motivo por el que los progresistas pidieron y obtuvieron la detención, en la policía, de los ciudadanos don Enrique Uclés y don Juan Bárcenas, los que fueron conducidos por un agente de la Gobernación, llamado Manuel Patuco.

Poco después, el Gobernador, saliendo de su oficina, se dirigió a la casa del Consistorio; y él, a la cabeza de los señores magistrados don Ramón Zelaya Vigil, don Carlos Zúniga, Juez de Letras don Leandro Valladares y los oficiales mayores de Gobernación y Guerra, don Miguel Antonio Alvarado y don Francisco Alvarado h., penetraron por la calle que un poco antes se había formado entre el grupo liberal y la persiana del cabildo, ocupando el lugar destinado a los actos electorales.

Vista la conducta observada por dichos señores, los individuos designados para formar el directorio liberal se aproximaron a la mesa, creyendo que tenían igual derecho, cosa que también hicieron los representantes del Comité Central y del Club Liberal; mas, habiendo dicho uno de los progresistas que aquellos individuos no debían permanecer cerca de la mesa electoral, el señor licenciado Enrique Lozano manifestó al gobernador Estrada que el divisionario Zelaya Vigil estaba en servicio activo, y que por lo mismo no debía estar ni cerca de la mesa ni con los demás electores de fuera, lo mismo que ninguno de los otros individuos mencionados tenía derecho preferente para estar allí. Zelaya Vigil alegó que había pedido su baja un día antes; Lozano le replicó que, puesto que tal baja había sido pedida y concedida para el solo efecto de intervenir en las elecciones, era tan incapaz para permanecer en el puesto que ocupaba como todo militar de alta.

Don Carlos Zúniga gritó que Lozano debía salir, y a efecto de que lo sacasen, excitó a varios agentes de policía. Se enfrentó Lozano contra Zelaya Vigil y Zúniga; les hizo ver su conducta incorrecta y atentatoria; excitó al gobernador Estrada para que hiciese salir a todos los que no debían estar cerca de la mesa, mientras no se organizase el directorio, prometiendo él retirarse tan luego como se procediese de conformidad con la ley; e hizo vanos esfuerzos para poner en razón al gobernador y demás personas que se le oponían.

El general José María Reina y los licenciados Dávila y Oquelí Bustillo representaron al gobernador Estrada y a los suyos la injusticia e ilegalidad de sus procedimientos, pero dicho empleado se limitó a decir: "Yo lo quiero así; yo mando; nadie manda aquí más que yo."

En presencia de los esfuerzos de la oposición por defender la legalidad, el gobernador Estrada se dirigió a casa del mandatario, de donde regresó seguido de una escolta de cincuenta hombres armados que colocó en línea de batalla en la calle frente a la casa consistorial, al mando del comandante 1° don Jaime de la Peña, de quien alaban, sin embargo, los liberales, la conducta. Los liberales hicieron mofa de la fuerza armada y la instaron a que hiciera fuego, gritando con marcada excitación.

El gobernador Estrada, después de algunos incidentes, desoyendo las protestas de la oposición, con la lista formada de antemano, procedió, por fin, a constituir el directorio. El licenciado Dávila, en ese acto, propuso al señor gobernador la formación de un directorio mixto, pero esta proposición —que había sido hecha ya por el coronel José María Aguirre— fue rechazada por los progresistas.

Incomodados los liberales, iban a retirarse, pero el licenciado César Bonilla les indicó que las cosas debían aceptarse tal como pasaban y que no era conveniente abandonar el puesto a los progresistas, que no pretendían otra cosa. Aceptadas las indicaciones de Bonilla, la comisión liberal, de común acuerdo, resolvió ocupar sus respectivos asientos, y entonces empezó a verse cierta parcialidad en algunos agentes inferiores de la policía, que permitían de preferencia el paso a los ciudadanos que debían sufragar por el general Leiva.

Suspendida la votación a la hora de ley, los liberales en masa, mujeres, niños e individuos ajenos a la cuestión electoral hicieron manifestaciones entusiastas acerca del triunfo obtenido y por el orden relativo que había reinado en las elecciones, notándose sólo que los únicos que no tenían participación en el regocijo público eran los progresistas, quienes se hallaban encerrados en diversas casas de la capital.

Como a las diez y media de la mañana del día siguiente, abierta ya la votación y a pesar de las precauciones adoptadas para que no votasen los soldados en servicio activo, llegaron éstos en número de veintidós hasta las inmediaciones del cabildo; pero el pueblo tegucigalpense, inerme como estaba y rodeado de las muchas bayonetas que habían situado los agentes del poder público cerca del lugar donde se recibía la votación, rechazó indignado a los soldados en referencia; y lo mismo hizo con otros grupos que llegaron posteriormente, dispersándolos sin dejarlos votar, hasta que se situaron escoltas en las calles, por donde aquéllos pudieron acercarse al cabildo.

A las tres de la tarde del último día de elección, un solemne repique en la iglesia parroquial y en la de Dolores de esta ciudad, una carrera de bombas y un gran número de cohetes, hicieron notorio el espléndido triunfo obtenido por el Partido Liberal.

Villa de Concepción. —Como a las ocho se presentaron en esta villa los señores don Salomón Dávila, Administrador de Correos; don Saturnino Medal, Subsecretario de Hacienda; don Augusto Ferrari, don Salvador J. Suazo y otros progresistas más, capitaneando un número considerable de correos que traían de Tegucigalpa en rigurosa formación, quienes fueron conducidos por la calle principal hasta la casa del subsecretario aludido, a cuyo frente permanecieron formados. Cuando ya se aproximaba la hora en que debía comenzarse la organización del Directorio, sus jefes los condujeron hacia la casa consistorial, frente a la cual permanecieron formados.

El pueblo, situado frente a la casa de los representantes ya expresados, observando de cerca y con solícita atención las maniobras de sus adversarios, marchó con el mayor orden y circunspección posibles en medio de la valla que la fila de los correos había formado con las paredes del edificio. A tal determinación, el jefe de la policía y sus subalternos, que en esos momentos se encontraban en el extremo opuesto de la valla y a la cabeza de los correos, tomando contra el pueblo una actitud amenazante para rechazarlo, calaron armas y se dispusieron como si fueran a hacer fuego contra él.

Pero el pueblo, fuerte con sus derechos, lejos de intimidarse por las balas que divisaba en las bocas de las armas de sus contrarios, lejos de retroceder en presencia de la fuerza armada, recobró más valor y energía, y despreciando las bayonetas, avanzó con bravura y osadía sobre ellas hasta colocarse en el puesto que le correspondía y que con legítimo derecho disputaba. La gendarmería se creyó impotente frente a las masas de electores liberales y retrocedió.

Estos, en tales circunstancias, notaron que los correos allí reunidos se encontraban en su mayor parte ebrios y no pocos de ellos armados; denunciaron el hecho y solicitaron al jefe de la gendarmería que los desarmasen. La policía, después de muchas vacilaciones y evasivas, verificó el registro, pero no los desarmó. Poco después, liberales y progresistas presentaron sus listas al alcalde para la formación del directorio; formado este, se leyeron algunos artículos de la ley de elecciones y empezó la votación, que debía verificarse durante ese y los dos días siguientes, y no hubo hechos notables que poderse registrar. Los liberales consignan algunos elogios para aquellos funcionarios públicos que cumplieron con su deber.

Cedros. —Encarcelan a cinco liberales, en cuenta al entonces coronel Calixto Marín, para infundir el temor; pero lejos de atemorizarse los de la oposición, se enardecen; las muchachas aplauden desde sus ventanas los vivas al licenciado Bonilla, los muchachos rompen los carteles de Leiva y, por último, se amedrenta el alcalde, quien suspende la votación, monta en su mula y coge el camino de Tegucigalpa. Al despedirse le piden que ordene seguir a los reos el proceso correspondiente o los ponga en libertad.

Yuscarán. —En esta ciudad se intentó, como en todas partes, imponer un directorio a satisfacción de las autoridades departamentales; pero el grupo progresista, que allí era independiente del partido oficial, propuso una mesa electoral compuesta de hombres honrados. El Partido Liberal, que sólo esto ha necesitado, lo aceptó sin vacilar, lo cual hizo indiscutible su elección, causando verdadera contrariedad a los oficialistas.

El comandante de armas hizo alarde de fuerza y encarceló a un elector que era enemigo personal suyo; y después, habiendo recibido aviso de que en Texiguat había disturbios, dispuso enviar una expedición. Solicitó al gerente de la compañía minera que pusiese a los operarios a sus órdenes; y habiéndole dicho éste que si él se creía autorizado para irlos a traer, que lo hiciera así, envió una comisión que volvió sin ellos, por haberse los operarios escapado por las varias bocas de las minas.

Teupasenti. —El subcomandante Román Perea amenaza con la cárcel a los jefes de la oposición.

Güinope. —En este pueblo ocurrieron graves desórdenes promovidos todos por la autoridad y la fuerza armada al mando de Santos Valladares, quien varias veces penetró en el salón electoral a sacar a electores liberales, sin conseguirlo, por la entereza de éstos.

Texiguat. —Aquí el comandante del distrito forma el directorio y se coloca a la puerta del cabildo para preguntar a los ciudadanos el nombre del candidato de sus simpatías. Si contestaban que Bonilla, eran rechazados. Puso preso a un liberal y expulsó a otros. Últimamente, él y un inspector de apellido Durón hicieron fuego sobre un grupo de liberales que habían votado por Bonilla, hiriendo mortalmente a un joven de dieciséis años que andaba con su padre.

San Lucas. —El directorio fue formado lo mismo que en Texiguat, y las violencias, amenazas, intrigas y los más vergonzosos manejos dieron el triunfo a Leiva.

Vado Ancho. —El subcomandante forma aquí el directorio y se rodea de sus parciales, que penetran al salón de la elección armados de fusiles, puñales, revólveres y machetes, quienes promovieron un bochinche para disolver al pueblo y lo consiguieron.

San Antonio del Norte. —El comandante del distrito impone el directorio y envía en comisión a los dirigentes del liberalismo.

Choluteca. —En esta ciudad son encarcelados los ciudadanos Secundino Ponce, de Morolica; Hipólito Carías, de Yuscarán; Laureano Dávila, Fidel Martínez y Miguel A. Medina, de esta capital, y Moisés Mejía, de Güinope, por haberse negado a firmar un acta a favor de Leiva y manifestado que ellos no pertenecían a ese partido indecente que estaba desacreditando a la pobre Honduras.

El comandante Williams reúne a los milicianos de la población y de algunos lugares vecinos, los agrega a doscientos y tantos hombres que existían de alta y a todos ordena marchar al club progresista, manifestándoles que era su deber votar por Leiva y que los que no lo hiciesen así serían encarcelados o puestos de alta. Hace propalar la noticia de que tenía órdenes privadas de Bográn de fusilar, si necesario era, a los que le disputasen el triunfo a Leiva, se pone a la cabeza de la tropa y marcha al cabildo para organizar el directorio. Recibido el voto a los soldados y milicianos, les ordena que partan para sus respectivos pueblos con la orden de volver a votar en ellos por Leiva.

Comayagua. —El comandante de armas hace alardes de fuerza, encarcela a unos, da de alta a otros y logra intimidar a algunos electores.

Puerto Cortés. —El comandante cita a todos los militares de la localidad, sin distinción de categorías, y les da de alta, con prohibición de salir del cuartel sino durante las horas en que lo acostumbra el resto de la guarnición; captura un correo que iba para Omoa y le quita los periódicos, ofreciéndole cuatrocientos palos, cuya noticia hizo difundir, y esparció la de que los que dieran su voto por Bonilla tendrían un año de plaza. Por lo demás, según parece, los escrutadores hicieron burla de la elección y decían a los electores que cómo era el nombre del licenciado Bonilla, agregando que no sabían quién era, ni dónde vivía, ni qué hacía; si era alto o bajo y cómo era su color; que ellos de quien habían oído hablar era de Manuel Bonilla, pero no de otro.

Marcala. —Aquí se suscita un diálogo entre el escrutador Urquía y el comandante del círculo, que es interesante extractar:

Urquía: "Señor Presidente, pido a usted la expulsión del comandante, apoyada en el Art. 43 de la Ley de Elecciones."

Comandante: "Estoy en la Junta como Gobernador del Círculo y no como comandante."

Urquía: "Su presencia aquí, en calidad de gobernador, no le ha destituido de su carácter de comandante y de militar en servicio."

Comandante: "El gobernador del departamento me ha ordenado que venga a presenciar esta elección."

Urquía: "El gobernador del departamento no es más que ejecutor de la ley y no la ley misma, y la Ley de Elecciones prohíbe a usted su presencia en este lugar, y usted debe salir."

Comandante: "Yo vengo sólo a presenciar la elección y no a tomar parte en ella. Tengo orden escrita del gobernador que, como subalterno, debo cumplir."

Urquía: "Usted, como subalterno digno, debe cumplir órdenes que están en armonía con la ley. La sola presencia de usted ejerce directa presión sobre el pueblo, y en nombre de éste, cuya atención llamo, pido, señor Presidente, que salga este hombre, apoyado en el Art. 56 de la Ley de Elecciones. Señor Juez (este funcionario llegaba en esos momentos y pedía permiso para leer una circular del Juez de Letras): públicamente denuncio ante su autoridad los delitos que comete este hombre, estar aquí, rehusarse a salir y portar esa vara."

Comandante: "La multa porque porto esta vara la pago; por lo demás, yo veré cómo me defiendo. Si el señor Presidente me lanza y ustedes desconocen la autoridad del gobernador que me ha ordenado presencie esta elección, yo saldré; pero desde luego manifiesto que protesto contra el directorio."

Urquía: "No desconozco al empleado, pero sí desconozco toda orden que no emane de la ley."

Comandante: "Usted me debía sacar."

Urquía: "No tengo facultades, pero de presidente del Directorio y con la energía que me caracteriza ya lo habría sacado", y le señalaba el camino que debía darle.

El comandante, por fin, sale a excitativa del presidente del Directorio.

Yoro. —Aquí el comandante de armas, como en la mayor parte de los pueblos del país, ordena una parada militar y manifiesta a los milicianos: "que no solamente los que habían firmado en favor de la candidatura Leiva estaban obligados a darle su voto, sino todos, pero con mayor obligación los que habían contraído aquel compromiso." Luego ordenó a un ayudante que, por lista, llamara a los firmantes; los hizo dar un paso al frente y les dijo: "Tengo conocimiento de ustedes, sé quiénes son; si me burlan en la elección, les pesará; estará un individuo presenciando quiénes dejan de dar su voto al señor Leiva, para enseñarles cómo se juega con las autoridades."

Negrito. —Aquí es nombrado presidente del Directorio el subcomandante local del pueblo.

Olanchito. —Aquí el comandante del círculo da de alta a siete oficiales y a cincuenta y siete individuos de tropas, todos rurales, y pone la población en estado de guerra.

Santa Bárbara. —En todos los pueblos de este departamento imperó la imposición oficial de una manera brusca —dice un informe— . Como doce días antes del 6 de septiembre, el señor gobernador y comandante Vidaurreta, además de las órdenes que habían impartido a todos los alcaldes municipales para que influyeran en el ánimo de los electores y los atemorizasen para que dieran su voto a Leiva, reunió en esta población a todos los jefes de distrito y comandantes locales y les dio instrucciones privadas para que amenazasen a los votantes en los comicios electorales, con prisión, alta en las guarniciones por mucho tiempo y destierro si no daban su voto por Leiva.

Hizo salir con tiempo de esta plaza, y con discreción, como cien o más armas con pertrechos a los pueblos limítrofes del departamento de Yoro, al lado de la Costa Norte, las que pusieron en mano en el momento de las elecciones, para implantar el terror.

De aquí, el 5 de septiembre, salió el coronel Zacarías Izaguirre, como con doce hombres o más armados, para San José de Colinas, en donde permaneció los días 6, 7 y 8, imponiendo la candidatura oficial.

A Ilama fue Salvador Leiva, guarda de la Receptoría; a Chinda, el secretario de la Gobernación, Jesús Regalado (todos a ejercer imposición a favor de Leiva). En los valles de Quimistán y antes de las elecciones anduvo preparando el terreno el señor don Miguel Paz (Baraona), "con sus ínfulas de doctor y diputado", trabajando y amenazando a las gentes humildes de aquellos pueblos remotos, hasta comprometerlos a dar su voto por Leiva.

En la cabecera también se impuso la candidatura Leiva, por medios poco dignos y nada decorosos. El gobernador y el comandante Vidaurreta, "con su táctica añeja, jesuítica, y a la sombra tenebrosa que le brindaba el estado de sitio decretado por su hermano político y padre Bográn", dio órdenes atroces a las autoridades locales que debían ejecutar contra los liberales, y en esta ciudad, la policía.

Durante ese tiempo de suspensión de garantías, de varios pueblos venían hombres procesados, presos, acusados a la Gobernación; otros que los perseguían en el lugar de su domicilio y llegaban buscando amparo ante las autoridades superiores. Su crimen era solamente el ser liberales, que trabajaban en ese sentido o decían que su voto era para el candidato liberal.

Esos individuos permanecían arraigados en esta población, con el deber de ir todos los días a la casa de la Gobernación, para que los viera el jefe departamental... ¡Todo el que decía "¡Viva Bonilla!" lo llevaba la policía a su sección y lo hacían trabajar en el parque, que estaba construyéndose, seis o más días, y a unos de ellos hasta les daban palos para que trabajaran!

X: EL DIARIO ACUSADOR

Todos los medios lícitos para librarnos de nuestros males son, no solamente permitidos, sino también laudables. —**SEÑOR DE MONTAIGNE**

ABRIL 22 (1891). Los redactores de El Club Liberal y Bocaccio, Antonio Ramón Lagos y José Gutiérrez, respectivamente, causan alta en los cuarteles de la ciudad. Después son encarcelados.

Abril 27. Vicente Williams, comandante de armas y gobernador político de Choluteca, promete en Tegucigalpa inutilizar a los Midences de Choluteca para arreglar satisfactoriamente aquel departamento.

El presidente Bográn hace llegar a varias municipalidades, perora frente a ellas contra el Partido Liberal y las excita a trabajar a favor de Leiva. Bográn sale para El Edén con el objeto de distraerse, y al pasar por La Sosa llama al auxiliar y vecinos para hablarles principalmente contra el licenciado Bonilla, diciéndoles que no fueran bochincheros, pues sabía que con frecuencia se embriagaban y le daban vivas a aquél; que eran libres para votar, pero como presidente les aconsejaba que siguieran al Gobierno y no tendrían riesgo alguno. En seguida les dio como treinta pesos al auxiliar y otros tantos a los vecinos.

Cesan un poco las violencias, pero este hecho es precursor de próxima tempestad.

Abril 30. El Partido Liberal hace triunfar en el departamento de Yoro la candidatura de don Urbano Dávila para diputado al Congreso Nacional, a pesar del despotismo de Quiroz. Si el señor Dávila no asistió al Congreso, se debió al fraude cometido por la Junta de Agentes departamental.

Mayo 1°. Llegan a Tegucigalpa seis individuos de los comités liberales de Yoro para servir en la gendarmería.

Mayo 9. En vista de los muchos arraigados en la capital, procedentes de los departamentos, a quienes temían dar de alta, aunque para ello fueron llamados, el jefe del Partido Liberal dispone alquilar una casa amplia para alojarlos y suministrarles los recursos que necesitasen; y esa casa fue la de dos pisos del general Reina, sita en el Barrio Abajo.

Mayo 10. Mariano Vásquez se inclina hacia la causa de Leiva. Bográn se esfuerza en hacer aparecer inmiscuido al Partido Liberal en el asalto de Amapala, sin conseguirlo. El licenciado Bonilla supone que los

Ezetas apoyaron aquella intentona para crear en Honduras una situación caótica de la cual sacar provecho.

Mayo 11. Fusilan a dos prisioneros en Amapala. El Gobierno se empeña en sospechar al Partido Liberal en complicidad con los autores del asalto de Amapala.

Mayo 13. El general Bográn pone en libertad a los reos de rebelión que fueron juzgados con motivo del alzamiento de Sánchez.

Mayo 18. En Santa Bárbara, cuna de los generales Bográn y Leiva, no había podido hasta entonces organizarse el comité progresista por falta de elementos.

Junio 7. El jefe del Partido Liberal llega al convencimiento de que los Ezetas sólo esperan una coyuntura para lanzarse sobre Honduras y derrocar al Gobierno de Bográn. Para ello se valdrán, pero sólo como una pantalla, de jefes militares hondureños emigrados, los cuales, a sabiendas o engañados, serán meros instrumentos para lograr el fin de imponer en Honduras, como presidente, al general Antonio Ezeta, hermano del presidente; con lo cual logrará a la vez quitarse de él, pues lo teme, y tener en Honduras a un agente de absoluta confianza para que coopere en la guerra contra Guatemala, que tiene que hacer con el fin de sostenerse en El Salvador. Por otra parte, el Gobierno de Guatemala tampoco confía en el del general Bográn por completo y, de consiguiente, por esta razón y por la de hallarse en relativa impotencia, no lo auxiliaría y Bográn se halla en el caso de valerse por sí mismo.

Julio 25. Samuel Valladares, de Comayagüela, y Guadalupe Gallardo permanecen en Roatán relegados.

Agosto 23. El administrador de Correos de Santa Rosa viola la correspondencia del jefe del Partido Liberal para el doctor Juan Ángel Arias y la remite a Bográn. Así conoció éste una carta del 25 de julio que tuvo la audacia de mostrar a todos los que llegaban a donde él, ridiculizando algunos de sus conceptos, especialmente el temor del licenciado Bonilla de que El Salvador aprovechase la ocasión y diese armas, dinero y aun jefes a los sublevados de El Paraíso (todos leivistas), y decía que sólo en la cabeza del licenciado Bonilla podía caber eso, estando El Paraíso en la frontera de Guatemala, cerca de Izabal.

Agosto 25. Jacobo Mejía, de Tegucigalpa, es residenciado en Comayagua.

Septiembre 1. La imposición de la candidatura oficial es horrible y vergonzosa. De todas partes de Honduras, sin excepción quizás de un solo pueblo, se sacan ciudadanos para trasladarlos a otros puntos. Pero el ánimo no sólo no decae, sino que se enardece. Se habla de una próxima guerra entre El Salvador y Guatemala, que arrastraría a Honduras.

"Ya no sé quién se halla en su domicilio —dice el licenciado Bonilla—, tal es el movimiento constante de traslaciones que está ejecutando el Gobierno para consumar su imposición y todavía tiembla, y con razón, pues parece que todos los pueblos han resuelto hacer su voluntad."

Septiembre 4. Washington Valentine obliga a los vecinos del mineral de San Juancito a votar por Leiva, amenazándolos con no darles trabajo; y según informes, la mayor parte se comprometieron a venir en formación a Tegucigalpa el día anterior al primero de la elección, dormir juntos en determinado lugar y juntos presentarse a votar el domingo.

Septiembre 7. La candidatura Bonilla saca mil ochenta y ocho votos en Tegucigalpa y quinientos cuarenta y seis en la Villa de Concepción; mientras que Leiva saca en la primera quinientos setenta y tres y sesenta y uno en la segunda. Resultado final: Leiva seiscientos treinta y cuatro, Bonilla mil seiscientos treinta y cuatro.

Septiembre 8. El alcalde de Cedros, al ver perdida la elección a favor de Leiva, disuelve la Junta Electoral y se viene huyendo a esta capital, para regresar con veinticinco soldados y practicar la elección el 13.

Septiembre 11. El Gobierno prohíbe toda manifestación de regocijo por el triunfo obtenido en Tegucigalpa y Comayagüela.

Septiembre 12. Los ciudadanos del pueblo de La Venta, para burlar la imposición, opusieron la astucia a la fuerza.

Septiembre 14. "Los votos obtenidos por Leiva, con pocas excepciones, han sido arrancados por la fuerza. Ya tengo noticias de muchos pueblos de varios departamentos y me creo autorizado para suponer que lo mismo ha sucedido en los demás. Pero en lugar de mostrarse avergonzados y procurar calmar los ánimos, se muestran altivos e insolentes."

Septiembre 15. "El partido triunfante, siempre en orden, hizo el primer día un paseo por las calles, en que iban no menos de mil personas. Nadie había tomado un trago de licor, porque nosotros lo prohibimos a nuestros amigos. Terminado el paseo, ordenamos que cada uno se fuese a su casa y no volviese a salir, y así se hizo. Lo hicimos en previsión de lo que sucedió. Por la noche, los pocos progresistas que aquí hay, acaudillados unos tantos pícaros, algunos extraídos de las cárceles y armados con permiso escrito de la autoridad, borrachos (como estuvieron los y más de los electores leivistas, por haberles distribuido gratis el licor las autoridades), anduvieron por las calles insultando, provocando a los liberales hasta dentro de sus casas; pero gracias a nuestras instrucciones no hubo ningún choque. Eso mismo han seguido haciendo los demás días hasta la fecha y nosotros, por prudencia —no por impotencia ni cobardía—, hemos mantenido las instrucciones de no salir, dando los jefes el ejemplo. Generalmente se teme para los principales liberales un asesinato. Yo creo poco en ello, porque no le conviene al Gobierno quitarnos; pero tomo precauciones porque los pillos y reos a que me he referido siguen rondando nuestras casas armados."

Septiembre 16. ¡De cuántas arbitrariedades han sido víctimas los electores!, especialmente en el distrito de Texíguat, todo liberal, donde han llegado a prohibir absolutamente el voto a los ciudadanos que no lograron intimidar, y hasta tirar con su propia mano el jefe del distrito a un joven de 16 años, el cual habrá muerto o está moribundo. En Vado Ancho, porque dos tentativas hicieron, domingo y lunes, infructuosamente para obtener votos para Leiva, no hubo elección.

El Gobierno —o mejor dicho, el Presidente—, según mis noticias, comunicó a todas partes su completo triunfo en esta capital, siendo absolutamente falso, pues sólo cuando el gobernador, a bayoneta, impuso el directorio, pudieron hacerse esa ilusión, que desapareció en seguida al ver a un pueblo entero desarmado, pero resignado a dejarse ametrallar antes que ceder.

Septiembre 20. En derecho y quizás también en el hecho hemos ganado la elección; pero, además de las violencias para arrancar votos por Leiva o impedirlos para mí, se ha recurrido al fraude y han hecho crecer la base general, que llegará a unos 50,000 electores, cuando positivamente no puede pasar de 30,000, porque hay más de 4,000 hombres de alta, otros tantos emigrados y muchos más que se han abstenido por temor. Nunca ha sido mayor de 40,000 en otras elecciones y, haciendo las indicadas rebajas, resulta lo que dejo indicado.

Si tiene efecto una conversación con el presidente, sobre la cual hay iniciación de su parte, mi primera condición para que entremos en materia sería la garantía de los liberales, cesando toda persecución contra ellos y dejarlos en libertad de acción. También procuraré que se haga efectivo el castigo de los empleados abusivos.

Si nada puede conseguirse, tendremos que lamentar muchas víctimas, pero es preciso mantenernos firmes en nuestro puesto, porque al fin de la jornada será el Gobierno el que pierda. Si la tirantez de la situación continúa, aquí el mayor riesgo lo corremos los jefes del partido, pero estamos dispuestos a arrostrarlo por preservar el fruto de tantos esfuerzos, que no puede ser otro que la terminación del despotismo en Honduras.

Septiembre 21. Nuestros adversarios me han reconocido ya una votación de 12,000 y pico, y como sé que han ocultado una parte en algunos departamentos, que se verán precisados a confesar porque no pueden tomársela, calculo que no bajarán de 14 a 16,000 votos, fuera de los que han suprimido en varios pueblos donde el directorio ha sido de ellos, es decir, en las cuatro quintas partes de la República.

El Gobierno comprende bien su difícil situación en el interior a la vez que en el exterior, y debe cejar en las violencias. Sus más allegados se lo aconsejan porque ven el peligro de que los pueblos se exasperen y subleven.

Septiembre 25. Cada día me convenzo más de que el triunfo ha sido nuestro, no sólo moral, sino numéricamente, a pesar de la violencia, pero con el fraude quieren usurpar el poder para Leiva. Si así no fuera, habrían publicado el cuadro por pueblos, no por departamentos, pues se han propuesto evitar que sus fraudes se descubran ya.

Otra cosa que importa mucho es trabajar desde ahora, privadamente, porque se elijan en todos los pueblos municipalidades formadas por miembros del partido, pues así éste podrá poner en práctica en cada lugar sus doctrinas en la esfera de la ley y estará protegido contra el poder militar.

Septiembre 30. El Gobierno no olvidará que los 15,000 hombres que han votado en contra suya exponiéndose a todo, son, si la necesidad lo exige, 15,000 soldados, que serán héroes en la batalla, mientras que de los 34,000 leivistas no salen 3,000 soldados decididos.

La venida del ministro Arce (salvadoreño) ha hecho mucho daño al partido, porque su conducta esquiva con nosotros hizo pensar que bien podíamos llegar a tener en ese Gobierno un enemigo. Si, por el contrario, se hubiese ejercido cierta presión moral sobre Bográn, nosotros habríamos ordenado en todas partes hacerse respetar como hubiere lugar, aun empleando la fuerza armada. Nuestro conocimiento del actual Gobierno nos hubiera hecho pensar en la seguridad del éxito.

Dicen que se ha hecho un pacto por el cual Bográn se obliga a entregar el poder a Leiva y a retirarse por unos ocho meses del país, como enviado en Centroamérica, pero en sesenta días deben ocurrir en El Salvador tantas cosas, que yo creo que Bográn será el ministro de la Guerra, que Leiva se irá a Santa Cruz depositando en él el poder y no volverá a recibirlo.

(A Fidel Bustillo, Guatemala.) Vea usted si puede explicarme este telegrama que Ponciano Planas dirigió al general Antonio Ezeta, como el 26 del presente: "Las elecciones han concluido en perfecta paz: solo oposición hablando lo que quiere. Me dicen que usted bien con Barillas y con el general Bográn y Montúfar. Es necesario mucha política." Eso fue estando aquí Arce, enviado de El Salvador, con quien se asegura de buena fuente ha pactado Bográn perpetua amistad (cuanta cabe entre ellos).

Octubre 7. El licenciado Bonilla gira instrucciones para la organización del club político liberal en Trujillo, donde no fue posible organizarlo antes de las elecciones.

Al mismo tiempo solicita de todos los lugares de la República una relación detallada y clara de los principales abusos cometidos antes y durante la elección o con motivo de ella, haciendo que certifiquen su certeza varios de los principales miembros del Partido Liberal, y manifiesta:

"El Partido Liberal sigue su marcha en la recta vía que se ha trazado y no debe retroceder por ningún motivo. El derecho es su bandera y antes debemos preferir la muerte entre sus pliegues que abandonarla."

Octubre 10. No es tan grave lo de la farsa representada. Es lo peor la torpe e inmoral conducta del Gobierno que sigue hostilizando y provocando a la oposición con tanta arbitrariedad y grosería como antes de las elecciones, no obstante que habla de concordia y fraternidad. No tardan en llegar varias mujeres que han detenido a capricho y están prevenidos igualmente varios hombres. Parece que el Gobierno guarda a Tegucigalpa y Comayagüela profundo rencor, quizás por haberle devuelto el poder que Sánchez le había arrebatado.

Octubre 12. Pedro Campos y otros individuos de Vado Ancho y dos señoras de Yuscarán están presos en dicha ciudad y solicitan el apoyo del partido.

Octubre 15. Después de tantos abusos y hasta delitos y crímenes cometidos por sacar triunfante el Gobierno su candidatura, y aun viendo que, a pesar de todo eso y de los grandes derechos que le daba al partido opositor para recurrir a las armas, éste se ha mantenido en el más perfecto orden, despreciando las amenazas y las constantes provocaciones al bochinche que de parte de sus contrarios se le han hecho, el Gobierno ha tratado y sigue tratando a sus opositores como vencidos en un campo de batalla.

Creo que el presidente tuvo unos momentos de reconcentración dentro de sí mismo y vio ese camino (el de la concordia), porque por intermedio de un amigo estuvimos tratando ese punto y al fin tuvimos una entrevista, de que yo me prometí habría de resultar el logro de nuestros deseos. Pero dos días después resultó el atentado de ordenar a la policía que salieran varios ciudadanos y varias mujeres, so pretexto de vagancia (sin estar declarada, y a pesar de que hoy no hay artesano que no vague, debido a la mala administración pública), siendo tal disposición solo un pretexto para separar de aquí, por venganza y hasta como una amenaza para todo el partido, a hombres que en su mayor parte se mostraron decididos en la lucha electoral y a mujeres que también prestaron su eficaz ayuda.

Verdad es que ningún arreglo político cupo entre él y yo, porque estando próximo a dejar el poder no podía pactar nada sobre eso; pero a él y a otros amigos del señor Leiva indiqué la conveniencia de que él y yo nos viésemos y tratásemos de entendernos. Él me lo tomó en consideración y los demás (el licenciado Zelaya, por ejemplo) me contestaron que Bográn no quería consentir en eso.

Yo quería en verdad crear un modus vivendi con el actual Gobierno, mientras el señor Leiva llega al poder, sin perjuicio de seguir denunciando todos los abusos cometidos para ganar la elección, porque es necesario que él los conozca, para resolver sobre aceptación, o arreglar su conducta tomándolos en cuenta. No se pudo y sigue el país, y especialmente esta ciudad, intranquilos, por la sola obra del Gobierno, que trata al pueblo como enemigo y mantiene su ejército en actitud de campaña.

Hasta hoy no le ha dado ningún mal resultado al Gobierno esa conducta, pero no es porque falte al partido derecho para la insurrección, ni voluntad en el pueblo, como finge creerlo aquél, sino porque los jefes de la oposición hemos estado tratando de calmar la excitación y aconsejando paciencia y pidiendo esperas a los más exigentes para ganar tiempo y dar lugar a que el Gobierno restablezca el orden público que tiene alterado.

Se ha hecho un arreglo entre Ezeta y Bográn y parece que otro entre Barillas y Ezeta, que yo no conozco. Pero sean cuales fueren sus términos, yo lo considero sólo una tregua de más o menos duración. Estas son mis razones: entre Guatemala y El Salvador, la paz podrá reinar solo cuando dejen de ser repúblicas independientes. Por lo mismo, Honduras tiene para ellas grande importancia, porque pesa en la balanza y ambas tienen interés en tenerla bajo su dominio. En Bográn ninguno de aquellos Gobiernos cree, pero mucho menos Ezeta, porque hay varios motivos acumulados de encono personal y de mutua desconfianza.

Pruébalo que, poco tiempo después de arreglada una dificultad entre ambos, surge otra. Pasó la guerra que dio el poder a Ezeta y Bográn se vio amenazado. Mandó a Zelaya en comisión y aún no había salido del país, cuando Sánchez se insurreccionó. Acababa de regresar Zelaya cuando estuvo aquel Gobierno a punto de invadir nuestro territorio, lo que habría realizado sin la mediación del ministro de Costa Rica, Zeledón.

Vino en seguida (febrero) un ministro salvadoreño (Morales), y pareció que la paz estaba asegurada; pero el 6 de mayo ocurre el asalto al cuartel de Amapala, lo que motivó el viaje del diplomático Planas. Se creyó igualmente que ya no habría más dificultades, cuando Ezeta descubre un plan revolucionario de su ministro de la Guerra, Amaya, siendo notorio en El Salvador que se atribuye a Barillas y Bográn. Coincide con eso el peligro de guerra entre Guatemala y El Salvador, y viene el ministro Arce que acaba de regresar, diciéndose que deja asegurada la paz.

Octubre 27. Nada nuevo, si se exceptúa el viaje del Presidente para Comayagua, que se asegura para mañana. Por noticias de Palacio hemos llegado a percibir que no ha habido arreglo entre El Salvador y Guatemala, ni hay confianza entre El Salvador y Honduras.

Noviembre 4. Es triste que Honduras no pueda decidir por sí sola su porvenir y tenga que tomar en cuenta la actitud de sus vecinos. De todo el país se me pide un remedio salvador y el temor de abrir las puertas de mi patria a un ambicioso vecino, o de exponerla a la anarquía, me ha detenido para aprovechar excelentes oportunidades. Ahora se habla mucho de una invasión de emigrados, y como no han tocado conmigo, deben venir por su cuenta. Pronto espero saber a qué atenerme.

Noviembre 7. Parece que el ministro Alvarado (Carlos F.) está empeñado en demostrar que el Partido Liberal conspira, sobre lo cual debe estar de acuerdo con Bográn, para obligar a Leiva a entregarse en sus manos. Juzgándonos por ellos mismos, creen que tenemos empeño en disputarles los ministerios y demás empleos. ¡Pobres gentes!

Noviembre 15. Nuestros amigos de Comayagua están también sufriendo mucho. A más de sesenta que vinieron a encontrar a Gutiérrez (nuestro diputado), los persiguieron y, de orden del Presidente, al desmontar arrestaron a treinta y cuatro que lograron citar, de los cuales quedaron presos once que no sé si hayan salido, inclusive Aguirre (Salvador).

La declaración de la Presidencia del señor Leiva fue hecha al galope, en 24 horas, sin discusión previa. El Gobierno sigue hostilizando, y más que nunca, al partido, dondequiera. No sé a dónde va, pero sí estoy seguro de que tan tirante situación no puede prolongarse más de quince días, o se rompe la cuerda.

Noviembre 21. Aquí hubo un molote de muchachos en el parque, para no dejar llevar preso a Carías. Eso dio lugar al arresto de unos veinte, quienes salieron multados en diez pesos cada uno, quedando presos cinco que llevaron a Comayagua y allá están en la cárcel.

Ha pasado (en el Congreso) una ley de imprenta que anula esa libertad. Pasará el restablecimiento de la ley de orden público; y propuso Bográn en su proyecto sobre asociación, que no pudieran reunirse más de dos sin permiso de la autoridad. La comisión lo modificó elevando el número a diez, por generosidad inaudita. Con esas leyes habremos perdido todas nuestras conquistas, si las dejamos subsistir.

He tenido la gran pena de saber todos los sufrimientos de ustedes allí (La Ceiba), sin poder ponerles ningún remedio. Semejantes han sido los de nuestros amigos aquí y en todas partes, y aún lo son hoy. Si esto sigue siquiera por pocos días bajo el Gobierno de Leiva, la cuerda se rompe, pues no habrá paciencia para cuatro años.

Noviembre 30. Al amanecer del 28 llegó aquí la noticia del ataque de varios emigrados a Goascorán, dando vivas a mí, a Sierra y a otros. Los únicos datos que hay son oficiales, y dicen que entraron de 50 a 60 hombres, contra 30 del Gobierno atrincherados; que perdieron los primeros tres muertos y varios heridos, y los segundos un muerto y algunos heridos. Agregan que el general Ezeta ha telegrafiado diciendo que el general Sierra no concurrió a la acción porque él no lo dejó venir, mandándolo a arraigar, y que el jefe era un coronel Ceballos, de Comayagua, y da los nombres de otros que vinieron; y que el licenciado don Pedro H. Bonilla estaba comprometido en la empresa y mandó a Sierra 25 hombres sin armas. Esto último es absolutamente falso, bien lo sé. Hoy tomó posesión de la Presidencia el señor Leiva. Aún no se sabe cuál es su ministerio, ni se puede colegir cuál será su ulterior conducta. Según sea, así será la nuestra.

Diciembre 8. He sabido que hay mucha impaciencia en los emigrados y que algunas gentes están explotándola para promover una división en el partido, que sería nuestra ruina. Sé que hay quien predica que yo no sirvo para jefe del partido, porque no me resuelvo a la guerra. En el caso de que recurriesen a las armas, yo sería quien más ganase triunfando, pues vendría el poder a mis manos; pero estimo en mucho la sangre de mis conciudadanos para exponerla a la eventualidad de que se derrame inútilmente, causando la ruina del partido y muchos males al país. La situación de C. A. es muy oscura y he mandado comisionados a observar a Guatemala y El Salvador, y espero noticias antes del 20 del presente; de suerte que en relación con esas noticias y con la torpe conducta que está observando el Gobierno, creo que en los últimos días de este mes es probable que fije la fecha en que convendrá obrar.

Diciembre 9. Hoy acabo de saber que Sierra (Terencio) penetró hace poco a Languc con unos 25 a 30 hombres mal armados y que se ha internado al país sin saberse adónde, por haber sido perseguido por fuerzas salvadoreñas. Hay movimiento de tropas aquí y se dice que de Comayagua y Choluteca también han salido a perseguirlo. También se dice que ha penetrado otra columna de emigrados a Candelaria, ignorándose detalles. Esas intentonas aisladas comprometen al partido y afianzan más al Gobierno en su despotismo. Me parece fácil hacerles comprender que sólo en armonía con una combinación interior pueden tener éxito sus esfuerzos; pero que para ello deben aceptar la disciplina del partido, de manera que del interior sea de donde se dé la señal, llegado el caso.

A pesar del compromiso que traen al partido esos movimientos y de que nuestros villanos enemigos sólo un pretexto quieren para echarse sobre nosotros, confío en que su propio interés los detendrá por ahora, pues tienen motivos para creer que no hay connivencia interior con esos sucesos, y para estar seguros de que, si nos provocan y nos obligan a tomar parte, el triunfo sería muy dudoso, por lo menos. Por ejemplo, si se lanzan contra los jefes del partido, los elementos de éste se plegarían a los invasores.

Además, la situación exterior es muy difícil y es uno de los motivos que deben hacernos sufrir un poco más, mientras se aclara, para no exponernos a ser instrumentos de secretas miras para anarquizar este país. El Gobierno, si bien sólo por su propia conservación, ya que de sentimientos generosos y patrióticos es incapaz, debe ser prudente. Se asegura que Ezeta pide a Leiva un contingente de 2,000 hombres para la guerra con Guatemala.

Diciembre 10. En estos momentos nada puede decirse, porque está pendiente la cuestión centroamericana, que quedará tal vez resuelta por parte del Gobierno en una entrevista que están teniendo Ponciano Planas y Antonio Ezeta en la frontera.

Diciembre 23. Se asegura que el general Manuel Bonilla fue detenido en Somotillo (Nicaragua), en unión de Chiquirín y otros emigrados que venían a la frontera. Lo que él resuelva es bueno para mí, pero necesito saberlo con anticipación. El movimiento de Sierra terminó por el regreso de él a El Salvador. Parece que los mismos Ezetas lo obligaron a reconcentrarse, porque se propusieron aprovecharlo para ejercer presión sobre Leiva y obligarlo a pactar alianza contra Guatemala.

Nada sé de cierto sobre las entrevistas entre Planas y Antonio Ezeta en Saco, pero sospecho lo dicho: a nosotros toca impedir que sea Honduras arrastrada a una guerra sangrienta y desastrosa, y en ese caso deberemos hacerla nosotros al Gobierno.

Diciembre 30. Hacia el 24 de este mes hay una insurrección en Texiguat, quizás alentada por la noticia de la presencia del general Manuel Bonilla en la frontera de Nicaragua. Antenoche, dice el licenciado Bonilla, han vuelto a atacar a Goascorán (el general Sierra), y no se sabe el resultado, por lo que se cree que se apoderó de la plaza, donde había 60 hombres. Eso puede favorecer a los texiguats.

Los Ezetas no han tratado de entenderse, ni quieren hacerlo con el Partido Liberal. Están constantemente tratando de engañarse mutuamente con este Gobierno y ahora pretenden arrastrarlo a la guerra con Guatemala, pero para quitar a Leiva de paso o después.

Yo comprendo que la única política sana para Honduras, hoy que está el país aniquilado, es la neutralidad. Pero el Gobierno está ciego. Algunos de sus hombres (dos o tres a lo más) ven la situación como yo y tratan de inclinar a Leiva a un arreglo. Yo me he comprometido a ir a Comayagua a platicar sobre ello, si Leiva me llama. No le pediré nada mezquino y será mi último esfuerzo por la paz.

En caso de ser rechazado, y de no querer que el país se compacte para su defensa, nadie dudará que el Partido Liberal tiene derecho perfecto para quitar al Gobierno el poder y las armas e imponer a los otros Gobiernos la neutralidad de Honduras, si hay tiempo de consumar la revolución.

Se asegura que hay sublevados cerca de 500 texiguats y que anteayer tuvieron un combate con el coronel Tercero en San Marcos, cuyo resultado dícese oficialmente fue favorable a éste.

Se dice (y parece cierto), que Leiva ha dado orden de fusilar a todo enemigo que cojan en la guerra sin cuartel, la guerra salvaje que provocará las represalias y producirá una carnicería espantosa. ¡Qué estupidez! Para nada sirve a esos hombres la historia.

Enero 8 (1892). Sierra ha permanecido recorriendo varios puntos del distrito de Goascorán y hoy se dice que ha librado tres combates en los cuales ha derrotado a las fuerzas del Gobierno. Dícese que en uno murió "La Loca" (Guillén). Ignoro si es cierto, pero el silencio del Gobierno hace presumirlo.

Hay gran movimiento de tropas y reclutan ya a las gentes de las aldeas vecinas de aquí, a quienes no tocaban por liberales. Salen con dos armas, supongo que para Comayagua; de modo que dentro de poco ya no habrá amigos aquí. Parece que se preparan para algo serio, pero que entra en sus propósitos abandonar esta plaza. ¿Será la guerra centroamericana? Aún no vemos claro nuestro camino. Lo que se resuelva lo comunicaré en el acto.

Enero 20. El licenciado Bonilla da instrucciones a sus amigos de Comayagua para que cultiven sus relaciones que tengan con los allegados al Gobierno, para así averiguar las intenciones de éste y estar al corriente de la política de los adversarios.

He leído —dice— El Correo Nacional del 13 del presente (periódico que se editaba en Comayagua), y su editorial me da a entender que el Gobierno ya se va considerando más fuerte, pues al principio tenía empeño en convencernos de que no nos creía complicados en la facción de Sierra. Ese editorial confirma en mucho los propósitos siniestros contra mí y los míos.

XI: PRELIMINARES DE LA REVOLUCION

Preveo, aunque no lo deseo por amor a mi país, que el señor Leiva
sufrirá las consecuencias de este paso y se arrepentirá de él, quizás
cuando ya sea tarde. Si mi previsión se realiza, el señor Leiva se verá
convertido en manzana de la discordia para los hombres que desde hoy
se disputan el manejo de su voluntad, y entonces, al convertirlo en
víctima, arrastrarán al país a la anarquía o a una dictadura más odiosa
que la que hoy existe. —**P. BONILLA.**

A IMPOSICIÓN que el general Bográn desarrolló para llevar al
solio presidencial al general don Ponciano Leiva, y cuyos detalles más
sobresalientes quedan anotados en el capítulo anterior, dejó
consecuencialmente una situación de descontento general y puede
decirse de amargura por la humillación sufrida, que el candidato
triunfante pudo amortiguar si hubiera querido, amoldando su conducta a
la necesidad de concordia del país para hacerse perdonar la usurpación
del poder por medio de la violencia y el fraude.

El general Bográn se trasladó oportunamente a Comayagua, donde
se convino verificar la traslación del poder, y dejó en esta capital al
general Carlos F. Alvarado, con amplísimas facultades para proceder
contra el partido de oposición que con tanto lujo había ganado las
elecciones en la sede del Gobierno de la República; pero Alvarado no
quiso, quizás por cálculo, echarse contra los vencidos, que podían serle
útiles en lo futuro, ya que él en una época había figurado en sus filas y
aspiraba a la Presidencia.

Al hacerse cargo del mando supremo el general Ponciano Leiva en
Comayagua, el 30 de noviembre de 1891, declaró oficialmente que no
tenía la intención de ejercerlo durante todo el período, dando a entender
que lo tendría por poco tiempo, pues a sus años amaba mucho más "el
descanso y la quietud que sólo pueden hallarse en el seno de la vida
doméstica".

Mucho daño había de causar esa inoportuna declaración a la nación,
pues despertó los celos y estimuló una sorda lucha entre algunos
ministros que creyeron tener probabilidades de suceder al señor Leiva y
que vieron en la presencia del doctor Bonilla en el país, como jefe de una
poderosa agrupación animada por el descontento, un obstáculo peligroso
que debía ser eliminado. El artículo 70 de la Carta Fundamental vigente

estimuló esos celos, pues según lo prescrito en él: "cuando el Presidente de la República mandare personalmente la fuerza armada, o cuando por enfermedad, ausencia del territorio u otro grave motivo no pudiere ejercer su cargo, le subrogará, a su elección, el Consejo de Secretarios de Estado o uno de los Secretarios de Estado, mientras subsista la causa de su impedimento. En los casos de muerte del Presidente, aceptación de su renuncia u otra clase de imposibilidad absoluta que no pudiese cesar antes de cumplirse el tiempo que falta para completar los cuatro años de su período constitucional, el secretario de la Guerra subrogará al Presidente de la República, debiendo, en el perentorio término de diez días, convocar a los pueblos por medio de un decreto para que elijan presidente conforme a lo prevenido en la Constitución. El presidente electo, por el expresado motivo, durará cuatro años en el ejercicio de su cargo."

Formaba parte del gabinete del señor Leiva, como ministro de la Guerra, el general Carlos F. Alvarado, favorito del presidente, que ambicionaba el poder, y éste empeñó todas sus energías en despejar la situación reinante —a su entender tan propicia a su ambición— de adversarios políticos que lo eran los jefes liberales acaudillados por el doctor Bonilla, ya que éstos se esforzaban porque el señor Leiva se apartase de la política que le había dejado trazada el señor Bográn, operando un cambio de elementos por otros que se hiciesen acreedores a la confianza nacional por sus honestos antecedentes.

Contra lo que el Presidente Leiva debió haber hecho al tomar posesión de su elevado cargo, previo examen de la situación creada por la lucha electoral, para hacer que se olvidasen las circunstancias a que debía su investidura, aceptó como colaboradores a los mismos elementos que lo habían sido de Bográn y que tanto habían escarnecido las libertades públicas, de las cuales se había hecho un heroico ensayo; con ello creó los recelos y las desconfianzas y ya nadie puso en duda que continuarían hostilizando al Partido Liberal, ensoberbecidos con las posiciones en que se habían mantenido inamovibles durante largos años y considerando los hechos de oposición, en ejercicio de la libertad, como de desacato al poder supremo.

Además, se volvió a poner en vigor el Estado de Sitio a los días de tomar Leiva posesión del Gobierno, lo que equivalía a poner a los hondureños fuera de la ley. No debe suponerse, en presencia de esa medida, que el general Leiva ignoraba la situación existente, en extremo delicada, de la cual era exclusivo creador el general Bográn, y que las leyes recientemente decretadas por el Congreso a iniciativa de éste debían de contribuir a agravar mucho más. Entre esas leyes merecen citarse la Ley de Imprenta, que coarta esta libertad, y la Ley de Orden Público, según la cual no podían reunirse más de diez personas, sin el permiso de la autoridad, durante el tiempo que estuviera en vigencia el Estado de Sitio. Leyes bogranianas fueron llamadas estas, pues parecían no tener otro objeto que hacer escarnio de las libertades conquistadas y empeorar la situación para hacerse llamar su creador nuevamente como el hombre necesario, ya que debe de haber previsto que el jefe del Partido Liberal y sus amigos no se resignarían mansamente a retroceder mucho más allá del punto de donde habían partido en su lucha por la dignidad nacional y podrían tomarlas como una bandera más que justificase una revolución.

Mientras tanto, los actos de hostilidad a los miembros del Partido Liberal se hacían indiscutibles en todos o casi todos los lugares del país, y, víctimas de arbitrariedades y desenfrenos, se dirigían al doctor Bonilla, exigiéndole que dictara las disposiciones que creyese eficaces a su pronto remedio. Este se hallaba ya en inteligencias con el general don Manuel Bonilla, por entonces en Nicaragua, y procuraba tenerlas con el general Terencio Sierra en El Salvador, y esperaba que se aclarase la situación centroamericana, por el resultado de las elecciones presidenciales en Guatemala, que debían verificarse recientemente, y a las cuales se presentarían como candidatos los señores Llerena, Lainfiesta y Reina Barrios. El general Manuel Bonilla, con fecha 13 de enero de 1892, apreciando la situación creada en Honduras como desesperada por la actitud vejatoria del Gobierno, indicaba al doctor Bonilla que no había otra solución que la revolución. "Yo no sé —le decía— cómo vives trabajando por contener la revolución en presencia de tantos palos y tantas prisiones arbitrarias que se ejecutan en esa pobre gente. Eso hasta parece criminal de tu parte."

Como ejemplos citaré estos hechos: un sujeto apodado Patuco, al servicio del Gobierno, acompañado de unos policiales y resguardado por una escolta, asesinó en Tegucigalpa a dos individuos que se hallaban en un baile, desde la calle, al través de la puerta. Habiendo sido preso y engrillado, un juez militar ordenó que se le quitasen las prisiones. El comandante de armas, general Pablo Nuila, ordenó que le pusiesen de nuevo los grillos; pero quienes protegían a Patuco le facilitaron la fuga, aunque después fue capturado en San Antonio de Oriente por gestiones del mencionado comandante; Secundino y J. Antonio Valladares, Cecilio López, Domingo Cárcamo, Genaro Flores y Marcos Moncada, de Güinope, fueron relegados por un año a Roatán, víctimas de la calumnia de sus adversarios; prisión de varios ciudadanos de Comayagua, por haber venido al encuentro del diputado licenciado Dionisio Gutiérrez.

El general Carlos F. Alvarado, que creía poder ejercer gran influencia en el presidente Leiva, deseando aparecer como creador de una situación distinta a aquella en que Bográn hiciera el depósito de la Presidencia, dio una cita al doctor Bonilla para proponerle en nombre del mandatario un arreglo que hiciese cesar el malestar reinante; y le manifestó: "O el general Leiva acepta estas proposiciones que yo estimo justas, o yo dejaré de ser ministro." Las proposiciones hechas por el doctor Bonilla fueron las siguientes: "Deposición y castigo de todos los empleados verdugos de los pueblos o defraudadores del tesoro público, o por otro concepto, criminales, sustituyéndolos con hombres honrados de la confianza de los hondureños; derogación de las últimas leyes que han matado nuestras libertades, por cuya conquista tanto hemos luchado, sustituyéndolas por otras que llenen las necesidades palpitantes, para cuyo efecto se convocaría el Congreso; cambio del Gabinete, llevando a hombres no sospechosos o sindicados como enemigos del Partido Liberal; reforma en la Administración Pública en todo sentido y especialmente para evitar el robo."

Es decir, el general Carlos F. Alvarado aceptaba que el Gobierno del general Ponciano Leiva era malo para el país por haberse organizado con los mismos elementos viciados que habían servido en la administración anterior, ya que consideraba justas las proposiciones del doctor Bonilla. Pero el general Leiva, a quien, sin embargo, Alvarado debe de haber conocido mucho, adolecía, a lo que parece, de terquedad; contestó que sería bochornoso para su Gobierno tratar con un particular, el doctor Bonilla, a quien no reconocía como una entidad política. A este respecto exclama el doctor Bonilla: "Arranques de vanidad de déspota; pues algo más que un presidente de Honduras vale un presidente de Francia, un Rey de Inglaterra o de España y ninguno de éstos desdeña tratar con jefe de un partido de oposición, ya para resolver armoniosamente determinada cuestión parlamentaria, ya para un cambio completo de Gobierno, mediante mutuas concesiones. Ninguno de aquellos jefes de grandes naciones se cree humillado por tales arreglos, sacrifica a un miserable impulso de amor propio el bien general."

O el general Alvarado fracasó cerca de Leiva al poner en su conocimiento las condiciones del doctor Bonilla, o sólo tuvo por mira sondear a éste; pero si es lo primero, muy pronto debía experimentar otro fracaso que prueba que el mandatario era hombre tozudo en sus resoluciones.

Hallábase Tegucigalpa en una agitación tal, que nunca se recordaba otra semejante, cuando llegó el general don Pablo Nuila, nombrado comandante de armas del departamento, y éste prometió, en cuanto de él dependiera, respetar a los ciudadanos, dar garantías y observar una conducta conciliadora, a fin de apaciguar los exaltados ánimos, esperando, en cambio, que aquellos contribuyesen al restablecimiento de la tranquilidad. "Cumplió su promesa y logró su objeto —dice el doctor Bonilla—. Bajo su administración reinó completa calma; y aunque muchos abusos y hasta crímenes se cometieron, no fueron obra del general Nuila, sino de la intervención del Gobierno, que se entendía directamente con los subalternos culpables, y el castigo de algunos de éstos se debió al celo de Nuila. Mas esta conducta laudable no armonizaba con el sistema general de terror y represión adoptado por el Gobierno en todo el país y venía a constituir una protesta permanente contra el despotismo, y, por lo mismo, Nuila, a quien los ministros de Guerra y Hacienda de mucho tiempo atrás querían mal, fue objeto de sus desconfianzas, y trataron de hacerlo sospechoso para Leiva mismo, de quien Nuila había sido siempre amigo consecuente en lo privado, celoso partidario en lo político."

Leiva creyó, o fingió creer lo que los señores Alvarado y Vidaurreta le dijeron de Nuila, es decir, que estaba en inteligencias con los liberales, lo que indudablemente no creían los propios informantes, y resolvió sustituirlo; pero lejos de aceptar al propuesto por los ministros aludidos, pensó en llamar al general don Domingo Vásquez, enemigo del general Bográn, contra la opinión de aquéllos. El general Leiva, a pesar de la oposición que se le hizo, nombró a Vásquez en lugar del general Pablo Nuila, que se había empeñado tanto en desviarlo de la funesta política de Bográn, intransigente y malsana. En las circunstancias en que recibió el poder, esta política no podía sino llevarlo al desastre, como lo hubiera llevado, sin embargo, aun recibiendo la administración del país en la situación más halagadora y plausible.

Profundo desagrado causó al señor Alvarado el nombramiento de Vásquez como comandante de armas del departamento de Tegucigalpa, porque éste era una sombra que venía a entorpecer su camino hacia la Presidencia de la República, y sabía que había de disputarle el manejo de la voluntad del señor Leiva. No lo temía sin razón: Vásquez era un hombre audaz e inteligente, de voluntad férrea, confiaba en sí mismo y no carecía de ambiciones, había viajado mucho, leído bastante y pretendía conocer lo suficiente a los hombres, aunque precisamente el exceso de la confianza en sí mismo había de perderlo más tarde. A pesar de ello, el señor Alvarado, que debió haber renunciado al no aceptar el presidente Leiva las proposiciones del doctor Bonilla hechas por su medio, continuó en el ejercicio de su cargo hasta el día en que se retiró con licencia a Juticalpa, vencido primero y humillado después por la supcrioridad del general Vásquez, pues éste dictaba medidas de salvación pública que él, obligado por las circunstancias, había de sancionar y hasta hacerlas extensivas a todo el país.

El mismo doctor Bonilla, emparentado con Vásquez, a quien llamaba el "tío Domingo" cuando deseaba emplear la ironía, desconfiaba de él. Cuando el general Vásquez fue nombrado comandante de armas del departamento de Tegucigalpa, sospechó, aunque no lo dijo, que éste disputaría a don Carlos la privanza del anciano Leiva. En consecuencia, ya no sería con Alvarado, sino con Vásquez con quien el doctor Bonilla se vería obligado a luchar.

El doctor Bonilla había sospechado el desenvolvimiento de los sucesos desde el instante en que Leiva tomó posesión de la Presidencia, por el carácter de éste, por los elementos que lo rodeaban y por sus claros indicios de hacer honor a Bográn, manteniendo su política, y se empeñó en que se continuara la organización del liberalismo en toda la República, no dejando nunca de estar en constante comunicación con sus jefes en todos los lugares del país, a quienes pedía informes de la situación de ellos y enviaba sus noticias. Se esforzaba al mismo tiempo, deseoso de evitar una revolución que los elementos del Gobierno provocaban, en platicar con Leiva, aunque éste lo desdeñara.

El general don Manuel Bonilla se había acercado a la frontera de Nicaragua por indicaciones del doctor Bonilla y coincidió su llegada con una sublevación de los texiguats, exasperados por las autoridades de aquel círculo, quizás alentados por una incursión del general Terencio Sierra a Goascorán, por la frontera del Salvador. Bonilla (don Manuel) fue reconcentrado a Somoto por las autoridades nicaragüenses, a pedimento del Gobierno de Honduras, y el 15 de febrero se embarcaba en Corinto con rumbo a Guatemala.

El doctor Bonilla había ido a Comayagua para apadrinar la boda del doctor José María Ochoa Velásquez con una hija del licenciado Céleo Arias, y aprovechó la oportunidad para platicar con el general Leiva, interesado quizás más que éste en un cambio de la situación que arruinaba al país y perjudicaba notablemente la unidad y disciplina del partido. Mas temía que surgiese cualquiera otro al frente de las facciones, decidido a obtener ventajas de la anarquía. El 28 de abril había pasado por Amapala, con rumbo a Guatemala, el doctor Marco Aurelio Soto, para influir posiblemente en el ánimo de Reina Barrios con relación a Honduras. Se dijo que Soto se interesaba en que aquel gobernante apoyase a los emigrados salvadoreños contra los Ezetas para provocar una guerra entre Honduras y El Salvador, en la esperanza de que ganase o perdiese la primera, fuese enviado nuevamente él como en el año de

1876, como inspirador de la maniobra, ya que aunque en esta última eventualidad pretendiesen los Ezetas que uno de ellos debía venir a gobernar a Honduras, Guatemala podría entonces impedirlo. "Habló el doctor Bonilla en Comayagua con el presidente Leiva, pero de esta plática nada pudo obtener en beneficio de ambos. Al regresar a Tegucigalpa fueron a encontrarlo cerca de doscientas personas a caballo y a pie, pero no hubo alarma, porque sus torpes adversarios no comprendían su verdadera actitud."

El cambio favorable para el liberalismo operado en Guatemala con motivo de la toma de posesión de la Presidencia por el general José María Reina Barrios, no hizo reflexionar al Gobierno de Honduras, pues no modificó su conducta. El doctor Bonilla, por el contrario, comprendió las ventajas que obtenía y trató de ponerse en comunicación con él, por intermedio de los señores general don Manuel Bonilla y don Manuel Ugarte, a efecto de conocer su modo de pensar en relación a la política interior de Honduras, y este mandatario manifestó: "que se alegraría de ver triunfar al Partido Liberal, pero sin su apoyo, aunque tampoco apoyaría al Gobierno, cualquiera que fuese su situación". Ofreció la neutralidad y la garantía de no intervenir en los otros Gobiernos, lo cual manifestaba siempre que había oportunidad a todos sus amigos.

Lejos de intentar un cambio de conducta que la situación creada en Guatemala les aconsejaba, los ministros de Leiva y acaso él mismo, no hallaban otro medio para poner término a sus dificultades interiores que la violencia, lo cual es absurdo, ya que ella era la que creaba precisamente el malestar que trataban de remediar. Proyectaron la captura simultánea de todos los jefes de la oposición en todos los lugares del país, fijando el 1° de mayo para ejecutarla, empeñados en suponerlos conspirando contra la paz. Todas las cárceles no habrían sido suficientes para contenerlos. Algún ministro aconsejó fusilar a los jefes más destacados, el destierro para otros, o la deportación, residenciamiento o cárcel, según su categoría; pero amigos desinteresados y no ciegos de Leiva, hicieron ver a éste la monstruosidad de aquel proyecto. En previsión de ese caso, el jefe del Partido Liberal había preparado a todos sus amigos para anticiparse a los proyectos del Gobierno revolucionando el país y renovó sus instrucciones al serle confirmada la decisión de Leiva. El general don Manuel Bonilla se había trasladado a Livingston para desembarcar en cualquier puerto de la Costa Norte, pues el movimiento, aunque iniciado por el Gobierno, significaría el principio de una insurrección general y aquel caudillo debía apoderarse de cualquier plaza importante e iniciar inmediatamente sus operaciones. El general Sierra, por su parte, que había venido verificando movimientos aislados contra este Gobierno, hallábase comprometido por gestiones del doctor Bonilla a coadyuvar de acuerdo con éste.

A esta capital había venido el general Salomón Ordóñez con 200 hombres; se hallaban acuartelados otros tantos y se esperaban de 150 a 200 más; e igual movimiento de tropas se observaba en el resto de las plazas de la República, o a lo menos en las más importantes, todas las cuales sumaban 4,000 hombres sobre las armas, lo que prueba que el señor Leiva había llegado a creer en el plan revolucionario que le anunciaron empleados suyos.

Pero el 29 de abril el doctor Bonilla "obtuvo datos tales que le quitaron toda ilusión sobre la posibilidad de evitar una complicación centroamericana, que ahogaría la revolución al nacer o frustraría su consumación si no se iniciaba poderosa, lo cual no era posible, estando el Gobierno prevenido, y siendo, por tanto, difícil apoderarse de los necesarios elementos, para vigorizarla desde el principio". Contribuyó, además, a adoptar esa resolución el hecho de haber modificado Leiva el primer proyecto, quizás cediendo al sano consejo de sus desinteresados amigos, pues la captura simultánea de centenares de individuos en todo el país ni habría evitado la revolución, ni alentado la estabilidad de su Gobierno. Pero como quiera que se desistiese de proceder contra ellos, resolvieron dejarse prender sin resistencia, ya que así evitarían que el resto de sus amigos fuesen maltratados. En consecuencia, el doctor Bonilla dispuso retirar sus instrucciones que no conoció oportunamente el general Bonilla, pues según se supo después, el correo que le llevaba las nuevas se encontró con él en el mar, sin saberlo.

A medida que se aproximaba la fecha del 1° de mayo, crecía la excitación tanto de los miembros del Gobierno como de los ciudadanos; y el 29 de abril, agentes de la autoridad o amigos del Gobierno hicieron circular voz de que serían capturados los jefes liberales, lo cual hizo salir de sus casas a más de doscientos ciudadanos, armados una parte de ellos, pero resueltos todos a defender a sus amigos, y adquirió visos de verdad la noticia cuando se vio al director de rentas capitaneando a los empleados de su dependencia con el propósito de capturar especialmente al doctor Bonilla; pero el general Vásquez declaró que no tenía orden de capturar a nadie. Los jefes liberales se encargaron de tranquilizar los ánimos, demostrando que creían incapaz al señor Leiva de ultrajarlos, a pesar de las instigaciones de sus cortesanos.

"Al día siguiente, dice el doctor Bonilla, por el modo imprudente y la hora inoportuna en que cumplió la policía una orden de citación para uno de los que corrían peligro, volvió a causarse la misma agitación que el día anterior, a la que pusimos término inmediatamente de igual manera, y para evitar la repetición, en mi nombre y en el de los demás compañeros que el Gobierno tenía condenados, declaré al comandante Vásquez que cuando tratase de capturarnos nos llamase a su despacho; pero que si se presentaba la fuerza armada, principalmente si era de noche, temeríamos, con razón, que se tratase de cometer un asesinato y estábamos resueltos a defender nuestras vidas."

Esto se lo decía en el propio despacho de la Comandancia al general Vásquez. Habían sostenido una larga conversación en que uno y otro trataron inútilmente de hacer prevalecer sus tendencias y sus fines. El general Vásquez deseaba la Presidencia para convertir a Honduras en un país laborioso y ordenado por medio de la fuerza. Llegaría al terror si era preciso; pero conseguiría que nadie se moviese para adversar su Gobierno. El doctor Bonilla le recordó en esa ocasión lo que en otra le había dicho: que adversaría su Gobierno fuerte por entender que era lo menos conveniente a un país como Honduras. Por su parte, si llegaba al poder, haría un Gobierno de leyes que garantizaría a los hondureños uno de los bienes naturales que todo hombre debe estimar más que su vida: la libertad.

Había en el centro de la sala en donde conversaban una amplia mesa, y en ella unos revólveres con que el general Vásquez pensaba armar a sus oficiales. Alrededor, algunas sillas. Vásquez se levantaba a veces de su asiento y se paseaba, dando muestras de agitación. Según parece, había hecho proposiciones al doctor Bonilla para que se aliase, y la resistencia de éste lo exasperaba y no podía esperar otra cosa de un hombre que tenía ideas tan opuestas a las suyas. "Estás a merced mía" —le dijo de pronto, para amedrentar al doctor Bonilla—, "te capturaré con todos tus amigos principales y los fusilaré. Tu partido carecerá de directores, buscaré un jefe y me presentaré yo como tal. Pero a ti no te fusilaré porque eres de mi familia."

El licenciado Miguel R. Dávila había entrado sin que el general Vásquez lo notara y, al volverse y verlo, agregó: "Y a este tampoco."

El doctor Bonilla, valiéndose de los oficios de los generales Vásquez y Ordóñez, quiso hacer una última tentativa de avenimiento con el general Leiva. Atendiendo a tal excitativa, los indicados señores se dirigieron a éste, manifestándole que el jefe del Partido Liberal creía muy perjudicial para el país la intranquilidad que causaba aquella situación, y deseaba saber si su presencia en Comayagua, para tener las necesarias explicaciones, podía servir para ponerle término.

Contestó el general Leiva, en telegrama redactado por el general Alvarado, según todas las probabilidades, que el licenciado don Policarpo Bonilla había contribuido en mucho a crear aquella situación, y ordenó que le manifestasen que el Gobierno podría perdonar el delito de conspiración frustrada contra el orden público, bajo las siguientes condiciones:

Entrega de las armas y municiones que él y los de su bando tenían ocultas y cuyo número conocía, poco más o menos, el Gobierno.

Disolución de los clubes.

Una manifestación impresa, franca y amigable de adhesión al Gobierno, firmada por Bonilla y los demás jefes de la oposición, que es lo que en nombre del país, "que ya empieza, decías, a culparme de demasiada tolerancia", podría yo aceptar.

Estas bases eran ofensivas para el doctor Bonilla y parecían no tener otro objeto que causar su indignación.

Un día antes, el 4, había sido expedida una orden de captura, que debía llegar por correo el 6 a Tegucigalpa, y decía textualmente:

"El Gobierno está plenamente convencido de que el licenciado don Policarpo Bonilla y sus principales agentes tienen fraguada una revolución de acuerdo con el coronel Terencio Sierra, que se encuentra actualmente en la frontera de El Salvador, listo para invadir el territorio de la República, con una pandilla que lo acompaña. Notoria es la situación anormal que atraviesa el país, debido al desbordamiento de las pasiones que producen los trabajos subversivos del licenciado Bonilla y su círculo, situación que ocasiona males de funesta trascendencia y que, de no ponerle pronto término, nos haría retrogradar a los calamitosos tiempos de las de Olancho y de Curarén. Convencido el Gobierno de que su tolerancia se atribuye a debilidad y de que la aprovechan el licenciado Bonilla y los principales jefes de su círculo para desquiciar los cimientos sociales, desvirtuando el principio de autoridad y erigiendo en sistema político la relajación de la disciplina militar y la rebelión contra los poderes públicos, cree que es llegado el caso de dictar una medida enérgica que salve al país de los graves males que lo amenazan. En tal concepto, en esta fecha ha acordado la captura y relegación de los principales conspiradores, que son los siguientes: licenciados Policarpo Bonilla, Dionisio Gutiérrez, Miguel O. Bustillo, Enrique Lozano; generales: José María Reina y Erasmo Velásquez; tenientes: Mariano Pavón (a) "Guitarrilla" y Felipe Estrada; milicianos: Antonio Cárcamo, Miguel García (a) "Chiminico" y Esteban Carías, a quienes, en cumplimiento de la presente orden, procederá usted a reducir a prisión, adoptando para tal efecto los medios que juzgue más oportunos. En caso de que haya resistencia o de que estalle algún motín, encontrándose ese departamento en estado de sitio, usted, en su carácter de jefe militar del mismo, está investido de las facultades extraordinarias que demandan las circunstancias. Cumplida que sea esta orden, dará usted aviso por telégrafo a este Ministerio para disponer la traslación de los reos al lugar a donde irán relegados. —Alvarado."

Mala la hizo don Carlos en firmar él esa orden, pues don Domingo, que tenía ya sus particulares miras, no había de cumplirla, sino aparentemente, en un sentido que se cohonestase con ellas; y así llamó a los nominados y les extendió pasaporte para Nicaragua, declarando al doctor Bonilla que aquello lo hacía por su voluntad.

Habiendo el doctor Bonilla previsto la expatriación, retiró el 5 de mayo sus valores de la casa Fortín & Bonilla, renunciando a todo lo más que pudiera corresponderle y quedando don Daniel como único dueño del activo de la casa, obligado a cancelar el pasivo de esta. Los valores retirados ascendían a dos mil pesos.

Además de los mencionados en la orden de captura inserta, el Gobierno obligó a emigrar al licenciado Pedro H. Bonilla y Ricardo Maldonado, de La Paz, al coronel Miguel Padilla, de Intibucá, y encarceló a Gonzalo Mejía Nolasco. Don César Bonilla recibió orden de marchar a Roatán, pero este, en lugar de cumplirla, prefirió ausentarse del país.

El general don Manuel Bonilla desembarcó por entonces en Puerto Cortés y tomó posesión del cuartel de La Laguna, de donde huyó el comandante al saber que era aquél quien lo atacaba. Después atacó y tomó el cuartel de la Aduana y, al hacerlo, supo la expatriación del doctor Bonilla y compañeros anotados, y la controrden que este había expedido de que nadie se moviera en el país. Comprendió, desde luego, que debía regresar, pues aquel movimiento aislado solo causaría sacrificios inútiles. Llamó al cónsul inglés para hacerle entrega de los dineros incautados en la Aduana y se retiró tranquilamente, sin ser hostilizado por el enemigo. Víctimas de la empresa fueron los jóvenes José María Durón y Francisco Lobo Herrera; y murieron de fiebre amarilla, que atacó asimismo al jefe de la expedición, Santiago Cervantes, al coronel Fernando Pérez y a Ramón Huete.

XII: MOVIMIENTOS REVOLUCIONARIOS DE 1892

Refiere Polibio que los aqueos detestaban en sus guerras todo propósito engañoso, no estimando victoria buena más que aquella en que los esfuerzos del enemigo fueron bien abatidos. —**SEÑOR DE MONTAIGNE**

HABIENDO llegado el 13 de mayo a Somoto, República de Nicaragua, el doctor Bonilla y compañeros de expatriación, decidió el primero irse para Guatemala, dejando a un señor Montealegre, de Chinandega, como medio de comunicación entre él y aquéllos. Era su intención interesar al general José María Reina Barrios, a la sazón Presidente de Guatemala, en favor de los liberales hondureños, víctimas de la hostilidad del Gobierno de Leiva, no sospechando que este gobernante (Reina Barrios) pudiese entender la neutralidad que antes había confesado, hasta el punto de creer que debía entorpecer los movimientos de los emigrados residentes allá. Reina Barrios manifestaba hallarse empeñado en la suerte del país antes que en la del partido a que se había afiliado, y menos interés decía tener en lo que con respecto a éste sucedía fuera de Guatemala; pero, a pesar de ello, el jefe revolucionario hondureño, que lo creía honrado y liberal y el mejor de los presidentes de Centroamérica, se esforzó en convencerlo de que no debía considerar la suerte de su agrupación como secundaria si la relacionaba con la del resto de los Estados centroamericanos en comunidad de aspiraciones e ideales; por tanto, no debía ver con indiferencia que surgiese en Honduras un Gobierno hijo del esfuerzo que ese partido hiciese.

Sin embargo, lo que no debía considerarse ya como una neutralidad, sino como una intervención en los asuntos de los demás Estados, sin otra mira que equilibrar fuerzas en lucha, manifestó al doctor Bonilla que iniciada la revolución podría ayudarlo sólo en el caso de que los señores Ezetas prestasen su cooperación al presidente Leiva, pero si, por el contrario, el apoyo se lo daban aquéllos a los revolucionarios, él entonces lo prestaría a este último. Esta actitud sería extraña si se careciese de fundamentos para suponer que había recibido ya sugestiones de otro personaje cualquiera de la política hondureña. Soto andaba cerca y posiblemente el señor Bográn se había puesto en comunicación con el mandatario guatemalteco para inclinarlo a favor de Leiva.

Los señores Ezetas, de El Salvador, no favorecían con sus simpatías al jefe del Partido Liberal hondureño, porque conocían la actitud que éste había observado en relación a las absurdas pretensiones de ellos sobre Honduras, en la época en que hacía la oposición a Bográn y los Ezetas amenazaban a éste; y posiblemente no ignorasen lo que el doctor Bonilla había dicho de que "a pesar de que Bográn es un déspota, el Partido Liberal debe rodearlo en caso de una invasión salvadoreña". Sin embargo, el doctor Bonilla hubiera podido entenderse con ellos, aunque sobre una base distinta a como ellos habían querido intervenir, o sea, sin su pretensión absurda de colocarse en Honduras uno de ellos (don Antonio). Mas los Ezetas, a la llegada del doctor Bonilla a Guatemala, habían abandonado esta idea, pues harto tenían ya que hacer con los descontentos salvadoreños que, dispersos en los países vecinos, hacían esfuerzos por revolucionar aquel país. El Presidente de Nicaragua, don Roberto Sacasa, aunque un poco fríamente, procuraba hallarse bien con el señor Leiva, y sólo en Costa Rica el pueblo y Gobierno, sin distinción, simpatizaban con la causa de la revolución hondureña.

Poco tiempo después de haber llegado el doctor Bonilla a Guatemala, y sin sospecharlo siquiera, tuvo noticia de Livingston con fecha 1.º de julio, que el coronel don Leonardo Nuila había iniciado un movimiento revolucionario en la costa norte de Honduras; y hasta el 3 y 4, respectivamente, recibió una carta de éste, del 10 de junio, en que le consultaba aquel movimiento y un telegrama del 25 de julio en que le decía haberlo iniciado a nombre del partido de que él era jefe y candidato, desconociendo a Leiva y proclamando al doctor Bonilla Presidente Provisional.

El coronel Nuila, tanto como sus hermanos y su padre don Pablo, habían sido leivistas y tenían con el presidente nexos consanguíneos. Don Pablo, como se recordará, había servido la Comandancia de Armas de Tegucigalpa a raíz de la inauguración del Gobierno del señor Leiva en Comayagua, y destituido de su importante cargo, se retiró a La Ceiba, donde tenía sus negocios. Por ese tiempo, o poco después, había sido nombrado administrador de Aduana de Trujillo, más inspector general de Hacienda, con residencia en la costa norte, el general Roque Jacinto Muñoz, de acuerdo con el señor Alvarado. Muñoz se estableció en Trujillo. Tenía una conducta apropiada para hacerse odiar, era intransigente y apasionado; tan pronto como llegó a la costa, donde tanto entusiasmo había despertado la causa liberal, empezó a hostilizar a los jefes bonillistas, cometiendo exacciones y perpetrando hasta actos de barbarie, y los señores Nuila fueron víctimas igualmente de su rencor.

El general Nuila, padre de don Leonardo, en momentos de embarcarse para Mobila, poco antes de que éste se pronunciase, manifestó a su hijo Miguel que se hallaba en Livingston lo siguiente acerca de Muñoz: "Probablemente tú recibirás la presente de manos del señor Donaldo Sosa. Te lo recomiendo como buen amigo nuestro y socio de Leonardo. Este señor Sosa y otros muchos propietarios de este comercio han sido robados de una manera atroz, como él te informará, por don Roque J. Muñoz, quien funciona en esta costa con amplios poderes en los ramos de Hacienda y Guerra. No he podido lograr con el señor Leiva que retiren a este hombre de aquí, ni que se favorezca de algún modo a los que han sido y siguen siendo víctimas de sus arbitrariedades; de suerte que salgo bajo tan malas impresiones, que sólo la necesidad de consultar esta enfermedad me obliga a alejarme de este suelo, dejando a Leonardo, especialmente, a punto de ser objeto de algunos atentados por parte de Roque." Leonardo le decía: "Recibirás la presente de manos de mi socio, don Donaldo Sosa, a quien mando en calidad de agente confidencial ante el licenciado P. Bonilla. El señor Sosa te informará de un modo minucioso sobre la triste situación por que atraviesa este desgraciado país y sobre mis propósitos de efectuar un cambio radical en el Gobierno." Un poco adelante: "Todos los pueblos están esperando ansiosos el momento de su redención. El Gobierno está en el más completo desprestigio, porque desde los ministros hasta los empleados más subalternos están tiranizando al pueblo. Nadie tiene aquí derechos ni garantías. Los que nos otorga la Constitución han sido villanamente y cínicamente atropellados por los agentes del Gobierno."

Por una parte, si el enviado Sosa llegó a verse con el jefe expatriado, lo que se ignora, la entrevista fue extemporánea, y por otra, la presencia en aguas del puerto de La Ceiba del vapor "José Oteri", con armas para el Gobierno que Alvarado había pedido sin conocimiento de Leiva y que recibiría Muñoz en la costa, obligó a Nuila a precipitar los acontecimientos sin esperar las instrucciones del doctor Bonilla. De acuerdo con el coronel Francisco Guerrero, Floriano Davadi y otros, asaltaron el cuartel de La Ceiba a las 11 de la mañana del 23, poniendo al comandante Indalecio Argueta en precipitada fuga. Luego, seguido de un piquete de conspiradores que armó precipitadamente, se dirigió en lanchas al "José Oteri", haciéndose pasar por el jefe del puerto y el capitán de la nave creyó que iba a verificar la visita de ley. Puesto a bordo, Nuila intimó a éste para que, de conformidad con el manifiesto, le hiciera entrega de las armas que traía, por la razón o la fuerza, en su mayor parte Winchesters; y aunque le fue presentada la bandera de los Estados Unidos, manifestó descubriéndose ante ella, que, sin faltar al respeto debido a aquella insignia, se llevaría las armas. Procedió desde luego a tomarlas y a ponerlas en manos de la gente que llevaba, en número considerable, prohibiendo al capitán el zarpe, porque antes tendría que llevarlo a Trujillo.

Nuila encargó de la custodia del puerto de La Ceiba a Francisco Grave de Peralta, de origen cubano, y al día siguiente, 24, zarpó en el "José Oteri", con dirección a Trujillo. Habiendo llegado a este puerto al amanecer del 25, saltó a tierra, dejando el buque custodiado. La guarnición se rindió por sorpresa y Nuila capturó a un coronel Crespo, hermano de Leopoldo, encontrando muerto, poco después, en un excusado, al general Roque J. Muñoz, que es la versión de personas bien informadas acerca de este particular. El jefe revolucionario encargó de la Comandancia de Armas y Gobernación Política a don Luis Refsman, fundó el periódico "El Libertador", organizó una expedición a Roatán, que una tempestad frustró, y regresó a La Ceiba, donde organizó un cuerpo de ejército de 400 hombres, todos voluntarios, equipados con armas nuevas y suficientes cartuchos. Los emigrados cubanos, residentes en la costa, acudieron a rodear a Nuila, los capitalistas le ofrecieron su apoyo, el pueblo lo vitoreó. Ya no podía dudarse del éxito de un movimiento revolucionario iniciado con tan buenos auspicios, y éste contaría en breve con cerca de 1,000 combatientes.

El 30 de junio salió el coronel Nuila con 500 hombres hacia el interior, y el 2 del mes siguiente, por la tarde, llegó a Olanchito, donde lo esperaba un telegrama de su suegro, el licenciado don Jerónimo Zelaya, en que, al par que deploraba que hubiese hecho armas contra el Gobierno del señor Leiva, le proponía en nombre de éste un armisticio de ocho días mientras se entrevistaban para conferenciar. Pero lo que el Gobierno de Leiva necesitaba era tiempo para prepararse, contratando un barco filibustero para recuperar los puertos que le habían sido arrebatados. Nuila contestó aceptando las proposiciones de su suegro Zelaya, cuya honorabilidad no podía poner en duda, y se estacionó en Olanchito, tomando como única medida estratégica el envío del coronel Pedro Torres a ocupar el cerro de Quiebra Botija, a poca distancia de la ciudad de Yoro.

Sin perder tiempo, el doctor Bonilla cablegrafía a los emigrados en Nicaragua, Reina, Gutiérrez, Oquelí Bustillo y Lozano, ordenándoles invadir para secundar aquel movimiento y distraer la atención del Gobierno, y contestó a Nuila aceptando la nominación de Presidente Provisional y, en consecuencia, las responsabilidades de la guerra en calidad de jefe del liberalismo hondureño, avisándole que dos días después, a más tardar, saldría el general Manuel Bonilla, accediendo a su llamamiento. Le decía, además, que lo consideraba identificado con el Partido Liberal y que, en consecuencia, debía impedir que la revolución se desviase, respetando, sobre todo, las vidas y propiedades, aun de los enemigos armados.

Al salir el general Bonilla de Guatemala, le hizo presente su deseo de que la revolución se encaminase por el recto sendero que el partido se había trazado; que se garantizasen las vidas y propiedades de los hondureños, aunque fuesen tomados con las armas en la mano en las filas enemigas, y que, en general, en cuanto fuese compatible con las necesidades de la guerra, se respetasen las garantías individuales, a fin de que la revolución conservase todo el prestigio a que tenía derecho, demostrándose al pueblo hondureño que el Partido Liberal era consecuente en todo caso con las doctrinas que había proclamado y defendido a costa de inapreciables sacrificios, y que lo sería también si llegase a triunfar, como era de esperarse, en la lucha iniciada.

Hubiera llegado oportunamente a La Ceiba el general Bonilla; pero el Presidente de Guatemala dio orden a don José Montúfar, jefe militar del departamento de Izabal, para que lo capturase e hiciese regresar a Guatemala. Montúfar era amigo de los revolucionarios hondureños y mostró aquella orden a uno de éstos para prevenir a don Manuel. Este burló los retenes, disfrazado de mozo. Por esta causa el general Bonilla perdió 15 días preciosos, tiempo suficiente para cambiar la suerte de la revolución. El 22 de julio, un mes después de iniciado aquel movimiento, se embarcó en Livingston en un velero y se dirigió a Río Salado; de aquí, en una lancha de vapor que le suministraron unos franceses, zarpó hacia Tela y tuvo conocimiento en el mar de que el "Pizzati", cuyos propietarios, del mismo apellido que el vapor, eran enemigos de los Nuilas, estaba armado en guerra, con artillería y 800 hombres a bordo, listo para atacar La Ceiba y Trujillo, en combinación con fuerzas de tierra. El general Manuel Bonilla avanzó en la lancha hasta colocarse a corta distancia del barco mencionado, para reconocerlo, y luego regresó, introduciéndose en la desembocadura del río Cuero, llegando el 24 en la tarde a La Ceiba. Inmediatamente trató de organizar la defensa del puerto, pero contaba con muy pocos hombres sobre las armas. Privaban el desaliento y la desconfianza en aquel puerto, difícil ya de dominar, cuyas autoridades no habían sido organizadas prudentemente y faltaba el control, la disciplina y la orientación precisos para mantener la confianza en los distintos elementos revolucionarios, entre los cuales había muchos de origen cubano, emigrados, que no podían estar animados del mismo entusiasmo en favor de una causa que abrazaban más en calidad de mercenarios que en el de patriotas. Para infundir alientos lanzó una proclama, pero ésta no dio satisfactorios resultados.

Los generales Salomón Ordóñez, Esteban Castillo y otros desembarcaron una parte de su fuerza el 25 de julio en una barra del río Cuero y el 27 a las 5 de la tarde, por tierra éstos y las fuerzas del "Pizzati" por mar, iniciaron el ataque a La Ceiba, y la plaza cayó en poder del enemigo hacia las 3 de la tarde del día siguiente. El general Bonilla estuvo en peligro de ser capturado; y la lancha "Ivonne", que hizo servicio de vigilancia mientras tanto entre La Ceiba y un lugar llamado Juan López, fue avistada por el "Pizzati", que la persiguió tenazmente. Los hombres que la tripulaban, para escapar al fuego de artillería que se les hizo desde a bordo, se echaron a nado, ganaron la costa y se internaron en los bosques.

Terminado el combate, las fuerzas del Gobierno entraron como a país conquistado, saqueando los almacenes, iniciando persecuciones, cometiendo abusos de fuerza y fusilando a los avanzados de guerra, entre los cuales perecieron el doctor Francisco G. de Peralta y su hijo, Eduardo Alvarado, pariente de don Carlos, y Juan Rosa Cárcamo, que no pudieron huir por haber sido heridos.

Nuila había enviado de Olanchito, en auxilio del general Bonilla, al coronel Francisco Guerrero con 75 hombres; Guerrero supo el desastre en el camino, lo comunicó a Nuila y continuó su marcha; Refsman, el jefe de la plaza de Trujillo, envió asimismo al coronel Alberto Crespo con 50 hombres, pero éste se aproximó a La Ceiba cuando ya este puerto se hallaba en poder de las fuerzas del Gobierno. En cuanto a Refsman, al saberse lo ocurrido en La Ceiba, fue excitado, por medio del cuerpo consular, para que entregara el puerto al coronel Francisco Guerrero y se embarcó para Belice con otros. Guerrero salió hacia el interior para unirse al general Bonilla o Nuila al frente de 180 hombres armados, y La Ceiba quedó a merced del general S. Ordóñez.

En espera el coronel Nuila, en Olanchito, de los emisarios del señor Leiva, o mejor dicho de su suegro, señor Zelaya, que nunca habían de llegar, apareció el general Alfonso Villela con 800 hombres y se situó a una milla, más o menos, del campamento revolucionario de Quiebra Botija. Así permanecieron ambos ejércitos sin combatirse; y aunque su gente exigía a Nuila la orden de ataque, éste continuó en peligrosa inactividad. Fuera del error de mantener a sus soldados en la incertidumbre por tiempo indefinido, en espera de las proposiciones anunciadas por el Gobierno, cometió otro error, el inexcusable de comunicarles el desastre de La Ceiba sin hallarse al frente de ellos, y el hermoso ejército se disolvió sin combatir.

Al llegar el general Manuel Bonilla a Olanchito, supo que Nuila se había trasladado con 100 hombres, resto de sus fuerzas, al departamento de Olancho, y le envió un correo que logró alcanzarlo y detenerlo en la hacienda de San Carlos, donde aquél se le unió. Nuila dio el mando de su pequeña fuerza, aunque con disgusto y protestas de ésta, al general Manuel Bonilla, y se le separó en el punto denominado El Naranjal. El 11 de agosto se hallaba Nuila con unos pocos de sus amigos en Eldorado, y poco después una partida de las fuerzas del Gobierno le dio alcance en el paso del río Aguán llamado Sugarlow, donde le echaron a pique la lancha en que navegaba; pero habiendo ganado la ribera opuesta se internó en los bosques. Después llegó a Cayo Palacios, con la mira de ganar la frontera nicaragüense por mar, pero sus perseguidores dieron oportuno aviso a Trujillo, y de aquel puerto o de La Ceiba salió en el vapor "Pizzati" una comisión encabezada por Jesús Quirós. Esta desembarcó en Cayo Palacios y después de algunas pesquisas lo encontraron entre las enormes raíces de un gran árbol. Fue conducido a Trujillo, en el vapor mencionado, juntamente con sus compañeros; se le sometió al juicio de un tribunal de guerra extraordinario y éste lo sentenció a muerte por el delito de traición. El general S. Ordóñez comunicó la resolución del tribunal al general don Ponciano Leiva, y éste, que no deseaba fusilar a su sobrino, ordenó a aquél que se retardase la ejecución de la sentencia hasta segunda orden. Aquella resolución se la comunicaron también al general Carlos F. Alvarado, ministro de la Guerra, el mismo Ordóñez, Esteban Castillo y Jesús Quirós, éste de Roatán, haciendo instancias los dos últimos para que se ejecutase la sentencia sin pérdida de tiempo. Pero más deseoso que éstos se hallaba Alvarado y no dejaba de representar al presidente, empleando toda la persuasión en él posible, la necesidad de aquella ejecución, por exigirlo así la opinión de todos los empleados públicos y del ejército, más la de los amigos del Gobierno, que se hallaba fuertemente pronunciada en tal sentido. Viendo que las armas de la elocuencia, si tal puede llamarse, no arrancaban al anciano presidente aquella orden que esperaba el general Ordóñez para ejecutar a Nuila, empleó luego las de la astucia, diciendo a éste que "para ejecutar la sentencia no se necesita la aprobación del comandante general, toda vez que ha sido juzgado por un tribunal extraordinario." Este telegrama, artero a todas luces, conocidas aquellas circunstancias, no tenía otra mira que inducir a Ordóñez a saltar sobre una orden del Presidente tan precisa, y tal debe de haberla juzgado el mismo Ordóñez, ya que replicó a Alvarado que "bien comprende que no se necesita el ejecútese del comandante general de la República para ordenar el cumplimiento del fallo del tribunal extraordinario; pero tengo orden del señor Presidente Leiva para que se juzgue y que lo tenga en seguridad. Le di cuenta del fallo del tribunal y hasta la fecha no he recibido la segunda orden."

Desconsoló en extremo esta salida al general Alvarado, y por un momento debe de haber creído que Nuila se le escaparía sin pagar con la suya la sangre derramada de su aliado el general Roque Jacinto Muñoz, de que lo hacía responsable. "El señor Leiva, dice a Jesús Quirós, se niega obstinadamente en dar la orden y ya no le rogaremos." Había perdido, pues, toda esperanza. Por esto recurrió a un ardid atrevido. Según lo aseguran personas dignas de fe, introdujo, de acuerdo con el ministro de Hacienda, Vidaurreta, la orden de que se cumpliese la sentencia, entre cierta correspondencia telegráfica que éste debía presentarle para que la firmase. El señor Leiva, o por rutina o por cansancio, no leyó aquellos telegramas y al firmarlos, firmó la sentencia de muerte de su sobrino. Cuando el general Ordóñez le dio cuenta que el coronel Leonardo Nuila había sido fusilado el 11 de septiembre, a las 8 de la mañana, en el mencionado puerto, en atención a su orden, el anciano presidente comprendió el ardid de que había sido víctima y exclamó demudado: "Infames, me han hecho derramar mi propia sangre." Si alguna duda cupiese sobre esto, bastará recordar aquella fuga que en su anterior administración proporcionó el general Leiva a un parricida sentenciado a muerte, sólo por el horror que le tenía a esta pena. ¿Cómo pudo ordenarla contra su sobrino, por una causa que no establece con el parricidio semejanza alguna? A menos que la pasión política hubiese trastornado sus sentimientos innatos, tan firmes, lo cual es inadmisible.

A Nuila se le habían hecho promesas de darle garantías, para lograr que su persecución fuese menos dilatada y costosa; e iguales se las hicieron al general don Manuel Bonilla al dirigirse a Juticalpa; sin embargo, por prudencia, éste fue a ocultarse en unos cañaverales de la aldea de Goacoca, jurisdicción de San Francisco de la Paz, donde, mediante un valor entendido, fue capturado. Pero como respecto a este no existía ni la misma animosidad ni el mismo odio, y sí el propósito y oportunidad de atraérselo, se representó con él la comedia del proceso y la sentencia de muerte para hacerse aparecer generosos al final. En ese sentido bastaba dejar hacer al presidente. Había llegado a Juticalpa, en misión pacificadora, el general Domingo Vásquez y, al regresar éste a Tegucigalpa, pasando por Danlí, se trajo a don Manuel, recluyéndolo en la Penitenciaría Central, sin ser incomunicado y con las deferencias y atenciones que aconsejaba el deseo de convertirlo a su causa.

La noticia de la prisión del general Manuel Bonilla causó alguna sensación en el interior y exterior; y en Guatemala, la prensa, los clubes y varias corporaciones y aun el presidente Reina Barrios, telegrafiaron a Leiva interesándose por su vida, en la creencia de que correría igual suerte que el infortunado Nuila. Participando de igual temor, el doctor Bonilla resolvió entregarse al Gobierno de Honduras en cambio de aquél; pero al mismo tiempo interesó a los otros gobiernos centroamericanos para que, conjuntamente con él, solicitasen su perdón, aun siendo este mal interpretado, pues no había en Honduras ley que castigase con la pena capital a los reos políticos. El Código Militar, dice el doctor Bonilla, castiga con la pena de muerte solamente a los traidores; y el Gobierno, para matar a sus enemigos, hace declarar tales a todos los descontentos de su administración, a todos los que toman las armas, aunque sea en defensa de la Constitución y de las leyes por él holladas.

"Nada puedo ofrecerle por la salvación de mi vida, decía Leiva, excepto mi persona; pero apareciendo yo como principal responsable al usarse mi nombre, puede ser bastante que yo me entregue a usted para que conceda amnistía absoluta al general Bonilla y demás revolucionarios. Si usted lo hace, me comprometo a salir para ésa por próximo vapor, ya que, sofocados los movimientos y dándose garantías a mis correligionarios, quedo en libertad para disponer de mí mismo."

En lugar del señor Leiva, lo que había de causar la natural sorpresa en el doctor Bonilla, contestó el Ministro de la Guerra, señor Alvarado, con ostensible exaltación, indignadísimo por los sucesos que acababan de pasar, haciendo cargos no exentos de rencor, historiando la conducta de los varios personajes que habían tomado participación en aquéllos y exponiendo un orgullo ofendido, una dignidad herida y una conducta inflexible encauzada por la austeridad de la ley, cuyo respeto y observancia es el deber del gobernante.

Replica el doctor Bonilla: "Terminantemente he aceptado mi responsabilidad por la revolución, que era ya un hecho consumado, irremediable cuando llegó a mi noticia, negando sólo haberse iniciado por mi orden, pues la consideraba inoportuna y contraria, por entonces, a los intereses del Partido Liberal. La creeré siempre necesaria mientras ese Gobierno sea como hasta hoy. Las inculpaciones que usted dirige constituyen mayor motivo para haber aceptado mi oferta, ya que no he pedido gracia, y podía descargarse sobre mi persona todo el peso de lo que ustedes llaman su justicia, al tenerme en sus manos. Me proponía evitar mayores males para mi patria, pero usted no me comprenderá jamás, aunque tan de cerca nos hemos tratado". Y a Leiva: "Aunque usted no me ha contestado, acostumbro a prescindir del amor propio, tratándose del interés público. Tal vez su aceptación habría evitado graves males y complicaciones independientes de mi voluntad y del Partido Liberal, que preveo, aunque está sofocada la revolución, como se comunica oficialmente."

"La ley que usted invoca con tanta frecuencia —replicó el señor Alvarado— no permite el cambio o sustitución de un delincuente por otro, antes bien, previene el castigo de ambos. Por eso su proposición es inadmisible. Sé cuánto ciega la pasión política y de allí que no me sorprenda que usted considere como obra patriótica la ruina de la patria y el sacrificio de sus mejores amigos. Por lo que a mí respecta, desde que tuve conocimiento de la prisión del general Bonilla, trabajo sin descanso por salvarle la vida y, como el presidente Leiva es enemigo de la pena capital, abrigo la esperanza de que será indultado o conmutado."

Pero, como se ha apuntado adelante, el señor Alvarado nada tenía que hacer para salvarle la vida al general Bonilla, sabiendo que Leiva sería incapaz, por sí mismo, de confirmar su sentencia de muerte, en caso de ser dictada; a lo más, gestionaría para que le fuese perdonado el haber hecho armas contra el Gobierno, con lo cual el guerrero quedaría en libertad, y así creía poder contar en lo sucesivo con su adhesión por agradecimiento, o cuando menos con la neutralidad de Bonilla en la lucha armada. Igual interés parecía tener el general Domingo Vásquez, que, como el señor Alvarado, no era indiferente ante la actitud del señor Leiva de retirarse del poder; aunque el plan del comandante de armas era diferente: atraerse las simpatías del ejército y de todos aquellos elementos liberales que hasta entonces habían permanecido inactivos, a lo menos ostensiblemente, e imponerse, llegado el momento, como personaje necesario, dueño de la fuerza, a las intrigas que la ambición venía aconsejando a los demás, entre los cuales se hallaba el señor Bográn.

Al ponerse en libertad al general Manuel Bonilla, a cuyo fin contribuyeron en mucho las gestiones de doña Victoria Burchard, prima hermana suya y esposa del autor del "Bosquejo Histórico", el señor Leiva, según cuentan, lo hizo empeñar su palabra de caballero de no volver a tomar las armas contra su Gobierno, y debe ponerse en duda esta promesa, pues le hubiera sido fácil hacerla igualmente de neutralidad al general Vásquez, cuando a su paso por Tegucigalpa, con dirección a Juticalpa, éste buscó su alianza: pero manifestó que lo ligaban compromisos solemnes con el doctor Bonilla, a los cuales no podría faltar, salvo el caso de que éste abandonara definitivamente la lucha.

El general Manuel Bonilla, a su regreso de Comayagua, se hospedó en casa de doña Juana Vásquez de Bonilla, madre del doctor, y daba a ésta el tratamiento de mamá por esa época.

XIII: CONDUCTA DEL GENERAL DÁVILA HACIA EL DOCTOR BONILLA

Hubiera sonado entonces la hora de un desastre fatal que acarrease irremediables desventuras. —**ILIADA**

EN LOS anteriores capítulos, como una síntesis, se desprende esta reflexión: que el doctor Bonilla fue el factor qua non del movimiento revolucionario que, contra los deseos de los Gobernantes de Guatemala y El Salvador, claramente manifestados, derrocó al general Manuel Bonilla de la Presidencia de Honduras; y tenía derecho, como el que más, a presentarse como candidato para ocupar tan elevado cargo, favorecido por una gran mayoría de sus conciudadanos; pero comprendiendo que en la unidad del Partido Liberal residiría la principal fuerza del Gobierno, convino en no dar la autorización que sus amigos le pedían para emprender trabajos en su favor. Sus recomendaciones, como jefe de dicho partido, en favor del general Miguel R. Dávila, tendrían que ser decisivas y este ciudadano, bajo los mejores auspicios, subió al solio presidencial, unánimemente aclamado por los pueblos y apoyado por un partido poderoso y triunfante.

Si el general Dávila se hubiese mantenido concorde en propósitos y aspiraciones con el jefe del partido que lo había llevado al poder, indudablemente habría desarrollado una benéfica administración; pero prefirió inspirarse en la opinión de uno y a lo más dos de sus consejeros íntimos de ideas conservadoras, aunque hasta entonces no habían figurado en este partido, y ceder a las reiteradas insinuaciones de los gobernantes vecinos que estuvieron intrigando siempre no sólo para que negase al doctor Bonilla toda participación en la política, sino para que lo extrañase también del territorio de la República, a ser posible. Cuando el general Dávila expresó que era el doctor Bonilla y su pequeño círculo la causa de muchas dificultades, aunque no lo considerase todavía abiertamente como un enemigo sin disciplina.

"Tengo facultades del Gobierno para hacer pesar sobre los criminales las leyes de la guerra y desgraciados los que caigan en manos del comandante Serrano. Sírvase comunicarme todas las novedades que ocurran y cuente con su compañero y amigo.   —**Williams.**"

En Texiguat se incorporaron al grupo revolucionario 500 hombres, pero las armas que allí encontraron fueron escasas y en su mayor parte inútiles y muy antiguas; y con el objeto de quitar éstas al enemigo, dispusieron atacar al comandante Camilo Serrano, que se hallaba en Morolica con 50 hombres bien equipados. En la refriega sólo tomaron parte 35 revolucionarios, y la derrota que infligieron a Serrano tras un nutrido tiroteo de media hora a lo más, muestra el entusiasmo y decidido empeño por una causa que con razón juzgaban santa. Avanzaron los revolucionarios en esa jornada 35 fusiles e hicieron seis prisioneros a quienes pusieron en libertad poco tiempo después, para justificar la bondad de la revolución.

De aquel lugar se dirigieron al Iraquí, pasando a situarse a Los Calpules, en la frontera, para esperar a los jefes que llegarían a tomar el mando de la fuerza. A ese lugar llegaron bastantes revolucionarios animosos y decididos; pero hicieron falta armas, por lo que un gran número de ellos se retiró a sus hogares.

Habiendo sabido que los generales José María Reina, Erasmo Velásquez y Miguel R. Dávila, procedentes de Nicaragua, se acercaban a San Marcos de Colón, abandonaron Los Calpules para ir a su encuentro; pero en el camino se encontraron con el general Tercero, que disponía de una fuerza de 160 hombres convenientemente equipados; y tanto éste por temor, como los revolucionarios por mal armados y sin jefes que los dirigieran, ambos a dos dispusieron retirarse: Tercero a la hacienda El Trapiche y los otros nuevamente a Los Calpules, sin haber disparado un tiro.

En atención a la orden de invadir, expedida por el doctor Bonilla, desde Guatemala, el general José María Reina, que se hallaba en Chinandega, giró aviso a todos los emigrados que podían tomar las armas, pero el Gobierno de Nicaragua, presidido por don Roberto Sacasa, impidió la salida de muchos de ellos. Algunos se hallaban ya en marcha cuando recibieron la orden de reconcentración. Grave fue esta contrariedad para los revolucionarios; pero el general José María Reina no creyó que debía desistir por ello y se resolvió a invadir el departamento de Choluteca acompañado de don Juan Benito Mendoza, Salvador Moncada y Marcial Soto, más 80 que se habían disgregado del grupo de Los Calpules la primera vez que estuvieron allí los revolucionarios. Lo acompañaban también muchos otros revolucionarios de San Marcos de Colón. Todos estos llegaron a Los Calpules el 17 de julio.

Un día antes, el general Domingo Vásquez, comandante de armas de Tegucigalpa, por sí, haciendo uso de las facultades omnímodas (palabra entonces socorrida), que se arrogaba, aun sin consultarlo con el presidente Leiva en Comayagua, había dictado una famosa ley marcial para su departamento, cuyos puntos suscribía:

"Todo motín de carácter sedicioso o revolucionario será disuelto a balazos; serán pasados por las armas todos los que ataquen las fuerzas del Gobierno o hagan resistencia armada a la autoridad, y los que sean tomados en el acto de destruir los alambres y oficinas telegráficas. Los bienes de todos aquellos que suministren fondos para la rebelión serán confiscados para el sostenimiento del ejército. Serán reducidos a prisión y castigados discrecionalmente, según la condición de las personas y circunstancias del hecho, todos aquellos que suministren armas a los revolucionarios, o las oculten, y los que, directa o indirectamente, protejan a los conspiradores. Los jefes expedicionarios y de distrito quedan encargados de la ejecución de este acuerdo, teniéndose como enemigos del Gobierno por su falta de cumplimiento."

Alvarado y Vásquez, aquél con menores ventajas por hallarse colocado entre éste y Bográn como rivales, habían empezado a hacerse una guerra sorda por los motivos que bien se comprenden; sin embargo, el primero, quizás infiriéndose honda herida en su amor propio por la necesidad de disimulo en que vivía, porque con ello reconocía de hecho la superioridad del otro, no sólo aprobó esa ley marcial, sino que la hizo extensiva al resto del país.

Siempre había manifestado don Domingo ser amigo del terror como sistema de gobierno en casos excepcionales y lo probaba en tal ocasión; pero se equivocó en cuanto a su eficacia por hallarse viciada desde su origen la causa que defendía.

El 18 de ese mismo mes, Raimundo Cabrera y Nieves Maldonado invadieron por la frontera salvadoreña, penetrando a Goascorán y Langue.

Con la "División del Sur", que este fue el nombre que dio a su ejército en Los Calpules el general José María Reina, se enfrentaron bien pronto las fuerzas del Gobierno, compuestas de 800 hombres al mando de los generales Antonio López, Ramón Zelaya Vigil y Antonio Tercero; pero aunque aquellos sólo contaban con 150 hombres armados de fusiles Remington, inclusive 34 de Winchesters, dotados a 30 y 50 tiros, más 150 desarmados, con revólveres algunos de éstos, los tres generales enemigos no se atrevieron a atacarlos en sus atrincheramientos de Los Calpules y juzgaron prudente esperar a sus colegas Williams y Rafael López (a) Culuca, que con los que comandaban y otras pequeñas partidas que les fueron enviadas sucesivamente, reunieron un ejército de 1,300 hombres convenientemente equipados, quienes se situaron a una distancia de cinco leguas de los revolucionarios.

Habiendo el general Reina perdido la ocasión de atacarlos en los primeros días, se dirigió, tanto para distraerlos como para hacerse de más elementos, hacia Yuscarán, de donde huyó la población civil, sin conseguir su propósito. De Yuscarán se dirigió a Danlí, plaza evacuada por el comandante local, al tener conocimiento de la aproximación de los revolucionarios. Dos días después se incorporaba el general Vitalicio Laínez a la "División del Sur", y al mismo tiempo las fuerzas del Gobierno de antes se han hablado, acampaban a dos leguas y media de Danlí.

En tales circunstancias y después de hacer consideraciones sobre el estado de la tropa, que era verdaderamente lamentable, consecuencia de la inútil caminata que se le había obligado a hacer, el general José María Reina decidió aceptar el combate, tomando posiciones en el cerro de La Minita, más conocido con el nombre de Las Anonas, situado entre Danlí y la hacienda de San Marcos, con una fuerza de 300 hombres.

Al amanecer del 27 de julio, el general Reina distribuyó su pequeña fuerza ocupando los puntos más dominantes de la posición. A las 8 a.m., según el parte dado al doctor Bonilla, se presentó el enemigo a tiro de fusil y desplegó sus guerrillas para atacar a la vez por el centro y los flancos. Se sostuvo el combate durante una media hora hasta distancia de cien metros; y doblando el enemigo las fuerzas de ataque, puesto que las tenía suficientes, en relación de 6 contra 1, aunque muchos de éstos, casi la mitad, se hallaban sin fusiles, dio una vigorosa carga que lograron rechazar los generales Erasmo Velásquez y Vitalicio Laínez, los que, desgraciadamente, en ese acto quedaron gravemente heridos y, por consecuencia, fuera de combate y retirados del campo de batalla hacia el mediodía.

El enemigo trató de cortar la retirada atacando por la retaguardia, pero fue rechazado. También se logró disminuir el daño que una compañía de tiradores, colocada en una altura, causaba al flanco más débil, destacando contra ella una escuadra de Comayagüelas y texiguats, que la mantuvo a larga distancia.

Al notarse que se había agotado el parque de Remington primero y poco después el de Winchester, se dispuso la retirada, orden que se comunicó a las 5 de la tarde, pero varios soldados de Tegucigalpa, Comayagüela y Texiguat que habían avanzado al enemigo algunos cartuchos, continuaron solos el combate, agotaron el parque y siguieron batiéndose con piedras y lanzas hasta el anochecer, hora en que el enemigo suspendió sus fuegos, dejando a los revolucionarios que se retirasen tranquilamente.

El enemigo ocupó las posiciones abandonadas por los revolucionarios hasta el día siguiente, sin hacer prisioneros. Los revolucionarios tuvieron 13 muertos y 10 heridos, uno de éstos el general Erasmo Velásquez, que murió poco después. Por lo que respecta al Gobierno, según testimonio de testigos presenciales, vecinos de Danlí, sus bajas, entre muertos y heridos, aunque se ignora su número exacto, fueron más de 200, contándose entre los primeros al general Dolores Serrano, que cayó a las pocas horas de combate, peleando heroicamente, y entre los últimos, al general en jefe Vicente Williams, aunque en relación a éste se duda que haya sido herido en las líneas de fuego. Además, tuvo más de 300 dispersos durante la noche, por temor de ser conducidos al ataque al día siguiente, y cuentan los que vieron desfilar las fuerzas enemigas al entrar éstas a Danlí, que se compondrían a lo más de 700 hombres.

Un día después del combate llegó a Danlí el general Domingo Vásquez, procedente de Juticalpa, con 300 hombres, y ordenó la persecución de los revolucionarios que habían llegado ya a un lugar denominado Escuapa, en territorio nicaragüense, por lo cual aquella persecución no tuvo resultado alguno.

El Gobierno creyó concluida con este combate la revolución del sur, pero pronto se organizó otro grupo de hombres resueltos en El Carrizal, encabezados por el general Dionisio Gutiérrez, coronel Samuel Valladares y licenciados Miguel Oquelí Bustillo y Enrique Lozano, quienes, detenidos en Corinto por el Gobierno nicaragüense, habían logrado burlar la vigilancia de las autoridades militares de aquel puerto, encaminándose a la frontera. Llegó poco después el general Terencio Sierra, procedente de Costa Rica, atravesando de incógnito el territorio nicaragüense, y tomó el mando de la pequeña fuerza compuesta de 35 hombres. Sierra fue atacado en sus posiciones de El Carrizal el 18 de agosto por los generales Tercero y Mondragón con 150 hombres y éstos fueron derrotados completamente, perdiendo algunos elementos. Contribuyó eficazmente a la derrota del enemigo el capitán Miguel Nuila, que sorprendió y dispersó su reserva. El Gobierno de Leiva se atrevió a publicar esta acción como un triunfo de sus armas, comunicándola a los gobiernos vecinos y a la prensa exterior.

Nueve días después, o sea el 27 del mismo mes, por un golpe atrevido, se apoderó el general Sierra de El Corpus. Del 27 de agosto al 4 de septiembre, el general Sierra se dedicó a la organización de su pequeño ejército y a la práctica de las necesarias obras de defensa, llegando su caballería hasta las llanuras de Choluteca para proporcionarse ganados y practicar reconocimientos. Sierra había reunido 95 hombres armados de fusiles y 50 macheteros. Estaban con él Dionisio Gutiérrez, Enrique y Federico Lozano, Julián Baires, Miguel Oquelí Bustillo y otros, que lo mismo arengaban a los soldados y se batían en las trincheras al lado de ellos. También estaban allí el general Teodoro Valladares, alias Chiquirín, los coroneles Calixto Carías, Antonio Lars, Pedro Díaz, César Lagos, Juan Hernández, Sebastián Raudales, Máximo B. Rosales, Luis Arias, Mariano Guevara, un coronel de apellido Paquet y otros.

Inició el combate el general Domingo Vásquez a las 6 de la mañana del 5 de septiembre, batiendo con dos piezas de artillería las posiciones fortificadas de El Corpus, y al abrigo de sus fuegos lanzó una hora después 900 hombres que fueron diezmados por los certeros disparos de los soldados de la revolución, y no consiguieron apoderarse de las trincheras de éstos.

Parecía consistir la táctica del general Vásquez en lanzar grandes masas de hombres para aplastar a sus contrarios por la fuerza numérica; pero carece el soldado hondureño de ese valor estoico que le ordena morir fríamente en el puesto que se le ha designado, sin calcular los efectos que pueda causar su conducta, y retrocede al comprender lo inútil de sus sacrificios. Así retrocedieron una y otra vez los soldados del general Vásquez frente a las inexpugnables posiciones del Corpus, defendidas por unos pocos soldados que consideraban, mejor que otros, como una gloria el morir por la causa de la revolución. El último asalto fue ordenado por la noche, sin fruto alguno, como los dos anteriores.

El 6 recibió el general Vásquez 700 hombres más de refuerzo, con los que el ejército asaltante llegó a componerse de 1,600 hombres, contra 140 revolucionarios, desarmada una parte de ellos; al mediodía logró Vásquez tomar algunas posiciones en las alturas que dominan el pueblo, y a la una batió los atrincheramientos de Sierra con las dos piezas de artillería aludidas, la una colocada en el cerro de La Cruz, al sur, y la otra en el portillo de La Trinchera, al poniente. Desde esos momentos, el fuego nutrido de la artillería se prolongó hasta el 8, en que pudo el asaltante establecer dos grandes líneas de ataque: la primera en la parte baja de los cerros y la segunda en sus cimas, poniendo en comunicación más o menos fácil todo su campamento, desde el camino de Choluteca hasta el de San Marcos; pero los revolucionarios lo hicieron retroceder varias veces, a pesar de contar solamente con las ventajas de sus posiciones. Uno de los defensores de la plaza cuenta que solamente en la trinchera de El Guapinol, defendida por él, recibió 99 granadas, pero sin ocasionar mayores estragos.

A las 9 de la noche de ese día, después de haber sufrido tantos ataques hechos con tanta furia como durante los días precedentes, los revolucionarios, extenuados y sin parque, abandonaron sus atrincheramientos, a pie, por el lado de las sierras y de San Marcos, con todos los heridos que pudieron resistir el transporte, dejando muertos en el campo, entre otros, a Policarpo Irías y Federico Lozano, el primero guatemalteco, joven panfletista y orador fogoso, a quien don Lorenzo Montúfar, decano del liberalismo de C.A., consagró un artículo necrológico muy sentido.

Vásquez, al apoderarse de las posiciones que aquéllos habían abandonado, hizo 4 prisioneros, a quienes fusiló en el acto, y por su parte tuvo dos oficiales muertos y algunos soldados, según él dice. Si fueron pocos, fácil hubiera sido contarlos; pero deben de haber sido muchos, puesto que prefirió no confesarlo. Tuvo, además, 7 oficiales y veinte soldados heridos.

Para combatir en El Corpus a 140 héroes, un gobierno despótico se vio obligado a movilizar un ejército de 1,600 hombres, estableciendo una relación de 11 contra 1, lo cual no debe ser honroso para éstos. Los revolucionarios, en el sur, no contaron nunca con los elementos necesarios, carecieron de dinero, no tuvieron facilidades para moverse y sufrieron, además, la hostilidad, aunque débil, del Gobierno de Nicaragua.

Mientras se peleaba en El Corpus, en Tegucigalpa eran ultrajados y apaleados hasta menores de edad, como Antonio M. Callejas, Rafael Martínez Sierra, un joven Trejo de Comayagüela y muchos más, y ancianos como don Francisco Durón y el padre del coronel Samuel Valladares, que militaba en las filas revolucionarias.

XIV: GESTIÓN REVOLUCIONARIA DEL DR. BONILLA

Para conservar el poder por vías de rigor en un Estado, decía un sabio, menester es que la fuerza que reprime guarde relación con la reprimida. Si la proporción existe, podrá la autoridad violenta mantenerse, pero cada día puede temerse su derrumbamiento, si el oprimido tiene más fuerza real que el opresor. —**MAQUIAVELO.**

INTENTÓ el doctor Bonilla presentarse en la Costa Norte de Honduras, atendiendo al llamamiento de sus amigos para tomar la dirección de la guerra. Al efecto, encargó al general Manuel Bonilla, como primera providencia, que le enviara una goleta a Livingston; pero ni éste pudo atender tal recomendación, ni aquél juzgó prudente ausentarse de Guatemala por entonces, porque el presidente José María Reina Barrios opondría a su salida los mismos o mayores obstáculos que al general, y porque, habiéndose presentado de pronto el general Luis Bográn, que había salido de Honduras al tener noticia del levantamiento de Nuila, supuso que no dejaría de trabajar en perjuicio de la causa liberal; pues si bien es cierto que aparentaba haberse desligado completamente de los asuntos políticos de su país, nunca dejó de interesarse por la suerte de Leiva y contribuyó a sostenerlo, porque en ello se hallaba empeñado su amor propio. Bográn fue bien atendido en Guatemala, sobre todo por su amigo el general Manuel Lisandro Barillas, quien dispuso agasajarlo en una finca de su propiedad.

Si el triunfo material de las armas del Gobierno en el sur causó en el caudillo liberal honda desazón, no lo desanimó, y aquí está bien decir de él que sus derrotas lo revistieron de mayores brillos y lo impulsaron a continuar la lucha. Lejos de abatirse, pues, pensó en trasladarse a Nicaragua con algunos fondos, confiando en que podría suplir la falta de elementos, especialmente de cartuchos, causa de las derrotas pasadas; calculando que si la situación le aconsejaba continuar la lucha, inmediatamente le daría el más vigoroso impulso que fuera posible, o procuraría, en caso contrario, suspenderla para infundir confianza al enemigo y que disolviera éste sus ejércitos.

Abrigaba la esperanza de que en occidente podrían ejecutarse movimientos de importancia, en cooperación con cualquier otro que se hiciese simultáneamente por la frontera nicaragüense, y no temía la probable intervención de los Ezctas a favor de Leiva, en contravención de cierto tratado de neutralidad que habían celebrado recientemente los gobiernos centroamericanos, pues en este caso los revolucionarios tendrían el eficaz apoyo del de Guatemala.

El doctor Bonilla comprometió en un nuevo movimiento a todos los elementos liberales de valía, entonces emigrados o residentes en Guatemala, adquirió fondos, aunque no todos los que necesitaba, hizo prometer al general José María Reina Barrios su neutralidad si él guerreaba solo, y organizó un comité revolucionario compuesto por don César Bonilla, como dirigente, el general don Pablo Nuila y don Julio Lozano; pero estos dos últimos se le alejaron después: Nuila, por haber perdido la esperanza en el éxito de las actividades del doctor Bonilla, y Lozano por haber creído en Soto como el hombre que más convenía para volver a regir los destinos de Honduras.

Los emigrados salvadoreños en Guatemala dieron al doctor Bonilla 5,000 pesos sin condición alguna, después de haber tenido conocimiento de su entrevista con Reina Barrios. Sospechó el doctor Bonilla que tanto a éste como a dichos emigrados convenía su salida de Guatemala, porque quizás su permanencia en este país estorbaba para una definitiva alianza entre éstos y Leiva, y querrían que al ir él a Nicaragua aumentase la dificultad de aquel gobierno con el de Honduras.

Lleno de nuevas esperanzas y proyectos, abandonó Guatemala, por fin, después de haber perdido un vapor, y se embarcó en San José el 3 de octubre de 1892. Su diario de viaje dice así:

Octubre 2. Llegué al puerto de San José con José María Alcántara, mi compañero de viaje, por el tren de las 2:30. El mar estaba muy malo y no hubo embarque.

Octubre 3. A las 9 a.m. tomamos la lancha y nos dirigimos a bordo. El mar estaba malo y por estar otra lancha descargando, nos obligaron a permanecer durante media hora, expuestos a que la lancha se rompiese y bañados por las olas. Casi todos los pasajeros se marearon y yo estuve a punto de sufrir lo mismo por primera vez. Compañeros de viaje: Jacinto Flores, para Puntarenas, y para Acajutla el señor X. X. y una panameña a quien trataba como esposa; Guillermo Vicari, para Puntarenas, y otros con quienes no me relacioné.

Octubre 4. En Acajutla se embarcó el ecuatoriano. Subía y llegó a bordo don José Antonio López, quien había indicado deseo de verme (según la carta que de él recibí). Parece que los Ezetas lo han halagado con la presidencia, pero por ahora quieren que Leiva se quede cambiando el ministerio y entrando López al nuevo. Me pidió que suspendiese las hostilidades, y yo se lo ofrecía, porque —le dije— era el objeto de mi viaje, y por ahora las creía infructuosas; pero que yo no me comprometía a nada si Leiva no entregaba el poder a un tercero. Quedó él de influir porque me dejasen entrar en Corinto, pero no hablando en mi nombre, y me dijo que por medio de don Cruz Ulloa había solicitado si podía yo desembarcar en puertos de El Salvador, y Ezeta contestó que no. López me mostró telegramas de Carlos Alvarado y P. Planas en que se muestran dispuestos a sacrificar su posición. En Acajutla y La Libertad se embarcaron los nicaragüenses Ortega, Carlos Zelaya, Gustavo Pasos y otro.

Octubre 5. Llegamos a La Unión. Allí vi a Diego y Francisco Zúñiga y uno de Armenia. Recibí del primero un giro por $500.00 que estaban depositados en su poder desde marzo, el cual cobró Kohncke y me los entregó en Amapala. Les dejé $100.00 para Pedro H. Bonilla, con encargo de llamarlo a Nicaragua.

Nota: Al pasar por Amapala encarga al general don Manuel Bonilla, que supone preso en Tegucigalpa, en carta a doña Juana, que escriba una relación de los sucesos del norte y se la mande por correo.

Octubre 6. En Corinto me fue notificada la orden del Presidente de la República de no desembarcar, y pusieron escoltas para vigilar el vapor a babor y a estribor y en la costa. Me visitaron don Leonardo Lacayo, Sansón, Montealegre, Rivas, Sotomayor, Guerrero, Rojas, Gómez h., y otros de Chinandega. En Amapala habían estado tomando champaña con Rafael López, a quien invité al puerto, y Dámaso Pinel.

Octubre 7. San Juan del Sur. Mr. Alberton me había ofrecido llevarme a tierra en un bote de Mr. Holmen (S.C.), y a última hora se negaron, por lo que perdí la ocasión, pues ya el vapor levaba anclas.

Octubre 8. Desembarqué en Puntarenas. Las últimas 18 horas de navegación desde San Juan, muy malas, el mar muy fuerte y el vapor muy vacío. Tomé el tren para Esparta a las 3 p.m. Vi antes a don Alfonso Salazar, amigo de mi tío Juan Jirón, y telegrafié a éste a Filadelfia. Cambio de soles por moneda costarricense al 35 y 40. En el tren pasamos sobre el puente del río Barranca, de hierro, magnífico. Ningún cultivo en estas tierras, excepto potreros de pasto natural. Pasamos la noche en Esparta, donde vive el célebre Francisco Huete, que alquiló las bestias. Hotel de Mr. Belizari, corso.

En San José de Costa Rica encontró a dos amigos que había adquirido en Tegucigalpa: el doctor Pedro Pérez Zeledón y Octavio Beeche; e hizo otros nuevos como don Ascensión Esquivel, el ex presidente don Bernardo Soto, don Tobías Zúñiga y el general Eloy Alfaro. También se vio con unos 30 hondureños residentes en la capital, fuera de los que había establecidos en otros puntos del país. El presidente Rodríguez lo recibió muy bien.

El 31 de octubre se hallaba de regreso en Puntarenas, quizás con el propósito de regresar a Guatemala; o a lo menos lo manifestó así para despistar a los espías del gobierno hondureño y burlar la vigilancia del de Nicaragua. Lo cierto es que el 15 de noviembre se hallaba oculto en un pueblo humilde del interior de este último país, cerca de Granada; y allí supo que había órdenes severas de captura contra él, pues suponía el Gobierno que había desembarcado en San Juan del Sur con el nombre de Emilio Reyes; pero había llegado a aquel punto por tierra desde Costa Rica, recorriendo caminos fangosos, casi intransitables, con la decisión de llegar a la frontera hondureña a pesar de todo. Con él se hallaba el general Terencio Sierra, de quien se había separado en San José. Confiaban en no volver a separarse hasta el fin.

La situación política de Honduras la describe el doctor Bonilla así:

"Se habla mucho de la pronta venida de Soto y del apoyo que le ha ofrecido Reina Barrios. Cáceres, amigo de aquél, aunque niega haberlo sabido directamente, lo asegura, y se va para Estados Unidos el 25, habiéndome declarado que si Soto tiene proyectos de actualidad entra con él y revoluciona en la Costa X por su cuenta. Si no lo hace, por la mía. Zúñiga (el Ministro de Honduras en Nicaragua) asegura aquí que en enero viene (Soto) a recibir el depósito del poder (en Honduras), y eso me hace pensar que puede ser el intermediario de éste. Hay un dilema: o la revolución inmediata facilita esos proyectos y es inconveniente, o los estorba. Yo creo que lo más seguro es hacerla combinando algo por allí (Guatemala), porque si tenemos alguna fuerza nos haremos respetar. Conviene prevenir a nuestros amigos de la Costa X (norte) que deben mantenerse fieles al partido que hará la revolución con todas las probabilidades de éxito y que no la acepten si se les propone independientemente o en favor de Soto."

Siempre guardando el incógnito, se puso en comunicación con los demás jefes, además de Sierra y Reina, y empezó a hacer los preparativos necesarios para una nueva invasión. Ardua fue esta tarea, tanto por el incógnito que los jefes se veían obligados a guardar, como por la dificultad de las comunicaciones con los principales elementos del interior de Honduras y aun los de la frontera; pues no quería el doctor Bonilla aventurar un movimiento que no contase con las probabilidades del éxito. Debía estar seguro, además, de que los gobiernos de El Salvador y Guatemala guardarían la neutralidad, dejando al de Honduras a su solo esfuerzo, porque la intervención de uno solo de ellos implicaría la intervención de los demás en favor o en contra de los revolucionarios, y no deseaba en manera alguna una conflagración centroamericana.

Empeñóse en burlar la vigilancia del Gobierno de Honduras; pero esto fue imposible, como ha sido siempre ocultar movimientos de esa naturaleza por mucho tiempo. Aquel se quejó al de Nicaragua por las actividades de los revolucionarios en la frontera, y este ordenó una nueva persecución de emigrados, que no fue funesta porque las comisiones militares informaron que lo que había eran contrabandistas; y, en efecto, capturaron una partida de ellos considerándolos revolucionarios, y convenciéndose después de su error lo informaron así a su Gobierno. Por otra parte, los hondureños sufrían persecución también del Gobierno salvadoreño, a petición de Leiva, e iban a ser capturados en San Miguel dos agentes del doctor Bonilla; pero habiéndolo sabido los hijos de uno de ellos, partieron de Honduras a marchas forzadas a aquella ciudad para avisarles del peligro y los salvaron.

A fines de ese año de 92, el Gobierno de Honduras confrontaba muchas dificultades y peligros en su política interior, tanto a causa de la rivalidad ostensible entre varios de los importantes colaboradores, como de la presencia del doctor Bonilla en la frontera, que servía a aquellos de pretexto para aconsejar medidas violentas que propendían a hacer más difícil la situación. El general Bográn, que permanecía aparentemente tranquilo en Santa Bárbara, pues había regresado de Guatemala al fracasar los movimientos revolucionarios de ese año, tomaba participación en la política de que eran principales exponentes los Alvarado, los Vásquez y los Vidaurreta.

Hubo un momento en que el general Vásquez se creyó como nominado para ocupar uno de los ministerios; pero sin alianzas poderosas y solo contando con la buena voluntad del presidente, fue vencido por sus adversarios, siendo el más poderoso de ellos el general Bográn. Si Vásquez hubiese dispuesto de una cartera, habría sido tan poderoso como Vidaurreta, Alvarado y Bográn juntos, ya que como simple comandante de armas del departamento de Tegucigalpa constituía no solo un estorbo para los planes ambiciosos de aquellos, sino un enemigo temible; y en consecuencia, había necesidad de deshacerse de él antes de que se hallase en posibilidades de ganarles la partida, pues en la inminencia de nuevos movimientos revolucionarios —y quizás esto mismo— Vásquez era un elemento necesario para debelarlos por su crédito guerrero, indiscutible aun para sus propios enemigos; por tanto, ciertos reclutamientos habidos en el mes de diciembre y algunos cambios de comandantes de armas y otros empleados en el ramo de la Guerra eran dirigidos más contra Vásquez que contra la revolución, en la cual no se creía. Los datos que a este respecto recibía el doctor Bonilla en la frontera, día a día, de diferentes partes de Honduras, confirmaban esa creencia y comprobaban la debilidad del Gobierno presidido por Leiva, que necesitaba mantenerse en constante conspiración para sustituir a un subalterno suyo a quien cualquiera otro podía destituir, encarcelar, juzgar y probablemente fusilar, una vez desarmado, siguiendo la política de eliminación absoluta a la que era tan adicto el señor Alvarado.

Como se comprenderá, el doctor Bonilla, por medio de sus agentes, conocía todas esas rivalidades que tan difícil hacían la situación del señor Leiva, avivando su manifiesto deseo de retirarse a la vida privada. Previendo el doctor Bonilla que la situación de la revolución empeoraría si Leiva se retiraba del poder público, decidió, por medio de don E. Constantino Fiallos, dirigirse al doctor Manuel Gamero, de Danlí, elemento imparcial e influyente, para hacerle una pintura fidedigna de la situación del país, a causa de la política del presidente y, sobre todo, por los elementos que lo rodeaban; lo que imponía, para evitar mayores desastres, la necesidad de que Leiva resignase el poder.

Describiendo la situación del país, manifiesta que ella es desesperada; y como la inflexibilidad en este sentido del señor Leiva hizo infructuosos los pasos dados de hombres y de sistema de política y de administración, y dio lugar al derramamiento de sangre de hermanos en el campo de batalla, se hizo imposible la presencia de él en el Gobierno, así como la de todos sus sostenedores, y no debía continuar si se deseaba que hubiese paz en Honduras; "porque esta no puede existir mientras haya millares de ciudadanos lejos de sus hogares, dentro o fuera del país". Estos verían en los hombres del Gobierno a sus implacables enemigos, cuya sola vista recordaría la sangre de las víctimas, la miseria de las familias y la seguridad de que, por ser incorregibles los culpables, no tendrían remedio alguno los males del país.

Preveía el doctor Bonilla un cambio violento por medio de un golpe de pretorianos, cuyo peligro era inminente y no causaría ningún beneficio al país y empeoraría los males ya existentes, pues obedecería a la sola ambición de mando de quienes lo ejecutasen; y el país se hallaba en la alternativa de caer en tales manos o de que el cambio se operase por la acción revolucionaria que implicaba, por sus antecedentes, el anhelo de operar una reforma en sus instituciones. El doctor Bonilla consideraba la revolución armada como un recurso extremo, y lo prueban sus reiteradas gestiones, sus trabajos y sus tendencias de evitar a los hondureños el sacrificio de su sangre, siempre que sin él se pudiesen extirpar los males del despotismo, mediante la eliminación de los hombres que lo ejercían. Sabía que los males que ocasionaría la revolución serían enormes; pero era peor el despotismo; y además, si él no la encabezaba, siempre habría uno que lo hiciese y su pasividad voluntaria podría torcer los acontecimientos, pero de ninguna manera evitar los males previstos.

El señor Fiallos manifiesta: "El señor Bonilla, al verse obligado a volver a dar su nombre para presidirla, cumplirá un imperioso deber con sus correligionarios expatriados, perseguidos, encarcelados, cargados de grillos y de cadenas, vejados y humillados en todo sentido, reducidos a la miseria por escandalosos saqueos, con la esperanza de que el triunfo de la revolución les devuelva la patria, hogar, honor y hacienda; de que haga a los hondureños, todos, dignos del nombre de ciudadanos"; y al adoptar esa extrema resolución tomará en cuenta que no está en sus manos impedir la lucha: que esta se efectuaría por la sola fuerza de las circunstancias, que improvisaría un jefe para ella, si es que no se puede desde ahora señalar. En efecto, mucho se asegura que el doctor Soto, por su parte, está resuelto a combatir al actual Gobierno, lo cual agravaría la situación; pues no sería la caída de Leiva el término de la guerra, sino una lucha final entre los dos bandos revolucionarios, si el continuar la ya iniciada no impidiese el otro movimiento. Esto sin perjuicio de las complicaciones exteriores que la intervención de Soto podría traer, convirtiendo a Honduras en teatro de una guerra centroamericana."

Deseando evitar los desastres de una lucha prolongada, anticipábase a proponer que Leiva resignase incondicionalmente, cediendo a la presión revolucionaria y haciendo el depósito en el propio Gamero, don Rosendo Agüero, don Daniel Fortín, don Mónico Córdoba o don Román Meza; pues consideraba que estos no serían rechazados por ninguna de las partes o partidos contendientes, ya que se habían mantenido neutrales hasta entonces, e invitaba al primero a que provocase una conferencia entre él y los demás nominados, con excepción, por la urgencia del caso, del señor Meza, que se hallaba lejos; pero hacía hincapié en que el que se encargase del poder público debía operar una completa renovación de elementos, pues la continuación de aquellos que durante la administración de Bográn o de Leiva se habían señalado como instrumentos del despotismo no infundiría la necesaria confianza en la oposición.

El señor Leiva había hablado ya de llamar al Gobierno a varias de las personas mencionadas anteriormente, pero no creía el señor Bonilla que ese paso llenase las justas exigencias de la oposición; y, además, dudaba de que quitase el poder militar de las manos del señor Alvarado, que había llevado al patíbulo a más de un hondureño.

La excitativa fue recibida por el señor Gamero con placer, según él lo manifiesta, y dispuso llamar a don Mónico Córdoba a Yuscarán, para buscar entre ambos la manera de conferenciar con los señores Fortín y Agüero; pero al mismo tiempo creyó oportuno esperar la llegada del señor Leiva a Tegucigalpa, para donde había sido convocado por este el señor Agüero, y manifestaba que los revolucionarios debían tomar en cuenta, en relación a sus propósitos, el profundo anhelo de paz que se palpaba en el país, y tener la seguridad de que, en caso de que el señor Leiva se resolviese a dejar el Esta sola declaración hizo sospechar al doctor Bonilla que se había ejercido presión en el señor Leiva para que resignase el poder, imponiéndole al efecto su sucesor. Por esta circunstancia, se vio obligado, por medio del señor Fiallos, a recordar al señor Gamero los conceptos de su comunicación anterior, reiterándole que un arreglo cualquiera que se hiciese sin consultar al partido de la revolución sería considerado como la transmisión del poder por derecho propio, que no salvaría las dificultades de la situación, por más confianza que antes hubiera merecido a la oposición la persona que sustituyera a Leiva, porque carecería de libertad de acción, le quedaría impuesto el personal de su Gobierno y recogería como herencia todos los vicios de sus antecesores; y así sucedió en efecto, como se verá luego.

Sospechó, además, que esa presión había sido ejercida por el general Domingo Vásquez, cuyos antecedentes le eran bien conocidos; pero se abstuvo de referirse a ellos porque había adoptado la conducta de no lastimar individualidades. "Por esta razón —dice el señor Fiallos— y por otros motivos personales y aun de familia para el señor Bonilla, no transmito a usted su juicio acerca de la participación que en el poder pudiera tomar el general Vásquez, a quien, sin embargo, debo declararle, no atribuye complicidad en los escandalosos vicios de la administración. Los cargos que le hace como hombre público no se ocultarán a usted y se los ha hecho a él mismo en persona, de muchos años atrás. Ese ha sido el obstáculo para no haber podido entenderse en política, aun en circunstancias contrarias a las actuales, cuando parecía que ambos se encontraban en la oposición."

Mientras tanto, continuaba la organización revolucionaria en la frontera. Burlando siempre la vigilancia del Gobierno de Nicaragua, se acumulaban pertrechos, alimentos y medicinas; y se fijaba la fecha para invadir. El Gobierno de Honduras no creyó en los informes dados por el nicaragüense, de que lo que había en la frontera eran partidas de contrabandistas, y lo supuso en complicidad con aquellos en sus actividades. Nunca existió tal complicidad; lo cierto es que aquel Gobierno siempre estuvo dispuesto a evitar las actividades de los revolucionarios; y si a mediados de enero del 93 cesaron las persecuciones, ello fue debido a no haber aprobado el Congreso nicaragüense un tratado de alianza celebrado con el Gobierno de Honduras.

El 19 de enero de 1893 llegó a Tegucigalpa el general Ponciano Leiva con algunos ministros y diputados, más seis compañías de infantería que los custodiaban. El barbero Santos Medina colocó a la puerta de su taller un retrato del doctor Bonilla para que lo viera la comitiva al pasar, y junto con los que se hallaban en su casa fueron aprehendidos y puestos en cepo en la casa presidencial. Por esos días apuntaba el doctor Bonilla: "Crisis entre Vásquez y Bográn." Más cerca aquel del primero que del segundo, hubo de sufrir su influencia, lo que indica debilidad de su parte, pues cediendo a la de cualquiera de ellos, estaba seguro de acrecentar los peligros que tanto temía; y en uno u otro caso se prescindía de la oposición. Retirándose de esa manera el general Leiva, bien pudo decir: après moi le déluge, o como dicen los de esta tierra: "quien venga detrás que arree." De donde se deduce que hablaba sinceramente cuando decía que amaba más la tranquilidad doméstica que los ajetreos de la vida pública.

Se verá de qué rara penetración se hallaba dotado el jefe revolucionario, cuando desde el otro lado de la frontera podía establecer con la mayor exactitud la difícil situación en que se hallaba colocado el señor Leiva después de su llegada a Tegucigalpa, vacilando entre dos fuerzas: la de Vásquez, por un lado, y la del señor Bográn, por el otro, que las desplegaron por ambas partes, valiéndose de todos los expedientes de la intriga, movida por una ambición desenfrenada. Toda la lucha llegó a concentrarse en conseguir el nombramiento de ministro de la Guerra a favor de la persona que favoreciese los opuestos intereses de aquellas personas, con menosprecio ostensible de los del país, porque teniendo meditada el señor Leiva su renuncia, que enviaría desde su retiro de Santa Cruz, el depósito debía hacerse en aquel funcionario.

Como el general Vásquez fuera vencido por sus contrarios en la inminencia de ser el elegido por el señor Leiva para dicho nombramiento, aun haciendo enfáticas declaraciones de que con respecto al general había borrado todo resentimiento y que nada debía temer de él en represalia, convirtió al licenciado Rosendo Agüero a su causa y lo impuso al señor Leiva, empleando para ello hasta amenazas. Inquieto el coronel Vidaurreta, que servía los intereses de Bográn, por el dominio que había adquirido el general Vásquez en el ánimo del señor presidente, concibió un acto desesperado que comunicó a los generales López y Williams y al coronel Marcos Leiva, comandante este de la guardia de honor de su padre. Todos éstos estuvieron concordes en apoderarse de la persona del general Vásquez por sorpresa, cuando este fuese a ver al presidente, que lo hacía todos los días a una hora invariable. Habiéndolo sospechado Vásquez por las frecuentes visitas de esos señores al coronel Vidaurreta, sobrepujó en audacia a este al encontrarse un día con él y le dijo: "He podido darme cuenta de lo que usted medita contra mi persona, lo cual no me inquieta porque sé que voy jugándome la vida al seguir la conducta que he asumido; pero tenga entendido que usted no logrará el fruto de su acción. Para esto he tomado mis medidas y en el momento en que yo sea atacado por sus secuaces, usted y su mujer caerán a los golpes de los puñales que tengo listos."

De tal manera se amedrentó el coronel Vidaurreta por estas palabras, en la creencia de que había sido traicionado, que abandonó el proyecto, protestando a su enemigo la falsedad de todo atentado contra su persona. Algún tiempo después refirió el general Vásquez que el general Williams, uno de los miembros del complot, previendo que llegaría al fin que se había propuesto, trató de congraciarse con él, revelándole los detalles de la asechanza, diciéndole que había aparentado entrar en ella con la intención de hacerla abortar. El general Vásquez censuró con dureza la acción de Williams hacia sus amigos y decía que era hombre en quien no debía tenerse ninguna fe.

Por fin, el 1° de febrero, el general Vásquez triunfó sobre Bográn, al decidirse el general Leiva a otorgar el nombramiento de ministro de la Guerra al licenciado Agüero, con el objeto de depositar en él el poder supremo, y así cayó el licenciado Carlos E. Alvarado, por esos días en Juticalpa, adonde se había retirado con goce de licencia. El doctor Arias (Juan Ángel) obtuvo el de la Gobernación. Del de Hacienda se encargó el coronel Leopoldo Córdoba, entonces subsecretario del despacho, y se pensó en llamar a don Manuel Gamero, don Mónico Córdoba y al licenciado Fausto Dávila, para que se hiciesen cargo de los restantes ministerios.

Los detalles anteriores, aparentemente extraños al carácter de esta historia, justifican la conducta del doctor Bonilla, como revolucionario, en la frontera de Nicaragua, a quien se ha atacado de ambicioso e intransigente, al manifestar que continuó sus actividades como tal, aun habiéndose llenado dos de las principalísimas condiciones que él había puesto: la retirada del general Leiva y el depósito del poder supremo en uno cualquiera de los nominados, entre quienes se hallaba el licenciado Agüero; y aquellos mismos que lo han atacado nunca dejarán de reconocer que si bien tales condiciones se llenaron, fue aparentemente, sin oír la voz de los emigrados, pues, en el fondo, el estado de cosas permanecía el mismo, si no más grave que antes. Las armas habían pasado virtualmente de las manos del licenciado Alvarado a las del general Domingo Vásquez, quien no podía inspirar ninguna confianza a la revolución.

El licenciado Agüero, harto tímido para caracteres como el del creador de su Gobierno, sería el instrumento que necesitaba este para saltar a la Presidencia de la República. Los elementos entre los que de pronto se encontró Agüero colocado eran heterogéneos, sin comunidad de ideas ni de sentimientos y se hallaban representando un papel en la política del país como congregados por un soplo de impetuoso viento, desorientados, indecisos, vacilantes, sabedores de que habían sido arrastrados por la voluntad del general Vásquez, y su voz o no valdría nada o sería muy débil en aquel concierto, dirigido por su batuta. Vásquez no valía nominalmente nada, pero se imponía a todos por el conducto del licenciado Agüero.

Otro de los cargos que se han hecho al doctor Bonilla, inspirados por el rencor —que nunca puede ser buen consejero—, es el de debérsele la entronización de Vásquez, porque los movimientos revolucionarios por aquel provocados o hechos en su nombre, dieron a este oportunidad de atraerse el ejército y crear por tal medio la situación que debía serle propicia a su deseo de apoderarse del poder supremo. Este cargo, por antojadizo y absurdo, casi no merece los honores de la refutación. Al hacerlo no se toman en cuenta los valores intrínsecos del hombre, que son los que determinan el fracaso o el éxito; porque bien puede pasar la fortuna rozando a aquel a quien quiere agraciar con sus favores, y no es seguro que este se aproveche de ellos, como se ve ordinariamente. La conclusión que se saca de aquí es que si el general Vásquez no atemoriza al coronel Vidaurreta, se hubiera ido al fondo de una cárcel y, probablemente, al patíbulo. poder público, lo haría en persona que, por sus antecedentes, infundiese la confianza que aquellos necesitaban.

XV: PRIMER MOVIMIENTO REVOLUCIONARIO DE 1893

Rey Juan: —¿Y qué sucederá si no consentimos en ello?
Chantillón: —La imperiosa intervención de una guerra furibunda y sangrienta para restablecer por la fuerza estos derechos tan violentamente usurpados. —SHAKESPEARE.

EL MISMO día de la organización de las fuerzas revolucionarias en la frontera, expidió el doctor Bonilla una proclama que llamaba a los hondureños a las armas, en la que se hacen constar los propósitos de la revolución. "Hondureños —decía a éstos— si Leiva, dejándose llevar de su carácter egoísta y rencoroso, rehúsa abdicar, o lo hace sin satisfacer las exigencias de la situación, y la guerra civil continúa ensangrentando nuestro suelo, no vaciléis en ponerle pronto término, agrupándoos bajo la bandera liberal, que representa, no tanto un partido político, como el partido de los hombres de bien luchando contra los perversos, de las víctimas contra sus verdugos. Tened confianza, pues los jefes revolucionarios han probado con hechos su respeto a la vida y a la propiedad de los mismos esbirros que han caído en manos de sus víctimas. Ningún pueblo, ninguna persona, se quejan de daño alguno causado por las fuerzas liberales, y en cambio, ¡cuántos asesinatos, incendios, violaciones y saqueos cometidos por las del que se titula Gobierno legítimo!, ¡cuántos jefes que imprudentemente están lucrando el fruto de sus rapiñas!

"Si queréis que vuestra patria no sea convertida por su actual Gobierno en un montón de escombros, de tal manera que al contemplarla se diga 'aquí fue Honduras', levantaos en masa, ancianos, jóvenes, mujeres y niños, y gritad con voces tales, que llenen de terror el corazón de los tiranos: 'abdicación o guerra'. Y cumplid vuestra amenaza, si en su ceguedad pretende el funesto anciano hundirse con su patria en el abismo. Pronto llegará a vuestros oídos el estruendo del primer combate: no permitáis que se repita muchas veces. Y si para amedrentaros el Gobierno os amenaza, como lo ha hecho anteriormente, con la intervención a su favor de gobiernos vecinos, no detengáis vuestro brazo, herid a los tiranos, que su causa está condenada por la opinión pública en todo Centroamérica, y ningún otro Gobierno se atreverá a apoyarlos: sabrán respetar los esfuerzos de un pueblo que quiere y sabrá ser libre.

"Valientes patriotas: no volverá a decirse que quiero la guerra porque estoy a cubierto de los riesgos: He logrado por fin unirme a vosotros en el suelo de la patria, cumpliendo la promesa que hice en mi Manifiesto fechado en Guatemala el 15 de septiembre y compartiré vuestros peligros al lado del último de los soldados de la Revolución.

¡Hondureños, a las armas! Juremos no descansar en nuestra labor, hasta haber perecido el último de los buenos ciudadanos o ver a nuestra patria redimida."

A esa declaración de guerra siguió la invasión por dos puntos distintos de la frontera nicaragüense. El 2 de febrero, el general Terencio Sierra, con ciento veinte hombres, ocupó la plaza de El Corpus; mientras el doctor Bonilla invadió el 4, a la cabeza de igual número de combatientes, estableciendo su campamento en la hacienda Las Cuevas, jurisdicción de Oropolí, departamento de El Paraíso, con el objeto de hacerse de más elementos y engrosar las filas de la revolución.

Se hallaban en Choluteca y Yuscarán, respectivamente, el primero como comandante de armas y el segundo en calidad de jefe expedicionario en el departamento de El Paraíso, los generales Andrés Matute y Belisario Villela. Aquél tenía a su mando alrededor de 450 hombres y éste trescientos; ambos cuerpos de ejército se hallaban bien equipados; pero ni el uno ni el otro se movieron, quizás en espera de las órdenes del Presidente o del general en jefe, Vásquez. Estos no ordenaron ningún movimiento o porque no lo creyeron oportuno o porque toda su atención se hallaba puesta en el grave problema político suscitado por el firme propósito de Leiva de renunciar ante el Congreso, entonces reunido. No lo hizo así por la presión ejercida de numerosos e influyentes elementos que veían en ello un peligro contra sus intereses; pero con fecha 9 del mismo mes hizo el depósito de la Presidencia en el licenciado Agüero, ministro de la Guerra, por el tiempo que fuese necesario para el restablecimiento de su salud, y nombró jefe del ejército al general Domingo Vásquez. Agüero manifestó, en una corta alocución, que recibía aquel depósito en tan difíciles circunstancias para laborar por la paz, en favor de la cual comprometería toda su energía y esfuerzos.

El presidente Agüero envió comisionados ante el doctor Bonilla, que se había trasladado a Güinope; fueron los señores Manuel Gamero, Mónico Córdoba, Daniel Fortín e Ignacio Agúrcia los encargados para conferenciar con él; pero su misión fracasó por completo: llevaban condiciones de paz inaceptables y hasta ofensivas. A la vez que ellos, llevaron pruebas completas de la mala fe con que procedía el Gobierno. Entre otras, a la condición puesta por el jefe de la revolución, de que el nuevo gobernante removiera todos los empleados que hubiesen coadyuvado al desprestigio de la anterior y actual administración, los cuales eran bien conocidos, sustituyéndolos por hombres honrados de su confianza, el Gobierno solo ofrecía remover los que fuesen rechazados por la opinión, cuando las circunstancias lo permitiesen, y sustituirlos por hombres de la confianza pública y del Gobierno; y a la justa petición de que si el nuevo gobernante declaraba aceptar los principios y el programa del Partido Liberal, el señor Bonilla renunciaría a su candidatura y recomendaría que fuese designado como candidato del mismo la persona en quien, según lo convenido, se hallase depositado el poder, debiendo otorgarse la más amplia libertad de sufragio para que al nuevo Gobierno no pudiese ponerse la tacha ni aun la sombra de usurpación; aquéllos contestaron, según instrucciones telegráficas recibidas, que, en cuanto a eso, el Presidente deseaba no se consignase porque le implicaba muy directamente.

En resumen, las bases propuestas eran una especie de trampa para desarmar a los revolucionarios. Así lo comprendieron éstos, dejando conocer su indignación y ordenando su jefe, el doctor Bonilla, la movilización de las primeras tres compañías al mando del general Sierra, con dirección al Cerro de Hule para interceptar las comunicaciones del Gobierno con el sur. Sin embargo, el jefe revolucionario no dio por terminadas las negociaciones y se ofreció a conferenciar con Gamero en San Antonio de Oriente, El Edén u otro punto que se señalase, fuera de allí, a donde podían concurrir cada uno, garantizados por cien hombres; pero Gamero contestó que resolvería al conocer las nuevas condiciones de los revolucionarios.

La mala fe con que procedía el Gobierno se evidenció al enterarse el doctor Bonilla de cierta correspondencia del general Vásquez y Ramón Rosa para el general Sierra, llevada por el licenciado Leandro Calderón, Oficial Mayor del Ministerio de la Gobernación, en la cual el primero trataba de corromper a Sierra y el segundo lo excitaba para que, prescindiendo en absoluto de Agüero, se entendiese con aquél, añadiendo que mandarían conjuntamente. Calderón fue detenido y, habiendo entrado en confianza con el doctor Bonilla, confesó que en la noche del 14, Ramón Rosa había dicho a Vásquez que, para salvar la situación, era preciso engañar al doctor Bonilla con negociaciones, mientras reunía 1,500 O 2,000 hombres para deshacerlo, capturarlo y fusilarlo; y a la vez entretener a Manuel Bonilla en Olancho, de lo cual él, Rosa, se encargaría.

La prescindencia que del señor Agüero empezó a hacerse desde el momento en que se encargó del Gobierno fue conocida de todos sus colaboradores y elementos de la sociedad, perdiendo toda confianza en él. El general Vásquez dictaba disposiciones sin consultarlo, aislándolo y aun invadiendo las atribuciones de otros funcionarios; apoderábase de los correos del Presidente e interceptaba su correspondencia telegráfica. Algunos telegramas del doctor Bonilla para Agüero no fueron conocidos por éste, y lo mismo sucedió con otros del Presidente para el jefe revolucionario, de cuyos conceptos se enteró el general Vásquez. La desconfianza, la anarquía y el desorden sobrevinieron como otros tantos males que agravaban los anteriores. Los siguientes telegramas a que se dio curso sin conocimiento del señor Agüero prueban lo anteriormente dicho:

"Tegucigalpa, febrero 13. — Señor don Luis Bográn. — Santa Bárbara. — En presencia de lo ocurrido en Juticalpa y de la actitud adversa de otros pueblos, es necesario que usted entre de lleno y mande cuanto antes reclutar toda la gente que pueda en los departamentos de Santa Bárbara, Intibucá y Santa Rosa. El cuartel de Intibucá está amenazado por Miguel Padilla, lo mismo que otras plazas del norte, como Puerto Cortés, La Ceiba, Trujillo, etc. No hay que perder un instante, pues si no activamos tendremos que salir del país. — R. A. Manzano; P. Planas."

"Santa Bárbara, febrero 14. — Entendido del telegrama de ustedes. Mientras tanto es necesario entablar negociaciones para ganar tiempo. Estoy tomando medidas y ya verán lo que puede su afmo. — L. Bográn."

Encargó el doctor Bonilla a los comisionados del Gobierno, cuando los despedía, decir a Agüero que abandonase el círculo que lo rodeaba y se entregase en las leales manos de la Revolución; pero pedirle esto era exigirle lo imposible.

Nuevos comisionados llegaron al campamento de Güinope —y esta vez lo fueron los señores Arias, Dávila y López—, enviados por el señor Agüero para tratar de la paz. Llegaron a convenir en bases que el doctor Bonilla consideró ante ellos como su sentencia de muerte; pero las aceptó para evitar el derramamiento de sangre.

Esa aceptación fue inútil, porque el general Vásquez obligó a Agüero a rechazarlas. Aquellos señores, por parte del Gobierno, y el doctor Bonilla, en su calidad de jefe revolucionario, habían llegado a convenir en lo siguiente:

"El Gobierno excitará al señor general don Ponciano Leiva, para que, en el más corto tiempo posible, sin exceder de un mes, envíe la renuncia de la Presidencia de la República, y se convocará inmediatamente al Congreso para su aceptación y para que convoque a elecciones dentro de un plazo racional.

"El Gobierno reconocerá pensión de montepío o inválidos a favor de las personas que han quedado viudas, huérfanas o desvalidas, por la muerte o inhabilitación de aquellos de quienes dependían, por causa de la revolución, aunque haya pesado sobre ellos alguna sentencia, nivelándoles con los que hayan muerto en servicio del Gobierno, sin exceptuar los individuos de tropa.

"El Gobierno reconocerá los perjuicios causados a la propiedad durante la administración pasada y la presente, con persecuciones y procedimientos arbitrarios, otorgando las debidas indemnizaciones; y reconocerá y pagará, asimismo, los compromisos contraídos por la Revolución y los perjuicios causados por sus fuerzas, como si hubiese sido por las del Gobierno.

"Se convocará a una Constituyente para hacer a la Carta Fundamental las reformas que exige la opinión pública.

"El Gobierno pedirá la derogación de las leyes de imprenta, de orden público y sobre el derecho de reunión, y la declaración de inconstitucionalidad de las disposiciones que tengan ese vicio.

Tanto las fuerzas de la revolución como las del Gobierno deberán licenciarse, dejando solamente las guarniciones de ley, y trescientos hombres en la capital. El término para llevar a efecto el licenciamiento de fuerzas será de diez días, contados desde la fecha de ratificación del presente pacto, debiendo ser liquidadas y pagadas previamente por el Gobierno; y desde la fecha de aprobación del convenio, el Gobierno proveerá el sostenimiento de las fuerzas de la revolución, a cuyo fin entregará a buena cuenta de la liquidación diez mil pesos.

"Como garantía para la revolución, el Gobierno dará el mando político y militar de los departamentos de El Paraíso, Choluteca, Comayagua, Olancho y el puerto de Amapala a los jefes militares que el doctor Bonilla designe, con carácter de inamovibles, mientras no tome posesión el presidente electo. Los empleados subalternos de nombramiento del Gobierno en dichos departamentos serán nombrados a propuesta de los jefes departamentales.

"Para el efecto de tomar el mando de esos departamentos, los expresados jefes marcharán, al aprobarse el convenio, con sus fuerzas para verificar el desarme en las respectivas cabeceras, en donde depositarán las armas nacionales juntamente con las que allí existan en esta fecha, y que allí deberán quedar al licenciarse las fuerzas de cualquier clase que hay en todo el departamento, lo mismo que los demás elementos de guerra. Igualmente se procederá en el puerto de Amapala.

"Las fuerzas de la revolución pertenecientes al departamento de Tegucigalpa, después de liquidadas por el Gobierno, serán licenciadas por el doctor Bonilla, en la capital, dentro de diez días de la ratificación de este pacto, quedando desde dicha fecha a las órdenes del presidente de la República. Las armas que no sean nacionales tendrán derecho a conservarlas en su poder sus respectivos dueños.

"El Gobierno conviene, asimismo, en proveer los destinos políticos y militares del país, con personas que por sus cualidades de honradez y aptitudes merezcan la confianza pública, dando preferencia a miembros del Partido Liberal.

"El Gobierno permite la más amplia libertad del sufragio para elección de Presidente y cualquiera otra; asegura a los ciudadanos el goce completo de las garantías individuales, el debido respeto a la Constitución y las leyes, abre las puertas de la patria a todos los emigrados políticos y concederá indulto general a todos los desertores o reos de delito militar, o que estuvieren sufriendo condena por cualquier delito político.

"El Gobierno reconoce los grados con que figuran en la revolución los militares al servicio de ella, y ascensos conferidos por servicios prestados a la misma, y, en consecuencia, extenderá los correspondientes despachos."

Esas gestiones hacen aparecer ostensiblemente al Gobierno del señor Agüero interesado en la paz; pero, en el fondo, estando dominado por el general Vásquez, era impotente para establecerla. Nada podía ambicionar más el general Vásquez que justificar la guerra, y lo consiguió permitiendo accionar al señor Agüero para tener el placer de desbaratar sus planes y contrariar sus sentimientos, en la forma que se ha visto; y el doctor Bonilla, que comprendía la situación que se había venido formando desde el momento en que el señor Vásquez se hizo cargo de la Comandancia de Armas del departamento de Tegucigalpa, vio que éste no podía cambiar mientras fuese árbitro de los destinos del país, por el solo hecho de tener las armas en su mano, y referente a él nada se estipula en las bases que se acaban de ver.

De muchos expedientes hizo uso el señor Vásquez para entorpecer el fruto de aquellas dilatadas negociaciones: de las amenazas, cuando fallaba la persuasión; del engaño, de la audacia, de la ostentación, etc. Así se podrá comprender cuando dirigió, temeroso de que las partes contratantes llegaran a entenderse, un telegrama al doctor Juan Ángel Arias, manifestándole estas palabras: "Policarpo está loco. Manifiéstele que lo haré recobrar el juicio a cañonazos."

Desvanecida toda esperanza de arreglo, en el cual perdió la revolución veintiséis días —grave error que jamás lamentarían bastante sus jefes, puesto que dio al Gobierno el tiempo suficiente para prepararse a la defensa—, el jefe supremo de aquélla, el doctor Bonilla, ordenó la movilización de su ejército desde sus campamentos de Güinope, yendo a la vanguardia el general Sierra, que había regresado de su expedición al Cerro de Hule.*

*El verdadero nombre de esta altura es Cerro de Hula. (N.R.)

XVI: "NO COMPADEZCA USTED A MI MADRE"

El programa de la revolución fue fielmente cumplido aun en los campos de batalla. Allí se respetó la vida del prisionero y se trató al herido enemigo con igualdad a los nuestros. Allí mismo se respetó la propiedad, no tomando nada sin indemnización, sino cuando lo exigía estrictamente la necesidad de vivir y de vencer. La moralidad de que dio pruebas nuestro ejército no ha sido sobrepujada por la del más disciplinado de la América Central. —**P. BONILLA**

POR LA TARDE del 24 de febrero salió Sierra de Güinope con la vanguardia del ejército revolucionario, compuesta de 120 hombres de infantería y 40 de caballería, y se detuvo para pasar la noche en la aldea de La Unión, perteneciente hoy al municipio de Tatumbla. Ese mismo día salió el doctor Bonilla con el resto del ejército, acompañado de los generales Reina, Rosa y Archer, acampando en Las Casitas, a una legua de Güinope. En ese lugar se leyó un acta en que el ejército proclamaba al doctor Bonilla presidente provisional de la República.

Según parece, un día antes de la movilización de Güinope, se había acordado atacar la capital por sorpresa; y el general Reina, con una columna, marcharía simultáneamente a situarse en la cumbre del Picacho para favorecer el movimiento. En tal virtud, éste había dirigido al alcalde de San Antonio de Oriente un telegrama ordenándole alistar forraje para las bestias y dos mil raciones para su ejército, pues pernoctaría en dicho lugar al día siguiente. Pero, por razones desconocidas, ese plan se abandonó en seguida y se convino, pasando por Tatumbla, en ocupar el Cerro de Hule, desde donde se podría hostilizar al ejército enemigo por la facilidad de las evoluciones y del abastecimiento de víveres y ganados. Circunstancias sobrevinientes habrían de impedirlo.

El alcalde de San Antonio de Oriente se apresuró a poner en conocimiento del señor Agüero la orden del general revolucionario. Comprendiendo el general Vásquez cuál sería el objeto de aquella maniobra, ordenó la movilización de su ejército con la intención de presentar batalla a los revolucionarios en San Antonio, sin darles tiempo de atacar la capital, y obligarlos a que capitulasen. El general Belisario Villela, que se encontraba en Yuscarán con 400 hombres, recibió orden de marchar precipitadamente a colocarse a la retaguardia del ejército revolucionario. El coronel Rosendo López debía ocupar San Antonio con

300 hombres y el general Alfonso Villela, hermano del primero, salió de Tegucigalpa el 25 para situarse en Tatumbla con 300 hombres. Ese mismo día 25 salió Vásquez con el grueso del ejército hacia San Antonio, llevando cerca de 1,200 hombres, entre los cuales había un cuerpo de caballería de ciento cincuenta, y una sección de artillería de montaña, dotada de dos cañones Krupp y una ametralladora de grueso calibre.

Después de la llegada de Sierra a Tatumbla, los niños de esta aldea salieron a encontrar al doctor Bonilla a alguna distancia, situándose sobre el borde de algunas lomas que se alzan por el camino de Güinope, y al verlo, prorrumpieron en hurras y gritos jubilosos. El jefe de la vanguardia, tan pronto como se posesionó de Tatumbla, envió a un espía sobre el camino de la capital y ordenó que se colocase un grupo de caballería en el punto denominado El Portillo del Jicarito. Allí se hallaba, sin sospechar la proximidad del enemigo, cuando, de pronto, a eso de las seis y media de la tarde, apareció la tropa de Villela y dispersó a tiros al grupo mencionado, de que era jefe un tal M. Piquet, tomando posesión del Portillo a doscientas varas de la población. La presencia de los revolucionarios fue igualmente una sorpresa para Villela, pero creyendo que no era sino alguna columna volante desprendida de San Antonio para llevar ganados, ordenó el avance de su fuerza, llegando a unas cincuenta varas de las posiciones de Sierra, que éste se apresuró a defender. Los fuegos se suspendieron después de dos horas por la llegada de la noche, durante la cual el general Sierra ocupó las posiciones de Cerro Caliente sin desatender Tatumbla.

La dispersión de la caballería revolucionaria había sido completa. Fueron abandonadas las bestias y equipos; algunos soldados no reaparecieron sino muy tarde; y Piquet pasó por el pueblo sin detenerse para buscar al doctor Bonilla y referirle lo sucedido. El general Reina adelantó a Rosa con 200 hombres para proteger a Sierra, pero llegó después de haberse suspendido los fuegos. El enemigo, situado, como se ha dicho, en el Portillo del Jicarito, extendió su línea de fuego abarcando unas seiscientas varas.

A la llegada del doctor Bonilla con el grueso del ejército a Cerro Caliente, se ordenó al jefe del Cuerpo de Zapadores la construcción de trincheras, en cuyo trabajo se persistió sin descanso durante toda la noche. Prácticamente quedaba modificado el plan de ocupar el Cerro de Hule, aunque se deshiciese al enemigo en una batalla campal, pues en este caso la movilización se ordenaría hacia Tegucigalpa.

En presencia de tales circunstancias se convino el plan de ataque a Villela. El general Reina dispuso enviar a los subtenientes Teófilo

Sánchez y Juan Vicente Bucardo con 30 texiguats para que ocupasen una altura cubierta de pinos sobre el flanco izquierdo del enemigo.

Villela inició los fuegos a las seis de la mañana entre el toque de diana de los clarines. El ataque de Sánchez y Bucardo, por el ala izquierda, después de iniciado el combate, desconcertó al enemigo, que después de dos horas y media de fuego huyó de sus posiciones en franca derrota, abandonando armas, parque y bestias, y pegando fuego a la loma. Se dice que cuando Villela pasó por La Montañita solo llevaba cincuenta soldados.

No hubo ninguna novedad del 26 al 28. El 1.º de marzo se comprobó cerca de Güinope la presencia de Villela. Este había tomado la dirección de San Antonio de Oriente, al abandonar el Portillo del Jicarito, sin presentar combate a Sierra, que lo seguía.

Ese mismo día llegaron al campamento de Cerro Caliente 100 reitocas y por entonces se hallaban ocupadas y fortificadas las posiciones del Matazano, La Zopilotera, La Lima, Las Trancas y El Rodeo.

Mientras tanto, el general Vásquez se entretenía en pasear su ejército por San Antonio, Valle de Ángeles, Cantarranas y viceversa, no apareciendo sino hasta en la madrugada del 3 frente a las líneas revolucionarias. Hasta allí, la entrada a la capital había permanecido franca a los revolucionarios; pero no se aprovecharon de esta circunstancia por falta de audacia. A las 6:30 de la mañana inició el enemigo sus fuegos de cañón y, por una casualidad muy digna de notarse, la primera granada se llevó la cabeza de Gonzalo Midence, pariente de Agüero, de Bonilla y de Vásquez. La cabeza no pudo ser hallada después.

Al llegar la noche realizó el general Sierra una estratagema contra el enemigo, enviando a algunos oficiales a las nueve con orden de que se aproximasen lo más que les fuera posible al campamento de Vásquez, sin ser sentidos, e hiciesen fuego repentino. La confusión fue enorme y, repuestos de la sorpresa, los soldados del Gobierno empezaron a hacerse fuego entre sí, de resultas de lo cual tuvieron que lamentar muchas pérdidas. Los oficiales de Sierra volvieron sanos a su campamento.

Los cañones enemigos continuaron funcionando sin interrupción desde ese primer día hasta el 4 o 5, sin que la situación de las fuerzas beligerantes cambiase. La imprenta llamada de Los Costales, por haberse distribuido los tipos en pequeños saquitos de manta en pueblos de Nicaragua, armada por el coronel Samuel Valladares, se había instalado en la tienda del doctor Bonilla y servía para imprimir el boletín de la guerra. El doctor Bonilla redactaba el boletín dando cuenta de los sucesos del día 3, cuando, como a las 10 de la mañana, una granada desgajó la rama de un pino cercano y sus cascos fueron a caer sobre la tienda en que se hallaba. Pasado el ruido que produjo, continuó redactando el boletín tranquilamente.

El día 4 se repitió por la noche la maniobra del general Sierra y ese día y el 5 los cañones de Vásquez estuvieron funcionando, aunque con menos actividad que al principio, sin que se notase otra fatiga; pero el 6 Vásquez ordenó que Félix A. Molina, con 150 hombres, ocupase una pequeña colina que se alza a un lado del camino de Güinope para quitarles esta comunicación a los revolucionarios; y al general Belisario Villela, que se posesionase del Junquillo, que servía de protección a la primera. Por una falta de precaución de los jefes revolucionarios, el enemigo los incomunicó con los pueblos del departamento de El Paraíso y con Nicaragua. Desde el campamento de Cerro Caliente pudieron verse las columnas enemigas evolucionar para tomar las posiciones indicadas.

Al llegar Villela al Junquillo, se atrincheró rápida y convenientemente y esperó, seguro de que los revolucionarios no tardarían en atacarlo. Efectivamente, el general Sierra dispuso enviar por la noche a Tulio Cubero con 15 hombres, y preparó 50 más al mando del coronel Carlos Jirón, que había llegado ese día con 100 reitocas, procedente del sur, para que éste operase antes de la salida de la luna. Se atacaría por el flanco derecho, por el frente y por la retaguardia; y así se hizo a la hora convenida, pero no por todos los cuerpos a la vez. De modo que, habiendo sufrido retraso uno de ellos, dio lugar a que dos pelotones revolucionarios se atacaran mutuamente en la oscuridad. Al reconocerse, se reconcentraron a Tatumbla y quedó Sierra abandonado e impotente para resistir, por lo que se retiró también, favorecido por la noche. De este combate nocturno salieron heridos dos soldados de la revolución, más un jovencito llamado José María Medina, que cayó, además, prisionero. Villela ordenó que se le apalease, después lo pincharon con las bayonetas y, por último, lo fusilaron, cosa que el doctor Bonilla se negaba a creer, vista la magnanimidad que había observado el ejército revolucionario con los prisioneros enemigos, conocida por Vásquez y sus generales.

Procedentes del sur llegaron el 7 al campamento de Cerro Caliente el general Tomé, que había permanecido en El Corpus, y también los generales Dionisio Gutiérrez y Miguel R. Dávila, y el coronel Miguel Oquelí Bustillo, que habían permanecido en Guatemala. Conducían éstos cierta cantidad de parque y los acompañaban individuos de tropa. Ese mismo día 7, a las 9 de la mañana, el general Manuel I. Rosa, con 30 texiguats, salió a atacar las posiciones que ocupaban los jefes enemigos Félix A. Molina, alias Cejas, que tenía 150 hombres en Ocote Arrancado, y Rosendo López, que se hallaba en El Junquillo, juntamente con Villela. Rosa atacó el primer puesto avanzado combatiendo por los flancos y el frente, operando al final un asalto violento y poniendo en precipitada fuga al enemigo, que se detuvo en una altura próxima, fortificada. El general Reina envió a Rosa 20 hombres de refuerzo y, como a la una de la tarde, éste asaltó las trincheras enemigas de Ocote Arrancado, capturando parque, ganado, rifles modelo argentino y monturas. Seguidamente se preparaba Rosa para atacar las posiciones de Rafael López, cuando él lo fue a su vez hacia la retaguardia por un capitán Domínguez, con intibucaes de la guardia del general Vásquez. Rosa reunió sus fuerzas y atacó a Domínguez, derrotándolo en seguida. En el momento de la derrota llegó el jefe enemigo Francisco Murillo Medina, tránsfuga de la revolución; pero éste huyó antes de tomar parte en el fuego. Entre los revolucionarios muertos en esta acción estaba Miguel Ramírez, cuyo hermano, Felipe, inició conversación con el doctor Bonilla.

"¿Tienen madre? —preguntó el doctor Bonilla."

Felipe contestó afirmativamente y el doctor Bonilla la compadeció.

"No compadezca usted a mi madre" —dijo entonces Felipe—; "cuatro hijos somos, ella nos mandó y si otros cuatro tuviera, a todos los mandaría. Mi hermano ha muerto, no importa, a eso hemos venido todos."

El día que se proyectó atacar nuevamente la posición del Junquillo, o sea el 8, llegaron por la mañana los licenciados Pedro H. Bonilla y Ricardo Maldonado, y el coronel Miguel Padilla con 150 hombres, quienes habían batido en San Antonio del Norte al comandante local del Círculo, capitán Agapito Castro, que resistió por más de dos horas el ataque y capituló por fin. En virtud de la capitulación, Castro se retiró con su gente desarmada, abandonando en poder de los revolucionarios 33 Remingtons que había en la Comandancia y una regular cantidad de cartuchos.

La fuerza de Pedro H. Bonilla fue batida por un destacamento enemigo desprendido del Junquillo al aproximarse a las posiciones del Matazano; pero el coronel Padilla organizó su gente y el fuego comenzó de nuevo a las 11 de la mañana, rechazando al enemigo hasta obligarlo a volver a sus trincheras. El ataque continuó en éstas con la cooperación del general Manuel I. Rosa, que atacó dichas posiciones por el ala derecha. Después concurrió el general Tomé en auxilio de Rosa, pero suspendieron los fuegos a las seis y media de la tarde, obligados por la noche. A favor de ésta el enemigo evacuó el Junquillo, dejando una bandera, bestias y pertrechos. Los revolucionarios ocuparon esta posición a la mañana siguiente. Al principio de la acción relatada murió el coronel Miguel Padilla, desgracia hondamente sentida por todos sus compañeros de armas.

Del 9 al 11 no ocurrieron hechos de mayor notoriedad y el enemigo se limitó durante este último día a algunas hostilidades a las posiciones revolucionarias y a disparos poco frecuentes de sus dos cañones. Pero en la mañana del 12 hubo un ataque general, iniciado por la fusilería sobre las posiciones que defendían el camino de Güinope. Simultáneamente fueron atacadas las que se hallaban a cargo del general Sierra, situadas desde el Portillo del Jicarito hasta las casas del pueblo. Algunos soldados atacantes llegaron a corta distancia de dichas casas y buscaron defensa en un rancho, pero de éstos perecieron casi todos.

En Cerro Caliente los revolucionarios fueron reducidos a sus últimos atrincheramientos, pero el enemigo fue oportunamente atacado a su vez por la retaguardia. El coronel Miguel Oquelí Bustillo y el licenciado Pedro H. Bonilla habían recorrido toda la línea de combate para batir a los atacantes por el flanco izquierdo, mientras lo hacía el general Dávila por el derecho y Rosa por el centro. El enemigo se batió en retirada y aquéllos lo persiguieron hasta aproximarse a ochenta varas de la tienda del general Vásquez, después de haber asaltado las primeras trincheras que la defendían, distinguiéndose en la acción el general Rosa. El general Vásquez empeñó todo su Estado Mayor, más el cuerpo de banda, para salvarse del desastre, y Dávila, Bonilla (Pedro H.), Bustillo y el mismo Rosa viéronse obligados a retirarse.

Vásquez pensó entonces en tomar represalias. Al efecto, escogió a 500 gracianos aguerridos, les ofreció 100 pesos de liquidación a cada uno, repartióles sendas copas de aguardiente y los lanzó sobre la posición de Cerro Caliente con el intento de capturar al jefe supremo de la revolución. Los 500 gracianos se movieron en silencio desde su base de operaciones y avanzaron hacia las posiciones revolucionarias, favorecidos por la densa oscuridad de la noche. Pero en Cerro Caliente se presentía el ataque y sus defensores habían preparado bolas de gas para alumbrar el campo cuando fuera oportuno. Las líneas estaban preparadas y los centinelas aguzaban el oído y la vista para descubrir al enemigo en cuanto éste se presentara. El más leve ruido sobre las hojas secas denunciaría su proximidad. De pronto, a las 8 de la noche, un centinela dio la voz de alarma, se arrojó la primera bola de gas inflamada y continuaron arrojándose otras hasta alumbrar el campo en una gran extensión. Se vio a los gracianos en la línea, arrastrándose por el suelo en la sabaneta inmediata, a distancia de cuarenta o cincuenta varas de los atrincheramientos de Cerro Caliente. En el acto se inició un nutrido fuego de fusilería. Sin embargo, los gracianos continuaron avanzando hasta llegar a 10 varas de las primeras trincheras, y asaltando éstas, se trabó un corto y feroz combate cuerpo a cuerpo; pero los gracianos fueron rechazados, retirándose en desorden a sus posiciones. Hubo 5 muertos y 11 heridos de parte de la revolución; el Gobierno debió de haber tenido mayor número de bajas, pero sobre esto guardó un prudente silencio el general Vásquez.

Esos triunfos mantuvieron por algunos días el entusiasmo del ejército liberal, pero la situación de ambos combatientes permanecía la misma, con tantas desventajas para los revolucionarios como ventajas tenía el otro, y esto llegó a conocerlo hasta el último soldado al no ver los frutos de cada combate. Se hacía necesaria una acción decisiva, un golpe de mano que cambiase aquella situación dudosa, la más peligrosa de todas en la guerra; y así deben de haberlo comprendido los generales de la revolución, en cuyas manos el doctor Bonilla, jefe meramente civil de la misma, confió la suerte de las armas, teniendo, sin embargo, voz y voto en las deliberaciones militares.

El general Vásquez recibió al día siguiente de ese descalabro un refuerzo de 500 gracianos, los soldados más aguerridos y disciplinados del país, pero también los revolucionarios se vieron reforzados por la llegada del general Manuel Bonilla con 3 compañías de infantería.

Este había asaltado el cuartel de Juticalpa el 12 de febrero anterior, con la cooperación de los coroneles Manuel Ismael Rosa y José Ángel Rosales, este último, alcalde de la ciudad, aprovechando las favorables circunstancias de hallarse el comandante de armas y mayor de plaza fuera del cuartel ese día, como a las 2 de la tarde; y de haber salido por la mañana una parte de la guarnición en reclutamiento de tropas pedidas de Tegucigalpa por el general Vásquez. Procedió con tanta cautela en la preparación del plan, que ni el mismo general Carlos F. Alvarado, a la sazón en aquella cabecera, pudo percibir los preparativos del asalto, a pesar de haberse hecho éstos a trescientas varas del cuartel. El mayor de plaza, Rafael Suazo, que se distraía ese día en una casa vecina, al oír los tiros, salió corriendo hacia el cuartel, pero viendo éste rodeado por los revolucionarios, regresó al cabildo para tomar el mando de una custodia del presidio. Los soldados de la custodia huyeron al verse frente al enemigo, abandonando a Suazo, quien a pesar de haber quedado solo, se opuso a sus atacantes, apostándose tras los pilares del cabildo, desde donde les hizo fuego con su pistola, hiriendo al revolucionario Carlos Medina y muriendo heroicamente.

Tomado el cuartel de Juticalpa, procedió el general Bonilla a organizar los servicios propios de campaña, nombrando comandante de armas del departamento al coronel José Ángel Rosales y saliendo al día siguiente hacia San Francisco de la Paz, con el propósito de facilitar la incorporación a sus filas de los elementos revolucionarios y hacerse de algunos pertrechos, lo mismo que de animales de transporte, dejando a aquél órdenes para reclutar milicianos de los alrededores y poner en revolucionarias las armas que había en el cuartel.

La escolta del jefe expedicionario, cuyo carácter asumió al salir de Juticalpa, se componía de sesenta hombres con doble equipo; pero poca fue su fortuna por los pueblos que recorrió de los distritos de Manto y Salamá, de aquel departamento, a consecuencia de que los olanchanos son poco adictos a las armas, o por mejor decir, enemigos de tomarlas, aun en defensa de su propia causa.

Después de haber expedicionado por esos pueblos, pasó a los de Tegucigalpa, llegando a Cedros, donde había una guarnición de cincuenta hombres, comandada por el coronel don Miguel R. Durón, y éste se hallaba decidido a resistir y deshacer a los revolucionarios. Al general Bonilla se le había incorporado Manuel Rodríguez con 60 hombres a su paso por Guaimaca, y al llegar a las inmediaciones de Cedros, Durón huyó con su gente hacia Tegucigalpa.

Del 17 de febrero al 4 de marzo siguiente, el general Bonilla se mantuvo expedicionando por los pueblos norteños del departamento de Tegucigalpa, tanto para distraer la atención del Gobierno de sus actividades de Tatumbla, como para aumentar sus fuerzas y hacerse de más elementos, regresando siempre a Guaimaca, donde había establecido su cuartel general.

En uno de estos días, el 28 de febrero, había pasado por las orillas de Valle de Ángeles, sin detenerse, enviando sólo a la población a unos diez soldados para que se hiciesen de unos 20 que les dio el alcalde Rafael Midence. No había decidido el general Vásquez atacar todavía a Tatumbla, como se ha dicho, quizás por temor al general Bonilla, que estaba a su retaguardia. Creyendo que este podría presentarle batalla en Valle de Ángeles, de donde se le mandó aviso de su presencia, resolvió moverse hacia dicho lugar con toda su gente; pero al llegar fue informado de que Bonilla había proseguido su marcha. La presencia de Vásquez infundía verdadero terror en todas partes, y más aún en Valle de Ángeles, donde todos sus habitantes eran partidarios de la revolución. Un oficioso vecino informó a Vásquez que el alcalde había dado lazos a los revolucionarios; este funcionario fue detenido y llevado al patíbulo para ser fusilado inmediatamente; pero, por una circunstancia desconocida, no se ejecutó la orden. La familia Torres fue ultrajada, a pesar del conocimiento mutuo entre ésta y Vásquez; y la señora, entre amenazas y violencias de todo género, se vio obligada a dar dos mil cuatrocientos pesos, y a remitir dentro de ocho días al campamento de Tatumbla tres mil más. Valle de Ángeles fue amenazado de ser incendiado: los soldados, en su mayor parte gracianos y santabarbarenses, preparaban las teas, aunque vacilando, y no se ejecutó el proyecto por la influencia oportuna de varios amigos de Vásquez, como don Alberto Zúñiga, don Trinidad E. Mendoza, don Fernando Vásquez y otros. Antes de pasar a Cantarranas, las fuerzas del general Vásquez asolaron el pueblo de Valle de Ángeles, destruyendo los pastos, llevándose las bestias y cometiendo toda clase de abusos contra la propiedad y las personas.

En cambio, la pequeña fuerza del general Bonilla era recibida con simpatías en todas partes, pues evitaba los atentados y las violencias y, con los hechos, daba a conocer la bondad de la causa revolucionaria. Ese día, al llegar el general Bonilla a Cantarranas (a donde se dice que fue seguido por el general Vásquez), se le dijo que el coronel Domingo Mejía saldría de Comayagua con 150 gracianos, conduciendo 10 cargas de parque para Tegucigalpa. Inmediatamente se puso en marcha procurando llegar primero que aquél a Protección para tomar posiciones y batirlo, pero no lo pudo lograr por el cansancio de los soldados que habían hecho largas caminatas. Llegó, sin embargo, el 2 de marzo, a la una de la tarde; pero el enemigo, que había tenido conocimiento de su próxima llegada, se encontraba parapetado en las alturas que dominan la aldea de Protección.

A pesar de su desventajosa situación, en la parte baja de las pendientes, el general Bonilla ordenó el combate y principió el fuego sólo con una pequeña parte de sus fuerzas, las que fueron ascendiendo y desalojando progresivamente al enemigo hasta asaltar sus posiciones. Este huyó completamente deshecho, dejando las diez cargas de parque y doce mulas. Los heridos revolucionarios fueron los bachilleres Leonardo Irías y Salvador Mejía, el coronel Juan R. Narváez y tres soldados, pero no hubo muertos. El enemigo tuvo tres de éstos, en cuenta un oficial.

No supo el general Bonilla que el jefe del convoy llevaba, además, en unas alforjas, cinco mil pesos en billetes de banco; y Mejía, por malicia o por miedo, huyó al oír los primeros tiros, abandonando su fuerza, ignorándose si se presentó o no al al gobierno para hacerle entrega del dinero.

Después de aquella acción, regresó el general Bonilla al lugar denominado El Cedrito, operando, de acuerdo con el jefe supremo de la revolución, hasta el día en que se incorporó al grueso del ejército en Tatumbla, el 14 de marzo, como se ha dicho. También llegaron el mismo día a Tatumbla el doctor Juan Ángel Arias y el licenciado Fausto Dávila, exministros de la Gobernación e Instrucción Pública del Gobierno del señor Agüero, y explicaron al ejército revolucionario las causas de su separación y las de su ingreso a las filas. El último de dichos señores llevó consigo siete hombres más, bien armados. Llegaron poco después Carlos F. Gutiérrez, Antonio Lardizábal y Macario Medina, y cinco de tropa.

Se dispuso a hostilizar al enemigo en sus propios atrincheramientos y, al efecto, se envió al general Rosa con un grupo, y éste llegó a 300 varas de las propias tiendas del general Vásquez. Volvió Rosa a salir en expedición el 16 con 80 hombres, llegando por la noche de ese día al Hato de Enmedio, a tres cuartos de legua de la capital; y al día siguiente avanzó hasta la Cruz Larga, a la vista de la población. Una de sus avanzadas detuvo al coronel Santiago Pereira, que regresaba a Tegucigalpa para reemplazar a un coronel Figueroa en el servicio de la plaza; éste caminaba con dos asistentes, armados de Winchesters, a poca distancia de una comisión de 15 hombres que andaba en busca de ganado para el ejército de Vásquez. El oficial que encabezaba la avanzada de Rosa intimó la rendición a Pereira; éste ofreció hacerlo al principio, pero observando que el número de soldados de las dos fuerzas era más o menos igual, quiso hacer uso de su revólver. Los soldados de Rosa, viendo amenazado al oficial, dispararon sobre Pereira, cayendo éste muerto en el acto. Acudió Rosa al oír la descarga y dispersó a la comisión enemiga, capturando a uno de los dos asistentes de Figueroa y recogiendo en el campo seis fusiles que aquéllos abandonaron. Luego se encontró con un sargento que conducía 10 hombres del campamento enemigo, desarmados, para Tegucigalpa. Estos se destinaron a varios trabajos de zapa en Tatumbla, pero con garantía de su vida, a pesar de que el enemigo obligaba a los revolucionarios a las represalias, pues fusilaba a todo aquel que caía en sus manos.

Sucedió eso el 16; el 17 Vásquez ordenó hostilizar con su artillería las tiendas de los hospitales revolucionarios que se distinguían de las demás por las banderas de cruz roja. Producto de ese crimen fue la muerte del cirujano Cáceres, colaborador del doctor Baires.

Así se iba aproximando el día de la evacuación. Días muy difíciles fueron aquellos para el doctor Bonilla: por los celos entre los principales jefes, el desaliento en las tropas, la escasez de víveres y forrajes, y sobre todo la falta de parque; y los elementos menos sanos del ejército desertaban llevándose los equipos. Mientras tanto, el enemigo bombardeaba las tiendas de Cerro Caliente desde las faldas del Uyuca, y se ordenó ampliar las trincheras para evitar el estrago de las bombas.

Desesperado el general Vásquez por hacer cambiar aquella situación que se prolongaba bastante, y la cual ponía en duda sus habilidades de estrategia, dispuso circunvalar con su ejército las posiciones revolucionarias de Tatumbla. Deseando impedir la llegada de víveres a éstos, procedentes de la fértil montaña de Azacualpa, marchó el día 23 con 800 hombres sobre las posiciones del Hisopo, por la vía del Cerro de Hule, con el objeto de disputarla a sus enemigos, los generales Manuel Bonilla y Manuel I. Rosa, que se hallaban allá con 300 combatientes.

Da acceso al Hisopo un camino que se abre paso a través del desfiladero de Las Trancas. Aquí se hallaba una avanzada revolucionaria el día anterior en que fue ocupado dicho desfiladero por el general Vásquez; pero fue reconcentrada, a pesar de las observaciones que hizo el jefe que la guardaba, de modo que Vásquez se posesionó de Las Trancas sin hallar enemigo que se lo impidiese.

Según se dice, el general Manuel I. Rosa iba a ser enviado a ella; pero se demoró por haberlo el general Bonilla nombrado ejecutor de la sentencia de muerte recaída en el soldado Raimundo Valladares, de San Buenaventura, que hirió gravemente a Juan Vicente Bucardo, de Comayagüela.

Para defender El Hisopo, ese mismo día 24 se trabó un reñidísimo combate que se prolongó hasta el día 25. Los combatientes adelantaban o retrocedían, pero el combate se mantuvo indeciso hasta las 2 de la tarde. A esta hora, los cañones enemigos empezaron a bombardear las tiendas del Hisopo, en que se hallaba el general Miguel R. Dávila comandando el ala derecha; y algunos soldados, asustados por el estruendo de la artillería, huyeron al campamento central. Al llegar la noche, el general Manuel Rosa, que combatía en puestos avanzados juntamente con el coronel Miguel Oquelí Bustillo, fue cercado por el enemigo, dejándoles como única salida una abrupta y escabrosa barranca, por donde se tiraron, abandonando bestias y bagajes, y en la que perecieron despeñados algunos de sus soldados. El general Bonilla logró sostenerse por algún tiempo más, pero al fin fue vencido por la superioridad numérica y tuvo que retirarse.

Mientras se combatía en El Hisopo, se dispuso un ataque al flanco izquierdo del enemigo, enviando para tal efecto al coronel Samuel Valladares por el lado de Sabana Redonda, en las faldas del Uyuca. Este capturó a algunos enemigos, en cuenta a varias mujeres que iban con víveres, y atacó a Belisario Villela en El Rodeo, obligándolo a reconcentrarse con la cooperación de un oportuno refuerzo que le fue enviado por el general Reina y un grupo de oficiales destacados de las fuerzas del general Sierra.

Por la noche de ese día 25 se dispuso la evacuación de Tatumbla, proponiendo el doctor Bonilla atacar inmediatamente a Tegucigalpa; pero sobre esta última decisión no se llegó a un acuerdo definitivo. A las siete de la noche se inició la evacuación, yendo Sierra a la vanguardia, el doctor Bonilla con los generales Tomé y Gutiérrez en el centro, y los generales Bonilla, Dávila y Rosa, a la retaguardia. La salida se verificó sin que el general Vásquez lo advirtiera, por un punto en que éste creyó imposible el paso de un ejército. Los revolucionarios amanecieron en Joya Grande, de donde determinaron enviar a los enfermos y heridos a Danlí, conducidos por una escolta comandada por el coronel Salvador Moncada.

Después de haberse puesto en marcha el ejército para Tegucigalpa, capturaron un correo que enviaba Belisario Villela al comandante de armas de Yuscarán, comunicándole que los revolucionarios habían salido huyendo de Tatumbla con dirección a la frontera de Nicaragua. Igual comunicación envió Vásquez al presidente Agüero, y éste y los suyos celebraron en Tegucigalpa aquella falsa victoria, echando a vuelo las campanas de todas las iglesias y a su vez esparciéndola a los restantes departamentos.

Al llegar a La Travesía volvieron a detenerse para celebrar un nuevo consejo de oficiales en el que tomaron parte Arias, Dávila (don Fausto) y Bonilla (Pedro H.). En esas conferencias, siguió sosteniendo el doctor Bonilla que debía darse un golpe audaz al Gobierno atacando inmediatamente la capital; pero muchas opiniones hubo, prevaleciendo al final el parecer de aplazar el ataque para el día siguiente.

El retraso causó una malísima impresión en el ejército, que había hecho una larga jornada por extraviados caminos y soportado el hambre y la sed, con la esperanza de batirse en inmejorables condiciones por una victoria pronta e indiscutible.

El coronel Nicolás Flores, desobedeciendo aquella determinación, montó en su cabalgadura y continuó la marcha al grito de: "¡A Tegucigalpa!", siendo seguido por unos pocos, pero indisciplinó a gran número de soldados, que ni acompañaron a Flores ni continuaron la marcha a Las Crucitas, como se dispuso. Estos se tiraron a la vera de los caminos para dormir, vencidos por el sueño y el hambre. Flores llegó hasta El Guanacaste y algunos de sus oficiales, vecinos de Tegucigalpa, cenaron esa noche en sus casas. Su presencia sembró el terror en los débiles defensores de la ciudad y puso en precipitada fuga al jefe de la

Guardia de Honor del presidente Agüero, que se tiró por el río para ganar las faldas orientales del Berrinche.

En su marcha hacia Las Crucitas, el doctor Bonilla notó al llegar al Rincón que sólo lo habían seguido hasta allí cien hombres. Tomando un camino distinto, el general Rosa había, sin embargo, logrado anticiparse con 50 hombres, colocándose en Las Crucitas para cortar el paso a un destacamento enemigo que se hallaba en la cima del Picacho. No había tenido conocimiento el general Vásquez de la evacuación sino hasta las nueve de la mañana del día 26, por impedírselo, según dijo, una densa neblina que amaneció sobre el pueblo. Al saber que en Tatumbla no había enemigo, ordenó abandonar sus posiciones para descender al pueblo, y la primera medida que dictó al llegar a sus deshabitadas casas fue el incendio de éstas, lo que se ejecutó sin protestas ni dilaciones.

La segunda noticia que tuvo el general Vásquez ese día fue que se había visto al enemigo marchar por el camino de Güinope esa mañana. Para hostilizarlo, ordenó la salida inmediata del general Alfonso Villela con 500 hombres, y a quienes encontró éste en las cercanías del mencionado pueblo fue a los generales Teodoro Valladares, Escalón y Aplícano, que habían salido de Duyure ese mismo día y se dirigían con 27 hombres, conduciendo tres cajas de parque a los campamentos revolucionarios de Tatumbla, ignorando que esta población se hallaba ya en poder del enemigo. Valladares y los suyos huyeron, como era natural, en presencia de un enemigo que los sobrepujaba dieciocho veces por el número, y abandonaron algunas bestias y cierta cantidad de cartuchos. Villela entró a Güinope y sus soldados se dedicaron amorosamente al saqueo de la población, escarbando hasta el piso de algunas casas por suponer que hallarían dinero enterrado. Hicieron prisioneros a don Paulino Valladares y siete más. El primero fue obligado a dar mil pesos con amenaza de muerte si no pagaba. Entre los prisioneros hechos, además de Valladares, se encuentra a Cruz Lagos, que fue fusilado en Güinope; los otros fueron enviados a Tegucigalpa y fusilados también, con excepción de uno. Entre los que subieron las sombrías gradas del patíbulo en Tegucigalpa se mencionan a Juan Pablo Valladares, Luciano Núñez, Isidro Flores y Secundino Rodríguez.

XVII: DEL PICACHO A JUTICALPA

Graves errores se cometieron, que son inevitables, regularmente en la guerra; y por la parte que en ellos a mí tocase, sirva para atenuar mi responsabilidad el haber compartido siempre los peligros con mis compañeros, y el haber tenido la buena suerte de ver en los campos de Guaimaca correr mi propia sangre mezclada con la de los generosos defensores de la libertad. —P. BONILLA.

La serie de combates librados en Tatumbla conmovió hondamente a la república, perturbando las actividades de sus habitantes, sobre quienes se asentó la garra inmisericorde del despotismo con la exacción, la violencia, el asesinato, el incendio y el robo como sistema; ahogando en sangre el heroísmo, pervirtiendo toda virtud cívica y doméstica, disolviendo los hogares, favoreciendo la delación con la impunidad que se erguía insolente y audaz para cebarse en sus víctimas. El pueblo oprimido, o ingresaba a las filas de la revolución, o se ocultaba en los montes, pero no iba a defender un régimen oprobioso sino por la fuerza y por el terror.

Existen aún numerosas personas que dan fe de esa desencadenada barbarie; testigos de fustigaciones, fusilamientos y todas las demás violencias inherentes a un despotismo que no respetó ni sexo ni condición social alguna.

Como pudiera suponerse que estas apreciaciones son hechas al calor de la pasión, aparecerán en capítulo final, como muestra, algunos documentos que las justifican.

Por el contrario, la revolución no sacrificó a nadie, ni en sus intereses ni en su persona, ni aun tratándose de enemigos avanzados en el campo de batalla con las armas en la mano. Cuando hubo necesidad de tomar algo a los enemigos para el sostenimiento del ejército, fue siempre sin violencias ni ultrajes, otorgándoles una constancia para la futura reclamación, si no se podía satisfacer el valor de los efectos inmediatamente. Por lo que respecta a la pena de muerte en las filas revolucionarias, y que el enemigo aplicaba sin más formalidad que dar cuenta a los jefes superiores, ella fue excepcionalmente impuesta para el mantenimiento de la disciplina del ejército revolucionario en castigo de faltas gravísimas, y sin el previo conocimiento del jefe supremo, doctor Policarpo Bonilla, que habría desautorizado su aplicación.

Para terminar el capítulo anterior, se dejó dicho que el 28, hacia el final del día, el general Manuel I. Rosa llegó a Las Crucitas, cortando así la retirada a un destacamento enemigo que pernoctó en la cima del Picacho. En la madrugada del 29 llegó a dicho punto el resto del ejército; el general Rosa se adelantó al Picacho y deshizo el destacamento mencionado; una hora después, el general Sierra, con 100 infantes, descendió de aquella posición y se batió en La Leona con el enemigo, y al mismo tiempo el coronel Plutarco Bowen ocupó Casa Mata al oriente de la capital, capturó algunos elementos que allí había y avanzó sobre la población, poniendo en fuga a un cuadro enemigo que por aquel lado hostilizaba la posición de La Leona, tomada poco antes por el general Sierra.

Desde ese momento quedó entablado en las calles de la capital un fuego de pequeñas guerrillas que irrumpían por todos lados; y el enemigo quedó reducido en pocos momentos al cuartel de San Francisco y a la Casa Presidencial.

Entonces, cuando con un poco más de esfuerzo y de tiempo la victoria se hubiese pronunciado por los revolucionarios, mediante una acción conjunta, debidamente combinada, se vio avanzar al enemigo por la Cruz Larga a paso de carga, en defensa de la capital. Se tocó reunión al centro en las filas revolucionarias y los últimos en retirarse fueron los que se habían posesionado de La Leona.

Fue herido en esa acción, entre otros, Eusebio Montes (alias Pájaro Verde), muy valeroso, a quien no se pudo retirar de las calles con oportunidad. Jacobo Mejía, de la Plazuela, lo ocultó en su casa para curarlo. Mejía fue denunciado desgraciadamente; y aquél y éste fueron capturados: Pájaro Verde sufrió quinientos palos y pereció arrastrado por las calles con escandaloso salvajismo. Mejía fue fusilado. En esa acción, los revolucionarios tuvieron, además, dos muertos y catorce heridos; pero es notorio que, además de Mejía y Montes, fueron fusilados frente al atrio de la iglesia alrededor de quince avanzados revolucionarios. El enemigo tuvo treinta muertos y cuarenta heridos, más o menos. El dato exacto se desconoce.

A las cuatro de la tarde del mismo día fue atacado el general Bonilla, que se había atrincherado apresuradamente en Las Crucitas, por el general Guadalupe López con quinientos gracianos, que supuso a los revolucionarios en derrota y creyó batirse con algunas columnas de su retaguardia. Los soldados del general Bonilla, desgraciadamente, se hallaban todos con poco parque y tenían que economizarlo.

Dominado por la superioridad numérica y de elementos, el general Bonilla fue desalojado de sus trincheras y se vio precisado a hacer fuego en retirada hacia la cima del Picacho, donde se había establecido el cuartel general. En esta retirada fue auxiliado por algunos destacamentos enviados por el doctor Bonilla.

El combate se encarnizó a la entrada de la noche y se produjo la confusión entre ambas fuerzas combatientes en la propia cumbre del cerro. Cuentan los que lo presenciaron desde los altos de algunas casas de Tegucigalpa que los resplandores del fuego de fusilería formaban a veces una sola cinta y las detonaciones eran tan nutridas que semejaban un trueno prolongado. Esa cinta de fuego fragorosa se aproximó un momento hasta los propios bordes del alto Picacho, del lado de Tegucigalpa, retirándose en seguida cerca de las ocho de la noche, lo que indicó que las fuerzas del Gobierno eran en definitiva derrotadas, como así sucedió. El general López llegó esa misma noche, antes de las once, con los despojos de su ejército a los cuarteles de Tegucigalpa. Tan escarmentadas quedaron las fuerzas de Agüero en esa ocasión, que no se atrevió a atacar de nuevo a los revolucionarios mientras éstos se hallaron en el Picacho.

Los heridos de la revolución se enviaron a San Juancito con Marcial Funes, de aquel mineral, y cuentan que éstos fueron atendidos con solicitud por la colonia norteamericana. Cuando Alfonso Villela llegó a aquel mineral, por muchos deseos que hubiera tenido de formarlos en línea para fusilarlos, como hubiera sucedido si los hubiese hallado en otro lugar, no lo pudo hacer, y de mala gana se limitó a visitarlos.

Gabino George llegó el 31 con 100 hombres procedentes de los pueblos del Yoro y llevaba una banda de música.

Como quiera que el ejército liberal, harto disminuido por las deserciones diarias de todos aquellos que consideraban terminada la campaña, no podía permanecer indefinidamente en El Picacho, careciendo de víveres y demás elementos, el doctor Bonilla convocó a consejo a la oficialidad y se convino expedicionar por los departamentos de Yoro y Olancho, en busca de una oportunidad favorable que volviese a poner a la revolución en condiciones de tomar la ofensiva contra el Gobierno del señor Agüero.

El 2, al amanecer, se abandonó El Picacho, saliendo simultáneamente el general Bonilla en expedición hacia el departamento de Comayagua, para distraer la atención del Gobierno y hacerse de víveres; mientras, el general Manuel I. Rosa, a la vanguardia; el general Sierra, al centro; y el doctor Bonilla, a la retaguardia, se encaminaron a Cedros, llegando ese mismo día a la Cofradía, a las doce. El general Gutiérrez, que no estuvo de acuerdo con el plan adoptado, quedó en El Picacho, libre para operar por su cuenta si así lo estimaba conveniente.

Durmieron a dos leguas de la aldea mencionada y al día siguiente pasaron a La Labranza, hacienda del señor Marcial Molina, donde se detuvieron para descansar.

En el corredor de la casa, al son de los aires marciales de la banda de Yoro, el doctor Bonilla arengó a sus soldados y los hizo prestar el juramento de morir antes que declararse en vergonzosa fuga en presencia del enemigo. En la hacienda mencionada encontraron víveres y bestias que tomaron sin violencias, dando al mayordomo la respectiva constancia para futuras reclamaciones. Se dice que encontraron algunas garrafas llenas de aguardiente; pero éstas no fueron tocadas. Se les incorporó el general Bonilla el día 5, y ese mismo día continuaron la marcha, quedando el general Sierra encargado de detener al general Vásquez en el caso de que éste pensara atacar a los revolucionarios por la retaguardia.

Llegaron a Cedros el 6, a mediodía. El 7 supieron que el enemigo se hallaba en Jalapa, y al amanecer del 8 tomaron posiciones en las alturas del sureste de la ciudad. A las 10 de la mañana se presentó Alfonso Villela con 1,000 hombres y un cañón Krupp e inició el ataque a los puestos avanzados de los revolucionarios. Estos tenían tan poco parque de fusil, según confesión de los jefes, que creían imposible poder resistir el empuje del enemigo con ventaja; pero el valor e intrepidez de aquellos hombres que habían jurado redimir a su país de una tiranía feroz, puso a prueba difícil, una vez más, a las tropas del presidente Agüero. Las tropas veteranas de la revolución se mantenían en sus posiciones, repeliendo impasibles los asaltos enemigos, hechos con impotente cólera, y no hacían un disparo sin tener probabilidades de causar una baja en sus adversarios.

Para infundir mayor aliento a los combatientes, los jefes de las aguerridas huestes revolucionarias ocuparon sus puestos en las trincheras, para batirse al lado de sus soldados. El general Manuel Bonilla, confundido con éstos, hacía certeros disparos desde una trinchera cuando fue herido en la mano derecha. La abundante hemorragia lo obligó a retirarse hacia la ciudad. La noticia corrió veloz de trinchera en trinchera, acobardando a los soldados y haciéndoles pensar en una derrota total. Al mismo tiempo que Bonilla, fueron heridos y muertos el licenciado Próspero Padilla Romero, que había llegado a las trincheras con algunos refuerzos, más dos apreciables y valientes jóvenes, llamado el uno Antonio Medina y el otro de apellido Cruz, y varios individuos de tropa.

La retirada del general Bonilla de las trincheras fue harto funesta. Tras él, o poco tiempo después, abandonaron las posiciones que defendían las columnas de Olancho y Yoro, y tras éstas continuaron las demás, iniciando una carrera loca por los campos, sin que pudieran contenerlos las voces ni las amenazas de los jefes. Los gracianos de Villela avanzaban en su persecución, gozosos por una victoria tan fácil, la primera de que legítimamente hubieran podido enorgullecerse en toda la campaña. El licenciado Francisco Cardona, de Curarén, y Jesús Zúñiga, de Comayagüela, vieron a sus aguerridos compañeros de otras horas huir poseídos por el terror, y apostados cada uno tras un ocote, continuaron haciendo frente al enemigo, aun seguros de la muerte. Cecilio López, que era dueño de un hermoso caballo y, además, estaba armado con un Winchester, una hermosa pistola y un lujoso machete, fue rodeado por un grupo de gracianos y no tenía posible salvación; pero pensando en la codicia que sus armas podían inspirar, las tiró al suelo, y mientras aquéllos se las disputaban, él escapó con vida. César Lagos, perseguido de cerca, sin fuerzas para correr más, simuló caer muerto al lado de una peña y sus perseguidores saltaron sobre él sin hacerle daño.

Un herido en la acción de armas de El Picacho, el coronel Miguel Oquelí Bustillo, que se hallaba en la población, oyó de pronto que las detonaciones de fusilería se producían cerca y se asomó a la ventana de su aposento, inquiriendo por lo que sucedía. Le dijeron que los revolucionarios eran derrotados. Pidió que lo llevaran a presencia del doctor Bonilla para comunicárselo. Este ya lo sabía, y ordenó a cierto general que fuera a ocupar el puesto del general Bonilla para que aquella gente volviera a los puestos que abandonaban. El general pretextó que le estaban herrando la mula. "Tome la mía", le dijo el doctor Bonilla. Como aquel opusiera otros pretextos, "si usted tiene miedo —agregó el doctor— yo no lo tengo". Se armó de un winchester, montó en su mula y corrió a oponerse a aquel torrente de desbandados, amenazándolos con disparar sobre ellos si no se contenían para volver a ocupar el puesto que habían abandonado cobardemente. Aquella resolución extremada los contuvo y, admirando en el doctor Bonilla al héroe, volvieron a cobrar el valor perdido pocos momentos antes; mas las columnas olanchana y yoreña continuaron el camino para sus respectivos departamentos.

Había quedado, sin embargo, en las posiciones confiadas a su honor, el general Manuel I. Rosa, experimentado en muchos combates como bueno y arrojado, y es digno de figurar en el recuento de los héroes revolucionarios. Este impidió que el pánico se comunicase a sus columnas y continuó impertérrito en su puesto, exhibiendo al enemigo en su impotencia para tomar unas posiciones defendidas por escasos soldados. Por el arrojo del doctor Bonilla y por la serenidad del general M. I. Rosa, no obtuvo aquel día Alfonso Villela los laureles de la victoria.

Aquel desigual combate se sostuvo durante cuatro días. El 12 manifiesta el doctor Bonilla: "El combate se ha sostenido con algunas pérdidas de nuestra parte y mayores del enemigo y este manifiesta estar débil por la inactividad que mantiene en sus posiciones. La mala conducta de las fuerzas de Olancho y Yoro, que casi en su totalidad han desertado, nos causa mucho daño." Ese día los revolucionarios se movilizaron durante la noche hacia Guaimaca, poniendo previamente en salvo a todas las familias que, sin duda alguna, hubieran sido sacrificadas por las fuerzas del Gobierno. Villela descendió el día 13, al saber que Cedros estaba desierta. No halló más que hogares vacíos, encontrando en la exploración que mandó verificar, 16 fusiles, varias bombas, un cajón de dinamita y un barril de explosivos, y manifestando haber perdido en los combates del 8 y del 9 al teniente Víctor Tróchez y cuatro soldados muertos, aunque la revolución le suponía mayor número de bajas. De los prisioneros revolucionarios fusilados no dio cuenta alguna. Habiendo recibido aviso de que se encontraba en el pueblo Miguel Vega, ordenó que lo hiciesen comparecer a su presencia para ponerlo en rigurosa prisión y exigirle la entrega inmediata de cuatro mil pesos, si quería librarse de la muerte.

Por lo que respecta al general Sierra, había tenido tiempo de llegar hasta Támara por el lado de occidente, y se hallaba el 11 en el lugar llamado Quebrada Honda, cuando le informaron de la presencia del general Vásquez en Coa. En dicho lugar tomó a algunos guías con el intento de sorprender al general Vásquez y se dirigió a Coa por la noche. Cuando llegó a las inmediaciones, se le señaló una casa pequeña en que se hallaba el general enemigo y comisionó a Adolfo Zapata para que, arrastrándose en la oscuridad, se aproximase a la casa mencionada y capturase al general, pero Zapata no cumplió estrictamente las instrucciones dadas y el plan fracasó. Vásquez conoció la presencia del enemigo y el combate empezó. Estuvieron combatiendo hasta las 6 de la mañana. A esa hora, el general Sierra, que no tenía más que 60 hombres, mientras Vásquez contaba con 400, simuló marchar sobre Tegucigalpa, a efecto de que aquel regresase a esta ciudad. Sierra llegó hasta Suyapa; de allí regresó por El Potrero Grande y Cantarranas para incorporarse al resto del disminuido ejército en Guaimaca. Ese mismo día llegó, procedente de Juticalpa, un señor Miranda, con 3 cargas de parque y otros elementos, y se recibieron telegramas de la costa norte en que se daba cuenta del pronunciamiento en La Ceiba y el avance de los movimientos revolucionarios sobre Trujillo. La incorporación del general Sierra, la llegada de víveres, aunque pocos, y las noticias favorables recibidas alentaron al ejército que se había reducido mucho a causa del desbande de las columnas yoreña y planchana en Cedros.

No se temía que pudiesen ser atacados los revolucionarios esos días por las fuerzas de Alfonso Villela que habían quedado en Cedros, y soldados, oficiales y jefes se entregaron al descanso. Algunos jefes se bañaban, entre ellos Arias y Dávila, como a eso de las 10 de la mañana y otros descansaban confiados en sus tiendas o alojamientos. Sin embargo, previniendo una sorpresa, se colocó una avanzada en una casa de los suburbios sobre el camino de Cedros para que avisasen si avistaban al enemigo. José Santos del Valle, en compañía de Enrique Serra e Isaac Castillo, habían salido en busca de bestias a las sábanas vecinas; pero los ganados, como era en el verano, los habían llevado a las montañas.

A la hora mencionada, los tres hombres que avizoraban el camino de Cedros vieron avanzar a la caballería enemiga. Comandaba esta el mexicano Manuel Garfias, célebre por los atentados que había cometido. Dos de los de la avanzada pensaron en dirigirse corriendo al pueblo para dar aviso, pero el tercero los contuvo diciéndoles que el aviso lo darían por medio de las detonaciones de sus fusiles, y disparó. Al oír aquellos disparos, los que se bañaban en el río solo tuvieron el tiempo necesario de montar en sus cabalgaduras, sin vestirse; los que se hallaban en el pueblo corrieron a las armas, y no dejó de producirse alguna confusión, a favor de la cual se hubiera desbandado todo el ejército, sacudido por el pánico. Pero la energía y serenidad de los jefes les infundió valor. Garfias avanzó al galope con los suyos, que eran 70 montados, y con este empeñaron los revolucionarios que le salieron al encuentro, un rudo combate en la llanura a pecho descubierto.

Viendo huir el doctor Bonilla a sus soldados por la sabana, montó en su mula y corrió hacia ellos, seguido de cerca por el general Sierra, para contenerlos y guiarlos al combate en protección de los que se batían contra Garfias. Al verlo enfrentándose al peligro, le gritaron algunos que no fuera, porque lo matarían. —Pues no huyan —les contestó— si han de cumplir con la palabra empeñada. En cuanto a mí, ya les dije que la informalidad de ustedes me mataría, y me hará matar aquí antes que huir cobardemente.

Parte de la gente de Villela, que se había atrincherado en el cementerio, dejó que el grupo en que se hallaba el doctor Bonilla se acercase y, al hallarse como a cincuenta varas de ella, hizo una descarga atronadora que arrojó la bala que había de herir al jefe de la revolución tan gravemente. El proyectil le penetró por el lado derecho, fracturándole el radio e internándose bajo la piel en el pecho, deteniéndose en el lado izquierdo. —Ya me mataron, general —dijo a Sierra, que se hallaba a su lado; pero notando que respiraba fácilmente, añadió— No es de muerte. Un joven del pueblo, llamado Pacífico Moncada, que, como Sierra, aunque a pie, marchaba a su lado, iba a dar la noticia, pero el doctor Bonilla lo detuvo, ordenándole que lo guiase a una casa próxima que era de la señora Trifonia Mejía. De allí lo envió para que llamase a Baires y diese la noticia a Reina, con el encargo de que no la divulgase. Había visto Baires al doctor Bonilla llegar a la casa, inclinado sobre el pescuezo de la mula, y suponiendo lo que sucedía, corrió en su auxilio. Al llegar y ver confirmados sus temores, practicó la curación de urgencia. El doctor Bonilla diole el reloj y la cartera para que fuesen entregados a su madre, doña Juana, en caso de muerte.

Cuando esto ocurría, los revolucionarios, que habían operado un movimiento envolvente contra Garfias, desorganizaban su caballería, desmontando a la mayor parte, matando e hiriendo a muchos y poniendo en precipitada fuga a los otros. El jefe de la caballería enemiga fue muerto juntamente con varios de sus compañeros y su desastre se produjo antes de que Villela tuviese tiempo de auxiliarlo. A él contribuyó el general José María Reina, acudiendo al combate con la escasa gente que pudo reunir.

Deshecho Garfias, el general Manuel I. Rosa, que había tomado parte importante en la acción, desalojó las primeras columnas enemigas de refuerzo enviadas por Villela en socorro de aquel, del barranco de la orilla izquierda del río Jalán, en que se habían parapetado, proyectando lanzarse al asalto sobre una loma próxima en que se hallaba el jefe enemigo observando los aspectos de la batalla; y dispuso que una columna lo atacase por uno de los flancos, mientras él lo hacía de frente; por una u otra circunstancia no se hizo con oportunidad aquel movimiento y, por otra parte, Villela había tenido tiempo de llamar a la reserva en su protección, y a aquel le hizo una tenaz resistencia el coronel enemigo Eduardo Campos, uno de los primeros que habían salido a proteger a Garfias.

Frente a la superioridad numérica del enemigo, pues habían continuado llegando otras columnas para reforzar a Campos, se vio obligado a retroceder haciendo fuego en retirada, abandonando la llanura y buscando protección en el bosque de la orilla derecha del río mencionado, donde, bajo el mando del general Sierra, se estableció una línea de combate, en una extensión de una legua, más o menos.

De acuerdo con los demás jefes, el doctor Bonilla dispuso que se le condujera en camilla, ese mismo día, a Juticalpa con otros heridos, y salió acompañado de los señores Arias, Dávila (don Fausto), don Pedro

H. y don Manuel Bonilla y los secretarios y ayudantes del primero, seguidos de una compañía de infantería. Por lo que respecta a la comisión despachada por la mañana en busca de ganados, regresó por la tarde, solo, don José Santos del Valle. Don Enrique Serra, extraviado en las lomas, determinó alejarse con rumbo a Nicaragua, a cuya frontera llegó después de sufrir muchas dificultades. El tercero, o sea Isaac Castillo, fue capturado por el enemigo y fusilado pocos días después en Cantarranas.

A las 6 de la tarde de ese mismo día, el general Sierra, acompañado del coronel Joaquín Reyes, dispuso atacar al enemigo en su base de operaciones y donde tenía la ambulancia y el tren de guerra, y así lo hizo, arrollando la línea enemiga en una grande extensión, llegando a la cima del cerro mencionado, pero, por desgracia, en aquel momento se le agotó el parque y tuvo que declararse en retirada, abandonando la posición, sin conseguir el objeto que lo había llevado allí, o sea la captura de los bagajes del enemigo.

Esa acción puso término a la batalla de Guaimaca. Se supo que Villela se hallaba sin parque, pero los revolucionarios tampoco lo tenían. En tales circunstancias, los generales Sierra y Reina dispusieron levantar el campo a las 7 de la noche, camino de Juticalpa, deteniéndose en el cerro denominado Portillo del Encino, donde durmieron. A la mañana siguiente tomaron posiciones en Las Cuestas y El Salto, dejando en el Portillo del Encino al coronel Joaquín Reyes con cincuenta hombres.

Pero Villela y su gente no ocuparon Guaimaca sino hasta el 21, atrincherándose en seguida y claraboyando algunas casas.

Las bajas de la revolución fueron pocas entre muertos y heridos, pero el número de desertados fue de 200; por lo que el ejército con que contaban los generales Sierra y Reina al atrincherarse en El Salto y Las Cuestas, constaría a lo más de 500 hombres.

XVIII: OTROS MOVIMIENTOS REVOLUCIONARIOS

"Menos escrupulosos nosotros damos la palma sólo al que vence y practicamos la doctrina de Lisander, el cual decía: 'Donde no basta la piel del león, precisa añadir un trozo de la del zorro'". —**Señor de MONTAIGNE**

PRECISO ES abandonar el hilo de esta narración para hablar de los movimientos revolucionarios operados simultáneamente en el norte, sin cuya noticia quedaría trunca aquella.

El 6 de marzo anterior, mientras se combatía en Tatumbla, Abelardo Varela y Gabino George, al frente de unos 50 hombres, sorprendieron por la noche la plaza de Yoro que se hallaba bajo la custodia del teniente coronel Vicente García con una guarnición de 70 soldados. Al cabo de varias horas de combate, este, a quien se le había desertado durante la lucha parte de su gente, abandonó al amanecer el cuartel, huyendo con dirección a Tela.

Dueños los revolucionarios de la plaza, trataron de organizar el servicio, encomendando la Gobernación Política al ciudadano Jesús Rodríguez, y el coronel Abelardo Varela asumió el mando militar del departamento. Hallábase allá el general Pompilio Romero, quien temiendo ser maltratado por los revolucionarios, se presentó a ellos ofreciéndoles sus servicios y fue nombrado jefe expedicionario en el departamento, sin haber hecho examen de su conducta, para saber si merecía la confianza de que iba a ser depositario. Romero recibió el mando de 70 hombres para expedicionar y salió al día siguiente de Yoro, no deteniéndose hasta llegar a Minas de Oro, donde defeccionó, informando al Gobierno lo que pasaba y poniéndose a sus órdenes. Este manifestó estar entendido de su conducta, pero no aceptó sus servicios.

Sabedor de estos sucesos, como de lo que había pasado en Olancho, el general Salomón Ordóñez, que permanecía en Trujillo, de donde era comandante de armas, ofreció al Gobierno ir a aquellos departamentos a combatir la revolución. Aceptó el Gobierno sus servicios y el 3 de abril salió de Trujillo al frente de tres compañías con dirección a Yoro, habiendo dado sus órdenes previamente a los comandantes de La Ceiba y Puerto Cortés para que se le incorporasen en el camino, pues Ordóñez tenía el mando militar de toda la costa y había sido nombrado, a solicitud suya, jefe expedicionario en los departamentos antes mencionados.

Mientras tanto, en Coloradito, lugar inmediato a La Ceiba, se habían organizado algunos amigos de la revolución para tomarse el cuartel de este puerto, por sorpresa. Eran ellos Francisco Guerrero, de origen salvadoreño; José María Laínez, que había llegado del interior con varios soldados; David Tablada, Manuel A. Bonilla, Pedro Betancourt y Juan Mejía.

A la una de la mañana, según se afirma, Guerrero hizo sonar un clarín para reunir a su gente en los campos. Acudieron 64 hombres con los cuales se puso en marcha, deteniéndose en Danto para dividir aquella pequeña fuerza en pelotones de 10 hombres y dar instrucciones precisas y terminantes a los jefes de grupo; se armaron de winchesters y remingtons con parque suficiente, organizando con el resto de la gente, que formaría la retaguardia, un cuerpo de macheteros al mando de Juan Tablas. Así iniciaron la marcha, entendidos de que atacarían por los flancos, por la retaguardia y el frente.

Llegaron a La Ceiba a las 2:30 de la mañana, se internaron en la población, y hallándose inmediatos al cuartel, se dio la orden de asalto. El nutrido tiroteo despertó a la población y la guarnición corrió a las armas. Los asaltantes continuaron avanzando hasta llegar a 50 varas del cuartel. En tales circunstancias fue herido Guerrero en el antebrazo derecho, y uno de los jefes de pelotón que lo supo huyó, abandonando a su gente. Esta se disponía a huir también y su ejemplo funesto hubiera seguramente malogrado aquella acción, pero el jefe herido los contuvo a puñetazos, y ordenó el degüello. El comandante de La Ceiba, coronel Juan Pablo Urrutia, que un día antes había recibido orden de marchar a Olanchito, resistió aquel imprevisto ataque durante dos horas más o menos, pero a eso de las 4:30 de la mañana abandonó el cuartel con sus oficiales y soldados, declarándose en derrota.

En el cuartel hallaron los asaltantes 7,000 cartuchos y 90 fusiles; organizaron el servicio, armaron a los voluntarios, y Manuel A. Bonilla, a la cabeza de una media compañía, salió en persecución de los fugitivos, capturando a pocas leguas de La Ceiba a Urrutia y a otros y regresando a dicho puerto.

Pidió que le fuese enviado un militar experto para que lo sustituyera, en virtud de hallarse él imposibilitado a consecuencia de la herida. Este inteligente y valeroso militar no olvidó ninguna medida que pudiese dar alientos a aquel movimiento y despachó el 5 para Belice a Pedro Betancourt con comunicaciones para el licenciado Enrique Lozano, que se hallaba en aquella colonia, y otros emigrados hondureños, para que estos acudiesen a la costa con los elementos de que dispusiesen y engrosasen las filas revolucionarias. Ese mismo día despachó con instrucciones de tomar Trujillo al coronel Manuel A. Bonilla con 35 hombres bien equipados, los cuales se embarcaron en el vapor Rover. Juan Ordóñez, a quien su hermano Salomón había dejado en aquel puerto, huyó hacia el interior al tener conocimiento de la próxima llegada de los revolucionarios y estos desembarcaron del Rover, ocuparon la plaza y hallaron en el cuartel 75 rifles y 8,000 tiros. Simultáneamente o poco después envió Guerrero a Porfirio Betancourt y José María Nuila a Roatán con el objeto de tomar posesión de las islas a nombre de la revolución, dándoles instrucciones para que el primero de ellos se hiciese cargo de la Comandancia de Armas y se alistase el segundo para salir sobre Trujillo con refuerzos, además de los que ya había enviado después de Bonilla.

Hallábase el general Ordóñez en Pires cuando tuvo conocimiento de los sucesos ocurridos en La Ceiba y contramarchó de aquel lugar, situándose en Ilanga, donde se le reunió su hermano Juan, antes de disponer el ataque a la plaza que había dejado a su cuidado.

Supo el jefe revolucionario, coronel Manuel A. Bonilla, el regreso de Ordóñez y le propuso una suspensión de hostilidades por mientras se averiguaba la verdadera situación del país, manifestándole que suponía a la revolución triunfante, y ordenó al coronel Camilo Meza ocupar el desfiladero de La Ofrecedera con 50 hombres, en la confianza de que se podría detener el avance de aquel por mientras se engrosaban las filas de la revolución en Trujillo. Pero Ordóñez no atendió la insinuación de Bonilla, se puso en marcha y atacó a Meza en La Ofrecedera, de frente y por los flancos, en medias compañías. Viéndose Meza atacado, abandonó el paso y se replegó a Trujillo, dejando en el campo 4 muertos. Ordóñez continuó avanzando, deteniéndose en el lugar llamado Casa Blanca, donde pasó la noche, y por la mañana del día 13 de abril atacó Trujillo con 300 hombres. Se empeñó un rudo combate que duró cuatro horas. En una lucha tan desigual la victoria no era dudosa a favor de Ordóñez; este derrotó a los revolucionarios que le resistieron hasta la una de la tarde y entró a Trujillo, capturando, entre otros, al coronel Manuel A. Bonilla, herido.

Ese mismo día llegó a Trujillo, pocas horas después de rendida la plaza, José María Nuila, procedente de las islas, con 25 hombres, fiel a las instrucciones recibidas de Guerrero para reforzar la defensa de aquella plaza, e ignorando que se hallaba en poder del enemigo, cayó preso al desembarcar con toda su gente. Al llegar los derrotados a La Ceiba, un individuo cubano de nombre Belisario Peralta, que se hacía llamar general y en quien Guerrero había resignado el mando de la plaza, salió huyendo a Belice. Guerrero asumió nuevamente el mando y, temeroso de que Ordóñez fusilara a Bonilla y demás avanzados en Trujillo, le dirigió un telegrama manifestándole que él podía hacer lo mismo con sus prisioneros en justa represalia. Es posible que a esto haya debido la vida el coronel Manuel A. Bonilla y compañeros, conocidas como son todas las órdenes del general Vásquez de fusilar a todo revolucionario que se capturase, mucho más si se tomaba con las armas en la mano.

Con motivo de la toma de Trujillo por fuerzas enemigas, entró el temor y el desaliento en las filas revolucionarias de La Ceiba. Conociendo Guerrero que nada podría hacer herido con hombres sin espíritu y sin entusiasmo, más ganosos de ocultarse al enemigo que de resistirlo, determinó enviarlos al interior al mando de Modesto Herrera, hijo natural del general S. Ordóñez, para que se pusieran a las órdenes del doctor Policarpo Bonilla. Él y los demás heridos, asistidos todos por el doctor Francisco A. Matute, salieron a un tiempo para Stann Creek, en la colonia inglesa de Belice.

Simultáneamente en Ocotepeque se operaba otro movimiento revolucionario del que es necesario hacer mención. En la noche del 17 de abril, como a eso de las 9, salieron de Citalá, República de El Salvador, un grupo de revolucionarios hondureños comandados por el coronel Ignacio Vidal, quien había sido informado de que el comandante de la plaza, general Francisco Carranza, no sospechaba los planes revolucionarios. Al llegar cerca de la ciudad, los invasores se encontraron con un amigo de la revolución que había salido de Ocotepeque para anunciarles que el enemigo conocía ya su proximidad y que, en consecuencia, debían regresarse. El coronel Vidal, lejos de arredrarse por aquella noticia adversa, ordenó a su gente avanzar. Cuando se hallaba en los suburbios, la ciudad aparecía tranquila, envuelta en las sombras de la noche; y dispuso enviar a un conocedor de la plaza para que se cerciorase de la vigilancia del enemigo y regresase pronto a dar aviso. El espía pudo llegar a una cuadra del cuartel sin ser notado y comunicó a Vidal que se notaba la confianza más absoluta. Continuaron avanzando. Hallábanse a media cuadra del cuartel cuando el centinela que creyó descubrir sus sombras sospechosas, les dio el "¿quién vive?" Ellos contestaron: "¡Viva el doctor Policarpo Bonilla! ¡Viva el Partido Liberal!", iniciándose inmediatamente un nutrido tiroteo a las puertas mismas del cuartel donde se trabó una reñida lucha cuerpo a cuerpo. El coronel Enrique Corleto, jefe de la guarnición, hallándose entre los soldados, fue capturado por los revolucionarios; pero de pronto estos fueron atacados por la retaguardia por el general Carranza, que acudía en defensa del cuartel, acompañado de un grupo de vecinos afectos al Gobierno. Corleto se libró de los que lo habían capturado y corrió a reanimar a su gente, gritándoles: "No me dejen solo." En cuanto a Vidal, envió a un jefe de apellido Morataya para que, con un grupo de valientes, atacara a Carranza por la retaguardia. Al verse agredidos, los hombres que a este acompañaban se disolvieron y Carranza se vio obligado a retirarse; pero Enrique Corleto continuó combatiendo, animado de un heroísmo digno de mejor causa, hasta caer muerto. La guarnición huyó y Vidal tomó posesión de la plaza a nombre de la revolución. Este movimiento se había hecho previa combinación con la toma de la plaza de Santa Rosa de Copán, preparada para la misma fecha; pero al pedir Vidal, por telégrafo, las novedades a aquel lugar, le contestaron que todo permanecía tranquilo. Lamentando que se hubiese faltado a la palabra empeñada de verificar un movimiento simultáneo sobre esas dos plazas y considerando que sus esfuerzos aislados serían inútiles, resolvió abandonar la plaza al general Carranza y salvar la frontera salvadoreña con sus compañeros.

No está de más mencionar aun otros pequeños movimientos, antes de referir los sucesos ocurridos en El Salto y El Portillo del Encino en que los generales Reina y Sierra se habían atrincherado, mientras Villela guardaba absoluta inmovilidad en Guaimaca, en espera de gente y elementos.

Había sustituido en el ejercicio de la Comandancia de Armas de Yoro a Abelardo Varela el coronel Gregorio Castro. Hallándose este con escasos elementos y pocos soldados, y teniendo noticias de la proximidad del general gobiernista Quiroz, que avanzaba procedente de Puerto Cortés sobre aquel departamento por órdenes del general Salomón Ordóñez, jefe militar de la Costa Norte, quiso sorprenderlo poniéndole una emboscada, pero fue derrotado. Esto sucedía el 1.º de abril; con fecha 17 del mismo mes se reorganizó y volvió a tomar Yoro, derrotando la guarnición que Quiroz había dejado en la plaza al salir en expedición para el departamento de Comayagua. El 20 del mismo mes, al regresar Quiroz del departamento mencionado, derrotó al coronel Agapito Ruiz Torres en unas alturas próximas al pueblo de Yoroito y continuó su camino a la cabecera del departamento, adonde llegó dos o tres días después. Una de sus primeras disposiciones fue ordenar al jefe de Sulaco que se le enviase amarrado a un apellido Bustillo, a quien después de haber proferido amenazas y ultrajes, exigió ochocientos pesos, saqueando la población y vaciando hasta Santiago aquella iglesia.

A este respecto, el comandante de armas de Yoro recibió un telegrama digno de ser conocido. Dice así:

"Comayagua, mayo 11 de 1893. – Señor comandante de armas, Yoro:

No conozco el incidente del presbítero Bustillo y el jefe de distrito Marcial Alvarado; pero me parece justo que se castigue en él. Ya no estamos en épocas de contemplaciones, por eso lo jalo a usted. Y si sigue contemplando más a esta gente, lo van a sacar a escobazos de repente. Ya que usted no hace justicias ejemplares, déjelas hacer. Nada se pierde con despachar al otro potrero a un monigote, que en lugar de predicar la paz y la tranquilidad, lanza a los ignorantes a la matanza de hermanos contra hermanos. En cuanto a los quinientos pesos que le dio a Quiroz, esos no valen nada. Los enemigos se compran caros; si ha de quedar más enemistad por ese dinero, que ajuste su cólera de una vez.

– Afectísimo, Zacarías Izaguirre."

Poco tiempo después de la salida del coronel Francisco Guerrero, llegó a La Ceiba el licenciado Enrique Lozano con algunas armas que había podido comprar, acompañado de un grupo de voluntarios, emigrados hondureños en la colonia de Belice. Tomó posesión del puerto, hizo circular un manifiesto que había hecho imprimir en Belice, armó a unos 80 hombres y salió al encuentro de Ordóñez, que se dirigía en busca de él procedente de Trujillo, a la cabeza de 300 hombres. En un lugar sumamente montuoso y orillado al mar, denominado Sambo Creek, encontró a la avanzada enemiga e inmediatamente se abrieron los fuegos; pero sabedores los revolucionarios de que se batían con fuerzas dos veces superiores, se desbandaron, siendo inútiles cuantos esfuerzos hizo el licenciado Lozano para contenerlos. Este se retiró, seguido de 10 compañeros, a un lugar distante cuatro leguas de La Ceiba, pasando por este puerto, y dos días después abandonó las costas hondureñas y se dirigió a Belice.

Los temores de una nueva invasión por aquel lado no desaparecieron, sin embargo. Así lo manifestó el general Ponciano Leiva a Vásquez al hablarle de la necesidad de proteger a Puerto Cortés con 300 hombres para prevenirlo, pues tomado aquel puerto los invasores se dirigirían a San Pedro, importante plaza que pondría a merced de estos los departamentos de Copán y Santa Bárbara, en que abundan los víveres de todo género. Al mismo tiempo le dio cuenta de que el Gobierno guatemalteco había reconcentrado a 200 hondureños que se hallaban en el departamento de Izabal, temiendo que fuese para armarlos y echarlos sobre Honduras, porque ignoraba el estado de las relaciones entre este país y Guatemala.

Pero la revolución no había terminado aún. En Las Cuestas y El Salto se fortificaban los revolucionarios, mientras Villela se aprovisionaba en Guaimaca. Las fuerzas estacionadas en El Salto se hallaban compuestas de los soldados más animosos; pero empezaban a perder la moral por la indecisa situación en que los había colocado la suerte de la campaña. Voy a desarrollar la narración de los hechos en forma de diario para su mayor comprensión.

Día 19. Una escuadra exploradora captura en la hacienda La Mansión a un individuo, a quien, de orden del 2.º mando del Ejército Liberal en campaña, interroga el inspector general del mismo, en la forma siguiente:

"Preguntado, dice, por su nombre y apellido, residencia, profesión y estado, contestó: que se llama Antonio Meza, natural y vecino de Comayagua, agricultor, casado y de treinta y cinco años de edad.

Preguntado en qué fecha fue su alta en las fuerzas del Gobierno, en cuántas acciones de armas contra los liberales se ha encontrado y con qué grado ha figurado en dichas fuerzas, contestó: que no recuerda en qué fecha fue dado de alta; pero que salió de Comayagua con el general Estrada, que estuvo en el campamento de Tatumbla peleando, que de allí pasó a pelear a la montaña de La Azacualpa, que estuvo en Cedros y Guaimaca, pero que no peleó por estar a retaguardia, que ha figurado en las milicias con el grado de cabo 2.º

Preguntado qué número de fuerzas atacaron en Cedros, contestó: que dos brigadas al mando de los generales Estrada y Alfonso Villela, más 60 hombres que componían la montada al mando del general Garfias y una fuerza que condujo últimamente el cañón, cuyo número ignora.

Preguntado qué número de heridos tuvieron en la acción librada en Cedros y qué jefes de importancia murieron o salieron heridos, contestó: que ignora el número de muertos y heridos por haberse encontrado a retaguardia; que sólo sabe que fue gravemente herido en el pecho el coronel Urrutia y conducido a Tegucigalpa.

Preguntado a qué hora ocuparon la plaza de Cedros, si fusilaron a alguna persona y saquearon la población, dijo: que al día siguiente como a las diez a. m. entraron a Cedros, no habiéndolo verificado antes por creer que la plaza estaba ocupada por fuerzas liberales, que no vio fusilar a ninguno, que saquearon las casas de los barrios, no haciéndolo en el centro por haberse opuesto un coronel Durón.

Preguntado qué dirección tomaron de Cedros, contestó: que la de Guaimaca por la línea telegráfica hasta entrar al pueblo sin destacar ninguna comisión para ningún lado, ocupando dos días para llegar.

Preguntado qué número de fuerza atacó Guaimaca y qué jefes las comandaban, contestó: que dos brigadas al mando de los generales Villela y Estrada, respectivamente, más 70 hombres que formaban el cuerpo de la montada, bajo las órdenes del general Garfias y coronel Izaguirre, siendo éstos los que atacaban por el camino real de Guaimaca hasta los suburbios de la población.

Preguntado si sabe el número de muertos y heridos y qué jefes principales murieron, contestó: que sólo sabe de la muerte del general Garfias y coronel Izaguirre, de Copán, habiendo habido muchos muertos y que respecto a los heridos sólo le consta que se construyeron dos ramadas por ser un número considerable.

Preguntado qué razón tuvieron para tomar una actitud inofensiva durante la permanencia de las fuerzas liberales en el pueblo, contestó: que la escasez de parque los obligó a ello y que, además, la fuerza estaba dispuesta a no pelear y esperar una amenaza para desbandarse.

Preguntado qué actitud han tomado las fuerzas en que él formaba parte el día de hoy, contestó: que después de haberles llegado unos 100 hombres de Tegucigalpa, conduciendo un poco de parque, ocuparon el pueblo donde se han estado atrincherando y claraboyando varias casas, lo mismo que recogiendo bestias para reponer las que perdieron, que fue un número considerable.

Preguntado en qué lugar fue capturado y en qué comisión andaba, contestó que en la hacienda del padre Matute lo capturaron, a donde había venido en unión de 12 soldados, bajo las órdenes del comandante Ventura, quien se encontraba en otra hacienda; que a consecuencia de un disparo que le hicieron huyó y fue capturado seguidamente por el oficial Julio Aguilera.

Agregando que tiene voluntad de prestar sus servicios en las filas liberales, pues ha pertenecido siempre al partido y que si no se ha desertado antes ha sido por temor a las prisiones con que se les amenaza y al castigo que se les ha impuesto a algunos desertores que permanecen en las cárceles de Tegucigalpa, cargados de cadenas y otros que han sido fusilados."

Carlos Medina llega con 30 hombres procedente de Juticalpa.

Día 20. Sin novedad.

Día 21. El general Sierra da a conocer cierto resentimiento con los demás jefes por faltas de disciplina, indudablemente observada entre oficiales y soldados, algunos de los cuales se desertan llevándose los equipos.

Día 22. Los coroneles Carlos Medina y M. B. Rosales son enviados con 60 hombres para hostilizar al enemigo atrincherado en Guaimaca.

El doctor Bonilla llama a Juticalpa al general José María Reina, ordenándole que deposite el mando de su fuerza en el general Sierra. Él mismo hace salir de Juticalpa para El Salto a 10 oficiales y 30 individuos de tropa.

Día 23. Reúnen en Juticalpa alguna tropa de Catacamas y otros lugares. Santos del Valle, que se halla en El Salto, recibe orden del doctor Bonilla para que haga entrega de los fondos al general Sierra y parta para Juticalpa, llevando a sus ayudantes.

Día 25. Se recibe en Juticalpa la noticia de que el general T. Valladares se hallaba el 21 con 300 hombres bien equipados a dos leguas de Yuscarán.

El doctor Bonilla recibe parte de Sierra en que le comunica que los coroneles Romero y Marín se embriagan y le sugiere la aplicación de una pena severísima para restablecer la disciplina que la conducta de aquéllos relaja.

Aquél pide a Sierra a los coroneles Gabino George y Antonio Rico y ordena que estos oficiales yoreños marchen a Salamá.

Dan la noticia de que Sierra ha fusilado a dos desertores.

El coronel Carlos Medina se embriaga en Campamento y lo desconoce la fuerza que marcha a Juticalpa.

Se ordena que la columna que salió de La Ceiba al mando de Modesto Herrera, que había llegado a Mejía, continúe su marcha a Juticalpa.

Anacleto A. Antúnez y T. Reyes reciben igual orden en La Pimienta.

Sierra proyecta contener la deserción de su ejército fusilando a los que la han provocado y razona de este modo:

"¿No son más enemigos los que usan nuestras armas disolviendo nuestro ejército, llevándose las que les confiamos, sin el trabajo de luchar, quitándonos el derecho y prestigios para revolucionar, saqueando y violando? Respecto de los coroneles Medina, Marín y Romero, son mayores los males inferidos a la sociedad, al ejército y al partido, que los servicios prestados por ellos. Los coroneles Romero y Marín abandonaron su puesto y se entregaron a varios excesos, tratando de insurreccionar la columna, embriagándose y haciendo tomar a los demás, desconociendo su mando."

La orden general de ese día contenía estos puntos:

"Habiendo asumido el mando de las fuerzas en virtud de disposición del jefe del partido liberal, doctor don Policarpo Bonilla, en observancia de los principios proclamados por la revolución y para mantener la moralidad del ejército, se establece:

—Los que se embriaguen por la primera vez sufrirán pena arbitraria y por la segunda serán expulsados ignominiosamente del ejército;

—Los que cometan el delito de deserción con armas y pertrechos de guerra o los oculten;

—Los que se insubordinen;

—Los que violen a una mujer y

—Los que fracturen casas con la mira de saquearlas, serán pasados por las armas.

—Comuníquese. – Sierra."

Día 26. José María Herrera se encuentra en Salamá con 119 hombres, teniendo estacionados 50 en Quiebra Botija y 50 armados de escopetas por el lado de San Juan. Cuenta con 800 tiros de remington y 1,100 de winchester. Pide 10,000 tiros de winchester para atacar a Quiroz en Yoro, que tiene 12 cargas de parque y 250 hombres, más 5 cargas de dinero.

Sierra desea retirarse de El Salto, dejando el ejército al mando del jefe que se designe. Al día siguiente le encarece el general Manuel Bonilla que pase sobre pequeñeces para atender sólo a la causa de la revolución.

Día 27. Por orden general, apruébanse los ascensos hechos por el general Sierra de coroneles abajo y se ascienden a brigadieres a Manuel I. Rosa, José Ángel Rosales, Juan B. Mendoza, Carlos Medina y Teodoro Valladares; a coroneles, Calixto Carías, M. B. Rosales, Marcial Soto, Eligio Herrera, Joaquín Reyes, J. Gabino George, Indalecio Ávila y Salvador Moncada; a tenientes coroneles, Salvador Peña, Secundino Valladares, Nicolás Flores, Remigio Venegas, Antonio Valladares, Luis S. Isaula, Nieves M. Maldonado, Purificación Zelaya y Mónico Zelaya. En la misma forma se verifican otros ascensos.

Día 28. El coronel Román Pineda invade el territorio hondureño por el lado de Goascorán, seguido por algunos revolucionarios, y ataca la plaza de Nacaome, defendida por el comandante 1.º Salomé Sierra. El ataque no tuvo resultado por haber acudido en socorro de este el general Antonio R. Tercero, con 100 amapalinos, y Pineda abandonó su empresa, internándose nuevamente en territorio salvadoreño.

Sierra es atacado en El Portillo del Encino por 10 compañías de Villela, mientras él solo tiene 160 hombres, con quienes se repliega a El Salto. El parte de Villela dice que lanzó sus columnas por el frente y por ambos flancos. El ataque fue tan vigoroso que sus fuerzas sólo tardaron en tomar tan formidables posiciones el tiempo preciso para llegar a la cima. Los revolucionarios se replegaron a otros atrincheramientos a su retaguardia, que abandonaron después de breves minutos y así sucesivamente se fueron retirando hasta hallarse como a las tres de la tarde al otro lado de la quebrada de El Guayabo.

Día 29. Villela manifiesta que a las siete de la mañana de este día emprendió el ataque al cerro del mismo nombre y, después de una tenaz resistencia que se prolongó por más de tres horas, los revolucionarios se retiraron a sus atrincheramientos de El Salto.

"A las 7 a. m., manifiesta un revolucionario, atacó el enemigo por el camino real y momentos después apareció por el portillo que da salida al camino que, pasando por La Mansión, va hasta Guaimaca. El ataque fue violento y la tropa que lo dio, tan numerosa, que a las 11 a. m. nuestras fuerzas, que constaban de unos 60 soldados ya sin parque, y después de causar al enemigo grandes pérdidas increíbles, dejaron sus atrincheramientos y fueron a ocupar un puesto adecuado a la vista del enemigo.

Tuvimos algunas pérdidas, 3 muertos, que pudieron verse, y los oficiales C. Arbizú, Gregorio Irías y Carlos Medina, los dos últimos de Tegucigalpa y el primero de San Antonio, cuyo paradero se ignora. El enemigo sufrió numerosas pérdidas: se mostró tan arrojado, imprudente y numeroso, que el campo quedó en algunos puntos literalmente cubierto de cadáveres. De nuestra parte salió también herido el valiente oficial Rafael Irías.

Como a la 1 p. m. se recomenzó el fuego. Comandaban nuestras fuerzas el general Dávila y el coronel Cubero: la retaguardia en El Salto estaba a la orden de Rosa. Rudísimo fue el combate; en la cumbre de Las Cuestas estuvo indeciso o más bien en nuestro favor hasta las 3:30 p. m., notándose algunos movimientos del enemigo por ambos flancos. A pesar de las asperezas del terreno, el general Sierra ordenó que la retaguardia saliera a favorecer nuestras últimas posiciones en El Salto, pero dicho punto estaba dominado a su vez de otros de que ya el enemigo se había posesionado cuando la retaguardia llegó: los movimientos del enemigo por los flancos fueron rápidos y decididos hasta el grado de que nuestras fuerzas de combate por el centro quedaron circuladas, pues los que operaban por el flanco derecho avanzaron hasta la retaguardia de nuestra citada fuerza. Los que nos tomaban por el flanco izquierdo se hicieron fuego con el más avanzado puesto de nuestra retaguardia hacia la pendiente montuosa del poniente. Rosa dispuso allí la resistencia, que fue heroica hasta el momento de la retirada: varias bombas fueron lanzadas por los nuestros al enemigo, tanto avanzaba éste sobre las posiciones nuestras. Entre tanto, el general Sierra, con los jefes Dávila y Cubero, rompieron línea felizmente con toda su gente y llegaron a las posiciones de El Salto en tanto que el enemigo tocaba fuego y dianas por el lado del camino real, que era el centro de la línea, y por el flanco izquierdo."

Rosa, al notar la vacilante situación nuestra, tomó la delantera por el camino de Campamento, pues era evidente que nuestra fuerza toda siguiera esa dirección y era preciso reorganizarla. El general Dávila siguió poco después la vía que llevaba Rosa con igual encargo que él. El enemigo se presentó en todas las alturas vecinas, o sea, por los cuatro rumbos, haciendo un fuego uniforme y nutrido y victoriándose a sí mismo: tenía razón. En marcha nuestro tren, nuestros heridos, todo lo que era impedimenta, la escasez de parque nos imponía el duro extremo de dejar el campamento al enemigo. Como a las 5:30 p. m., el general Sierra, acompañado de los coroneles Jirón, Cubero, Rosales, Herrera y otros, y los comandantes Valladares (Secundino y José Antonio), Flores, etc., salió de El Salto camino de Campamento, después de haber salido toda la tropa y recogido, al momento de marchar, al comandante licenciado José Antonio Valladares, que desgraciadamente fue herido por uno de los últimos proyectiles enemigos. Yo marché como a ciento cincuenta varas adelante de los jefes prenotados. Las columnas enemigas de los flancos destacaron pequeños piquetes que lograron situarse, especialmente el de la izquierda, sobre un elevado cerro como a mil varas de El Salto, desde donde dirigían sus fuegos sobre nuestras fuerzas que marchaban a trote por el camino real que el enemigo dominaba completamente a tiro de rifle. A las 6:15 p. m. llegamos al Nance, en donde el general Dávila y el coronel Rosa habían hecho alto: allí se organizó nuestra fuerza en número de 150 hombres con un escaso equipo. A las 6:40 p. m. llegamos a Campamento; allí se racionó la tropa. El general Sierra dio órdenes por telégrafo a Concordia y Salamá y parte de lo ocurrido a Juticalpa. A las 9 p. m. seguimos la marcha; a las 12 p. m. llegamos a La Lima. Allí dormimos. Desde la 1 p. m. hasta la hora de retirada, hemos tenido hoy 8 heridos y unos 3 muertos."

Sierra manifiesta: "Con mi fuerza organizada, pero sin cartuchos, levanté el campamento de El Salto, después del reñidísimo combate. Honrosa ha sido la conducta de la fuerza, jefes, oficiales y tropa: nada me dejan que desear. Montones de cadáveres del enemigo, la carnicería espantosa. Los nuestros, unos pocos heridos y tres muertos. Atendiendo a la pelea en todas partes me creían completamente cortado, pero me abrí paso con mi ayudante Guillén y al favor del cola de gallo, habiendo tocado diana y disparado tiros de buen efecto."

Pedro A. Bustillo, Miguel A. Navarro y Antonio Sánchez iban a ser fusilados en Campamento por considerárseles desertores. El primero se dirigió inmediatamente al doctor Bonilla y éste le contestó: "Tuya es la culpa; vuelve inmediatamente, pues es tu única salvación." Al mismo tiempo ordenó al comandante de Campamento, cuando aún no había llegado Sierra a aquel lugar, en los momentos en que se libraba la batalla de El Salto, que fueran enviados a Sierra y a este recomienda perdonarles la falta.

Día 30. "Anoche, a las 4 de la mañana —dice el doctor Bonilla— me vino una hemorragia tan fuerte y copiosa, que si no hubiese sido que me despertaron para entregarme un telegrama en esos momentos precisos en que ella me principiaba, habría pasado de ésta a la otra vida, sin que nadie se apercibiera de ello, ni aun yo mismo, porque durante la salida de la sangre no sentía ninguna incomodidad. A la verdad no se sabe con seguridad cuál sería la causa de la hemorragia. Se supone fue ocasionada por algún movimiento brusco o repentino del brazo."

Tal es el cuadro de los movimientos revolucionarios antes de la salida del doctor Bonilla con rumbo a la frontera de Nicaragua. Como era natural, la noticia de la retirada de El Salto relajó toda disciplina en las fuerzas existentes en aquella plaza, quienes sin atender órdenes de sus superiores cometieron algunos excesos reprensibles y la fueron abandonando en pequeños grupos, en uno de los cuales marchó el general Bonilla, sin esperar la salida de los demás jefes y sin acuerdo alguno con ellos.

El doctor Bonilla abandonó Juticalpa a las nueve de la mañana y el último en salir fue el general José María Reina, después de haber facilitado la marcha de todos los heridos y enfermos. Al día siguiente llegó el general Sierra con un pequeño resto de su ejército y salió el 2 de mayo llevándose un cañoncito antiguo que existía en el cuartel.

Pocas horas después de haber salido Sierra, llegó el general Alfonso Villela; y una de sus primeras disposiciones fue el nombramiento de comandante de armas del departamento, recaído en el coronel Trinidad L. Aguirre, y el de administrador en don Cayetano Zapata.

Inmediatamente después organizó escoltas para enviarlas a los pueblos circunvecinos con instrucciones de llevarle a su presencia, como hubiere lugar, a todos los capitalistas conocidos para exigirles crecidas sumas de dinero. Al mismo tiempo, tropas desenfrenadas, envalentonadas por la disolución de las fuerzas revolucionarias, emprendieron el saqueo de la población. Las primeras casas que allanaron fueron las de doña Dolores Garay, por el crimen de haber albergado al Jefe Supremo de la Revolución, doctor Bonilla; la del general J. Ángel Rosales, la de don Timoteo Muñoz, administrador de rentas del Gobierno, la de Teodora Ávila, que con marcada solicitud había atendido a los revolucionarios. En la casa de la señora Ávila robaron mercaderías y hasta trastos de cocina, inutilizaron un billar e hicieron excavaciones en el interior de las habitaciones y en los patios, en la suposición de que podrían hallar dinero enterrado. Las tropas del Gobierno hicieron esto mismo en muchos otros lugares, como en Güinope, según se recordará. Cuando la desenfrenada soldadesca rompía las puertas de la casa de la señora Ávila, se presentó la señora Mercedes Domínguez para suplicar que no lo hicieran y fue ultrajada y presa por tal motivo.

Bueno es consignar la honrosa nota que enaltece la conducta del comandante Trinidad L. Aguirre, que se empeñó inútilmente en evitar aquel escandaloso saqueo. Ese mismo día empezaron los gobiernistas a hacer algunas detenciones con el propósito de adquirir dinero, mediante la amenaza de la aplicación de palos o de fusilamientos. Villela hizo comparecer a los señores Zelaya, don José Manuel y don Santiago, a un señor Varela y a otros para conminarlos con la entrega de fuertes cantidades de dinero, dentro de términos perentorios. Pero aún no había implantado el terror, cuya sombra fatídica seguía a estos jefes a todas partes, aunque sabíase que había ejecutado algunos fusilamientos a su paso por Campamento en inofensivos exsoldados de la revolución o en simpatizadores de ella.

No tardó en recurrirse al incendio, pues el general Estrada destruyó por medio de él dos o tres casas de la ciudad, cuyos dueños eran jefes revolucionarios; y simultáneamente se comenzó a apalear y a fusilar, siendo víctima de esta última pena un señor Damas en la plaza de Juticalpa; pero a varios otros que no se juzgó conveniente castigar allí en la forma acostumbrada se les envió a Tegucigalpa amarrados del pescuezo, obligándolos a transportar sobre sus espaldas grandes pesos. Entre ellos venía un anciano de nombre Demetrio Ordóñez, exsecretario municipal de Catacamas, quien, habiendo sido obligado a traer 2,000 tiros, cayó muerto bajo el peso de su carga al descender la cuesta de La Cofradía, jurisdicción de Tegucigalpa.

Uno o dos días después de su llegada a Juticalpa, recibió Villela la noticia de haber sido capturado, en uno de los pueblos del departamento de Olancho, por una de las escoltas que había enviado a recorrerlos, el ciudadano don Jesús Rodríguez, que había permanecido escondido desde que se vio obligado a abandonar la cabecera de Yoro, de cuya gobernación política, como se recordará, se hizo cargo a nombre de la revolución, cuando aquel cuartel fue asaltado por el coronel Abelardo Varela.

El comandante Aguirre, que dio la noticia inmediata de aquella importante captura a Villela, recibió de éste la orden de fusilarlo sin trámite alguno ni demora. Habiéndolo sabido doña Victoria Burchard, esposa del licenciado Carlos F. Alvarado, corrió a aquel jefe para intervenir en favor de la vida del anciano. Villela se mostró inflexible, diciéndole que sólo el general Vásquez podía oírla; pero dicha señora no tenía ninguna clase de relaciones con éste y suplicó a varios de los jefes que le telegrafiasen manifestándole que Rodríguez era un anciano inofensivo y humilde. Sólo accedió a esta súplica el coronel Camilo Rivera, con todo y ser un hombre de mala entraña que no hubo lugar por donde pasara que no hiciese derramar una lágrima y que llegó a Juticalpa precedido de una fama horrenda. Vásquez le contestó: "Agradezco su indicación respecto del faccioso Jesús Rodríguez; pero usted no tiene que apreciar si son necesarias o no las disposiciones del Gobierno, las cuales deben cumplirse como se ordenan. — D. Vásquez." En el acto fue fusilado el anciano Rodríguez.

Lo que pasó en Juticalpa a la llegada de las fuerzas del Gobierno pasó en todos los lugares de la República donde éstas tuvieron oportunidad de presentarse, sembrando la desolación y la muerte. Omito la narración de esos horrores por no alargar esta historia, pues basta el ejemplo dado para demostrar a qué excesos llegó la tiranía.

La marcha del doctor Bonilla a la frontera nicaragüense fue lenta y penosísima, tanto por la forma en que fue conducido como por la escasez de artículos alimenticios. Cuando se hallaba una media docena de huevos en aquellos desiertos, podía decirse que se había encontrado un tesoro, mediante la diligencia y solicitud de sus ayudantes que se adelantaban a su paso o se extraviaban del camino para proporcionar al ilustre herido aquellos artículos que en tiempos de paz no escasean en la mesa del más humilde de los labriegos. No se hallaban en el tránsito ni tortillas. Si el doctor Bonilla se llevaba a la boca un huevo o una tortilla, podía observar en los ojos de sus escuálidos servidores un feroz apetito traduciéndose en miradas ansiosas. Entonces participaba, aun en la postración en que iba, parte de su rancho a los demás y comía él por último.

Después de la salida del caudillo revolucionario de tierras de Honduras, se dio todavía un último combate en Liure, departamento del Paraíso. El general Dionisio Gutiérrez, que se separara del ejército revolucionario en El Picacho, cuando los jefes de éste determinaron encaminarse a Cedros, se había dirigido por Valle de Ángeles y Danlí hacia la frontera nicaragüense. En este último lugar se le incorporó el coronel Francisco Argeñal con 17 individuos de tropa; y ambos jefes tomaron el camino de El Arenal, en la mencionada frontera, donde encontraron a los generales Teodoro Valladares y Quirino Escalón, que se proponían invadir nuevamente el territorio hondureño. Lo hicieron así con Gutiérrez y Argeñal, a fines del mes de abril, situándose en Alauca. De allí pasaron a Liure, donde se fortificaron, por haber sabido que se acercaban para atacarlos 600 hombres del Gobierno, al mando del general Esteban Castillo, quien conducía, además, una pieza de artillería.

A las cuatro de la tarde del 9 de mayo el enemigo hizo funcionar la artillería; a las 5, la infantería inició sus fuegos sobre los atrincheramientos revolucionarios y como a las 7 de la noche o poco antes estos se desbandaron sin disparar un tiro, dejando comprometidos a los jefes, en grave peligro de ser capturados. Murió en la acción un ciudadano francés llamado José Combret y Valladares fue herido de las dos piernas. Este tuvo apenas el tiempo necesario de hacer ensillar su mula, montar en ella mediante los esfuerzos de su ayudante y salir, sin poder apresurar la marcha de la cabalgadura por la inutilidad de sus extremidades inferiores. A veces se vio solo en medio de la noche, confiando al instinto de la mula su salvación.

En todos los combates librados de que se ha hecho mención, menos el de Tatumbla, los revolucionarios se batieron en desigualdad de circunstancias contra las fuerzas del Gobierno, pues mientras éstas se hallaban bien municionadas y eran 2, 3, 4, 5, y hasta 10 veces superiores en número, aquéllas carecieron de cartuchos en los momentos más apurados y, sin embargo, no fueron derrotadas, si bien se retiraron sin los laureles de la victoria, con excepción del pequeño combate últimamente mencionado. El más reñido de todos esos combates y el más sangriento de todos cuantos se libraron fue el del Salto. Villela lanzó a ese combate 1,000 hombres; los revolucionarios sólo eran 150. Aquéllos acometieron con un arrojo temerario, pero éstos resistieron sin perder la serenidad y abandonaron organizados el campo hacia El Nance. Ya en camino, el general Sierra ve que dos de sus soldados iban a ser capturados por las líneas enemigas; da media vuelta en su mula, desenvaina su machete, se abre paso con su ayudante Guillén, tira mandobles a diestro y siniestro y los rescata. Se cree estar en presencia de Roldán en Roncesvalles. No fue esa una derrota.

Por lo que respecta a la causa que animaba a unos y otros, bastante se ha dicho ya: era la de los primeros el despotismo y la defendían a sangre y fuego por medio del terror; la de los otros, el anhelo de dar a un pueblo torturado un gobierno de leyes, de tolerancia y de orden. Mala era la causa de aquéllos y no podía ser buena cuando había necesidad de recurrir a la violencia para sustentarla, por las ejecuciones y aplicación de tormentos que ordenaron. Bastará ver una o dos de esas órdenes dadas por jefes que a su vez las habían recibido de sus superiores inmediatos, a comandantes locales, a jefes expedicionarios y aun a simples subcomandantes, sin restricción ninguna; y los hechos que éstos perpetraron con carta blanca en mano, muchas veces por venganza, por odio y hasta por pequeñas diferencias entre vecinos de un mismo campanario, no son otra cosa que asesinatos.

"Güinope, 6 de septiembre de 1892.-General Ramón Zelaya Vigil.-Yuscarán.-En la escaramuza de ayer, cayó un anciano de este pueblo, llamado Celedonio Zavala, tío de Nicolás Flores y también padre de uno de los bandidos que andan robando. Le he dado veinticinco palos y nada declara.-José A. Zelaya."

"Güinope, 14 de septiembre de 1892.-A ministro Vidaurre-ta.-Comayagua.-Aquí me tiene usted otra vez dispuesto a ven-der carne fresca. Estoy pensando que pronto haré una nueva emisión de balas, pagaderas al recibidor.-Zacarías Izaguirre."

"Güinope, 22 de septiembre de 1892. – General Zelaya Vigil, Yuscarán:

Lagos, de que te habla el general Izaguirre, se llama Tomás, y es un bandido, entenado de ese viejo que mandé preso de aquí. Como tienes poca fuerza, dime si me muevo para esa inmediatamente. No hay que confiar. Antes que lo amuelen a uno, es preferible reventarlos, aunque sea por nuestra propia cuenta.

– José A. Zelaya."

"Guaimaca, 22 de abril de 1893. – Señor coronel Durón, Cedros:

Fusilará usted a todo enemigo del Gobierno, conociéndose éstos en las personas que hayan servido personalmente a la facción o prestado auxilios. La forma será, sólo que se compruebe con dos testigos su culpabilidad.

– Belisario Villela, 2.º jefe del Ejército."

"Juticalpa, mayo 10 de 1893. – Coronel Rivera, Catacamas:

Entendido. Si por la gracia concedida se burlan de usted, reclúyalos y los trae con usted; y si del Gobierno se expresan mal, póngales la mano, y el que le resista, fusílelo. Si caen algunos de los que han andado en la facción tirándonos, fusílelos, y si no son tan culpables, tráigalos.

– A. Villela."

"Juticalpa, mayo 11 de 1893. – Señor subcomandante, Catacamas:

Envío a usted al oficial Benvenuto Rodríguez, con una escolta de diez soldados suficientemente equipados, para que con ellos se haga usted respetar y lleve a debido efecto las comisiones que tenga que cumplir. En caso de necesitar más fuerza, avíseme por telégrafo para remitirle. Usted mantendrá la escolta con ganado que, para el efecto, tomará de todos aquellos que se hubiesen comprometido en la facción.

Si le presentasen oposiciones para llevar a efecto las disposiciones que emanen del mando en jefe del ejército o de esta comandancia, relativas al sostenimiento del orden, no se pare en pelillos: fusile uno, dos, diez, ciento, si es necesario, previa la comprobación del hecho que motive la ejecución o ejecuciones. Energía y actividad en todo y para todo, le recomienda su atento y S.S.

– T. L. Aguirre."

"Catacamas, mayo 15 de 1893. – Señor coronel Rivera, Juticalpa:

No descuide la comisión de sacar el dinero detallado; y respecto de los facciosos y de andar con habladitas o cosas contra el Gobierno, ya sabe que ésos se fusilan en el acto.

– A. Villela."

Merced a esas órdenes irrestrictas, subieron las gradas del patíbulo centenares de hondureños, y entre ellos muchos que no tomaron ninguna participación en los movimientos revolucionarios de esa época, en Yoro, en Olancho, en El Paraíso, los departamentos más castigados por el flagelo inmisericorde de los sayones del despotismo.

Si se diesen los nombres de todas las víctimas, sería preciso formar un extenso martirologio.

La revolución, pues, era una necesidad nacional. Pero ¿qué le pasaba al general Domingo Vásquez, alma inspiradora de tanta acción inicua como se enumera? Si pensó que asolando el país iba a consolidar su poder, se equivocó aun así, pues no se concibe a un hombre gobernando en un desierto, cuya superficie la cubra una lívida osamenta.

Pero hay más, y es la exacción que ordenó a todos sus lugartenientes para que la ejercieran sin miramientos en personas de uno u otro modo desafectas a su gobierno. Un historiador que presenció esos hechos, aun siendo adversario de la revolución, dice:

"Para atender a los gastos de la administración y para mantener en la frontera de Nicaragua una fuerza de inspección, el general Vásquez mandó hacer efectivo el empréstito forzoso de $350,000 decretado por el gobierno del licenciado Agüero el 8 de marzo anterior y que, a causa de haberse extendido la facción a la mitad de la República, no se había podido cobrar.

Para hacer efectivo este empréstito, no se hizo, como es de costumbre, un cálculo sobre los capitales calificados en todo el país, sino que se acudió al odioso e injusto medio de las asignaciones personales, practicadas sin proporción alguna con el capital de cada propietario, sino en consideración a sus opiniones políticas.

Fue Olancho el departamento que más sufrió con la colectación de este empréstito, porque además de haber pagado mayor cantidad que ningún otro (cerca de $80,000), el encargado de colectarlo, un teniente coronel Camilo Rivera, usó de un rigor extremado.

Olancho no tiene más patrimonio que la crianza de ganado vacuno que extrae anualmente para Guatemala y puertos del norte en número de diez a doce mil cabezas; pero la guerra civil que terminó en su propio suelo había paralizado toda clase de transacciones y aquel año no había realizado sus ganados, lo que daba margen a una escasez extraordinaria de metálico.

Ahora bien, el teniente coronel Rivera, cuando los propietarios no satisfacían en el acto la suma que se les asignaba, los reducía a prisión sin respetar ni la posición social ni el sexo de las personas.

Hubo más: abusando de las instrucciones del Gobierno, se hicieron asignaciones de diez a cien pesos a personas no capitalistas, cuyas sumas se asegura que no entraron en las arcas públicas, sino que sirvieron para llenar los bolsillos del teniente coronel Rivera.

En los demás departamentos, las sumas que se colectaron fueron de mucha menor cuantía y para hacerlas efectivas no se usó del rigor que en Olancho, si se exceptúa a Copán, donde se subastó una hacienda de ganado vacuno del licenciado Juan Ángel Arias para hacer efectiva la asignación de $20,000 que le hizo el general Vásquez."

XIX: PERMANENCIA EN TIERRAS DE NICARAGUA

El general Zelaya y todos los jefes revolucionarios hicieron pública
demostración de gratitud para con los hondureños por su eficaz
concurso, y me repitieron a mí la promesa que a aquéllos habían hecho
en los campos de batalla de ayudarnos a su vez para el triunfo del
Partido Liberal en Honduras. Jamás promesa igual ha sido tan bien
mantenida. —**P. BONILLA.**

LA PRESENCIA de centenares de revolucionarios que irrumpieron
casi simultáneamente por distintos puntos de la frontera, en un estado
lastimoso —heridos unos, enfermos otros, casi todos escuálidos,
exhibiendo la miseria de sus ropas, destrozados y hambrientos—,
despertó en los habitantes de tierras de Nicaragua esos sentimientos de
humanidad que inclinan a remediar los males del prójimo.

El doctor Bonilla, herido y no en mejores condiciones que el resto
de sus compañeros (su secretario particular don Leopoldo Idiáquez, los
doctores Julián Baires, Alejo S. Lara y otros), telegrafía al doctor
Roberto Sacasa, dándole noticia de su presencia en territorio
nicaragüense. Hallábase éste, en tales momentos, enfrentando un
movimiento revolucionario iniciado en Granada el 28 de abril anterior,
por elementos conservadores, aliados a una fracción del liberalismo, que
habían resuelto desconocer su gobierno.

Tanto el Gobierno como los revolucionarios nicaragüenses
solicitaron del doctor Bonilla la cooperación de la emigración
hondureña, probada como aguerrida en tantos combates contra ejércitos
numerosos; pero el caudillo hondureño, no queriendo convertir a sus
soldados en aventureros, desechó las halagadoras proposiciones que de
una y otra parte le hicieron; y en sus esfuerzos por guardar la neutralidad,
que era lo mejor en tales circunstancias, supo ayudarle con eficacia el
doctor Pedro H. Bonilla, residente por entonces en Managua. De ese
mismo parecer fueron los demás jefes emigrados, aun aquellos con
quienes el doctor Bonilla no pudo ponerse en comunicación inmediata,
o por ignorar su residencia o por la dificultad de las comunicaciones,
como el licenciado Miguel Oquelí Bustillo, que había llegado en
condiciones desastrosas al Rama, después de haber atravesado la

Mosquitia hondureña a pie, perseguido con saña por emisarios del general Alfonso Villela.

Sin embargo, en previsión de futuras emergencias, pidió a los distintos jefes un informe sobre el número de armas con que podía contarse. Esto sucedía hallándose Manuel I. Rosa en Santa María, deseando, lo mismo que otros, regresar al país, fiando en la amnistía decretada por el gobierno del general Vásquez y en el llamamiento que éste hacía a Sierra y otros jefes.

Temiendo el gobierno de Sacasa una invasión con que lo amenazaba el general Vásquez, ordenó el 19 de mayo una concentración general de hondureños a Managua. El doctor Bonilla, como se ha dicho, se encontraba en el Ocotal, y los residentes allí, que habían pedido su consentimiento para tomar las armas en favor de Sacasa —más por no permanecer inactivos que por convencimiento—, recibieron por orden del prefecto la cantidad de quinientos pesos; pero este caso es aislado y no obedeció a ninguna consigna dada a la emigración. El general Dionisio Gutiérrez se hallaba transitoriamente en Somoto y marchó sobre San Francisco Cuajiniquilapa; Samuel Valladares y Gabino George, en Santa María; el general Sierra, en Somoto; Marcial Soto, en Somotillo; Máximo B. Rosales, en Jalapa; Plutarco Bowen, en León, y el general Dávila en Managua, a donde llegó poco después Rosales.

El general Domingo Vásquez, que mantenía una fuerza de observación en la frontera nicaragüense, extremó las amenazas de invasión, a consecuencia de lo cual el alcalde y vecindario de San Francisco de Cuajiniquilapa salieron huyendo hacia el interior, y el doctor Bonilla ordenó a los generales Dionisio Gutiérrez y Quirino Escalón, que habían salido de dicho lugar hacia Somoto conduciendo las armas que se encontraban allá, partir inmediatamente llevándolas al Ocotal, pues fuerzas del general Vásquez invadían en aquellos momentos por el lugar denominado Las Manos, según informes recibidos.

Organizada la facción conservadora en Granada, previa alianza con el general José Santos Zelaya, éste se lanzó contra las fuerzas del gobierno de Sacasa en el punto denominado La Barranca y las derrotó. Como consecuencia, se firmó la paz de Sabanagrande que dio origen a un triunvirato de elementos coaligados, encargándose del Poder Ejecutivo un señor Salvador Machado, conservador. Dueños los conservadores de una situación creada con la cooperación del liberalismo, trataron bien pronto de sobreponerse a éste, alejándolo de la cosa pública, lo que provocó la sublevación de los leoneses.

El triunfo de la revolución en Nicaragua quitaba al doctor Bonilla toda esperanza de apoyo y aun de tolerancia, ya que le eran bien conocidos los vínculos existentes entre los conservadores y el gobierno del general Vásquez.

Pero el general Zelaya, que deseaba un triunfo rotundo del liberalismo, alentó el pronunciamiento de los cuarteles de León (11 de julio de 1893) y entró en inteligencias con los jefes revolucionarios hondureños reconcentrados en aquella ciudad, a quienes el doctor Bonilla, que se hallaba también en la misma, había dejado en libertad de dar o no el apoyo que se les solicitase en tal sentido. El general Dionisio Gutiérrez, enfermo de fiebre cerebral, fue llamado urgentemente por aquel caudillo, ofreciéndole conducirlo en camilla si era preciso —pues Zelaya se encontraba vigilado y no podía salir—, para pedirle al mismo tiempo que a los demás jefes principales, el apoyo de los aguerridos soldados hondureños residentes en Managua unos y dispersos otros en distintos lugares del interior. "Después del éxito de la campaña —dijo Zelaya— daré a usted y a sus amigos lo que me pidan." "Acepto su ofrecimiento con gusto —contestó el general Gutiérrez— y de una vez deseo manifestarle lo que le voy a pedir llegado el caso: nosotros no vamos a aceptar otra cosa que su apoyo decidido a nuestros proyectos no abandonados de volver a hacerle la revolución al general Vásquez." No vaciló el general Zelaya en ofrecer ese apoyo en cambio del que solicitaba de los hondureños.

Obtenida esa alianza, el caudillo nicaragüense rompió el cerco formado por sus enemigos y se dirigió a Nagarote, para unirse a los revolucionarios de dicho lugar y marchar sobre León.

A este respecto dice el doctor Bonilla: "Me encontraba yo en Managua, todavía en la inacción por causa de mi herida, cuando estalló aquel movimiento. Mi ignorancia absoluta acerca del proyecto me impidió tomar una resolución y comunicarla a todos los emigrados. Todos los que se encontraban en León, en Chinandega o sus inmediaciones, movidos por intuición y sin tener un jefe a quien consultar —los pocos que acompañaron al general Zelaya en su marcha de Managua a León— vieron su propia causa en la de aquella revolución, que enarbolaba la bandera liberal; fraternizaron con los revolucionarios y tomaron parte activa e importante en las acciones de Chinandega, Mateare y La Cuesta." En el combate librado en Mateare fue herido el general Gutiérrez en la pierna izquierda; y en él, como en los demás, si no estoy equivocado, comandó las fuerzas leonesas, mientras los hondureños, que ascendían a doscientos hombres, lo hicieron bajo las órdenes del general Anastasio J. Ortiz.

Acerca de la causa a favor de la cual prestaron los hondureños su cooperación, el general José Santos Zelaya manifiesta:

"Nadie dudaba que al concluirse la revolución de abril quedarían restauradas en nuestro suelo las libertades públicas, de que tan celoso ha sido siempre el pueblo nicaragüense. Sin embargo, esa esperanza del patriotismo ha sido burlada por un pequeño círculo que se apellida genuinamente histórico y que se cree con títulos de abolengo para monopolizar en su provecho el poder de la nación. Impolítico y desconsiderado, tuvo valor para romper el pacto de Sabanagrande, garantizado por el señor Ministro Americano, y ha querido, además, burlar la soberanía popular con la imposición de un candidato de su seno, valiéndose para esto de manejos y argucias incalificables, y hasta del restablecimiento del favoritismo en la administración pública, en donde ha colocado a instrumentos pasivos, muchos de ellos sin honradez ni aptitudes.

Sus mismos órganos de publicidad han denunciado las creaciones de empleos innecesarios con derroche del exhausto Tesoro, las franquicias indebidas en los trenes y vapores nacionales expedidas por los ministros y sus hijos, y otros cuantos abusos bien conocidos de los nicaragüenses. Empeñado en conquistar prestigios, ha llevado su insania hasta querer adornar sus sienes con los laureles conquistados por el valeroso y abnegado pueblo de Managua, a quien, parece mentira, ha tenido la ingratitud de negarle la parte de gloria que le cupo en la revolución de abril, de la que fue salvador cuando los mismos que la iniciaron sólo pensaban en escapar con vida."

La contrarrevolución triunfó en poco tiempo. "Desde aquel momento —dice el doctor Bonilla— la causa liberal de Honduras quedó completamente identificada con la de Nicaragua. Era preciso esperar que aquel gobierno amigo acabase de organizarse y, mientras tanto, observar la mayor prudencia de nuestra parte, seguros como estábamos de que Vásquez cometería errores suficientes para justificar ante Centroamérica una nueva campaña. Tendríamos entonces los elementos y recursos necesarios para asegurar el triunfo, que en tales circunstancias no sería dudoso, ya que en Honduras era cada día más pesado el yugo que oprimía al pueblo. Una conducta correcta del gobierno de Vásquez pudo haber extinguido el espíritu revolucionario e imposibilitar al gobierno de Nicaragua para cumplir sus ofrecimientos. Puede decirse que estaban en manos de Vásquez la paz o la guerra. Pero desde entonces su vanidad comenzó a ser nuestro mejor auxiliar. La ocasión propicia que necesitábamos no se hizo esperar. El 31 de octubre hizo Vásquez que el Congreso emitiera el célebre decreto, equivalente a una declaratoria de guerra a Nicaragua. Desde ese momento, aquel gobierno amigo quedaba en la alternativa de decretar la expulsión en masa de los emigrados hondureños, o de darnos todo auxilio para derrocar al enemigo común. La decisión no era dudosa; pero la guerra se aplazó para cuando yo regresara de Guatemala, donde tenía que hacer también algunas combinaciones para garantizar mejor el éxito y asegurarme sobre la actitud que el gobierno de aquel país asumiría con relación a la contienda, o en caso de sobrevenir complicaciones con El Salvador."

La revolución triunfante extremó sus demostraciones de cariño y agradecimiento hacia los hondureños que tan oportuna y eficazmente contribuyeron al éxito; con todo, la mayoría desechó los empleos y el dinero que se le ofreció, aun apremiados por duras y exigentes necesidades de todo género, a fin de no desvirtuar la promesa hecha por el general Zelaya de ayudarlos en su empresa revolucionaria contra el gobierno descalificado de Honduras. Prueba de ese cariño es el haber electo unánimemente al doctor Policarpo Bonilla diputado por el departamento de Carazo, a la Asamblea Nacional Constituyente que se reunió en Managua el 15 de septiembre de ese año, a la cual presentó éste un proyecto de Constitución que escribió el licenciado Francisco Cálix H., digno secretario de aquel repúblico, y en el cual proyecto se inspiraron algunos de los asambleístas al entrar a discutir la carta fundamental de aquel país, sancionada el 10 de diciembre de 1893.

No firma el doctor Bonilla esa Constitución porque, extremados los arreglos del apoyo que se había comprometido Zelaya a dar a los revolucionarios hondureños, se vio obligado a abandonar sus labores parlamentarias para ir a Guatemala con el objeto de comprometer al presidente de aquella república, general José María Reina Barrios, a guardar neutralidad en relación a los futuros sucesos que habían empezado ya a desarrollarse a causa de la actitud hostil del general Domingo Vásquez hacia el gobierno de Nicaragua. Vásquez aparentaba hallarse en relaciones amistosas con el de Guatemala; y se recordará que Reina Barrios había prometido al doctor Bonilla, en septiembre del año anterior, no mezclarse en los asuntos interiores de Honduras e impedir que otro gobierno lo hiciese, siempre que luchase contando con sus propios recursos; pero si el jefe revolucionario comprometía en la empresa a alguno de los vecinos, apoyaría al gobierno hondureño y a la causa revolucionaria sólo en el caso de que Vásquez se aliase con otro país para debelarla. Al doctor Bonilla iba a exponerle la conducta del gobierno de Honduras, su origen viciado, su sistema despótico, la tiranía que había implantado, bajo cuyo yugo se hallaba gimiendo el pueblo que gobernaba y la poca o ninguna confianza que podía inspirar a los gobiernos vecinos.

Con tal objeto se embarcó en Managua en la madrugada del 3 de noviembre, acaeciéndole durante este viaje un incidente que lo expuso a perder la vida. A consecuencia de la grave lesión que recibió en Guaimaca, que no fue bien atendida por impedirlo las fatigas de la guerra, se vio amenazado de quedar con el brazo derecho encogido, mantenido en cabestrillo durante mucho tiempo. Cuando se quitó el cabestrillo, se vio que no podía estirar el brazo; y los esfuerzos que hacía le causaban sumo dolor. Ese día, al avanzar por el muelle para embarcarse, se vio obligado en cierto punto a colocarse en el borde mismo para dar paso a unas carretas con armas que se conducirían en la misma embarcación. Como aún estaba oscuro, dio un paso en el vacío y cayó al agua, sin ser notado por las personas que lo acompañaban. Logró mantenerse a flote abrazando un poste del muelle con el brazo bueno, que era el izquierdo, y dio voces. Al oírlas, se inclinaron sus compañeros, y por la urgencia del salvamento, como por carecer de otros medios, uno de ellos se tendió en el muelle y pidió que le diera la mano. "No puedo –le contestó– porque sólo tengo libre el brazo impedido." "Lo que importa –gritó aquél– es que usted no se ahogue." Alzó cuanto le fue posible el brazo impedido y aquél lo agarró de la mano, tirando de él con fuerza para subirlo. Por esta tracción tan violenta, que le arrancó un grito de dolor, el brazo anquilosado recuperó sus movimientos.

Se reembarcó en Corinto el día 4 y ese mismo día en la noche el vapor Costa Rica que lo conducía se hallaba en aguas de Amapala. Viajaba en él el Ministro Americano en Managua, Lewis Baker, con dos hijas y muchos más. El general Domingo Vásquez había tenido conocimiento de que el doctor Bonilla iba a bordo del mencionado barco y, a las doce de la noche, manifestaba al general Belisario Villela, comandante del puerto, lo siguiente: "Si don Policarpo Bonilla pasa a bordo del vapor, notificará usted a su capitán que, habiendo sido sentenciado por los tribunales de la República, el Gobierno exige su entrega, en la seguridad de que no se le aplicará la pena de muerte. Si el capitán se niega, le prohíbe usted que salga del puerto y manda a alistar la artillería para echarlo a pique, manifestándole que, según las leyes de Estados Unidos y las de esta República, los buques mercantes no gozan de inmunidades, anclados en naciones extranjeras, estando en un todo sujetos a las leyes del país en cuyas aguas se encuentren"; pero el general Villela vaciló en cumplir esa orden, temeroso de provocar un conflicto tan peligroso para su país; pasó a bordo en visita reglamentaria a las 7 de la mañana del 5 e invitó cortésmente al doctor Bonilla a bajar al puerto para tener la satisfacción de sentarse a la mesa en compañía de él. Sospechó el doctor Bonilla la celada que se le tendía y se negó a aceptar tan amable invitación. Villela entonces exigió al capitán Dow su entrega, comportándose más o menos según las instrucciones recibidas; pero el capitán del barco se negó a satisfacerlo. Indignado Vásquez por esta negativa, envió a Villela el telegrama siguiente: "Si a las seis de la tarde no ha consentido el capitán en la entrega de Policarpo y cree usted que se hará necesario echar a pique el vapor, en ese caso lo despachará, mandando la respectiva licencia al capitán acompañada de una protesta, fundada en que la compañía protege manifiestamente a los reos hondureños en territorio hondureño, condenados por los tribunales y leyes del país. Si usted cree que la amenaza dará el resultado deseado, la sostiene usted hasta última hora."

El comandante Villela envió la protesta aludida, que el capitán se negó al principio a firmar, haciéndolo al fin por haber interpuesto su mediación el señor don José María Aguirre. Pero otra dificultad seria surgía al comandante Villela para cumplir con las instrucciones recibidas de volar el barco: la presencia en él del Ministro Americano y sus dos hijas, el cual se oponía igualmente a la extradición del doctor Bonilla. Este llegó a temer que aquellas instrucciones se cumplieran y manifestó su resolución de entregarse, antes que consentir que los pasajeros fuesen víctimas de un desastre o atropello; pero tanto el Ministro Baker como los demás se opusieron a esta determinación, porque no creyeron en la seriedad de la amenaza.

Mientras tanto, el general Vásquez extrema sus órdenes al comandante Villela: "Si el Ministro Americano le dice por escrito o por medio del cónsul o de personas que merezcan fe que amenaza bombardear el puerto con los buques americanos, inmediatamente dirigirá usted una nota al capitán del vapor, notificándole que el reo será extraído de a bordo, aunque los buques americanos reduzcan a cenizas el puerto, indicándole que saque a tierra los pasajeros para evitar desgracias; inmediatamente después mandará usted abordar el vapor con toda su gente y sacar a don Policarpo sin causar molestia a ninguna otra persona, colocando la artillería a flor de agua en el lado de la punta, para el caso en que la tripulación del buque haga fuego sobre los agentes de la autoridad que mande usted a bordo."

Villela, por circunstancias que el general Vásquez no podía apreciar debidamente desde Tegucigalpa, no cumplió esas órdenes literalmente; y, según parece, tomaba consejo de personas prudentes del puerto. En un telegrama dirigido a su jefe supremo, le da a entender sus vacilaciones. "Sin pérdida de tiempo –replica Vásquez– y sin excusa de ningún género, proceda usted a la extracción de don Policarpo del vapor Costa Rica; pues así salvaremos el país de las desgracias de la nueva revolución que en este momento están fraguando Bonilla y los suyos. Haga esta operación sin causar alarma en el pueblo, si es posible." Un poco más tarde vuelve a manifestarle: "En mi telegrama de las nueve ordené a usted terminantemente que, haciendo uso de la fuerza de que dispone, extrajera del vapor Costa Rica a don Policarpo Bonilla. Inmediatamente mandará usted cumplir esta orden."

Eran las once de la noche del 5. Villela le reseña las dificultades con que tropieza, causadas especialmente por la presencia del Ministro Americano, y se atreve a hacerle sugestiones contrarias a las instrucciones que recibe. El general Vásquez se enfurece y lanza entonces este despacho: "No he dado a usted mi opinión, sino una orden. Si usted no cumple, aceptará las consecuencias. ¿Tiene miedo?"

Con todo, el general Villela no se atrevió a abordar el vapor sino después de una nueva conminación, aunque más temeroso, si cabe, de las consecuencias del abordaje. Ordenó al coronel Dámaso Pinel que alistara a la gente y las lanchas para consumarlo; pero como era ya de noche, el barco apagó las luces y zarpó en la oscuridad. Villela hizo algunos disparos de cañón al aire, como para quitarse un peso de su conciencia.

Por esos cañonazos, el Ministro Americano en Guatemala, P. M. B. Young, a bordo del buque de guerra Alliance, anclado en el puerto de La Libertad, dirigió una reclamación al gobierno del general Vásquez y éste reconviene a Villela: "Mis telegramas dirigidos a usted –le dice– desde las cuatro de la tarde eran terminantes respecto de la extracción de Policarpo, quien no podía ser extraído por medio de la artillería, sino yendo a bordo con la infantería. Cañonear el vapor después que había zarpado no tenía ya objeto ninguno, pues no podía ser esa la manera de sacar a Policarpo, trayendo solamente responsabilidad, sin alcanzar el resultado que nos proponíamos. El telegrama de las 7 p. m. es muy claro y en él le ordeno hacer uso de la artillería solamente en el caso de que la tripulación del vapor haga fuego a los representantes de la autoridad que usted mande a bordo."

Se cruzaron unos cuantos telegramas entre el expresado Ministro y el de Relaciones Exteriores de Honduras, que lo era don J. Antonio López, originados de ese incidente, en que el primero exigía ciertas satisfacciones por el ultraje hecho a la bandera americana; y el segundo dice haber desaprobado los hechos relacionados, por no haber obedecido a órdenes de su Gobierno, ni haber tenido nunca la menor intención de causar ninguna ofensa al Gobierno de los EE. UU., con el que siempre ha deseado conservar las mejores relaciones.

No se sintió muy tranquilo el general Vásquez por las consecuencias que pudieron originarse de aquel hecho; pero de pronto cesan las reclamaciones y entonces se siente muy feliz. "El Ministro Americano a bordo del vapor de guerra Alliance, anclado en La Libertad desde hace tres días –manifiesta a Villela– ha estado dirigiéndose a este Gobierno, exigiendo una satisfacción pública y otras cosas más, por los cañonazos dirigidos al vapor Costa Rica. Yo me dirigí a mis amigos personales en Washington para el arreglo de esa cuestión; y el Presidente Cleveland ha ordenado por cable al Ministro Americano que dé por terminada la cuestión y que no se le exija satisfacción a mi Gobierno. Tómese una copa de champaña, celebrando ese feliz desenlace."

Muy feliz, asimismo, el señor José María Aguirre, que se hallaba en Amapala de regreso de Guatemala cuando el incidente aludido, telegrafió al general José María Reina Barrios, participándole que las reclamaciones habían cesado, merced a la influencia de los amigos personales del general Vásquez en Washington, cerca del Presidente Cleveland. Este telegrama, como se comprenderá, tendía a poner de manifiesto las poderosas relaciones del Presidente Vásquez, para el caso seguro de que el doctor Bonilla tratase de convertir a su causa al general José María Reina Barrios.

Llegó felizmente el doctor Bonilla a Guatemala; y de lo primero que se habló fue del incidente ocurrido en el vapor Costa Rica, felicitándolo la emigración allá existente y demás amigos por haber salido con bien del conflicto.

Muy escasos son los datos existentes acerca de la permanencia del doctor Bonilla en Guatemala, pero lo cierto es que obtuvo la promesa del Presidente de aquella República de que, en el caso de que se declarase una guerra entre Honduras y Nicaragua, no permitiría la intervención armada de los demás países vecinos.

Durante la segunda semana del mes de diciembre de ese año de 1893, aún se encontraba allá, lo mismo que el general Bográn, quien no permanecía indiferente a los asuntos de Honduras y se esforzaba en tomar participación en ellos. Bográn, por medio del general Lisandro Letona, solicitó del doctor Bonilla una entrevista con el objeto de discutir la situación política de Honduras y de estudiar la manera de cooperar conjuntamente para obtener la conclusión del régimen del general Vásquez, interesando en ello a los amigos de ambos. Sabía el doctor Bonilla que el general Bográn no lo aceptaría como candidato a la Presidencia de la República en caso de que triunfase la revolución; pero aceptó la entrevista, deseoso de conocer las causas en que aquél se fundaba para rechazarlo.

La plática se celebró en un aposento del hotel en que se hospedaba Letona, en presencia de éste y del doctor Juan Ángel Arias; pero no se llegó a ninguna conclusión, si bien hablaron extensamente sobre la situación de Honduras que ambos consideraban desesperada y que había que proceder enérgicamente para remediarla. En el curso de la plática, supo el doctor Bonilla que el general Bográn contaba con el apoyo moral del Gobierno de Guatemala, con cien mil pesos que le había ofrecido el general Barillas y mil quinientos remingtons que tenía en la frontera, y doscientos winchesters pedidos al exterior y que estaban en Belice en poder de Mr. Panting. Contando con esos elementos, e ignorando que el doctor Bonilla también podía contar con algunos, le hizo sentir desde el principio que lo aceptaría como jefe de la revolución únicamente; porque si bien Bográn y sus amigos nada debían temer del doctor Bonilla personalmente, sí temían a Manuel Bonilla, Terencio Sierra, Dionisio Gutiérrez, Miguel R. Dávila, Oquelí Bustillo y otros. Asimismo, el doctor Bonilla abrigaba igual desconfianza del general Bográn, pero no de los Williams, Villelas y muchos más, para poderlo aceptar como candidato a la Presidencia de la República.

El doctor Bonilla comprometió en la empresa revolucionaria, para que cooperase por occidente al mismo tiempo que él invadiría por la frontera nicaragüense, al doctor Juan Ángel Arias, pero el general Bográn, interesado en entorpecer los planes del doctor Bonilla, con quien no pudo llegar a ningún arreglo, logró neutralizar a aquél con hábiles manejos e indirectos modos.

Conseguido el objeto principal que lo llevara a Guatemala, el doctor Bonilla se apresuró a regresar a Nicaragua, donde su presencia era harto necesaria.

XX: PREPARATIVOS DE INVASIÓN

...por documentos oficiales y multitud de noticias particulares, se sabía que los enemigos de esta administración, que la habían combatido pocos días antes con ar- mas y elementos obtenidos en Nicaragua, prestaban su apoyo decidido a uno de los bandos que se disputaban el poder en aquella república, siendo parte y no in- significante en el triunfo definitivo que alcanzó . —**J. ANTONIO LOPEZ (Ministro de Relaciones de Honduras).**

El general Vásquez había llegado a ocupar la primera magistratura de la nación mediante una serie de audaces maniobras a que puso término la elección sin opositores verificada el último domingo y los dos días subsiguientes del mes de agosto de 1893.

Al abrir La Gaceta de ese año se encuentra la huella indubitable de esas maniobras. En efecto, por decreto de 9 de febrero de 1893, el presidente Leiva depositó el poder en el licenciado Rosendo Agüero, Ministro de la Guerra; el 18 de abril, el licenciado Agüero, considerando su salud alterada por las constantes labores administrativas, por las circunstancias anormales del país, dispuso depositar el poder supremo que se le había confiado en el secretario de Estado en el Despacho de la Gobernación, el general Domingo Vásquez, nombrado para tal efecto por acuerdo de la misma fecha, fundándose para dar ese paso en lo dispuesto por el artículo 70 de la Constitución del 80 vigente y en las facultades discrecionales de que se hallaba investido, a pesar de que, si tal artículo confiere al presidente constitucional la facultad de hacer el depósito del poder en Consejo de Ministros o en uno cualquiera de ellos, esta facultad no es traslaticia. El general Vásquez aceptó el depósito "sintiendo vivamente que tal medida fuese ocasionada por el quebranto de la salud del señor Agüero", rindiéndole las gracias por la confianza que se le dispensaba. Prometió a los hondureños que los amigos del orden y del poder "legítimo" nada debían temer de él, pero sí debían esperar el más inflexible rigor de la ley los que atentasen contra los verdaderos intereses de los pueblos.

El 11 de julio se convocó al Congreso para que se reuniese el 1.º de agosto siguiente; el 31 se levantó el estado de sitio que Agüero había puesto en rigor; el 10 de agosto se admitió la renuncia de Agüero del cargo de Ministro de la Guerra y se anexó la cartera al de la Gobernación;

y en la misma fecha asume el señor Presidente la cartera mencionada últimamente. El 6 de agosto el Congreso admite la renuncia del señor Leiva, y Vásquez por decreto en Consejo de Ministros convocó al pueblo hondureño para que el último domingo del mes de agosto y los dos subsiguientes eligiese Presidente de la República.

El 15 de septiembre, día de la independencia, el general Vásquez, "electo" sin oposición en los días indicados, Presidente Constitucional de la República, prestó la promesa de ley ante el Congreso. El presidente de este alto cuerpo, general Williams, pronunció una corta alocución aludiendo a la solemne investidura del general Vásquez como Primer Magistrado de la Nación; pero éste, en lugar de contestar aquella alocución, leyó en el seno de la Asamblea un manifiesto a los hondureños.

El 30 de noviembre, Agüero es nombrado nuevamente Ministro de la Guerra; Manuel Gamero, de Gobernación; J. Antonio López, de Relaciones; Pedro J. Bustillo, de Instrucción Pública; y Leopoldo Córdoba, de Hacienda.

El 19 de diciembre se declaró la República en estado de sitio, en vista de que "el pueblo de San Marcos de Colón había sido ocupado por una partida de facciosos procedentes de la República de Nicaragua, los cuales intentaban llevar la perturbación del orden público a los demás departamentos".

Siendo presidente el general Vásquez y antes de serlo, observó con el gobierno de Nicaragua una conducta hostil y arrogante, harto imprudente a sus intereses. Habiendo sido derrotado el general Sierra en El Corpus el 8 de septiembre de 1892, envió en su persecución al general Alfonso Villela con 400 hombres, situándose él en San Marcos con el propósito de invadir el terreno nicaragüense. Villela traspasó la frontera, incendió algunas casas y llegó hasta San Pedro del Potrero Grande, donde cometió otras tropelías. En esa ocasión manifestó Vásquez al gobierno nicaragüense, al reclamar este por esa trasgresión, que sus fuerzas deberían ir hasta Managua para capturar a los facciosos, puesto que las tropas nicaragüenses no habían podido hacerlo.

Nunca creyó el general Vásquez en las seguridades que le dio aquel gobierno de imposibilitar toda actividad revolucionaria dentro de su territorio para invadir el de Honduras; pero es lo cierto que los revolucionarios hondureños hasta mayo de 1893 se vieron molestados y entorpecidos por los agentes de Sacasa, quien daba órdenes de reconcentración y enviaba jefes expedicionarios con el objeto de limpiar la frontera de hondureños hostiles al de Honduras, a pesar de su pobreza y dificultades interiores de diverso género. Prueba de ello es que el general Sierra, en agosto de 1892, se vio obligado a cruzar el territorio nicaragüense de incógnito para evitar una captura; los generales Dionisio Gutiérrez, licenciado Enrique Lozano, Miguel Oquelí Bustillo y otros se vieron detenidos en Nueva Segovia cuando se dirigían a cooperar en el movimiento del sur y oriente ese año de 1892, iniciado con el combate de Las Anonas, y fueron llevados a Corinto, donde tuvieron la ciudad por cárcel; y si escaparon de allí, fue debido a una estratagema puesta en práctica por el primero de los nominados; el mismo doctor Bonilla, como se ha dicho, permaneció oculto en aquel país, mientras hacía los preparativos de invasión en febrero de 1893; y posteriormente, en mayo de ese mismo año, después de su retirada de Juticalpa, se ordenó la última reconcentración por exigencias del gobierno de Honduras, que mantenía en la frontera una fuerza de observación y amenaza al de Nicaragua.

Triunfante la revolución del general Zelaya, con apoyo de los revolucionarios hondureños, ya no cupo al gobierno de Honduras, o mejor dicho, al general Vásquez, la menor duda, si alguna pudo tener, de que aquél pagaría abiertamente los servicios que había recibido, y trató de amedrentarlo. Este sistema le había producido los mejores efectos en otras ocasiones, aunque en circunstancias distintas. "Si usted apoya a los enemigos de este gobierno, me veré obligado a hacerle la revolución en su propio territorio", le dijo; a lo que Zelaya contestó: "Antes de que usted me haga la revolución a mí, se la haré yo a usted."

Al mismo tiempo, Vásquez daba instrucciones a su ministro de Relaciones, J. Antonio López, para que se dirigiese a los restantes gobiernos centroamericanos, denunciando "la conducta poco sincera, antipatriótica y aun inmoral de un Estado vecino de Honduras, el cual no ha recibido de este país —decía— ninguna ofensa y sí sólo demostraciones de consideración y aprecio, por haberse convertido en el agente más activo contra la paz y el sosiego de este país, pues mientras hacía en público alarde de brindarle una amistad cordial y sincera, permitía sordamente a los revolucionarios hondureños que se alistaran en aquel territorio para invadir a su patria; y a éstos había concedido últimamente, alentado por la impunidad o caminando tras de propósitos ocultos, honores, pensiones y puestos públicos."

Después de formular esas acusaciones, pedía a dichos gobiernos que llamaran al orden al de Nicaragua, conteniéndolo en su camino de deslealtad; y que si a pesar de tales gestiones no se lograba reducirlo al terreno de la razón y de la conveniencia recíproca, y perseveraba en su plan sistemático de hostilizar sordamente a Honduras, éste, solo o aliado a cualquiera otro, tomaría sobre sí el deber de restablecer con la fuerza el derecho de las naciones conculcado, ejerciendo a la vez con ello un acto de legítima defensa.

Se formulaba esa queja después de haber pedido el general Vásquez al Congreso la autorización (30 de octubre anterior) para declarar y hacer la guerra a Nicaragua, en caso de perturbarse la paz de Honduras por invasiones procedentes de aquel territorio. Tal conducta obligaba al gobierno del general José Santos Zelaya a precipitar los acontecimientos, anticipándose a las expresas amenazas del general Vásquez. Durante la ausencia del doctor Bonilla habían quedado en Nicaragua el general Manuel Bonilla, reconocido como general en jefe de los revolucionarios, y el doctor Pedro H. Bonilla, en su carácter de agente de la revolución cerca del gobierno de dicha república, y ambos resolvieron la tercera y última campaña, viniendo el primero a la frontera, donde ordenó la organización del ejército invasor a los generales Manuel I. Rosa, Dionisio Gutiérrez y J. Ángel Rosales, encargándose él de hacer lo mismo en Somotillo. Los diversos cuerpos organizados llegaron a constar de 447 individuos de tropa y 57 jefes y 182 oficiales, armados unos pocos de éstos de Winchesters y los primeros de fusiles Remington con bayoneta. Había, además, un cuerpo de artillería dotado de dos cañones Krupp de 6.

El 13 de diciembre el general Bonilla salió de Cinco Pinos e invadió el territorio hondureño por Las Trementinas, a donde llegó entrada la noche, viniendo la primera brigada al mando del general Teodoro Valladares. Al mismo tiempo, el general Manuel I. Rosa invadió por el lado de Somoto Grande, debiendo reunirse en San Marcos de Colón con los generales Dionisio Gutiérrez y José Ángel Rosales. Estos y aquél tomaron esta plaza el 17 y retrocedieron un poco para fortificarse en la frontera; pero posteriormente la abandonaron para incorporarse al general Bonilla.

Desembarcó el doctor Bonilla el 17 en el puerto de Corinto, de regreso de Guatemala, con la seguridad de que el gobierno de aquella república no le sería hostil y la probabilidad de que tampoco lo fuese el de El Salvador, pasando inmediatamente a Managua, donde verbalmente quedaron estipuladas las bases de alianza entre aquel gobierno y el provisional que él inaugurase.

Por lo que en tal ocasión comunicó al doctor Bonilla el general Zelaya, los señores Ezetas habían tenido noticias ya de las inteligencias del primero, cuando se hallaba en Guatemala, con los emigrados salvadoreños que trataban de buscar alianzas para derrocar su gobierno. Cierto es que el doctor Bonilla había recibido de éstos la cantidad de $5,000, pero sin la obligación de emplearlos en sus actividades políticas contra Vásquez, por ser tan pequeña; pero este préstamo dejaría de ser incondicional si aquellos podían completarle la suma de $50,000 y el doctor Bonilla organizaba un movimiento revolucionario contra el mandatario hondureño y triunfaba de éste, pues entonces daría a sus aliados todos los auxilios que necesitasen para derrocar a los Ezetas.

Entre los emigrados hondureños y salvadoreños se había convenido en las bases de un pacto de mutua cooperación y se formuló el proyecto; pero éste fue devuelto al doctor Bonilla la última vez que estuvo en Guatemala, manifestándosele que renunciaban a la alianza proyectada por la imposibilidad de completarle la cantidad de $50,000 ofrecida.

Creyendo los Ezetas en la existencia de un pacto formal entre sus enemigos y el doctor Bonilla, resolvieron oponerse a las actividades revolucionarias del jefe hondureño, dispuestos a no permitir que llegase a la Presidencia de Honduras. Así lo manifestaron enfáticamente al ministro de Nicaragua residente en El Salvador, en los momentos en que el doctor Bonilla conferenciaba con Zelaya en Managua. Para que estos señores no entorpeciesen la revolución que se iniciaba con tan buenos auspicios, pacientemente preparada, ofreció el doctor Bonilla desaparecer como jefe de la misma; pero a ello se opuso el general Zelaya, opinando que debían apresurarse los acontecimientos, dando un golpe mortal al general Vásquez, antes de que aquéllos tuviesen tiempo de auxiliarlo.

Los generales Dionisio Gutiérrez y J. Ángel Rosales, que habían tomado San Marcos, se incorporaron al general Bonilla en Oyoto el 20, y en igual fecha salió con dirección a la frontera el doctor Bonilla, acompañado del doctor César del mismo apellido, para tomar el mando de las fuerzas. En Somotillo, el doctor Bonilla conferenció con el general Anastasio J. Ortiz, jefe de las fuerzas nicaragüenses, que había alistado desde principios de dicho mes, enrolando al general Sierra, que permanecía retraído en León, por diferencias habidas con los demás jefes revolucionarios hondureños. El doctor Bonilla dejó arreglado en aquella entrevista el plan de la campaña, que debía iniciarse con la toma de la plaza de El Corpus, conviniendo, entre otras cosas, en que el ejército nicaragüense marcharía siempre a la retaguardia y se encargaría de guarnecer las plazas tomadas; pero circunstancias posteriores, como se verá, obligaron a que se abandonase esta última condición.

Antes de ponerse al frente del ejército, el doctor Bonilla dirigió al pueblo hondureño una proclama, y en ella manifiesta que la revolución se habría hecho innecesaria y hasta imposible si el nuevo gobernante hubiese devuelto al pueblo el goce de sus derechos, otorgándole positivas garantías, estableciendo la honradez en la administración y encaminando el país por la senda del progreso, para hacerse perdonar el vicio de su origen y adormecer siquiera el recuerdo de tanta sangre derramada en los combates y en los patíbulos, lo mismo que los incendios, saqueos y expoliaciones de todo género, que dejaron huérfanas, sin hogar y sin pan, a millares de familias. Pero, por el contrario, el general Vásquez se ensañó en los vencidos, no dejando a éstos otra alternativa que la guerra o el ostracismo, haciendo, en consecuencia, imposible la paz. Terminaba el doctor Bonilla excitando a los hondureños a ayudar al triunfo de la revolución para poner pronto remedio a los males de la tiranía.

Trasladado a San Pedro, pasó la línea divisoria el 24 de diciembre, llegando a Los Amates, donde, de acuerdo con el general Bonilla, dispusieron la organización de un gobierno provisional, expidiéndose en la misma fecha el decreto respectivo.

El gobierno nicaragüense, en cuyo conocimiento se puso el decreto aludido, se apresuró a otorgar su reconocimiento, con fecha 25, o sea al día siguiente, en uso de la facultad de que se hallaba investido por la ley de 9 del mismo mes de diciembre, expedida por la Asamblea Constituyente, y de acuerdo con el voto unánime del Consejo de Ministros; decretando que Nicaragua, con el objeto de proveer a su seguridad exterior, "reconoce como el único poder legítimo de Honduras al Gobierno Provisional instalado en Los Amates el día anterior, bajo la presidencia del doctor y general don Policarpo Bonilla; y que en tal virtud el gobierno de Nicaragua obraría como aliado de dicho Gobierno Provisional".

Por su parte, el general Vásquez pedía con urgencia las milicias de La Paz, de donde pudieron enviarle 300 hombres; de Comayagua igual número o poco menos, y de Olancho 400. El general Alfonso Villela le dio aviso de haber reunido 120 hombres, noticia que causó una profunda decepción al general Vásquez. Las milicias de Olancho habían de desertársele en su mayoría, porque los olanchanos, como se ha dicho, son poco amigos de tomar las armas. Para evitar la deserción, ordenaba a sus conductores que no entraran con gente amarrada a Tegucigalpa, porque esto causaría una mala impresión, y que fusilaran a uno o dos de aquellos en quienes viesen inclinación a desertarse, lo que fundiría el temor en los demás.

Avanzando hacia el interior con dirección a la plaza de El Corpus, llegaron el 25 al punto denominado Los Llanitos, el doctor Bonilla con su ministro general, don César del mismo apellido, y allí se les incorporó el general Rosa con su columna, el cual había salido de San Marcos de Colón. Continuando la marcha, se reunieron los revolucionarios en El

Plan, a corta distancia de El Corpus, en dirección S.O., a excepción de 130 hombres comandados por los hermanos Cuberos, que habían salido a reforzar el punto denominado La Concepción. De Los Amates a El Plan no hubo ninguna dificultad, porque las fuerzas venían protegiéndose unas a otras. Muchas fueron las inconveniencias de la marcha por lo incómodo del tren de artillería y la falta de arrieros competentes. Ese día sólo anduvieron menos de cuatro leguas; pero el 26 la marcha fue más rápida y menos penosa.

Un día antes, el general Vásquez había hecho salir 600 hombres para que se situasen 300 en Orocuina y 200 en Apacilagua, y en la plaza de El Corpus tenía 100 al mando del coronel Salomé Cruz.

El 26 marchó el teniente coronel revolucionario Antonio Lara con su columna expedicionaria de vanguardia, a tomar posiciones en el cerro de La Cruz, que domina El Corpus. Le siguieron con parte de la primera brigada, compuesta de 150 hombres nicaragüenses y la artillería, los generales Gutiérrez, Rosales y Valladares (Teodoro). El general Rosa dividió su columna en dos secciones, mandando él una y la otra su segundo, el coronel Nicolás Flores, y se colocaron en lugares estratégicos sobre los caminos que de El Corpus conducen a Choluteca, para capturar a los derrotados e impedir la llegada de refuerzos a la plaza que se iba a atacar.

Tomadas esas disposiciones, quedó preparado el plan de ataque a la plaza de El Corpus, que es, según el parecer del general Sierra, el punto del territorio hondureño más difícil de ser tomado y, por consecuencia, el que se puede defender mejor. En septiembre de 1892, el general Vásquez lo había atacado a él con 1,600 hombres y sólo contaba el jefe revolucionario con 90; ahora, defendida por 100 o 150 hombres, sería asaltada por 500 combatientes.

XXI: BATALLA DE EL CORPUS

Entonces, Dios absuelva los pecados de todas las almas que antes que caiga el rocío de la noche volarán a su eterna mansión a consecuencia de esta terrible prueba emprendida para decidir cuál es el rey de nuestro Reino. —**SHAKESPEARE.**

EL 27, A la una y media de la tarde, las fuerzas revolucionarias comenzaron a bombardear El Corpus desde el cerro de La Crucita; y al mismo tiempo se envió al coronel Antonio Lara, con 50 hombres, para que atacara las fuertes posiciones de El Guapinol, secundado por el general Dionisio Gutiérrez con parte de su gente, asumiendo éste la dirección del ataque. Una media hora después de esta operación se inició el fuego de la infantería contra la mencionada posición y, simultáneamente, se envió a los coroneles Agapito Ruiz Torres y Máximo B. Rosales por el lado de la iglesia. Los cañones, manejados por los artilleros Salomón T. Sosa y A. Brenes, bajo las órdenes del coronel Pablo Spilbury, hacían certeros disparos contra la fortificación de El Guapinol, la más interesante de todas y la que defiende prácticamente la plaza.

La furia del combate se hizo más intensa que en otra parte, en El Guapinol, que el enemigo reforzó como una hora después de comenzado; pero al mismo tiempo los revolucionarios enviaron al coronel Jesús María Romero y, detrás de éste, marcharon José Ángel Rosales y Gabino George, avanzando éstos por el lado de la iglesia.

Como a las tres de la tarde, llegó al campo de batalla el señor presidente provisional, acompañado del señor ministro Bonilla. Poco después, habiéndose presentado al campamento el coronel Donoso Cubero con 100 hondureños y el capitán Núñez con 50 nicaragüenses, se les envió también a El Guapinol. Por el acierto de la artillería y un movimiento simulado hecho por un cuadro revolucionario hacia el lado de El Plan, el enemigo se reconcentró en El Guapinol y la iglesia, abandonando las fortificaciones de La Peña; y este movimiento fue observado con mucha oportunidad por el general Gutiérrez, que destacó una columna por ese lado al mando del coronel Vespasiano Garín, pudiendo así colocarse a nivel de El Guapinol, y esta posición fue atacada con ventaja de frente y por el ala derecha. Acosado de este modo el enemigo, si bien defendido por la escabrosa configuración del terreno y por las obras artificiales, vióse sin esperanza de refuerzo, y tuvo que declararse en derrota, a las cinco y media de la tarde, después de cuatro horas y media de combate. El enemigo huyó hacia Choluteca y fue perseguido durante la noche hasta el río de Las Calderas. En este punto se suspendió la persecución, porque se oyó un tiroteo hacia el Pie de la Cuesta entre los derrotados y la gente del coronel Nicolás Flores, colocado allí con anticipación; y los perseguidores tuvieron temor de ser confundidos con el enemigo. El general Manuel I. Rosa, con parte de la fuerza de su mando, ocupaba el lugar llamado San Juan, y, viendo al coronel Flores, su segundo, empeñado con los fugitivos, concurrió a apoyarlo y recogieron parque, bestias, correspondencia, etc.; y en la plaza dejó el enemigo 4 muertos, varias bestias, una caja de parque y 20 rifles. Los prisioneros manifiestan que muchos de sus compañeros no hicieron un tiro y otros sólo cinco, porque el espíritu de los gracianos era adverso a la causa del general Vásquez. Diose descanso a la fuerza y se enterraron los muertos del enemigo, y los heridos de éste recibieron igual tratamiento que los revolucionarios.

Por este tiempo se nombró mayor general al general Pedro P. Escalón y se tuvo noticia de que el general Anastasio J. Ortiz, restablecido de su influenza, había salido de Somotillo y se encontraba a inmediaciones de Namasigüe. Simultáneamente, el coronel Leopoldo Idiáquez salió de Chinandega hacia Choluteca con 200 hombres y un cuerpo de caballería; el general S. J. Herradora permanecía en Santa María con 300; y pasajeros llegados a Somotillo, procedentes de Amapala, anunciaban que este puerto había quedado abandonado por haberse ido el general Belisario Villela en auxilio de Choluteca; pero quien llegó a esta ciudad fue el coronel Dámaso Pinel con 100 amapalinos, halagado por promesas y palabras alentadoras del general Vásquez, que le ofrecía, por su inteligencia y valor, convertirlo en uno de los elementos destacados de su Gobierno. Decíase también que el general Vásquez se hallaba en Pespire; pero no se había movido de Tegucigalpa, y desde aquí lanzó sus rayos contra el viejo sinvergüenza de Cruz, que, por excusarse de su cobardía, aumentaba estúpidamente el número de los enemigos que lo habían atacado en El Corpus. Esta exageración causará —decía— desaliento en nuestras tropas. Estoy seguro de que el enemigo no les hizo ninguna baja, aunque él dirá que le mataron quinientos".

El 29, a las 8 de la mañana, el ejército revolucionario marchó hacia Choluteca en combinación con el nicaragüense, cuyo mando inmediato tenía el general Anastasio J. Ortiz. Las fuerzas hondureñas llevaban como inmediato al general Manuel Bonilla, quien ordenó a Rosa, que acostumbraba ir siempre a la vanguardia, que dejara pasar al coronel Lara con su gente y siguiese en pos de éste. A las once de la mañana entraron a Yusguare y se acuartelaron, ocupando el coronel Lara la salida de Choluteca. Allí se publicó solemnemente el decreto de organización del Gobierno Provisional. Nada sabía hasta entonces el general Bonilla del general Ortiz, pero a las once de la noche llegó un correo enviado por éste desde San José, el coronel H. Craner, comunicando que levantaría el campo a la una de la mañana para estar en El Palomar a las cinco del día siguiente, o sea el 30. Citaba al general Bonilla para dicha hora en aquella hacienda, para combinar definitivamente el plan de ataque a Choluteca.

El general Bonilla ordenó inmediatamente que el general Gutiérrez —que se hallaba a la retaguardia en El Pie de la Cuesta— saliera en el acto con 100 hombres sobre Apacilagua, llegando por lo menos hasta El Agua Caliente, de donde marcharía sobre Choluteca en el término de la distancia, pero dejando establecido un buen servicio de espías sobre los caminos de Tegucigalpa y Yuscarán. Mandó también que el coronel Lara, a la vanguardia, marchara con toda precaución sobre Choluteca, llegando solamente hasta el cerro de Los Coyotes, que se eleva sobre la llanura. Dos horas después se puso en marcha el Estado Mayor General al mando del coronel Vespasiano Garín, con el objeto de aproximarse a Lara y esperar. El grueso del ejército salió a las tres de la mañana y a las cuatro y diez llegaron al punto en que Lara había hecho alto. Mandó seguir la marcha el general Bonilla y a las cinco de la mañana se hallaban a inmediaciones de la hacienda del licenciado Cubero, "La Providencia". Aquí ordenó a Lara marchar sobre su derecha para atravesar el río por Santa Cruz y se situase en la confluencia de los caminos de Nacaome y Orocuina, pero cuando iba a unos doscientos metros se le ordenó cambio de ruta y seguir el camino real, mandándose a la vez que el general Rosa, con su fuerza, siguiese de cerca de Lara para ir a tomar posiciones a mil varas de la ciudad.

Este jefe, Rosa, aguijoneado por su valor y honrada ambición de distinguirse, atacó sin orden previa la del enemigo, la que cedió y fue perseguida. Comprendiendo el general Bonilla el peligro en que podía caer tan importante jefe, envió al coronel Lara para que lo protegiera. No era ilusorio el peligro, pues el enemigo salió a picar la retaguardia del general Rosa y se encontró oportunamente con las fuerzas del coronel Lara en las casas que quedan a la orilla del paso real del río Choluteca, camino de Nacaome. La refriega fue corta pero reñida, resultando derrotado y muerto el jefe enemigo, coronel Salvador Mónico.

El general Bonilla ordenó que se estableciera el cuartel general en la casa de don Antonio Esquivel y marchó a galope hacia El Palomar para combinar con el general Ortiz el plan de ataque a Choluteca. En El

Palomar encontró al jefe nicaragüense a la cabeza de 600 hombres, con su bandera desplegada, listo para emprender la marcha hacia el campo de batalla. Mientras tanto, ese día el Gobierno Provisional del doctor Bonilla dictaba en El Corpus un importante acuerdo por el cual se nombraba general en jefe de los ejércitos aliados de Honduras y Nicaragua al señor general don Anastasio J. Ortiz, y como su segundo al general don Manuel Bonilla. Con eso se obtenía la unidad de acción, disminuyéndose así los inconvenientes que trae siempre la conjunción de fuerzas de distintos países.

Un día antes, el coronel Calixto Carías había llegado a El Corpus con 14 hombres armados, tiendas de campaña, salveques, ropa y divisas; y en esta población se cambiaron los retenes de hondureños por nicaragüenses. El doctor Bonilla salió a reconocer la posición del Pie de la Cuesta; y, en vista de que se creía que Vásquez se hallaba en Pespire —noticia que resultó falsa—, opinó que debía operarse por el lado de Yuscarán para amenazar la capital.

Simultáneamente, llegaban a Choluteca por parte del enemigo 250 hombres más, procedentes de Amapala; y el general Vásquez se apresuraba a enviar de agente confidencial a don J. Antonio López ante el presidente de Guatemala.

XXII: PRIMERA BATALLA DE CHOLUTECA

Que de fois, lorsqu'il m'a fallu prendre une part obscure, mais active,
dans nos troubles civils, j'ai senti ma consciencie s'indigner de cette
condition inferieure et cruelle! Que de fois j'ai comparé cette existence
a celle du gladiateur! Le peuple est le César indifférant, le Claude
ricaneur auquel les soldats disent sans cesse en défilant: "Ceux qui
vont mourir te saluent! —**ALFRED DE VIGNY.**[8]

HALLÁBASE defendida la plaza de Choluteca por 800 hombres,
más o menos, entre gracianos, amapalinos y cholutecas, al mando del
general Antonio Molina, cuando fue atacada por las fuerzas combinadas
de los generales Anastasio J. Ortiz y Manuel Bonilla, a las cinco y media
de la mañana del 30 de diciembre de 1893.

Combinado el plan en El Palomar entre los generales mencionados,
el primero hizo salir al general Quirino Escalón con una columna
protegida por dos piezas de artillería. El combate se empeñó con
violencia. No menos de 100 gracianos salieron del edificio del hospital
y pretendieron cortar las líneas atacantes en pleno llano. En ese momento
comenzó el ataque por el lado sur de la ciudad el general Quirino
Escalón, haciendo funcionar la artillería y acribillando a metralla el
hospital, importante reducto de los defensores de la plaza. Esta línea se
había formado en plena llanura descubierta, frente a un enemigo
escudado tras las casas de la población claraboyadas, y los combatientes
avanzaban arrastrándose hacia las trincheras enemigas, llevando piedras
que iban empujando a medida que ganaban terreno. El general Escalón
no conocía la localidad, y parece que por esta circunstancia equivocó el
ataque al principio; pero el general Ortiz le envió luego al general
Terencio Sierra con un cuadro de nicaragüenses y salió él mismo en
seguida con la reserva al centro del llano.

El coronel Máximo B. Rosales, a la cabeza de una sección de
artillería nicaragüense, se presentó a las nueve y media de la mañana,
colocando un cañón a cincuenta metros del hospital. Al verlo, salieron

---

[8] "¡Cuántas veces, cuando me ha tocado tomar parte oscura pero activa en
nuestros disturbios civiles, he sentido que mi conciencia se indignaba ante esa
condición inferior y cruel! ¡Cuántas veces he comparado esta existencia con la del
gladiador! El pueblo es el César indiferente, el Claudio burlón al que los soldados
dicen sin cesar al desfilar: '¡Los que van a morir te saludan!'"

de dicho edificio los cien gracianos que se hallaban en la plaza y se arrojaron sobre aquella pieza, haciendo un fuego mortífero. En pocos momentos quedó ésta sin artilleros, por haber sido muertos, heridos o desbandados; y fue necesario mucho arrojo de los liberales para contener aquella impetuosa fuerza y salvar a Rosales, que salió herido en la acción, arrastrado por el coronel Craner y un sargento leonés.

Algunas fuerzas nicaragüenses se amedrentaron en presencia de aquel rudo combate y posiblemente se hubieran desbandado, a no ser por el arrojo de los oficiales de su país que las mandaban.

El general Rosa y los coroneles Donoso Cubero, Vespasiano Garín y Antonio Lara tomaron ventajosas posiciones al norte de la ciudad; y el general Dionisio Gutiérrez llegó poco después, procedente de El Corpus, por la vía de Apacilagua. Las tropas avanzaban hacia el centro de la ciudad, decididamente, pero a las dos de la tarde fue herido en una atrevida operación el general Manuel Ismael Rosa, exhalando quince minutos después su último aliento. El general Rosa, inspirado y animoso, acostumbraba a ir siempre a la vanguardia, presentándose allí donde los peligros eran más recios, con el arrojo de los héroes.

A las tres de la tarde el enemigo quedó reducido a sus posiciones del centro de la ciudad, y a esa hora, o poco después, el general J. Ángel Rosales se hizo cargo de la segunda brigada que había comandado hasta allí el general Rosa.

Desde una casa de altos, propiedad de un señor italiano de apellido Benedetto, el enemigo hacía un certero fuego contra las fuerzas atacantes. En vista de esto, se ordenó al capitán Sosa que fuese a bombardearla, secundado por el general D. Gutiérrez con la infantería. Poco después se colocó convenientemente una pieza para que funcionase sobre el atrincheramiento del enemigo situado en el hospital; y para impedir los estragos que se le causaban, el enemigo hizo funcionar contra un cañón de a 6 de las fuerzas sitiadoras otro de 7 ½; pero apenas había disparado tres granadas, cuando el primero lo desmontó, dispersándose el pelotón.

Las fuerzas del general Quirino Escalón, después de tomar posiciones, se encaminaron al oeste, siempre hostilizando al enemigo. Así terminó el primer día de batalla. El general Ortiz, por la noche, acompañado del general Sierra, visitó el cuartel hondureño situado en Los Patios (el de las fuerzas nicaragüenses se hallaba en El Palomar), y preparó con el general Bonilla el ataque del día siguiente. Cuéntase que ese día 30, al oír las primeras descargas de las fuerzas atacantes, el comandante, general José María Estrada, sacó de las cárceles a Ramón Pérez, nicaragüense, capturado pocos días antes por un grupo de caballería entre San Bernardo y Namasigüe; y a las nueve de la mañana ordenó que le quitaran los grillos y le aplicaran quinientos palos. Después lo hizo fusilar por la espalda, dejando insepulto el cadáver, que fue arrastrado por las calles a la cola de una mula.

El día 31 el general Bonilla mejoró las posiciones de las fuerzas aliadas. Por lo que respecta al general Sierra, con 200 hombres que había conducido de Chinandega el general Domingo Lacayo, fue comisionado para que tomara el centro de la ciudad atacando por el este; y a su vez envió a su subordinado, general Luis Cisne, para que verificase una inspección de las líneas enemigas, pero éste no regresó, ignorándose la causa.

La línea hondureña suspendió sus fuegos a las cinco de la mañana para descansar un momento en sus atrincheramientos, hechos durante la noche. Media hora después comenzó a funcionar la artillería del general Ortiz y los fuegos del enemigo se hacían lentos y cansados.

Según noticias percibidas por la revolución, a las diez y diez el general Herradora salía para Santa María y el general Godoy se dirigía con 300 hombres a tomar de Chinandega la mayor fuerza posible de aquella plaza para asistir al ataque de Choluteca; a las diez y treinta Zelaya da aviso de que llegarían 400 hombres más y 76,000 tiros; a la una y treinta Ortiz ocupa casi toda la población de Choluteca, a la una y cuarenta se avisa la llegada del general Lacayo con la caballería; a las dos el general Gutiérrez se aproxima al campo de operaciones, después de haber tomado algún descanso, y, por fin, a las tres, la revolución ocupa la tienda de Midence, que se halla en una de las esquinas de la plaza.

A las cinco de la tarde, el general Ortiz avanzó por el llano hasta llegar a las paredes de La Merced y del Convento, al oriente de la ciudad, para tomar posiciones en preparación del asalto del cuartel y la policía. "Yo creo —dice— que tendremos que acabar con el último, porque la resistencia es heroica."

El avance hacia el centro, encomendado, como se ha dicho, al general Sierra, se hizo harto difícil a consecuencia de un mortífero fuego que se hacía a esta línea desde la iglesia; y los soldados, guiados por la pericia guerrillera de aquel jefe, pasaban dando grandes saltos por un punto indefenso del llano, donde se había intentado hacer una trinchera. La distancia entre la iglesia y este punto era de 800 metros, a pesar de lo cual los disparos del enemigo eran certeros. Los atacantes continuaron avanzando, sin embargo, hasta aproximarse a las siete de la noche a la casa del general Máximo B. Rosales, que no pudieron tomar. Con el fin de evitar una sorpresa de fuerzas auxiliares del enemigo y de repelerlas en caso necesario, fue colocado el coronel Anacleto Antúnez en las riberas del río Choluteca, sobre el camino de Nacaome. Estas sospechas no eran infundadas, pues ese mismo día intentó penetrar a la plaza sitiada el coronel Cleofás Núñez con 200 hombres. El coronel Antúnez dispersó su fuerza, encargándose de su persecución el coronel Tulio Cubero.

El 2 llegó al campo de batalla, llamado con recursos por el general Ortiz, el doctor Bonilla, en compañía de su ministro general. Traía en auxilio de las fuerzas atacantes un contingente de voluntarios que se había presentado pidiendo alta en el ejército revolucionario.

Ese día entró y tomó posiciones en la casa de Rosales el general Terencio Sierra, con asombro del irritado enemigo. Dice el general Bonilla que el asalto de Sierra fue a la casa de Midence, pero debe de haber error en esto, salvo que el parte enviado por el general Ortiz al doctor Bonilla adolezca de falsedad involuntaria o que esa posición haya sido abandonada y recuperada el 2 de enero. En el asalto se distinguieron el general Domingo Lacayo Jerez y el coronel J. M. Mayorga Rivas, del ejército nicaragüense, y los oficiales de la plana mayor hondureña que tenía a su mando el coronel Nieves Maldonado.

Depositaba ese día el general Domingo Vásquez el poder en el licenciado Rosendo Agüero y salía sobre Yuscarán al frente de mil novecientos hombres, en su mayor parte occidentales, ofreciendo no quitarse las espuelas hasta llegar a Managua. De Olancho le habían enviado 200 con Fidel Bulnes y sólo le llegaron 60, y de Yoro, que venían en número igual, sólo entraron 40, que al día siguiente se desertaron.

Amaneció el 3. La lucha era mortífera y aumentaban a cada momento las víctimas y los estragos de un combate tan encarnizado. Este se hizo general en toda la línea, por disposición de los jefes Bonilla y Ortiz, que obtuvieron un completo éxito a las once de la mañana, al tomar por asalto las trincheras de la esquina N.O. de la plaza y la casa de Benedetto. En el asalto de ésta tomó parte principalísima el general Sierra con 40 nicaragüenses, lo mismo que en el de la casa del padre Rodríguez. Rompiendo una pared y saltando al patio de esta última, se entabló un combate feroz cuerpo a cuerpo y en él se hizo uso de machetes, con la desventaja para los asaltantes de que eran visibles para el enemigo instalado en la iglesia y en los altos de la primera de las casas mencionadas.

Al fin el enemigo fue desalojado de ella, pero le prendió fuego antes de abandonarla.

Con la toma de esas posiciones cesó un poco el combate; pero a las doce se reanudó con furia, infundiendo el desorden en las fuerzas enemigas de la plaza, que se revolvían desesperadamente buscando una salida. El general Estrada refería después que tuvo que correr por todos los puntos para poder mantener en sus puestos a su gente, y ocupado en esa lucha salió herido de la mano derecha, lo que le impidió contener el pánico que se apoderó de toda la línea de defensa.

El enemigo se declaró en derrota a la una de la tarde, huyendo en todas direcciones y algunos jefes cayeron prisioneros. El coronel Tulio Cubero capturó a los generales Estrada y Tercero, que huían heridos, y el capitán Benito S. Sanmartín hizo prisionero al general Williams en su propia casa de habitación. Pocos momentos después fue éste entregado al general Sierra, quien le dio toda clase de garantías, a pesar de ser su enemigo y político irreconciliable. Sierra dice: "Hice la captura del general don Vicente Williams, presidente del último Congreso hondureño, a quien di garantías y tengo prisionero."

Como a la hora y media de haber ocupado la plaza, regresaba un piquete de exploración que había salido en dirección de Tegucigalpa, cuando vio a un cuerpo de ejército enemigo que marchaba a paso de carga. Transmitió esta noticia a los jefes Ortiz y Bonilla y se supo que eran 400 gracianos del general Urrutia y del coronel Núñez. Inmediatamente el general Bonilla desplegó parte de su fuerza en guerrillas, la que avanzó al otro lado del río para rechazarlos e impedirles el paso, protegidos por una pieza de artillería. Simultáneamente el general Ortiz envió al general Quirino Escalón con una compañía de chinandegas para que saliera a picarles la retaguardia. El combate duró tres horas y, al verse acometidos por el general Escalón, se declararon en completa derrota, dejando varios muertos y heridos.

A las cinco de la tarde la victoria era completa, quedando en poder del ejército revolucionario dos cañones, una ametralladora, quinientos rifles y otros elementos.

No se conoce el número exacto de bajas habido de una y otra parte. El enemigo perdió a los generales Williams, Tercero y Estrada, que cayeron prisioneros, heridos éstos, más 100 unidades de tropa. De los revolucionarios perecieron el general Manuel I. Rosa, el primer día del combate, el coronel Jesús María Romero, el teniente coronel Eliseo Reina Barrios y muchos más. Se calcula que hubo 200 muertos en conjunto. Tomada la plaza, se nombraron nuevas autoridades políticas y militares, se procedió al enterramiento o incineración de los cadáveres, al saneamiento de la ciudad y especialmente al establecimiento del hospital militar.

"Mucho fue el daño que sufrió aquella población —dice el doctor Bonilla—. Tanto para apoderarse de las casas como para ejecutar en sus paredes las necesarias obras defensivas, hubo necesidad de abrir boquetes y troneras por las fuerzas de ambos bandos. Las habitaciones y almacenes eran verdaderos campamentos; pena y todos los objetos de valor que contenían estaban a merced de los merodeadores que siempre siguen a los ejércitos. El saqueo fue inevitable a pesar de los esfuerzos de los jefes, teniendo que ver perjudicados a nuestros mejores amigos, que fueron los que más sufrieron. El enemigo, para desalojar a nuestras fuerzas de las posiciones que conquistaba, recurrió al incendio. Observando que era su propósito arrasar la población, si era preciso, para rechazarnos, como medio salvador hubo de recurrirse al contrafuego, no sólo para contener el progreso de las llamas creadas por nuestros contrarios, sino también para impedirles acercarse a las casas que ocupábamos a continuar su obra de destrucción. Horrible fue el espectáculo que se presentó a nuestra vista. Montones de cadáveres humanos y de animales se encontraron en las calles, dentro de las casas y en los suburbios de la ciudad.

Este espectáculo y tantos daños causados influyeron decisivamente en el ánimo de los jefes, sobre el sistema de guerra que se emplearía en adelante. Comprendimos que el enemigo no se detendría en ningún medio para procurarse la victoria. Comprendimos también que en el curso de la guerra tendría el gobierno de Vásquez que concentrar sus fuerzas para librar acciones decisivas. Por esto se resolvió evitar las acciones de armas en poblaciones, o si el enemigo las defendía, emplear el asedio en vez del asalto, lo que no había sido posible en Choluteca, expuestos como estábamos a ser atacados por Vásquez con el grueso de su ejército, si le dejábamos tiempo suficiente para llegar en auxilio de la plaza. Desde el día siguiente a la toma de la plaza nos afligió un terrible azote, que también había diezmado las filas enemigas: la fiebre amarilla, desarrollada con mayor fuerza debido a la putrefacción de los cadáveres, que toda diligencia fue inútil a evitar. Más de 30 de mis subalternos y muchos de los heridos de ambos ejércitos perecieron. Todos los esfuerzos de los médicos nicaragüenses fueron ineficaces para salvar un solo atacado. De sesenta compañeros que quedaron conmigo en Choluteca, en su mayor parte oficiales, procedentes de la tierra fría, que eran los únicos en peligro, sólo pudo salvarse la mitad, por haberlos mandado a El Corpus. Al mencionar este desgraciado accidente, debo hacer constar que uno solo de los amenazados de muerte por la fiebre no abandonó su puesto a mi lado hasta que recibieron la orden de marchar..."

XXIII: TOMA Y DESOCUPACION DE YUSCARÁN

EL 30 de diciembre de 1893, el general Silvestre J. Herradora Salió de Santa María en territorio nicaragüense, a la cabeza de 600 hombres, con orden de invadir el territorio hondureño y tomar la plaza de Yuscarán, para distraer la atención del enemigo por aquel lado, llevando una sección de artillería provista de dos cañones de 6, al mando de Lisandro Ocón y de Miguel A. Cervantes.

Se presentó esta fuerza al frente de Yuscarán el 1.º de enero siguiente, como a las diez de la mañana, y en el acto, el general Herradora, por medio de una señora que vivía en los suburbios de la ciudad, envió una intimación al defensor de la plaza, general Rafael López, para que entregara la plaza, concediéndose un término de dos horas, al finalizar las cuales bombardearía la población.

Herradora dispuso inmediatamente que el general Albino Munguía atacase con la primera sección de infantería por el ala derecha, y el coronel Vicente Lacayo por la izquierda, y simultáneamente la sección de artillería empezó a hacer fuego contra el cabildo y el cuartel. La infantería, mientras tanto, fue avanzando lentamente hasta ganar las primeras calles de la población. Entonces pudieron hacer un avance rápido hacia el centro de ésta.

En estos momentos fue muerto el defensor de la plaza y herido el mayor de la misma, Jesús Zavala. Los soldados que combatían a las órdenes de estos, al ver muerto al primero y herido al segundo, se desbandaron y la plaza cayó en poder de los atacantes, que hicieron las honras fúnebres a López, en relación a su grado.

Fuera de los dos mencionados y de la deserción de las fuerzas de la plaza, se ignora el número de bajas habido de una y otra parte. Sabiendo Herradora que sería atacado por el general Vásquez, telegrafió al prefecto de Nueva Segovia para que le enviase elementos de guerra y de boca, y se dirigió a los generales Joaquín Gutiérrez y Uriarte, a quienes Ortiz había ordenado protegerlo, para que apresurasen la marcha; pero ni aquéllos ni éstos llegaron con oportunidad a Yuscarán.

El ejército del general Vásquez se componía de 1,900 hombres equipados con 100 tiros cada uno. Marchaba con su Estado Mayor, al mando del general Jesús Quiróz; la Guardia de Honor, cuyo jefe era el comandante Manuel A. Vásquez; una sección de rifleros americanos comandada por el general Herbert O. Jeffries; la artillería, y una sección de caballería a las órdenes de un coronel de apellido Martínez. En el centro iba el tren de guerra, inclusive algunas cargas de dinero.

Al llegar a Yuscarán, dividió Vásquez sus fuerzas en dos alas, colocando su artillería en el punto denominado Los Tablones, y Campos e Izaguirre (Zacarías) fueron comisionados para que tomasen a Monserrat. Se inició el ataque; pero poco después, observando los sitiados que la gente de Izaguirre asomaba por sobre los cerros, comenzó a desbandarse. Sólo se sostuvo por algún tiempo el cuerpo de artilleros; pero, temiendo ser rodeados, inutilizaron los cañones y abandonaron también el campo, ganando, con su jefe Herradora, y algunos desbandados que se les incorporaron en el camino, el territorio nicaragüense.

XXIV: MUERTE DEL GENERAL V. WILLIAMS

"Williams murió anoche. Enloquecido por el licor se lanzó sobre el centinela a quien hirió en la cabeza con una botella. Le hicieron fuego y murió en el acto. Se sigue la averiguación del caso; pero parece que no hay responsabilidad. La guardia que lo custodiaba es de oficiales del cuadro de Godoy, que no tenían odio contra él. ! —CÉSAR BONILLA.

NOMBRADO el general Máximo B. Rosales comandante de armas del departamento de Choluteca, al caer la cabecera en poder de la revolución, se encomendaron a su custodia los prisioneros de guerra, entre los cuales se hallaba el general Vicente Williams, personaje visible que había representado un importante papel durante los gobiernos de Bográn, Leiva y Vásquez, y aspirado a la presidencia de la República.

Su actuación política en Choluteca como colaborador de los mencionados gobernantes había sido apasionada hasta el extremo y tenía no pocos enemigos. Temeroso el general Rosales de que éstos quisieran ejercer venganzas en él, aprovechándose de las circunstancias de hallarse en poder de la revolución, dispuso cambiar la custodia hondureña por otra compuesta de oficiales y soldados nicaragüenses, con la consigna de impedir todo ultraje de palabra y obra que quisiese infligirse al general Williams y se otorgase a éste las consideraciones a que era acreedor un prisionero de distinción. Aprovechando estas consideraciones, sean los familiares de Williams o sean sus amigos solícitos, con la tolerancia de la custodia, no vacilaron en llevarle licor, que el prisionero aceptó. Este guardaba prisión en la sala de la Comandancia de Armas, y en la noche del 6 de enero, día de Reyes, habiendo bebido con exceso, agredió al sargento de la custodia, golpeándolo con una botella vacía en la cabeza. Al caer el sargento, el general Williams se dirigió al centinela para desarmarlo; pero éste, prevenido ya, en unión del cabo, le hicieron fuego y aquél cayó muerto.

La muerte de ese jefe se imputó a odio y enemistad del doctor Bonilla y de ella se hizo arma de combate contra éste en diversas ocasiones en que sus adversarios tuvieron necesidad de atacarlo al tomar participación activa en los asuntos políticos del país. Los ataques fueron siempre mal fundados, porque al examinar la conducta del doctor Bonilla en su larga vida política, no se desprende de ella ni un indicio de que alguna vez fuese dominado por las pasiones funestas del odio y de la venganza, y no existe, desde luego, presunción remota de que hubiese podido mancharse las manos con la sangre de sus adversarios, así éstos fuesen culpables de ultrajes y aun de atrocidades incalificables.

Durante las guerras civiles desarrolladas de 1892 al 94 y las que se le hicieron después, siendo Presidente de la República, jamás sacrificó a un solo adversario, aun tomándolo con las armas en la mano en el campo de batalla; y esta conducta supo inspirarla en los demás jefes que le fueron subordinados. Las diligencias que se mandaron a instruir con motivo de esa muerte que ocurrió en la noche del 6 de enero alejan toda sospecha de la culpabilidad que los adversarios políticos del doctor Bonilla quisieron atribuir a éste; pero sin existir esas diligencias, ni el documento que se ha puesto como epígrafe, ni una comunicación del general Anastasio J. Ortiz dirigida en relación a ella al general José Santos Zelaya, bastará saber que el general Williams fue capturado en su propia casa por un grupo de asaltantes hondureños que conocían perfectamente bien sus antecedentes y guardaban hacia él rencores. En el furor del ataque pudieron éstos haberlo ultimado, y no lo hicieron, tanto por la oportuna intervención del general Terencio Sierra, uno de sus enemigos más enconados, con quien había tenido rozamientos extremados en épocas pasadas, como porque el ejército revolucionario hacía honor a los principios y doctrinas liberales de su jefe supremo, el doctor Bonilla. El general Sierra era un hombre violento y a veces se dejaba cegar por la ira —carecía de la calma y del dominio sobre sus pasiones, que era característica en el doctor Bonilla—; creía que la pena de muerte era necesaria en casos apurados, o para sentar una rigurosa disciplina o para deshacerse de enemigos demasiado peligrosos; sin embargo, lejos de desahogarse con un enemigo vencido, le da protección. Se encarga él mismo de confesarlo. Así, lo que no se hizo cuando el furor del combate sacudía todas las conciencias, menos pudo hacerse cuando la tormenta había pasado.

Del proceso seguido se extractan los siguientes puntos:

1.º El día 6 de enero el Ministerio General del Gobierno Provisional dirigió un oficio al licenciado don José Antonio Domínguez, nombrándolo juez específico a fin de hacer constar la verdad de los hechos, ya que el Gobierno había otorgado garantía de vida al general Williams, y había sido muerto por su custodia.

2.º La misma noche, el licenciado Domínguez nombró peritos para que reconocieran el cadáver del general, a los señores doctor don Guadalupe Pineda y señor pasante don Atenor Morales, quienes rindieron su dictamen acto continuo.

3.º En la misma fecha rindió su declaración el comandante de armas del departamento, entonces coronel don Máximo B. Rosales, quien dijo: "que habiéndole ordenado el Presidente Provisional doctor don Policarpo Bonilla recibir al reo, general Williams, para su custodia, y existiendo a su mando solamente fuerzas del departamento de Choluteca en las que algunos soldados tenían prevención contra el expresado reo, tuvo a bien pedir una guardia de oficiales respetables, que estaban al mando del general don Paulino Godoy, procedente de León, que habían ingresado al ejército el día anterior, sin haber tomado parte en la toma de la plaza, creyendo así darle mejores garantías, pues lo que es por su parte no ha tenido ningún encono y antes bien procuraba todas las garantías que le fuesen posibles. Recibido así el reo y entregado a la custodia referida, dio la consigna al jefe de la guardia, José González, para que le diera todas las seguridades debidas y se tratase con todas las consideraciones posibles, con lo cual se retiró a una pieza vecina de la que ocupaba el reo; que como a las doce de la noche oyó una detonación de rifle, por lo cual se levantó a ver qué era lo que ocurría en la guardia; llegado allí encontró, con la cara bañada en sangre, a un oficial, quien interrogado sobre lo que había ocurrido, manifestó: que siendo él sargento de la guardia que permanecía cerca del centinela, se había lanzado el reo contra él con una botella en la mano, descargándole un golpe en la frente, con lo cual cayó a tierra, y que acto continuo se lanzó el general Williams sobre el centinela a quererle quitar el rifle, por lo que lo hizo retroceder de su puesto y en unión del cabo le hicieron dos tiros, con lo cual cayó instantáneamente a consecuencia de un balazo que le hirió en la parte superior derecha del pecho."

4.º José González: "que estando de jefe de la guardia que custodiaba al general Vicente Williams, acostado en el suelo de la pieza inmediata, pero despierto, a eso de las once y media de la noche, oyó que el preso Williams llamaba al general Sierra y sintió con una botella, en cuyo momento se incorporó el declarante, trató de impedir mayores consecuencias, cuando el centinela y el cabo de la misma guardia dispararon sus rifles contra el expresado general Williams, quien cayó instantáneamente; que el cabo y el centinela antes dichos se llamaban Pedro Tellería y Manuel Peralta, respectivamente; que la consigna que le dio el general don Máximo Rosales fue la de que se tratase al reo con toda clase de consideraciones, que se le guardase con seguridad, pues la escolta venía para darle garantías, que al efecto no debía consentirse que entrara nadie al cuarto del prisionero y que a éste se auxiliase en lo que tuviera necesidad."

5.º El capitán Federico Zapata declaró: "que la herida que tenía en la parte frontal de la cabeza se la causó el general Vicente Williams, con una botella que portaba en la mano, sin motivo ninguno, más que el de haberle dicho, como sargento de la guardia que custodiaba al reo, que se aquietara, que no tuviera ningún cuidado, que se fuera a acostar a su cama, que la custodia que lo guardaba era para darle garantías, no para atentar contra él; que luego de esto se regresó a su cama el reo, y volviendo con una botella, después de lo cual, atropellando al centinela y cabo de la guardia que estaban en la puerta de su cuarto, le dijo: 'Yo soy muy hombre', dándole un golpe en la cabeza con la botella antes dicha, haciéndole caer en tierra bañado en sangre; que en este momento el cabo y el centinela de la guardia, que se llamaban Pedro Tellería y Manuel Peralta, respectivamente, le descargaron casi al mismo tiempo un tiro de rifle, a consecuencia de lo cual cayó muerto en el acto el expresado reo, general don Vicente Williams; que la consigna que tenían era de vigilarlo para que no se fugara, de tratarlo con consideración, de impedir que nadie entrara a su cuarto."

En el mismo sentido declararon el capitán Ramón Lanzas, Manuel Peralta y Pedro Tellería. El sumario fue pasado a la Mayoría de Plaza, pero quedó en suspenso por haber atacado la plaza de Choluteca el general Domingo Vásquez. "El general Williams —dice el general Ortiz al general Zelaya—, a quien se había ofrecido, como dije a usted, toda clase de garantías y a quien custodiaba fuerza nicaragüense, fue muerto de resultas de un tiro de rifle por el centinela que lo custodiaba. De las averiguaciones que he hecho seguir se saca en claro que Williams, a consecuencia del exceso de licor, estaba un poco afectado al cerebro, y esto lo notó hasta la misma esposa el día de ayer (6), que estuvo a visitarlo, y no cabe duda que, bajo el dominio del delirium tremens, se lanzó con una botella en la mano contra el centinela, dándole un golpe en la cabeza que lo hirió gravemente, en momentos en que toda la guardia dormía, seguramente con la intención de huir, y que entonces el cabo y el centinela hicieron uso de sus rifles y dispararon casi al mismo tiempo contra el agresor, causándole una herida en el pecho que le dio la muerte inmediatamente. Este hecho ha contrariado por completo mis propósitos y empeños en dar completas garantías a los prisioneros, cuyas promesas se hubieran cumplido con el general Williams, si no hubiera sido, como le dije anteriormente, que un poco trastornado se echó contra el centinela, atacándolo furiosamente hasta pasarse a la pieza siguiente que ocupaba, de modo que al caer muerto no fue en su prisión, sino en la otra pieza, hasta donde había llegado atacándolo. Para poner en claro los sucesos, la fe de mis promesas y el honor de nuestro ejército y sus jefes, he ordenado que inmediatamente se sigan, por medio de un juez, las averiguaciones justificativas del caso, a fin de publicarlas para que todo el mundo las conozca. Debo advertirle, además, que ayer a mediodía se entregó el preso Williams bajo la responsabilidad del comandante de armas, don Máximo Rosales, y que se le dio para que lo custodiara a algunos del cuadro de oficiales que trajo antes de ayer el general Godoy, con quienes no había antecedente ninguno que los hubiera inducido a cometer un delito." —El general en jefe, Anastasio J. Ortiz.

Con esos documentos quedan desvanecidos todos los cargos que se hicieron al doctor Bonilla y no podrá haber nadie que le haga inculpaciones de buena fe, ni nadie creerlas.

Los ataques pasados obedecieron, pues, a la necesidad que tuvieron sus adversarios políticos de combatirlo por cualquier medio, y éstos, como sucedió muchas veces, emplearon todos los elementos que pudieron utilizar, torciendo la verdad y violentando la interpretación de los hechos. Ahora, cuando ya todos esos hombres han muerto, aparece la historia para juzgarlos sin pasión alguna, desvinculada de los pequeños y pasajeros intereses que pudieran obligarla a acallar o a hacer una versión enconada y falsa de lo que fue.

XXV: SEGUNDO COMBATE DE CHOLUTECA

Cuando algunos días después, derrota- dos, huyendo del enemigo, destrozados y miedosos, caminábamos por extraviadas sendas, parecíame ver destacarse entre los árboles la figura del ahorcado que nos miraba con sus ojos saltados, haciéndonos una mueca con su lengua ennegrecida, maldiciéndonos siempre, persiguiéndonos por todas partes. —S. M. NORIEGA.

ARREGLADOS los servicios en Choluteca, se habló de un avance rápido sobre la capital, aislando previamente al general Belisario Villela, comandante de armas de Amapala, para evitar que pudiese atacar la retaguardia del ejército triunfante y acudir en auxilio del general Vásquez. Con este propósito se ordenó que el general Manuel Bonilla se situase en El Corpus, el general Dionisio Gutiérrez en Pespire y el jefe supremo de los ejércitos aliados salió hacia Nacaome el 7 de enero con 600 hombres, dejando en Pavana una fuerza al mando del general Quirino Escalón; pero situado en Nacaome, Ortiz estuvo vacilando en si convenía o no atacar primero Amapala y después de tomado este puerto marchar sobre Tegucigalpa, o esperar al general Vásquez a que los atacase para envolverlo y obligarlo a firmar la paz sobre el campo de batalla.

Si se inclinaba a este extremo, no sabía si el general Vásquez atacaría primero Nacaome o Choluteca, para fortificar aquélla o ésta; sin embargo, llegó a la conclusión de que cualquiera que fuese la plaza que aquél eligiese, él debía disponer sus fuerzas de manera que estuviesen prontas a marchar simultáneamente en favor del punto atacado y operar el movimiento envolvente, cuyo plan lo obsesionaba. Obedeciendo a este plan, ordenó al general Bonilla que se situase en Apacilagua y éste ordenó al general Dionisio Gutiérrez, en Pespire, que se le incorporase. Esta disposición tenía por objeto llamar la atención del general Vásquez hacia aquel punto y presentarle la plaza de Choluteca como cebo. A última hora llegó a creer el general Ortiz que Vásquez no caería en el lazo y que atacaría a Nacaome, por lo cual dispuso que se le incorporara el general Quirino Escalón y su fuerza, que habían quedado en Pavana.

El 8 llegó a Santa María el general Joaquín Gutiérrez con 800 voluntarios y una pieza de 6, debiendo incorporársele muy pronto el general Juan P. Reyes con 900 voluntarios de Managua; y 400 voluntarios leoneses con 2 piezas de artillería, una de 7 1/2 y una de 6 al mando del general Venegas.

El general Vásquez había salido de Yuscarán con su florido ejército, dejando como defensor de la plaza al general J. P. Urrutia y se dirigió al sur. El 10 se hallaba en Armenia, departamento de Tegucigalpa.

"Las privaciones —dice uno de sus soldados—, las marchas lentas y prolongadas, por caminos imposibles, corriendo tras el enemigo que no se hallaba por parte alguna y cuya presencia, sin embargo, sentíamos alrededor nuestro; la palpable hostilidad, encontrada en la tierra árida y quebrada, en los ríos cenagosos, en los pueblos abandonados, en el sol que nos abrasaba y en las noches largas y profundamente oscuras, que todo parecía haberse confabulado para nuestro mal, mantenían el ánimo en constante excitación, irritado y sanguinario. Un día, a las primeras horas de la mañana, al acercarnos a un pueblecillo (Armenia), nuestras avanzadas cogieron a un hombre sospechoso que, maniatado y sujeto, fue conducido hasta la casa en donde a nuestra entrada se hallaba alojado el cuartel general. Allí, registrándolo, se le encontraron cartas, proclamas y divisas del enemigo; era un correo. Luego se le interrogó: el desdichado, temblando, confuso y torpe en el hablar, nos dio los más preciosos detalles acerca del movimiento que las fuerzas contrarias estaban verificando; nombró los jefes, dio el número de los soldados y precisó, hasta donde podía, el de sus elementos y pertrechos de guerra. En fin, contestó cuanto sabía, revelando en su acento el anhelo de salvarse por medio de la verdad, dicha con aire tan sincero, aunque con interminables digresiones, que no podía dudarse de él. Hablaba en voz baja y apagada, humedeciéndose de continuo los labios con la lengua y mirando el extremo del latiguillo con que el general en jefe (Vásquez) jugaba durante el interrogatorio. De vez en cuando paseaba los ojos por el grupo de jefes y ayudantes que escuchaban silenciosos a respetuosa distancia. Tenía el aire estúpido del labriego cazurro y al responder comenzaba por luengos rodeos y explicaciones inexpresables, que producían demasiada oscuridad en el relato, mezclando a cada paso súplicas cortadas, protestas de decir verdad en cambio del perdón. Cuando hubo terminado el interrogatorio, el jefe (Vásquez) se volvió hacia el grupo de sus ayudantes y dio la orden tranquila y lacónica: que lo cuelguen. El hombre se quedó como si no hubiera oído, con la cabeza baja, mirando rodar una piedrecita que movía con el pie derecho, pero cuando sintió que lo cogían de los brazos para llevarlo fuera, empalideció hasta la lividez, los pómulos se pusieron cárdenos y temblorosos y cenicientos los labios. ¡Aquello fue espantoso! El sin ventura, cuando vio el lazo echado sobre la rama más gruesa de un árbol cercano, cuando miró acercársele el nudo corredizo que debía estrangularlo, dio gritos atroces, se echó al suelo y arrodillado y jadeante, pedía, con descompuestas voces, que lo perdonaran, que no lo volvería a hacer, que nos seguiría hasta el fin de la campaña, que lo fusilaran mejor, antes que ahogarlo, y poseído de loco terror, besaba los pies de los soldados, retorciéndose entre sus manos para escapar el cuello, dando aullidos roncos, deshechos en lágrimas los ojos. Hubo que sujetarlo fuertemente; y entonces, lazado del cuello, lo izaron. ¡Desdichado! Horribles contracciones sacudieron su cuerpo y visajes espantosamente ridículos desfiguraron su cara, hasta consumarse la asfixia. El ejército entero asistía a semejante espectáculo; y allí quedó, bamboleándose lentamente en el aire; los ojos saltados, la lengua de fuera, regordida y negra, los hombros contraídos, los pulgares fuertemente comprimidos por los otros dedos y las piernas colgantes, entreabiertas.

Cuando algunos días después, derrotados, huyendo del enemigo, destrozados y miedosos caminábamos por extraviadas sendas, parecíame ver destacarse entre los árboles la figura del ahorcado que nos miraba con sus ojos saltados, haciéndonos una mueca con su lengua ennegrecida, maldiciéndonos siempre, persiguiéndonos por todas partes."

El 11, hallándose el general Bonilla en Apacilagua con 500 hombres situados en los distintos puntos por donde podía entrar el enemigo, la vanguardia del general Vásquez se presentó a la vista a las cuatro de la tarde. El general Bonilla ordenó inmediatamente que se situase una pieza de artillería sobre un cerro en que se hallaban colocados cien hombres. Esta pieza hizo cuatro disparos que amedrentaron al enemigo, pues no contestó ni dio señales de acometividad. En vista de la disposición de ánimo tan favorable del ejército, el general Bonilla hubiese empezado en tal ocasión el combate; pero a las nueve de la noche recibió instrucciones del general Ortiz para que abandonase el campo y se dirigiese al Corpus. Las columnas de Bonilla se movilizaron en el mejor orden y se detuvieron en Yusguare, donde, por medio de sus espías, averiguó que la vanguardia del enemigo era de 600 hombres; y una mujer que llegó de Soledad informó a aquel jefe que el grueso del ejército del general Vásquez era de 3,000 hombres, suma exagerada, pues sólo llegaba a 1,500.

El doctor Bonilla, sus secretarios, ministro general, cuerpo de ayudantes y guardia de honor se hallaban el 12 en Pavana y de este punto se dirigieron a Nacaome, a donde llegaron el 15, acompañados del general Quirino Escalón y su cuerpo de ejército.

Vásquez ordenó el incendio de Apacilagua y se dirigió a Choluteca, situándose, con un ejército cansado, sin entusiasmo, receloso y hambriento. Ya se le habían desertado 300 hombres. El general Bonilla llegó el 14 a El Corpus, en donde pasó una revista minuciosa a su ejército. Hasta las cuatro de la tarde de ese día, estuvo en comunicación telegráfica con el general Ortiz, que ocupaba Nacaome; a esa hora se interrumpió la comunicación con dicha plaza y quedó sólo en contacto con Nicaragua. El presidente José Santos Zelaya lo autorizó para llamar en su auxilio a las fuerzas de los generales Juan Pablo Reyes y Joaquín Gutiérrez, que debían encontrarse en San Marcos de Colón y Morolica, respectivamente.

A las nueve de la mañana del 15, el general Vásquez atacó la ciudad de Choluteca, con 1,500 hombres, según unos, y con 700 según otros.

En Choluteca había como 450 hombres, de los cuales 350 eran nicaragüenses. En las primeras horas de combate se desbandaron cerca de trescientos, la mayor parte soldados bisoños, que tres días antes habían desembarcado procedentes de Nicaragua. Quedaba, pues, la plaza defendida por menos de doscientos al mando del general nicaragüense Paulino Godoy y del hondureño Máximo B. Rosales, comandante del departamento.

Cuando la columna de vanguardia del ejército del general Vásquez llegó a la vista de Choluteca, éste situó su cuartel general en Nacatampiche o Los Patios, y ordenó el asalto de las trincheras de la plaza a la brigada de Izaguirre, más los tiradores de Jeffries y la caballería; trescientas varas a la retaguardia se situó la guardia de honor, el tren de guerra y artillería y en la hacienda de Cubero hizo alto la ambulancia. Dice un testigo ocular que se empezó el ataque a las nueve y treinta y dos minutos de la mañana, yendo en el centro los tiradores de Jeffries, situándose en el ala derecha la caballería y en la izquierda Izaguirre, apoyados por un cuerpo de infantería del coronel Campos. Los defensores de la plaza iniciaron un nutrido fuego desde las alturas de la parroquia, que dominaba el llano; pero a pesar de esta ventaja, los jefes de Vásquez dieron la orden de asalto, que no se verificó por haberse apoderado el pánico de sus tropas. Los fuegos de la parroquia y el que se le hizo desde las trincheras provocaron la deserción.

La caballería fue casi aniquilada por bajas; y sus restos abandonaron sus cabalgaduras para agregarse a la infantería.

Iniciaron la deserción en las filas vasquistas los paceños y yoreños y este funesto ejemplo desmoralizó a las fuerzas gracianas, que hubieran hecho lo mismo en su totalidad, a no contenerlos los coroneles Polín y Villatoro, llevándolos a reforzar los puntos más débiles de la línea de ataque. Sin embargo, el general Vásquez continuó el combate durante todo el día, logrando extender sus líneas de fuego para circunvalar la ciudad que tan escaso número de defensores tenía. Los fugitivos tomaron la dirección de Las Conchas y La Brea, y algunos fueron capturados por las partidas volantes del Gobierno provisional para quitarles los equipos y dejarlos en libertad.

Ese mismo día 15, a las 12, llegó a El Corpus y a Nacaome el 16 la noticia del ataque a Choluteca, por la falta de comunicaciones. El general Bonilla ordenó la movilización de sus columnas y salió a las cuatro y treinta de la tarde, pernoctando a orillas del río Sampile, donde procuró averiguar las posiciones del enemigo para atacarlo al amanecer. Adelantó sobre el campo de batalla al coronel Antonio Lara y el combate se formalizó. Le siguió el general Bonilla, que dividió sus fuerzas, atacó a pecho descubierto al general Vásquez por la retaguardia y consiguió con esta maniobra dispersarle las escuadras situadas entre el hospital y la parte sur de la ciudad, que, desligadas de sus jefes, huyeron despavoridas, abandonando sus equipos.

"Avanzamos al comandante 2° Ildefonso Domínguez, que figuraba en las filas del general Vásquez —dice Bonilla—, sólo disciplina militar y a muchos otros oficiales y soldados. Algunos que antes habían peleado en las filas de la revolución, nos refirieron que habían sido obligados a incorporarse en las contrarias. La mayor parte de los avanzados fueron provistos de salvoconductos y auxilios para que regresasen a sus hogares."

Hallábanse con Rosales, además de Godoy, los coroneles Ortiz y Venegas; y éstos, con las pequeñas fuerzas de que disponían, mantuvieron sus posiciones durante todo el combate. El general Vásquez se situó en las mismas que anteriormente habían ocupado los revolucionarios al atacar esta plaza el 30 de diciembre anterior; y, o fueron muy desgraciadas sus disposiciones, o sus soldados carecieron del arrojo de los revolucionarios, porque éstos pudieron sostener los puntos que defendían a lo más con 100 hombres, donde otros hubieran necesitado el doble o triple.

Dos veces fue rechazado el enemigo a campo raso, en las vigorosas cargas que hacía. El 17 se hizo ostensible su debilitamiento, debido a las continuas deserciones de sus columnas. Por otra parte, llegaron a agravar la situación apurada de Vásquez los ataques de las columnas del general Reyes y coronel Moncada, que tras un corto pero rudo combate a campo raso, lo obligaron a abandonar la casa de Nacatampiche en que había establecido su cuartel general, reduciéndolo a sus fortificaciones de "La Providencia", hacienda de Cubero.

A las tres de la tarde llegó el general Ortiz, acompañado de los generales Sierra y Escalón, y aún pudieron oír el inútil bombardeo que el general Vásquez ordenó a la ciudad. Ortiz procuró rodearlo en la hacienda de Cubero; pero, favorecido por la oscuridad de la noche, Vásquez logró burlarlo, abandonando el campo a las doce de la noche con menos de 300 hombres, acompañado de Zelaya Vigil, López García, Castillo e Izaguirre, y dejando en él a sus heridos y una carga de fusiles Mauser. Se ordenó al coronel Lara adelantarse a su paso, saliendo a Soledad o cuando menos muy cerca de este punto; pero Vásquez recibió oportuno aviso de esta persecución y cambió la ruta, por lo cual aquél dio una vuelta precipitada e infructuosa.

La mortandad en el llano hecha al ejército del general Vásquez fue horrorosa. Todo el campo quedó cubierto de cadáveres. Los horrores de la primera acción de Choluteca fueron superados por la segunda, en lo que se refiere a los muertos y heridos. No quedó casi un punto, en el llano, en todas direcciones, hasta la orilla del río, en donde no se encontrasen cadáveres. Al descomponerse estos cadáveres, la atmósfera de Choluteca se hizo irrespirable, a lo que vino a agregarse un recrudecimiento de la fiebre amarilla.

El 18, el general Ortiz ordenó en Yusguare al general Bonilla salir en persecución del general Vásquez; y así lo hizo éste muy temprano en la mañana, después de haber organizado y equipado su fuerza, compuesta de hondureños y de las brigadas de los generales Escalón y Juan Pablo Reyes.

XXVI: ASEDIO DE TEGUCIGALPA

Es un principio de guerra que cuando se puede hacer uso del rayo, es preferible al cañón. —**BONAPARTE.**

EL PLAN para envolver al ejército del general Vásquez estuvo bien dispuesto; pero la interrupción telegráfica con Nacaome evitó que el general Ortiz acudiera oportunamente a la batalla y estuviera en posibilidad de perseguir al ejército fugitivo, el cual pudo salvarse replegándose precipitadamente a Tegucigalpa.

Mientras las varias columnas que habían triunfado en Choluteca se encaminaban a Tegucigalpa, pisando la retaguardia de Vásquez, el doctor Bonilla organizaba en Nacaome una expedición al mando del coronel Marcelo Rivera y el licenciado Ricardo Maldonado sobre los departamentos de La Paz y Comayagua, para impedir que el general Vásquez recibiera los refuerzos que pudiesen llegarle de las comarcas de occidente. En caso de ser atacados y verse en la necesidad de pedir auxilios, podían entenderse con el general Joaquín Gutiérrez, que se situaría en La Boca de las Vueltas, o Cuesta Grande, sobre el valle de Comayagua. Llevaban, además, suficientes instrucciones para conferenciar con los jefes de las plazas de occidente, incluso Santa Bárbara, y el comandante seccional de Puerto Cortés, el general Andrés Matute, para proponerles la paz. Esta misma gestión hizo directamente el doctor Bonilla ante los jefes subalternos del general Vásquez, con quienes en otro tiempo había sostenido relaciones, pero su oferta fue rechazada.

El 22 de enero el general Bonilla amaneció en el Cerro de Hule, el lugar más frío del interior, pasando sin transiciones de Choluteca, el lugar más caliente de la Costa Sur. Allí supo que el general Vásquez, para ocultar su derrota, había hecho salir a su encuentro desde Tegucigalpa a 1,000 hombres, con los generales Ezequiel Ferrera y Ramón Morales, para entrar a la capital entre ellos y disimular los destrozos de su ejército. Los generales Ortiz y Sierra llegaron ese mismo día y entre éstos y Bonilla resolvieron el ataque a la capital. Contaban con 2,000 hombres entre hondureños y nicaragüenses.

No se detuvo el general Vásquez en el Llano del Potrero para dar a sus perseguidores una batalla campal decisiva, donde hubiera podido resistirlos, abriendo zanjas en el llano; y habría librado a la capital de los estragos de un largo asedio. Dispuso, por el contrario, con desventajas para él y perjuicios grandes para la población civil, encerrarse en la ciudad, ordenando que se formase una línea de defensa con las columnas de los generales Ezequiel Ferrera y Ramón Morales entre la ribera izquierda del río Humuya, a la altura de La Granja, y la derecha del Guacerique, protegida por la artillería situada en Juana Laínez y la fuerza del coronel Francisco Murillo Medina, que se colocó a la salida de Comayagüela, cubriendo la retaguardia. A partir de Juana Laínez, continuó la línea de defensa abarcando el sector oriental, cubierta por la policía hasta llegar al Guanacaste. Este y Guacerique son los puntos vulnerables de la ciudad; pero lo es más el de Buena Vista, por donde un ejército decidido puede penetrar arrollando a los defensores, sin que la artillería situada en El Berrinche y El Picacho los proteja, a consecuencia de los ángulos muertos, demasiado pronunciados, que forman sus abruptas pendientes.

Más elevada que las de Juana Laínez, El Berrinche, Las Crucitas y Sipile, es la del Picacho, hacia el N. E., y de poca o ninguna importancia si se trata de ataques de infantería. Sólo sirve para atacar los cerros vecinos con artillería de montaña. Sin embargo, en el consejo de oficiales que se tuvo entre Bonilla, Ortiz y Sierra en el Cerro de Hule, este último opinó que se debía iniciar el combate atacando El Picacho, por ser la posición más dominante.

Inicióse el asedio el 22 de enero, abandonando los generales Bonilla, Ortiz y Sierra el Cerro de Hule y avanzando sobre Tegucigalpa durante la noche. En ese avance, el coronel Lara deshizo un pelotón enemigo que se encontraba apostado en Rancho Quemado y continuaron la marcha, llegando en la madrugada a Los Jutes. Estando completamente desocupado el Llano del Potrero, avanzaron sin obstáculos hasta posesionarse de La Burrera y otras lomas vecinas. A las nueve de la mañana llegó el general Quirino Escalón y poco después el general Domingo Lacayo Jerez. El combate se inició una hora más tarde contra la línea enemiga posesionada de La Granja; pero sus defensores resistieron valerosamente y los atacantes, batidos por dos piezas de artillería colocadas en la cima de La Leona, viéronse obligados a retirarse. Poco después de este combate se convino en extender las líneas de circunvalación con las fuerzas voluntarias que llegaban de distintos puntos del país para prestar su cooperación revolucionaria.

Por la tarde del 24 el doctor Bonilla salió de Nacaome con 125 hombres, dejando en aquella plaza una guarnición de 180, llegando el 26 por la noche a Toncontín. Al mismo tiempo que el doctor Bonilla salió de aquella plaza, el coronel Marcelo Rivera, con una pequeña columna, marchó sobre los departamentos de La Paz y Comayagua y derrotó un destacamento enemigo que se dirigía a la cabecera de este último. Poco después, protegida la expedición por el general Joaquín Gutiérrez, que se había situado en la Cuesta Grande, tomó posesión de La Paz, primero, donde quedó el licenciado Ricardo Maldonado ejerciendo las funciones de comandante de armas y gobernador político; y de Comayagua, después, donde el coronel Rivera se hizo cargo del mando militar del departamento.

La ocupación fue tranquila. Según parece, el general Alfonso Villela, con la intención de proteger al general Vásquez, aunque sin entusiasmo, se había dirigido de Gracias a Comayagua con 500 hombres, entre ellos únicamente armados doscientos, procedentes de varias plazas de occidente. Al conocer las posiciones de Maldonado, en La Paz, y Gutiérrez, en La Cuesta Grande, con cerca de 200 hombres, prefirió evacuar Comayagua antes que presentarles batalla, dejando en la plaza cuatro cañones de grueso calibre, ametralladoras y parque en gran cantidad, saliendo aparentemente para Siguatepeque y diciendo a su segundo, el coronel Juan J. Mejía, que se dirigía a La Paz.

Creyendo éste seguir a Villela, tomó el camino de La Paz, pero desorientado durante la marcha, comunicó el desaliento a su gente, que era poco más o menos la mitad de la que se hallaba en Comayagua, y se le desbandó, quedándole sólo 25 hombres, con los cuales se dirigió en busca de Villela. Las columnas de éste se desbandaron también en su mayor parte y, con un tal Drumond, llegaron a Gracias, llevando una gran cantidad de dinero. Desde este lugar manifestó a Maldonado, de La Paz, que se hallaba dispuesto a reconocer el Gobierno de la revolución con tal que se le diesen garantías, y comunicaba que los departamentos de Gracias, Copán e Intibucá estaban dispuestos a adherirse a la misma causa, siempre que se conservasen las autoridades existentes. Depositó la comandancia de armas en el gobernador político, don Jeremías Cisneros, que había recibido el nombramiento del general Vásquez, aunque afecto a la causa del doctor Bonilla, disolvió su pequeña fuerza y, con un salvoconducto de éste, y en compañía del mismo Drumond, se dirigieron a la frontera guatemalteca, llevando la cantidad de dinero aludida, que fue manzana de discordia entre ambos. Desgraciadamente para ellos, Sabas Manuel y Ezequiel Pérez, auxiliares ambos del pueblo de Colohete y subcomandante el primero del mismo, sabedores de que por aquel punto pasarían Villela, Drumond y su pequeña comitiva, se colocaron, por espontáneo impulso, con un grupo de vecinos, para capturarlos en la quebrada de La Estanzuela. Hubo choque entre ambos grupos, del que resultaron dos muertos del de Villela; los otros acompañantes de éste salieron huyendo y el general se rindió a los auxiliares que lo condujeron a Gracias. Al llegar a esta cabecera, Cisneros devolvió su libertad a Villela y puso presos a sus captores.

Al iniciarse el asedio de Tegucigalpa, infestaron los pueblos del sur y demás de la República diversas bandas de desertores que habían militado en las filas de la revolución. Sabido es que todo ejército, cualquiera que sea la causa que defienda, es seguido por un cuerpo de merodeadores y gente maleante que disimulan su condición peleando al lado de los demás y que luego desertan para cometer toda clase de fechorías en personas y lugares indefensos. Para evitar en lo posible la deserción de estas gentes, se advirtió al ejército en distintas ocasiones que aquellos que deseasen su baja podían pedirla en la seguridad de que les sería concedida, previa entrega de sus equipos; de donde se infiere que los que continuaron desertándose eran malhechores agregados al ejército para adquirir las armas.

El 25 fue ocupado el cerro de El Berrinche y se colocaron dos cañones para hostilizar al enemigo situado en la altura de El Picacho; y simultáneamente se tomó posición de El Chile, con el objeto de impedir las comunicaciones de Olancho y departamentos del norte con la capital. Posesionados de El Berrinche alcanzaban, además, el objeto de atacar, por medio de la artillería, las trincheras de Sipile, para proteger el asalto que se meditaba contra ellas. Conocido este plan por el enemigo, hizo el 27 un nutrido fuego de artillería desde Juana Laínez sobre El Berrinche, para desalojar a los revolucionarios de la cima de este cerro; y los mejores tiradores americanos con que contaba Vásquez, provistos de fusiles Level de largo alcance y colocados en las torres de la parroquia, los hostilizaban.

Cuando se intentó tomar las fuertes posiciones de Sipile, la artillería situada en El Berrinche fue la clave del éxito, porque su certero fuego barrió los atrincheramientos de aquel cerro. El enemigo se retiró hacia el lado de Comayagua, y por un momento la bandera revolucionaria flameó en su cúspide; pero, como la artillería de El Berrinche había demolido las fortificaciones, los cañones enemigos situados en Juana Laínez batieron a su vez fácilmente la posición de Sipile para proteger un contraasalto dado con cien hombres al mando del comandante Castañeda, y se vieron obligados a retirarse a su base los revolucionarios precipitadamente. Se intentó la inútil ocupación de El Picacho. El general Manuel Bonilla, a las cuatro y media de la tarde del 31 de enero, dirigió su artillería en aquella dirección y, en combinación con los generales Dionisio Gutiérrez y Teodoro Valladares (alias Chiquirín), más las fuerzas que conducían de Nicaragua el general Estanislao Tomé y el coronel Antonio Paredes, atacaron aquella posición con los cañones desde Las Crucitas, donde establecieron su campamento, para proteger los asaltos de la infantería; y aunque estos se hicieron dos veces, no pudo lograrse desalojar al enemigo escudado tras inexpugnables atrincheramientos naturales que el fuego de las piezas mencionadas no pudo demoler.

El general Bonilla es lacónico en su relato. "El ataque inmediato (o sea el primero) —dice— fue ejecutado sobre esta posición por el general don Dionisio Gutiérrez, ya conocido tantas veces por su valor y pericia militar"; pero omite decir que el general Gutiérrez entró al combate con trescientos hombres de la fuerza del coronel Antonio Paredes y que sólo salió con sesenta, por haber muerto o desbandádose los demás. Un soldado del general Vásquez se encarga de decir que las fuerzas comandadas por el general Dionisio Gutiérrez fueron avanzando hacia los atrincheramientos del Picacho; pero al llegar a la planicie desnuda frente al reducto enemigo, se lanzaron corriendo hasta llegar al pie de las obras de defensa contrarias, pretendiendo asaltarlas, a pesar del mortífero fuego de fusilería que se les hacía. Los soldados se batieron no ya a fusilazos, sino a golpes de machete y a punta de bayonetas, los unos pretendiendo pasar por las brechas que hacían y los otros tapando esas brechas con los cadáveres. A los veinte minutos de brega sangrienta, el general Gutiérrez tomó los primeros atrincheramientos del enemigo; pero como era de noche y no podía saberse a distancia si avanzaba o retrocedía, el mismo fuego de los cañones que lo protegía momentos antes lo perjudicaba momentos después, y tuvo que retirarse para no ser víctima de su propia artillería.

Pocos días antes, fuerzas al mando del general Justiniano Chávez, nicaragüense, que había marchado de la frontera con el coronel Enrique Morales Alfaro, sobrino de Eloy, se aproximaron a Yuscarán y atacaron esta plaza. El coronel Juan Pablo Urrutia, defensor de la localidad, vio desbandarse su fuerza de 240 hombres frente al enemigo y tuvo que abandonarla, huyendo con dirección a Morocelí, de donde pasó a Cedros. El general Bonilla, a quien se dio conocimiento de este hecho, destacó de Las Crucitas al general Teodoro Valladares en persecución de Urrutia.

Al pasar Valladares por el Valle de Ángeles, tuvo ocasión de tomar injusta venganza en el anciano don Cayetano Bonilla, capturado en el lugar llamado El Potrero Grande, por denuncia de un tal Antonio Funes (alias Zopilote), desertor de las fuerzas de Urrutia, que, temeroso de sufrir las penas que los jefes bajo cuyas órdenes había militado acostumbraban aplicar, al ser sorprendido por las fuerzas de Valladares ofreció, además de la denuncia, conducirlas al lugar en que el anciano Bonilla se encontraba oculto en compañía de un hijo suyo llamado Pedro. Valladares había jurado tomar venganza de don Cayetano Bonilla por hechos de que éste no era enteramente responsable. Con motivo del asalto al puerto de Amapala el 8 de mayo de 1891, el general Bográn libró al comandante de armas de Yuscarán orden de captura contra el coronel Teodoro Valladares, por haber tenido informes de que éste se hallaba en inteligencias con los asaltantes al mencionado puerto. El comandante de armas había salido en comisión sobre Morocelí cuando aquella orden llegó, y tocó a don Cayetano Bonilla, gobernador político del departamento, encargado de la comandancia, verificar la captura. Como Valladares debía ser remitido a Amapala para ser juzgado, el señor Bonilla dio órdenes para que se buscase una bestia que montaría aquél. Le llevaron una con aparejo y ordenó la marcha; pero Valladares, que se hallaba engrillado, cayó dos veces de la grotesca cabalgadura, causando la irrisión de los asistentes, entre quienes se hallaba el señor Bonilla. Valladares, herido en su amor propio, juró venganza: "Sólo que no vuelva a Yuscarán —manifestó— no me las paga Cayetano." El tribunal militar reunido en Amapala no halló ninguna culpabilidad contra Valladares y ordenó su libertad, y éste abandonó el país con rumbo a Nicaragua.

Esos son los antecedentes. Capturado, a su vez, el señor Bonilla por su viejo enemigo, en las circunstancias mencionadas, fue llevado al Valle de Ángeles y puesto en la cárcel de aquel pueblo. Por la noche, Valladares simuló ser atacado por el enemigo para quitarle el prisionero, ordenó la ejecución de algunos disparos y el movimiento de su tropa; y, pocos momentos después, don Cayetano y su hijo Pedro oyeron desde el fondo de su cárcel la orden de "¡arriba esos presos!", que daba un grupo de soldados desde la reja. Como el anciano se hallaba enfermo y engrillado, su hijo Pedro le ayudó a levantarse. En esos momentos los soldados hicieron fuego desde la puerta y don Cayetano fue muerto en brazos de su hijo.

Algún tiempo después, censurado Valladares en Tegucigalpa por el licenciado Fausto Dávila, en virtud de aquella acción, contestó: "Esa vida a mí me pertenecía." Como se ve, los ataques hechos al doctor Bonilla en diversas ocasiones por esa muerte sólo han podido ser inspirados por la pasión.

Prosiguiendo la narración interrumpida diré que todos los días se libraban combates en los distintos sectores de la extensa línea de circunvalación que se estableció para aislar a los tenaces defensores de la ciudad; y este combatir diario tenía por único objeto agotar los elementos del enemigo y debilitarlo, y así sucedió en efecto. Ocurría ahora al general Vásquez lo que el año anterior había sucedido al doctor Bonilla embotellado en Tatumbla por la fuerza de las circunstancias: quedar aislado del resto del país. Mas a aquél se le desertaban de la plaza, siempre que había lugar, sus soldados, y éstos o continuaban peleando en las filas de la Revolución —lo cual no debió ser admitido— o se les dejaba continuar su camino hacia sus hogares abandonados. Los capitanes Teófilo Rosales y Felipe Mejía, después del ataque al reducto enemigo del Picacho, se presentaron al jefe de la revolución manifestando que habían sido constantes revolucionarios (y así era en verdad), y que envueltos con el enemigo contra su voluntad, esperaron la oportunidad para abandonar sus filas e incorporarse a aquellas a que habían pertenecido. Estos informaron que en El Picacho quedaban cincuenta hombres encerrados en sus fortificaciones.

Simultáneamente, Jeremías Cisneros, gobernador político y comandante de armas del departamento de Gracias, excitaba no sólo a las autoridades de su jurisdicción, sino también a los jefes de occidente, para que se pronunciaran en favor de la causa revolucionaria. Jerónimo Zelaya, jefe de la plaza de Santa Rosa, estimó conveniente indignarse contra él, enrostrándole lo que él consideraba su traición y deslealtad; sin embargo, el desenvolvimiento de los sucesos e iguales excitativas hechas por la municipalidad de aquella ciudad, presidida por don Eduardo Hernández, lo hicieron convencerse de que debía retirarse y, en efecto, así lo hizo, depositando los importantes cargos que desempeñaba en el propio señor Hernández. Al mismo tiempo se pronunciaban los departamentos de Ocotepeque, Intibucá y Santa Bárbara en igual sentido; pero en este último hubo serios desórdenes. Conociendo el comandante Serra que la causa de Vásquez estaba perdida, depositó la comandancia de armas y gobernación política en el general Lorenzo España, enemigo de Bográn, y se retiró; pero España se opuso al movimiento operado en favor del nuevo orden de cosas que de modo espontáneo acababa de operarse en toda la región occidental, impidiendo que la guarnición de la plaza suscribiese un acta de pronunciamiento, en espera de que la situación se despejase.

Al pasar revista el 14 de febrero, la guarnición desconoció al señor España y exigió que se hiciese cargo de la comandancia un elemento liberal de la ciudad, y España recomendó al capitán Miguel R. Pérez para tal objeto, aunque en seguida reunió a un grupo de vecinos importantes y quiso restablecer el orden en el cuartel, alterado al calor de algunas libaciones. Al avanzar éstos, los soldados del cuartel hicieron fuego sobre ellos y España abandonó su propósito, viniéndose a Comayagua.

301

Los desórdenes continuaron en aquella cabecera y la falta de garantías hizo huir a los principales vecinos con sus familias, que no regresaron hasta después de haberse presentado para restablecerlo un señor Casais.

Quedaba el general Isaac Matute alternando entre San Pedro Sula, Puerto Cortés y La Laguna, con 200 hombres, negándose a reconocer el nuevo orden de cosas hasta tener noticias fidedignas de que la causa del general Vásquez estaba perdida; pero prometiendo, sin embargo, guardar el orden. En Yoro quedaba el general Pompilio Romero con una guarnición de 50 hombres, cuidando el puesto sin acción alguna; pero con instrucciones del general Ordóñez de reconcentrarse a Trujillo al tener conocimiento de la aproximación de fuerzas revolucionarias; y en este puerto el mencionado Ordóñez guardaba la misma facilidad que Romero.

Tal era la situación interior. Por lo que respecta al exterior, poco habrá que decir. Guatemala se mostraba indiferente con relación a los sucesos de Honduras, si bien había permitido que los revolucionarios residentes allá se moviesen con dirección a la frontera, pero negándoles elementos. Esta actitud se debió más a su convencimiento en los últimos días del triunfo de la causa liberal que a simpatías hacia aquellos que la sustentaban. Los señores Ezetas, de El Salvador, por el contrario, quizás hubieran querido intervenir, en presencia de la pasividad e indiferencia de Guatemala, si no hubiera sido por el temor de dar ocasión a disturbios interiores. Las autoridades de los pueblos fronterizos de La Paz, Intibucá y Gracias notaron movimientos de tropas en aquel territorio que llegaron hasta la frontera en actitud hostil, pero debe de haber obedecido su conducta a previsión más que a animosidad contra Honduras. Sin embargo, el doctor Bonilla estimó que debía conjurarse todo peligro, provocando un entendimiento con los señores Ezetas, asegurándoles que la revolución sólo tenía por mira el derrocamiento del gobierno del general Vásquez y que las relaciones continuarían tan amistosas como antes, si no más, y de esta misión se encargó el doctor don Pedro H. Bonilla.

El general Vásquez, hacia el 15 de febrero, no tenía ya ninguna esperanza; pero él y uno de sus servidores que le permaneció fiel hasta el último momento, el general Belisario Villela —comandante de armas de Amapala—, preferían morir combatiendo. Deseando Villela comunicarse a todo trance con su jefe, envió a Tegucigalpa a Mr. Roberto Cleaves con importantes comunicaciones para Vásquez en relación al proyecto de hacerle la revolución al general José Santos Zelaya con armas hondureñas, en connivencia con elementos conservadores descontentos de éste. Mr. Cleaves pudo salvar las líneas de asedio por haber manifestado que la correspondencia que portaba era del señor Ministro Americano; pero los emisarios del general Vásquez, H. A. Riley y Charles F. Jeffries, no tuvieron la misma suerte y les fueron regresados de Toncontín. Se supo después que el primero de ellos llevaba la misión de entenderse con el general Isaac Matute, de Puerto Cortés, y el segundo con B. Villela. Ostensiblemente estaban relacionadas las actividades de estos señores con las de un tal Jersán Sáenz, que pocos días antes de establecerse el asedio había salido de Tegucigalpa precipitadamente hacia Amapala. La presencia de Jersán Sáenz en dicho puerto no era tranquilizadora ni para Zelaya ni para los Ezetas; y para desorientarlos, dirigióles —lo mismo que al doctor Bonilla— telegramas fechados en Guatemala el 14 de febrero, el propio día que se armaba en Amapala con 260 fusiles y 14,000 cartuchos, con el proyecto de invadir Nicaragua; pero la vigilancia salvadoreña era activa y autoridades de aquella república lo capturaron con ese armamento en la isla de Mianguera el día 15. Pagó con la vida esta aventura, pues fue fusilado en La Unión cinco días más tarde.

El doctor Bonilla daba este parte al general Zelaya el 19 de febrero: "Siete piezas de artillería funcionan contra la plaza de seis y medio mil, y una ametralladora. Las posiciones más elevadas del enemigo están dominadas por los fuegos de la revolución. Jesús Estrada es herido al atravesar una calle. Tenemos cuatro clarines, un tambor y varios oficiales y tropa de la guardia de honor de Vásquez que se nos han presentado. La guardia constaba de 100 plazas y tiene hoy mucho menos de la mitad. A Vásquez, según cálculos, no le quedan más de 500 hombres inclusive los cadetes que eran 100, la banda marcial, 50; policía, 60; empleados y reclutados, 150, si bien de todos ha habido deserción. Cuando tenga sólo 400, que será como el 21 o 22, no podrá cubrir su línea exterior. Al comenzarse esta batalla Vásquez tenía 1,800 soldados y ha perdido 1,200. Juan Pablo Urrutia, excomandante de Yuscarán, fue derrotado en San Juan de Flores (Cantarranas), huyó hacia Olancho y fue capturado cerca de Cedros el 18, después de un ligero combate. También fue capturado Drumond por el doctor Arias en Ocotepeque." Los generales Miguel R. Dávila y Miguel Oquelí Bustillo llegaron por entonces a Toncontín. El primero, en su calidad de jefe de una dente de Nicaragua, el 17 de enero anterior, dio cuenta de la misma, manifestando haber derrotado al general hondureño Tamayo en el lugar llamado Pitahaya, en la desembocadura del río Wants, yendo en ella el coronel Manuel Argüello y el entonces también coronel Miguel Oquelí Bustillo.

Después del 15 de febrero se hizo sensible la necesidad de apresurar las operaciones y se estrechó el sitio de la capital, atacando el general Bonilla La Leona, el general Ortiz la Comunidad, el general Dávila Sipile y el general Antonio Lara nuevamente la posición de Buenavista.

Esta, de fácil acceso, se halla hacia la falda occidental de la alta cúspide de El Picacho y a su derecha, conforme se mira hacia la ciudad, parte el camino carretero que va hacia Olancho; la falda es una cuchilla precipitada que termina casi en desfiladero a la margen derecha del Río Grande o de Choluteca, y tiene a su frente, al otro lado del río, las faldas del áspero cerro de El Berrinche. Situado en Buena Vista un cuerpo de infantería, defiende las comunicaciones entre la capital y Olancho, pero si el invasor se posesiona de este punto, la ciudad queda prácticamente a merced suya, porque la artillería de El Berrinche y de El Picacho son inútiles para protegerlo. Durante el asedio de la capital en 1894, nadie comprendió esta ventaja sino hasta última hora y cuando el ejército revolucionario había entrado a la capital. Los ataques a Buena Vista ordenados por el general Bonilla y ejecutados por el general Antonio Lara no dieron ningún resultado, siendo defendida entonces por el general Jeffries y sus rifleros americanos, que hicieron un fuego mortífero y aquél tuvo que retirarse; pero tales ataques sólo obedecieron a la mira de hostilizar al enemigo, cortándole las comunicaciones y no a un plan general de asalto. Cuando éste se combinó y se llevó a la práctica, los atacantes a Buena Vista fueron los que entraron primero a la ciudad, precipitando la salida del general Vásquez y los restos de su ejército.

Hallábase el coronel Miguel Oquelí Bustillo con 25 hombres guardando la cima de El Berrinche. Aburrido por la inactividad de una semana o más, dirigió una comunicación al doctor Bonilla, manifestándole su deseo de entrar en acción. Contestóle el doctor Bonilla que el general Ortiz, jefe de las fuerzas combinadas, le comunicaría ese mismo día algunas órdenes que esperaba cumpliría satisfactoriamente. El general Ortiz le ordenó el día 22 que descendiese con su fuerza hacia el punto en que se encontraba el general Antonio Lara, tomase el mando de la fuerza de éste y atacase a las ocho de la noche la posición de Buena Vista, defendida por el general Jeffries y sus rifleros americanos. Como consecuencia de los movimientos y ataques verificados el día anterior, el doctor Bonilla y gentes de su servicio avanzaron ese día 22 hasta La Granja, de que se había retirado el enemigo, con sus jefes heridos los generales Ferrera, Morales y Bulnes. A las tres de la tarde de ese mismo día las fuerzas del general Herradora penetraron a las primeras casas de Comayagüela; y el coronel Miguel Oquelí Bustillo, obedeciendo las órdenes recibidas del general Ortiz, al verificarse el ataque general, descendió de la elevada cima de El Berrinche, tomó el mando de la fuerza del general Lara y atacó Buena Vista a las ocho de la noche. Jeffries defendió tenazmente aquella posición y se retiró una hora después a La Concordia, donde trató de fortificarse claraboyando algunas casas. Aquella retirada tenía todas las apariencias de una derrota y los soldados de Oquelí Bustillo lo persiguieron aun sin orden de este jefe. Los fuegos se reiniciaron contra Jeffries en La Concordia sin darle tiempo a que se fortificase convenientemente. Este continuó replegándose y aquéllos avanzando. Se hallaba el general Bonilla en La Leona, desde donde pudo notar aquel avance, que consideró temerario e imprudente y, temeroso de que Oquelí Bustillo fuese envuelto y copada su gente, envió sin dilación un contingente de 300 hombres a protegerlo, y ambas fuerzas llegaron en persecución de Jeffries hasta donde hoy se encuentra el edificio de la Dirección General de Policía.

A esa misma hora el general Vásquez vaciaba las cárceles de la capital, armaba a los reos de delitos comunes y se ponía con ellos a salvo, remontando las turbias aguas del Río Grande bajo el fuego mortífero de los cañones. Pocas horas después, a las once de la noche, las fuerzas sitiadoras entraban a la capital. El general Vásquez fue hostilizado en su marcha por los habitantes de los pueblos del tránsito y batido en Reitoca por el general Máximo B. Rosales, que se envió en su persecución; y en Olubre, finalmente, antes de ganar la frontera salvadoreña, por José María Chávez, que Rosales adelantó en seguimiento del jefe vencido. Este pretendió marchar por la frontera de El Salvador para llegar a Amapala y reorganizarse en dicho puerto con los pocos que lo seguían; pero oportunamente fue capturado y desarmado por las autoridades de El Salvador, obligándolo a reconcentrarse.

El coronel don Leonardo Irías salió el 25 hacia la Costa Norte para que exigiese al general Ordóñez la entrega del puerto de Trujillo, lugar en que, según noticias, se encontraban los jefes de los departamentos de Olancho y Yoro. El puerto fue entregado sin resistencia a la sola intimación que por telégrafo le hiciera el jefe expedicionario aludido. El general Isaac Matute, si bien se resistió a creer lo que se le comunicaba, se rindió también. Simultáneamente, el general Manuel Bonilla fue comisionado para que marchase a exigir la rendición del puerto de Amapala al general Belisario Villela. Aquel jefe, acompañado del doctor Francisco Baca h. y llevando una fuerza de 100 hombres, se trasladó a la isla de Zacate Grande para preparar una entrevista con Villela, la que se verificó a bordo de la cañonera Bennington, conviniendo éste en hacer entrega del puerto. Consigna meritoriamente en su informe el general Bonilla a los generales Dionisio Gutiérrez, Terencio Sierra, Miguel R. Dávila, Teodoro Valladares, Miguel Oquelí Bustillo, José Ángel Rosales, y jefes Vespasiano Garín, Anacleto Antúnez, Gabino George, Nicolás Flores, Joaquín Reyes, Pablo Moncada y otros hondureños más, que se batieron en los distintos combates librados bajo su mando; Justiniano Chávez, Domingo Lacayo Jerez, Joaquín Gutiérrez, Juan Pablo Reyes, Francisco Valladares Bone, Albino Munguía, Rafael Uriarte, Plutarco Bowen, Silvestre J. Herradora, del ejército nicaragüense, y a los hermanos Pedro y Quirino Escalón, salvadoreños.

CONTENIDO